| 남을 이간離間하는 참모는 나라를 망하게 하고
옳은 말을 하는 참모는 나라를 흥하게 한다 |

제왕들의 참모

KB104422

itembiz

왕을 움직여 역사를 바꾼 참모와 비선의 실체!

제
왕들의
참
모

머리말

역사는 돌고 도는 것이다.

지나간 역사를 돌아보며 오늘을 살아가는 지혜를 배우는 까닭이 여기에 있다.

봉건시대 제왕은 일인자가 되기 위해 피 말리는 선거운동 따위는 할 필요가 없다고 생각할 수도 있지만 그건 순진한 착각이다. 태어날 때부터 핏줄의 꼬리표를 달고 나온 그들도 왕좌에 오르기 전까진 한 치 앞을 알 수 없다. 그런 이유로 제왕의 자리는 하늘이 내린다고 하는 것이다.

실제로 왕권을 좌우하는 건 조정의 실세들이다. 왕위 계승권을 두고 치열한 암투가 끊이지 않는 궁중은 오늘날의 선거판과 흡사하다. 왕좌를 둘러싼 환경이 후보자의 개인적 과실이나 능력보다 우선하는 경우도 있다.

가령 날 때부터 다음 보위를 계승하도록 내정된 왕자가 조정 권력을 틀어쥔 세력들의 눈 밖에 나면 그는 절대 용상의 주인이 되지 못한다. 이 경우 결국 새로운 왕관의 주인이 되는 건 또 다른 왕족 가운데 한 사람이다.

물론 애초부터 제왕의 그릇이 못 되는 인물이 운 좋게 자리나 지키다 가는 경우도 있다. 무능한 군주가 선왕의 위업을 깎아먹은 폭군으로 낙인 찍혀 권좌에서 쫓겨나는 일도 비일비재하다.

그럼에도 불구하고 우리 민족이 오랜 세월 봉건왕조 체제를 유지할 수 있었던 건 왕을 도와 국정을 이끌었던 참모들의 역할이 컸다.

이 책은 고려시대부터 조선시대까지 일인지하 만인지상一人之下萬人之上의 자리에 있었던 정승, 혹은 그에 버금가는 권력을 가졌던 참모들에 관한 이야기다. 그 중에는 올바르게 왕을 보필하여 사심 없이 국정을 이끌어간 책략가도 있지만 스스로 국정을 농단하고 민생을 도탄에 빠뜨린 탐욕스러운 모략가도 있다.

훌륭한 참모는 나라를 흥하게 하고 제왕의 눈을 흐리게 하는 참모는 나라를 망친다.

권력의 핵심에서 성군과 폭군의 치세를 가른 참모들이 오늘날 우리에게 주는 교훈은 무엇인가. 그들의 역할은 왕조의 흥망성쇠를 읽는 중요한 매개체가 될 것이다.

부족하나마 이 책이 독자들에게 작은 재미라도 선사할 수 있다면 감사할 따름이다.

차례

제왕들의 참모 | 고려 편 |

제왕들의 참모 | 조선 편 |

난세가 영웅을 부른다

역사는 반전과 역전의 기록이다. 그 결말은 예측 불가능하다. 시대의 허점을 꿰뚫어볼 수 사람만이 난세의 영웅이 될 수 있다.

우리는 역사라는 과거의 경험을 통해서 현실의 허점을 통찰할 수 있는 기회를 갖게 된다. 현재를 살아가는 우리가 지난 시간을 통해서 배워야 할 것은 무엇인가?

왕을 움직여 역사를 바꾼 참모와 비선의 실체!

제왕들의 참모

| 고려 편 |

왕건의 양 날개
최응과 유금필

도선대사의
예언

고려의 전신 마진국 혹은 태봉국은 궁예가 다스리는 나라였다. 23년 간 삼한의 맹주로 군림했던 궁예는 한때나마 자비로운 군주로 추앙받던 인물이었다. 그런 그가 하루아침에 나라를 빼앗기고 비참하게 생을 마감한 것은 왕건과의 운명적 만남 때문이었다.

궁예는 왕실의 유복자였다. 서자라는 이유로 태어나자마자 핍박을 받아야 했던 그는 장성할 때까지 세달사라는 절에 숨어 살았다. 그가 세상을 뒤엎으려는 야심을 드러내기 시작한 건 신라의 혼란이 극에 달한 진성여왕 말년이었다. 그는 사병을 모아 북원의 장수 양길을 찾아가 그의 부하가 되었다. 양길은 그를 몹시 신임했으나 머지않아 호되게 뒤통수를 맞는다.

서기 895년, 궁예는 3천5백 명의 군사를 이끌고 명주성을 점령한 뒤 철원을 도읍으로 하여 나라를 세웠다. 그가 신라 왕실에 반기를 들면서 내세운 구호는 미륵정토의 구현이었다.

폭압에 시달리던 백성들에겐 지극히 효과적인 대의명분이었다. 궁예는 누구나 참다운 수양으로 몸과 마음을 닦으면 극락에 갈 수 있으며 자신은 모든 백성들을 미륵정토로 이끌어주기 위해 군사를 일으켰다고 주장했다. 민심이 쏠린 부분은 바로 '어느 누구나 극락에 갈 수 있다'는 대목이었다.

가는 곳마다 민중의 폭넓은 지지와 환호 속에서 세력을 넓혀가는 궁예의 위상은 황해도와 평안도 일대의 호족들을 바짝 긴장시켰다. 그들 중 일부는 일찌감치 궁예의 진영에 귀순하여 목숨을 보전하고자 했다. 그때까지 신라 조정의 녹을 먹고 있던 송악의 대부호 왕륭도 그런 사람들 중 한 명이었다.

왕륭은 아들 왕건과 함께 궁예를 찾아가 신하되기를 자청하며 한 가지 제안을 한다.

"만약 삼한을 도모하고자 하신다면 제 장남으로 하여금 송악에 성을 쌓게 하고 성주로 삼으시면 큰 도움이 될 것입니다."

궁예는 흔쾌히 그 제안을 받아들여 왕륭을 금성 태수로 삼고 왕건을 발어참성의 성주로 임명했다. 이때가 서기 897, 왕건의 나이 스무 살이었다. 왕륭은 어째서 일개 침략자에게 이렇듯 적극적으로 접근했던 것일까?

여기에는 나름의 치밀한 전략이 숨어 있었다. 왕륭의 본명은 용건龍建인데 훗날 왕륭으로 이름을 바꿨다. 원래 왕륭의 집안에는 '건建자 돌림의 자손 3대가 이어지면 동방의 왕이 된다'고 하는 용왕의 계시가 있었다. 때문에 부자간에 이름 끝 자가 같고 왕건의 할아버지 또한 이름이 작제건作帝建이었다고 하는 기록이 〈고려사〉에 전한다.

왕륭이 이 계시를 확신하게 된 건 도선대사의 예언 때문이었다. 도선대사는 신라 말기부터 고려 초에 이르기까지 당대 최고의 고승으로 추앙받던 승려였다. 특히 풍수지리에 밝아 어떠한 지형 하나만 보고도 앞으로 닥쳐올 길흉화복을 예언하는 능력을 갖고 있었다.

그는 전국 방방곡곡을 돌아다니며 범상치 않은 예언을 하곤 했는데 신기하게도 훗날 그것이 딱 들어맞는 경우가 많았다.

도선대사는 송악에 머무르고 있던 중 명당 중의 명당을 발견하게 된다. 대사가 직접 그곳으로 가보니 어떤 사람이 집 지을 터를 물색하고 있었다. 그가 바로 왕륭이었다.

"저쪽에 새 집을 지으면 장차 아들을 낳을 것이오. 뿐만 아니라 그 아들이 한 나라를 얻게 될 것이오."

대사는 그 말을 남기고 어디론가 종적을 감추었다. 왕륭은 그곳에 집을 지었고 2년 만에 아들을 낳았다. 대사는 송악의 왕기王氣가 8백 년은 갈 것이라고 했다가 나중에 다시 4백년으로 정정했다고 한다. 신기하게도 고려는 4백74년 만에 멸망했다.

왕륭이 훗날 궁예를 찾아가 자신의 영지였던 송악을 내주고 그곳을 도읍으로 정하도록 부추긴 것은 이런 연유에서였다.
왕륭은 언젠가 자신의 아들이 대업을 완수할 것을 믿어 의심치 않았다. 그리하여 일찌감치 정치 일선에 내보내 지도자의 역량을 키우려 했던 것이다.

이듬해 여름, 황주 토산 고을에 사는 최우달의 집에선 이변이 나타났다. 그 무렵 최우달의 아내는 임신 중이었다. 그런데 어느 날 텃밭

에 나가보니 멀쩡하던 오이나무 줄기에 참외가 주렁주렁 매달려 있
는 것이다.

"오이가 참외로 변하다니, 별 이상한 일도 다 있군!"

동네 사람들도 해괴하다고 입을 모았다. 소문은 궁예의 귀에도 들어
갔다. 머지않아 삼한을 통일하고 북방의 중원대륙까지 손에 넣을 야
심에 부풀어 있던 궁예는 최우달의 텃밭에서 일어난 사건이 아무래
도 찜찜했다.

"오이가 참외로 변했다면 분명 태어날 아기와 상관이 있을 것이다.
만약 사내아이를 낳는다면 나라를 위해 이롭지 못하니 키우지 말도
록 하라."

궁예는 최우달을 불러 사내아이를 낳으면 죽여 없애라고 협박했다.
최우달은 여자아이가 태어나기만을 빌었다. 그러나 몇 달 후 태어난
아기는 궁예가 그토록 경계하던 사내아이였다.

"혹시라도 누가 묻거든 아이는 뱃속에서 죽었다고 말하고 우리끼리
몰래 숨겨 기릅시다."

최우달은 아내와 의논하여 아이의 출산 사실을 철저히 비밀에 부쳤
다. 그렇다고 해도 궁예가 의심을 거두지 않고 집안을 뒤지기라도 한
다면 일가족이 몰살당하게 될 처지였다.

최우달은 아이를 먼 친척집으로 옮긴 뒤 자신도 벼슬에서 물러났
다. 일단 궁예의 관심권 밖으로 떨어져 나가면 무사할 것이라 여긴 것
이다.

궁예는 그 무렵 남한강 일대를 점령하고 있던 양길과의 전쟁을 준비

하고 있었다. 궁예가 자신을 배반하고 송악에 나라를 세웠다는 소식을 들고 분노한 양길은 이미 3년 전부터 선전포고를 해왔다.

자신의 부하였던 궁예가 어느 날 갑자기 3천5백 명이나 되는 병력을 빼돌려 도망을 치자 양길은 이를 갈았다.

서기 899년 양길은 전군 동원령을 내리고 송악을 향해 복수의 칼날을 뽑아들었다. 그는 이미 궁예의 적수가 못 되었다. 미리 양길의 부대가 공격해오고 있다는 정보를 입수한 궁예는 복병들을 길목에 배치하고 선수를 쳐서 대승을 거두었다. 북원의 장수 양길은 겨우 목숨만 부지한 채 어디론가 종적을 감추었다.

궁예의 다음 목표는 경기도 광주와 충주·청주 등 이른바 3주州를 정벌하는 것이었다. 이들 지역은 양길의 부대와 힘을 합쳐 궁예를 위협했던 군소세력들의 근거지였다.

궁예는 3주 정벌을 왕건에게 맡겼다. 왕건은 이 무렵 발어참성 공사를 성공리에 끝내고 정기대감으로 승진한 뒤였다. 그는 즉시 군대를 이끌고 나아가 3주는 물론 경기도 남양주 일대와 충북 괴산 등 여러 고을을 평정하고 돌아왔다.

이때가 서기 901년이다. 궁예는 국호를 '고려'라 정하고 스스로 왕위에 올랐다. 왕건의 승전보는 계속해서 이어졌다. 서기 903년에는 수군을 거느리고 서해로부터 견훤의 주 무대인 금성을 공략하여 그 일대를 완전 평정했다.

서기 904년, 궁예는 다시 국호를 '마진'으로 바꾸고 그 이듬해인 905년에는 철원으로 도읍을 옮겼다. 이후 대폭적인 관제개혁을 실시하고 독자적인 연호를 사용하는 등 백제나 신라와는 차별화된 국가의 면모를 갖추려고 했다. 하지만 그 과정에서 엄청난 무리가 뒤따랐다.

철원은 인구가 별로 많지 않았다. 이곳에 궁궐을 건설하고 도읍으로서 필요한 제반시설을 갖추자면 각 지역에서 노동력을 동원하는 수밖에 없었다. 식솔들을 이끌고 새 도읍으로 생활터전을 옮겨야 했던 호족들은 반발심을 드러냈다. 자신들이 거느리고 있던 노비들을 차출하는 것도 모자라 공사비용까지 부담해야 했으므로 불만이 거세질 수밖에 없었다.

한 나라의 도읍을 옮긴다는 것이 간단한 문제가 아니었음에도 궁예는 환도를 밀어붙였다.

여기에는 나름의 이유가 있었다. 당시 도참설을 신봉하던 사람들은 철원을 흑금黑金이라 했다. 흑은 북방을 뜻한다. 궁예는 바로 그 북방을 상징하는 철원으로 도읍을 옮김으로써 자신이 꿈꾸는 대제국의 발판으로 삼으려 했다. 이는 호족들의 이해관계와 얽혀 오히려 궁예의 몰락을 자초하는 계기가 되었다.

1년간의 대공사를 강행하는 동안 백성들 사이에서도 불만이 터져 나오기 시작했다. 궁예가 공약으로 내세웠던 억압으로부터의 해방이라는 문구가 무색하리만큼 그들의 삶은 여전히 힘들고 고단했다.

궁예는 현실세계에 미륵정토를 구현하기 위한 통과의례일 뿐이라고 강변하며 매일 백성들을 공사장으로 끌어냈다.

서기 905년, 마침내 궁예는 도읍을 철원으로 옮기고 청주의 민가 1천여 호를 이주시켜 도읍으로서의 면모를 갖췄다. 그 2년 후에는 당나라의 절도사 주전충이 난을 일으켜 스스로 황제로 칭하면서 국호를 '후량'으로 바꿨다. 그로 인해 중국은 엄청난 사회적 혼란에 휩싸였고 양자강 이남을 중심으로 분열의 조짐이 나타났다.

중국의 혼란기를 틈타 당나라에 유학 갔던 학자들이 다시 한반도로 돌아오기 시작했다. 궁예는 그들을 조정으로 끌어들여 호족들의 견제 세력으로 활용하게 된다.

당나라에서 신동으로 소문난 최응도 그 중 하나였다. 불과 열 살짜리 소년이 유교경전은 물론 문장에도 통달했다는 말을 듣고 궁예는 몇 가지 시험을 해보았다. 과연 소문대로 신동이 분명했다.

"이른바 성인聖人을 얻는다 함은 바로 이 사람을 두고 하는 말이 아닌가!"

궁예가 모처럼 인재를 만났다고 좋아한 어린 소년은 그가 그토록 꺼림칙하게 여겼던 최우달의 아들 최응이었다.

궁예는 그 일을 까맣게 잊은 채 최응에게 외교문서와 각종 조서를 작성하는 한림랑의 벼슬을 내렸다. 최응은 궁예의 최측근에서 조정 돌아가는 모습을 훤히 꿰뚫어보게 된다. 그리고 훗날 자신을 신뢰했던 궁예를 배반하고 절체절명의 위기에 처한 왕건에게 결정적인 도움을 주게 되는 것이다.

사람 잡는 관심법

서기 911년 마진국은 다시 '태봉국'으로 이름을 바꿨다. 태봉국의 탄생은 마침내 완전한 국가적 틀을 갖췄음을 의미한다. 철원으로 도읍을 옮긴 뒤부터 궁예는 확실히 전과는 다른 모습을 보였다.

그는 옛 고구려의 후예를 자처하면서도 패서지역 호족들을 지나치게 견제하여 반감을 불러일으켰다. 애초에 궁예가 민중의 폭넓은 지지를 얻게 된 것은 대부분 옛 고구려 유민의 후손들인 그들에게 '고구려 영토 회복'을 외치는 정치적 구호가 설득력을 가졌기 때문이다.

두 번째 구호는 '신라 타도'였다. 이 무렵 신라는 주변국에 야금야금 영토를 갉아 먹히고 있는 실정이었다. 국가라기보다는 일개 소도시에 불과했다. 나라가 망하는 건 이미 기정사실이 되다시피 한 시점에서 남은 건 태봉국에 망하느냐 백제국에 망하느냐 하는 것뿐이었다.

많은 사람들이 전쟁의 위험을 피해 백제나 태봉국으로 흘러들어왔다. 궁예는 그 죄 없는 유민들을 모조리 잡아 죽였다.

궁예가 스스로 미륵의 현신임을 주장하기 시작한 건 이때부터였다. 모든 사람이 더불어 행복한 세상, 미륵정토의 현실세계 구현이라는 거창한 구호로 백성들의 지지를 받았던 그가 사람들의 정신세계까지 지배하려 든 것이다.

궁예는 버림받은 신라의 왕자였다. 경문왕, 혹은 헌안왕이 그의 생부였다고 하는데 둘 중 누가 진짜 아버지였는지는 확실치 않다.

아무튼 그는 세상에 태어나자마자 왕실로부터 배척당하는 존재였다. 그로 인해 차기 왕권 확보에 위협을 느낀 세력이 있었다는 뜻이다. 만약 헌안왕이 궁예의 생부였다면 상대는 경문왕 집안과 관련이 있을 것이다.

　경문왕의 후궁 몸에서 태어났다고 해도 상황은 마찬가지다. 이 상황에서 모종의 역할을 했을 것으로 짐작되는 인물이 있다면 각간 위홍을 떠올리지 않을 수 없다. 위홍은 친형인 경문왕이 왕위에 오를 때 어떤 식으로든 도움을 주었을 것이고 어린 조카 헌강왕에게도 영향력을 행사했을 것이다. 궁예를 죽이려고 혈안이 된 것은 친부의 측근 세력이었을 가능성이 짙다는 것이다.

　〈삼국사기〉 궁예 편에는 그가 단오날 태어났다는 기록만 전해질 뿐 정확한 출생연대는 나와 있지 않다. 다만 '아이가 태어나던 날 하늘에 이상한 빛이 서려 있으니 장차 나라의 화근이 될 것'이라는 점쟁이의 말을 듣고 왕이 자객을 보내 아이를 죽이도록 했다는 이야기가 실려 있다.

　훗날 궁예가 이 사실을 알았다면 이를 갈고도 남았을 것이다. 사건의 경위야 어떻든 왕은 누군가의 집요한 설득에 넘어갔던 게 분명하다. 그렇지 않고서야 어떻게 태어난 날 하늘에 무지개가 떴다는 이유만으로 자식을 죽이려고 할 수 있단 말인가. 그런 아버지 때문에 어린 궁예는 애꾸눈이 되어야만 했다. 왕의 명을 받고 달려간 자객은 강보에 싸여 있는 어린 핏덩이를 마루 아래로 던져버렸고, 그 순간 마루 밑에 숨어 있던 궁예의 유모가 허겁지겁 아이를 받아내느라 그만 실수로 한쪽 눈을 찔러버린 것이었다.

이렇게 해서 어린 궁예는 구사일생 목숨을 건졌고 훗날 자신의 출생에 얽힌 비밀을 알게 된 후에는 산으로 들어갔다. 이는 종교에 귀의하여 마음의 평정을 찾기 위한 선택이라기보다는 신변의 위험을 피하려는 목적이 더 컸다고 할 수 있다.

그렇게 절치부심의 세월을 보내는 동안 궁예는 자신을 버린 신라 왕실뿐만 아니라 신라에 관계된 모든 것들을 증오하게 되었다. 신라는 그에게 반드시 부숴버려야 할 멸도滅都였고 그 안에 사는 사람들마저 썩은 왕조에 빌붙어 살던 기생충에 불과하다고 여겼다. 그리하여 저'자비로운 미륵의 나라'를 찾아 희망의 등짐을 지고 왔던 신라의 백성들마저 잔혹하게 죽여 버릴 수 있었던 것이다.

궁예의 말년을 상징하는 관심법觀心法이 등장한 건 철원으로 도읍을 옮긴 뒤부터였다. 관심법은 궁예 나름의 정적 제거법이었다. 그가 자신을 미륵의 현신이라고 주장하는 이상 누구도 관심법의 권능을 부정할 수는 없었다.

맨 처음 관심법의 희생양이 된 대상은 궁녀들이었다.

"내가 평소 너의 행동을 이상히 여겨 관심법으로 보았더니 과연 너는 추악하고 음탕한 계집이었다. 누구냐? 신성한 궁궐에서 너와 음란한 짓을 일삼았던 그놈의 이름을 대거라!"

이 한 마디면 모든 게 끝장이었다. 궁녀들이 아무리 아니라고 해도 그것은 감히 전지전능한 미륵을 속이려는 간계에 불과하다는 결론이 내려졌다.

"요망한 것! 내가 다 보았다는데도 끝까지 발뺌을 하려 들다니! 저 더러운 음부를 불로 지져라!"

곧이어 시뻘겋게 달궈진 무쇠 방망이가 등장하고 도저히 사람의 눈으로는 볼 수 없는 참혹한 광경이 연출된다. 그리고는 처절하게 죽어가는 여인의 비명소리가 채 잦아들기도 전에 또 한 사람의 희생양이 지목 당하게 되는 것이다.

"나는 다 알고 있는데 저 어리석은 궁녀는 끝내 나를 속이려다 목숨을 잃었다. 그러니 살고 싶으면 그대 입으로 먼저 말하라."

두 번째로 끌려나오는 인물은 대개 조정 대신들 가운데 한 사람이었다. 만약 그 자신에게 아무런 허물이 없다면 이 상황에서 최소한 죽은 궁녀와 간통했다는 거짓 자백이라도 해야 살아남을 수 있었다.

안 그러면 반역을 모의했다거나 국왕 암살 기도, 혹은 그와 비슷한 수준의 누명을 쓰고 죽어가야 하는 판국이었다.

이때부터 정국은 꽁꽁 얼어붙었고 조정 대신들은 하루하루가 살얼음판을 딛는 것처럼 불안한 세월을 보내야만 했다. 특히 관심법의 주된 타깃이 돼버린 패서 출신 호족들은 그야말로 죽을 맛이었다.

"오늘날 태봉국이 이만큼 강성해진 게 다 누구 덕인데 이제 와서 우릴 몰살시키려고 하다니!"

"이러다간 언제 목숨이 떨어질지 모르게 되었으니 우리가 힘을 합쳐 저 미친 왕을 몰아냅시다."

호족들 사이에서 이런 말이 돌기 시작한 것은 철원으로 도읍을 옮긴지 10년째 되던 서기 915년 경부터였다. 이 무렵 궁예는 왕후 강씨에게

조차 관심법을 적용하였다.

왕비에게 내려진 죄목은 앞서 죽은 궁녀들과 마찬가지로 '음탕한 짓을 했다'는 것이었다.

왕비 강씨 또한 앞서 죽은 궁녀들처럼 처참한 최후를 맞이하였다. 게다가 궁예는 그 동안 청광보살, 신광보살이라는 이름을 붙여 신격화시켰던 두 아들까지 죽이는 광포함을 보여주었다. 어째서 그토록 잔인한 짓을 해야만 했을까?

아마도 궁예가 왕비인 강씨를 관심법으로 보게 된 것은 부부간에 서로 등을 돌릴 수밖에 없었던 심각한 갈등이 있었기 때문이었으리라. 그러한 갈등의 원인으로 꼽을 수 있는 몇 가지 중 첫 번째는 그녀가 패서 출신 여성이었다는 점이다.

철원으로 도읍을 옮긴 뒤 궁예는 청주인들을 대거 끌어들여 자신의 친위세력으로 삼았다. 이것은 어디까지나 패서지역 호족들을 견제하기 위한 나름의 정치적 결단이었다.

자연 패서지역 호족들의 반발이 뒤따랐을 테고, 왕비 강씨는 어떤 식으로든 그들의 입장을 대변해야 하는 위치에 있었을 것이다.

왕비 강씨는 죽기 전 궁예에게 '어째서 그렇게 옳지 못한 법을 행하느냐며 정색을 하고 따졌다'고 전한다. 결국 궁예가 관심법을 쓰게 된 것은 자신의 권위에 도전하는 왕비 강씨의 노골적인 반발 때문이었다.

"네가 다른 사람과 간통하고 있으니 어찌된 일인가?"

궁예는 왕비가 딴 남자를 두고 있기 때문에 자기 앞에서 그렇듯 오만불손한 행동을 하는 것이라고 몰아붙였다. 상황이 이 지경까지 되었으면 궁예 스스로 마음먹기에 따라서 대어大漁를 낚을 수도 있는 문제였다. 누구든 왕비와 간통한 자를 관심법으로 보기만 하면 되는 것이다.

그렇지만 그건 궁예의 자존심이 허락지 않았다. 우선 호족들에게 본때를 보이기 위해 왕비부터 처단했다. 아들들을 죽인 건 자기 함정에 빠진 상태에서 내린 미친 선택이었다.

만약 궁예가 관심법을 적용하여 왕비의 간통상대를 지목했다면 그 희생양은 누가 되었을까? 적어도 국왕의 권위를 욕보인 대역죄에 해당되는 만큼 이때 등장할 인물은 궁예가 가장 경계하는 세력의 우두머리쯤 될 것이다.

왕건은 이 시기 떠오르는 스타였다. 견훤의 백제국을 상대로 종횡무진 빛나는 전공을 세운 그는 태봉국에서 가장 유명한 장수가 되어 있었다. 그는 백제의 군사적 요충지인 나주는 물론 낙동강 유역과 멀리 진도에 이르기까지 태봉국의 영토를 넓혀 삼한 땅의 태반을 궁예의 수중에 안겨주었다.

궁예는 공을 세우고 돌아온 왕건에게 파진찬 겸 시중의 벼슬을 내렸다. 이때부터가 왕건의 수난기였다.

〈고려사〉는 그가 조정 대신들 가운데 으뜸인 수상의 자리에 오르자 시기하는 무리들이 잇따랐다고 전하며 청주사람 아지태의 '참소사건'을 다음과 같이 간략하게 서술하였다.

'아지태는 본래 아첨하고 간사하였는데 궁예가 참소를 좋아하는 것을 보고 고을 사람 입전 · 신방 · 관서 등을 모함하였다. 관리들이 이를 조사하였지만 수 년 동안 판결하지 못한 채 있다가 태조太祖가 곧 사건의 진위를 가려내어 아지태가 죄를 자백하게 되자 여러 사람들이 속 시원하게 여겼다. 이로 말미 암아 도성은 물론변방의 여러 장속들이나 종실관리들, 또한 지략이 뛰어나고 점잖은 선비들이 태조를 그림자처럼 따르게 되었다. 그러자 태조는 자신에게 화가 미칠 것을 두려워하여 다시 외방의 일을 맡기 원했다.'

여기서 태조는 왕건을 뜻한다. 궁예는 913년 왕건을 시중 자리에서 해임한 뒤 나주로 보낸다. 그리고 2년 뒤인 서기 915년 다시 철원으로 돌아온 왕건에게도 왕비 강씨의 뒤를 이어 관심법을 적용하게 된다.

요컨대 왕건은 시중이 된 뒤부터 주위의 모함을 받았고 궁예 또한 왕 건을 신임하면서도 한편으로는 패서지역 호족들의 지지를 받는 그를 늘 경계의 대상으로 삼고 있었다는 뜻이다.

왕건은 차라리 외방 근무를 자처할 정도로 위기감을 느낀다. 아지태 의 참소 사건도 표면적으로는 그가 동향인들을 모함한 사건이라고만 알려졌지만 왕건이 개입하여 문제를 해결하고 난 뒤에 스스로 위협을 느꼈다고 하는 대목을 보면 세력 간의 알력다툼이 있었다는 반증으로 해석할 수도 있다.

그러니까 청주지역 사람들을 끌어들여 패서지역 호족들을 견제하려 고 했던 궁예의 의도는 시중 왕건이 문제를 분명하게 처리함으로써 차 질을 빚게 되었고 그로 인해 왕건에 대한 궁예의 경계심은 더욱 커졌을 것이라는 결론이 성립되는 것이다.

당시 나주는 이미 태봉국의 수중에 있었다. 서기 903년 왕건은 해상수로를 이용하여 직접 나주로 가서 10여 현을 무너뜨린 뒤 견고한 성을 쌓고 돌아왔다. 궁예는 그로부터 10년이나 지난 후에 다시 왕건을 나주로 내려 보낸 것이었다.

"현재 수군의 장수가 미천하여 능히 적을 제압할 수 없으니 왕 시중을 나주로 보내라."

궁예는 왕건을 시중자리에서 물러나게 하면서 그 이유를 이렇게 덧붙였다. 그것은 왕건 자신도 원하는 바였다. 그가 70여 척의 전함과 수군 2천 명을 싣고 나주에 도착했을 때 백제군은 아무런 동요도 없었고 해상은 평온했다.

궁예는 별다른 전쟁의 조짐도 없는 곳에 왕건을 파견한 것이다. 이는 자신을 시중자리에서 해임하기 위한 수단에 불과하다는 사실을 누구보다도 장본인인 왕건 자신이 잘 알고 있었다.

이렇다 할 전투 한 번 치르지 않고 철원으로 돌아온 왕건은 궁예를 만난 자리에서 해상운송의 유리함에 대해서 설명한다. 이때 궁예가 하는 말이 걸작이었다.

"나의 장수 가운데 누가 감히 그대와 겨룰 만한 이가 있겠는가?"

싸움도 없는 전쟁터에서 몇 달씩이나 허송세월하고 돌아와 새로울 것도 없는 사실을 설명하는 부하에게 입에 발린 칭찬을 늘어놓은 궁예나, 그런 왕의 의도를 뻔히 알면서도 역시 나주는 중요한 땅이기 때문에 수시로 정찰할 필요가 있더라고 너스레를 떠는 왕건이나 속으로는 오만 가지 상념에 사로잡혀 있었다.

성격이 직선적이고 좋고 싫음에 대한 표현이 분명했던 궁예와는 달리 왕건은 느긋하고 융통성 있는 성격이었다. 그런 까닭에 주변에는 늘 사람이 끊이지 않았고 출신지역에 관계없이 폭넓은 지지 세력을 확보하고 있었다.

그러니까 궁예로선 왕건이 자신의 왕국을 지키기 위해 가장 필요한 인물인 동시에 자신의 존재를 위협하는 최대의 정적이라는 애매한 상황에 처하고 만 것이었다.

궁예는 언젠가는 왕건을 제거해야 된다고 여겼으나 차일피일 결단을 미루던 중이었고 그런 사실을 충분히 짐작할 수 있었던 왕건 입장에선 어떻게든 살 길을 모색해야 되는 상황이었다.

위태로운 정국은 아지태가 왕건에게 제거되기 전인 서기 909년부터 시작되었다. 왕건의 부대가 나주를 탈환한 뒤 궁예는 전쟁에 참여한 장수들에게 후한 대접을 해주지 않았다. 이에 장군 김신 등이 공적은 많은데 상이 없는 것을 불평하자 왕건은 그들을 이렇게 달랬다.

"지금 조정에선 잔학한 임금이 무고한 사람을 많이 죽이고 아첨하는 무리가 득세하고 있소. 이럴 때 내직에 있는 사람들은 각자 목숨을 보전하기도 어렵게 되었으니, 부디 두 마음을 갖지 않고 처신하면 훗날 복을 얻게 될 것이오."

이 말은 왕건 자신도 참고 있으니 경거망동하지 말고 때를 기다리자는 뜻이었다. 역시 싸움만 잘하는 게 아니라 노련한 정치가였다. 그는 상황이 완전히 무르익을 때까지 인내심을 갖고 기다릴 줄도 알았고 필요하면 상대에게 무릎을 꿇을 줄도 알았다. 그리하여 동요하는 휘하 장수들을 다독여 자기편으로 만들었고 마침내 최후의 승자가 될 수 있었던 것이다.

최응의 기지로
위기를 모면하다

'하루는 태조가 급한 부름을 받고 궁궐에 들어가 보니 궁예가 바야흐로 주
살誅殺한사람들에게서 몰수한 금은보화와 가제도구를 점검하고 있다가 눈을
부릅뜨고 태조를 노려보며 말하기를,

"그대가 어젯밤 여러 사람을 모아 놓고 반역을 모의함은 무엇 때문이냐?"

고했다. 태조는안색도 변하지 않은채 태연하게 웃으며 말하기를,

"어찌 그런 일이 있었겠습니까?"

고 하였다. 궁예가 말하기를

"그대는 나를 속이지 말라. 나는 관심법으로 다 알 수 있으니 내가 장차 입
정하여그 일을 다말하리라."

그런 뒤 곧 눈을 감고 뒷짐을 지고는 얼마 동안 하늘을 우러러보고 있었다.
그때에 장주 최응이 일부러 붓을 떨어뜨리고 뜰에 내려와서 이것을 줍는 척하
며 태조에게 귓속말을 하였다.

"복종하지 않으면 위태롭습니다."

태조가 이에 깨닫는 바가 있어,

"신이 진실로 반역을 꾀하였사오니 그 죄는 죽어 마땅하나이다."

라고 하니 궁예가 크게 웃으며 말하기를,

"그 태도가 가히 정직하도다. 경은 다시는 나를 속이지 말라."

하면서 금은으로 장식한 안장과 고삐를 하사하였다.

이것은 궁예가 왕건에게 관심법을 행했던 때의 상황을 기록한 〈고려사〉의 한 부분이다.

이때가 왕건으로선 최악의 위기였다. 궁예는 그에게 반역을 모의한 까닭을 물으며 관심법을 들먹였다. 사실여부와 상관없이 어쨌거나 왕건은 죽을 수밖에 없는 상황이었다. 반역을 꾀했다고 시인하면 대역죄에 해당되고, 부정해봤자 궁예가 관심법으로 다 보았다고 하면 대책이 없는 것이다.

궁예가 뒷짐을 지고 하늘을 우러러보고 있는 그 짧은 순간이 왕건에게는 사활이 걸린 가장 길고 고통스러운 시간이었으리라. 운명의 기로에 서 있던 왕건에게 최응의 한 마디는 결정적이었다.

최응은 거의 대부분의 시간을 궁예와 함께 보내는 직책에 있었으므로 누구보다도 그 성격에 대해선 잘 알고 있었다.

최응은 살생을 싫어한다는 이유만으로 평생 야채만 먹고 살았다. 그런 만큼 궁예의 신임이 아무리 두텁다고 해도 사람들이 참혹하게 죽어 나가는 걸 보고는 결코 그에게 충성하고 싶은 마음이 들지 않았을 터였다.

또한 그는 상황 판단력이 뛰어난 인물이었다. 그는 이미 궁예는 백성들에게 희망을 주는 존재가 아니라는 사실을 직감하고 있었다.

자신의 친자식을 죽일 수도 있는 군주가 만백성의 어버이가 될 수 없다는 것은 자명한 이치였다.

최응은 백성들의 그 희망이 언제부턴가 왕건 편으로 기울어졌다는 것에 대해서도 잘 알고 있었다. 그리하여 궁예가 눈을 부릅뜨고 있는 위험천만한 상황에서도 그런 용기를 내게 된 것이었다.

궁예의 분신이나 마찬가지인 최응의 입에서 반역을 시인해야만 살아남는다는 이야기가 나왔으니 왕건으로선 선택의 여지가 없었다. 그리하여 구사일생으로 목숨을 건진 왕건과 그의 참모들은 마침내 궁예를 치기로 결단을 내린다. 이제 누구도 관심법의 대상에서 예외가 될 수 없는 상황에서 거사를 미룬다는 건 자신들의 목숨을 위태롭게 하는 만용이었다.

918년, 태봉국에 군사 쿠데타가 일어나기 전후 상황에 대해 〈고려사〉는 다음과 같이 전한다.

'6월 을묘乙卯에 이르러 기장騎將홍유, 배현경, 복지겸 등이 몰래 모의하고 야밤에 태조의 집에 가서 다 같이 추대할 뜻을 말하니 태조가 굳게 거절하여 허락하지 않는지라 부인 유씨가 손수 갑옷을 들어 태조에게 입히고 여러 장수들이 부축하여 밖으로 나와서 사람을 시켜 달려가며 소리치기를, "왕공王公이 이미 의기義旗를 들었다."라고 하니 이에 분주히 달려오는 자가 이루 헤아릴 수 없었으며 먼저 궁문에 이르러 북을 치며 떠들썩하게 기다리는 자가 1만 여명이나 되었다. 궁예가 이를 듣고 놀라 말하기를

"왕건이 그랬다면 나의 일은 이미 끝났구나."

하며 이에 어찌할 바를 모르고 남루한 옷으로 갈아입고 북문을 빠져나가 도망치니 내인이 궁궐을 청소하고 새 왕을 맞이하였다. 궁예는 암곡巖谷으로 도망하여 이틀 밤을 머물렀는데 허기가 심하여 보리이삭을 몰래 잘라먹다가 뒤이어 부양사람에게 죽임을 당하였다.'

궁예는 왕건이 반란을 일으켰다는 소식을 듣고는 싸워볼 엄두도 내지 못한 채 서둘러 궁궐을 빠져나갔다. 그만큼 궁궐에 사람이 없었다는 뜻이다. 왕건을 따르는 세력이 사전에 치밀한 교통정리를 해두지 않았다면 상황이 이렇게까지 되지는 않았을 것이다.

또 한 가지 분명한 사실은 궁예가 왕건의 독주를 견제하려는 시도는 몇 차례 했지만 결국은 그를 믿었기 때문에 권좌에서 밀려나게 되었다는 것이다. 아무리 밤중이라지만 자신을 지켜줄 병력조차 제대로 갖춰놓지 않았던 것은 궁예가 왕건의 반란을 전혀 염두에 두지 않았다는 뜻으로도 해석할 수 있다.

왕건의 쿠데타는 손에 피 한 방울 묻히지 않고 하룻밤 사이에 권력의 주인이 뒤바뀐 말 그대로 무혈혁명이었다. 이틀 밤낮을 산속으로 숨어 다니며 통곡했다는 궁예는 일명 울음산으로 알려진 명성산鳴聲山과 한탄강의 슬픈 전설을 남긴 채 비참한 최후를 맞이한다.

준비된 거사인가,
우발적인 혁명인가

모든 일은 일사천리로 진행되었다. 왕건은 거사 다음날 철원 토정전
에서 즉위식을 가졌고 국호를 '고려'로 연호를 천수天授라고 지었다. 그
리고 얼마 후 대대적인 관직개편을 단행한다. 거사가 하룻밤 사이에 준
비된 것이었다고는 도저히 믿기지 않는 여러 가지 정책적인 대안들이
제시되었고 지방 말단 관리에 이르기까지 새 인물이 속속 등용되었다.
모든 것은 마치 정해진 수순에 있는 것처럼 한 치의 오차도 없이 차근
차근 전개되어 갔다.

국호를 '고려'라고 한 것만 해도 그렇다. 원래 '고려'라는 국호는 과거
궁예가 나라를 세울 때 처음 사용했던 것으로 고구려의 후계자라는 의
미에서 갖다 붙인 명칭이다.

궁예 '고려 또는 '후고구려'라는 국호를 얼마간 사용하다가 훗날 '마
진', '태봉'으로 바꿨는데 왕건이 다시 그 명칭을 복원시킨 것이었다. 고
려라는 국호를 사용하게 됨으로써 왕건은 두 가지 이득을 얻을 수 있
었다. 그 첫째는 견훤의 후백제나 신라에 대응하여 고구려의 후예라
는 국가적 정통성을 확보하는 것이었고, 두 번째는 자신의 세력 기반
인 패서지역 사람들의 기대에 부응함으로써 그들의 충성심을 유도하
는 것이었다.

즉위식이 끝난 뒤 곧 논공행상이 벌어졌다. 여기서부턴 모든 게 순조
롭기만 한 것은 아니었다. 반정에 불만을 품은 마군장군 환선길이 군

대를 이끌고 대궐로 쳐들어 온 것이다. 곧이어 임춘길, 이흔암 등이 반기를 들고 나섰다. 이들은 모두 복지겸에게 발각되어 저자거리에 목이 내걸리는 운명에 처한다.

비록 폭군으로서 생애를 마감하긴 했지만 궁예는 몇몇 충성스러운 신하를 두고 떠났다. 공주성에 가 있던 이흔암이 그 대표적인 인물이었는데, 그는 궁예가 쫓겨났다는 소식을 듣고 곧바로 자신의 임지인 공주성을 버리고 철원으로 올라왔다.

이 때문에 공주성은 견훤의 수중에 들어갔고 이흔암은 역모죄로 시장바닥에서 목이 잘려 나갔다.

새 조정에 협력하길 거부하는 세력들은 끊임없이 나타났다. 난국을 타개해 나갈 대안을 제시할 책사가 필요했다. 왕건은 오랫동안 전쟁터를 누비고 다닌 탓에 주위에 무장들은 많았으나 행정 능력을 겸비한 관료들은 드물었다. 그럴 때 떠올린 인물이 최응이었다.

최응은 고려가 개국한 뒤 한동안 학문연구 분야 책임자로 있다가 어느 날 태조의 부름을 받고 광평낭중의 자리에 올랐다. 이때 최응의 나이 불과 20세, 고려 조정의 최고 관부인 광평성의 실무책임자로 앉기엔 지나치게 젊은 나이였다.

처음엔 파격적인 인사를 두고 조정 대신들 간에 말도 많았다. 그러나 최응은 얼마 안 가 실무에 통달했다는 평판이 자자할 정도로 행정 관료로서의 능력을 유감없이 발휘하였다.

"경은 학문이 풍부하고 식견이 높은 데다 겸하여 정치를 알고 나라를 위하여 충성을 다하니 옛적의 이름난 관리도 이보다 더할 수는 없을 것이다."

최응이 광평낭중에 제수된 지 1년도 안 되었을 때 왕건은 또다시 그에게 차관급인 광평시랑의 벼슬을 내렸다. 그러나 최응은 이를 간곡히 사양하며 대신 다른 사람을 적임자로 추천했다.

"모든 일에는 연륜이 필요한데 저는 아직 그런 일을 맡을 자격이 없습니다. 이 일은 저보다 10년 연상인 윤봉에게 맡겨주십시오."

당시 왕건의 나이 42세였고 최응은 태자와 비슷한 또래였다. 아들 같은 사람 입에서 그렇듯 대견한 이야기를 듣게 되니 왕건은 감탄을 금치 못했다.

"사람에 대한 예의를 지키고 사양할 줄 안다면 나라를 다스리는 데도 문제가 없다고 했는데, 과연 경이 그런 사람이다."

왕건은 최응을 크게 치하하며 윤봉을 광평시랑 자리에 앉혔다. 이후 그는 최응의 말이라면 무엇이든 옳게 받아들였다. 특히 인사에 관한 한 최응의 의견을 거의 수용하는 편이었다. 그만큼 최응은 공명정대한 성품을 가졌다.

최응은 권력에 물들지 않은 흔치 않은 인재였다. 그러면서도 누가 진짜 정의로운 사람인지 알아볼 수 있는 통찰력이 있었다. 남의 단점을 내놓고 이야기하진 않았지만 일단 최응의 입에서 어떤 사람에게 이런 장점이 있다는 말이 나왔다면 그건 결코 틀린 말이 아니었다.

그리하여 왕건은 누구든 최응이 천거한 인물이라면 긍정적으로 받아들였다. 훗날 그가 삼한을 통일하는 데 가장 큰 공을 세웠던 유금필도 그 중 한 명이었다.

유금필의 활약

평주 출신인 유금필은 궁예의 신임을 받던 무장이었다. 그는 고려의 개국에 직접적으로 반기를 들지는 않았지만 그렇다고 새 조정에 협력할 마음도 없었다.

평소 유금필의 무장 기질을 높이 평가했던 최응은 골암성의 여진족 문제로 변방이 위태롭게 되자 그를 왕건에게 추천했다. 왕건은 조정 대신들에게도 의견을 물었다.

"지금 남쪽의 견훤이 아직 멸하지 않았는데 북쪽의 여진족들 때문에 짐은 자나 깨나 근심스럽다. 유금필을 보내 진압코저 하는데 경들의 생각은 어떠한가?"

〈고려사〉 열전 유금필 편에는 어느 날 태조가 제장들을 불러놓고 위와 같이 물으니 모두들 찬성했다고 기술되어 있다.

유금필은 그날로 병력 3천 명을 이끌고 골암성으로 출발했다. 얼마 후 골암성에 도착한 유금필은 동쪽 산에 큰 성을 쌓고 그곳 추장들 3백여 명을 초대하여 큰 잔치를 열었다.

순진한 여진족 추장들은 유금필이 권하는 대로 술을 마셨다. 그는 추장들이 술에 취하자 그들을 모두 굴복시키고 각 마을에 사람을 보내 상황을 알렸다.

"이제 너희 추장들이 다 항복했으니 너희들도 와서 복종하라."

그러자 천오백 명의 여진족들이 투항해왔다. 유금필은 포로로 잡혀 있던 3천여 명의 고려 사람들과 함께 송악으로 돌아왔다. 왕건은 그에게 크게 표창을 내렸다. 이때부터 유금필은 정식으로 고려 조정에 몸 담게 된다.

태조 8년인 서기 925년, 고려는 백제의 연산진에서 치열한 한판 승부를 벌였다. 연산진은 청주에 인접한 지역으로 고려나 백제 모두에게 중요한 땅이었다.

유금필은 이때 정서대장군에 임명되어 연산진 공격에 나서 백제 장군 길환을 죽이고 다시 근방의 예산지역까지 치고 들어가 백제군 3천 명을 살상하거나 포로로 잡아오는 대승을 거뒀다.

유금필은 타고 난 무장인 동시에 앞날을 내다볼 줄 아는 안목까지 갖춘 인물이었다. 견훤이 결코 만만한 상대가 아니라는 사실을 누구보다 일찍 알아차린 것도 유금필이었다.

왕건과 견훤의 한판 승부

견훤은 왕건이 고려를 개국했다는 소식을 듣고 두 달 후인 8월에 축하 사절을 파견했다. 왕건은 광평시랑 한찬일 등에게 그들을 영접하게 하고 후한 대접을 해주었다. 그러나 이는 어디까지나 고려 조정의 판세를 염탐하기 위한 견훤의 술책이었다.

견훤은 이때 왕건의 국정 장악력이 뛰어나고 군부가 안정되어 있음을 사신으로부터 전해 듣고 당분간 전쟁을 유보시켰다.

그리고 3년 뒤인 서기 920년 9월에는 또 사신을 보내 공작새 깃털로 만든 부채와 지리산 대나무로 만든 화살을 왕건에게 선물했다.

그리고는 한 달 뒤에 신라 땅인 합천 공격에 나선다. 고려는 이때 신라 조정의 요청을 받아들여 원군을 파견하게 된다.

이로써 고려 조정과 화해 무드를 조성한 뒤 신라 땅을 잠식하려던 견훤의 계획은 수포로 돌아갔다.

그로부터 5년의 세월이 흐른 뒤 유금필이 연산진 싸움을 승리로 이끄는 동안 왕건과 견훤은 직접 경북 안동 일대에서 한바탕 접전을 벌였다.

싸움은 막상막하하였다. 양쪽 국왕들이 선봉에 나선 전투니만큼 병사들의 사기도 하늘을 찌를 듯했다.

왕건의 전략은 최대한 시간을 끌어서 백제군이 지쳤을 때 공격을 감행하는 것이었다. 왕건의 군대도 먼 길을 달려왔기 때문에 휴식이 필요한 상황이었다.

문제는 과연 그러한 작전이 제대로 먹혀 들어갈 수 있을지 예측을 할 수 없다는 데 있었다. 그럴 때 유금필이 연산진에서 군사를 몰아왔다. 고려군이 다른 지역에서 백제군을 무찔렀다는 것만으로도 양측의 사기는 천지차이로 달라졌다.

설상가상으로 승전군이 전투에 가세한다는 소식이 전해지자 백제군은 완전히 전의를 상실하고 말았다. 견훤은 서로 인질을 교환하고 화해하자는 제의를 해왔다.

"우리 군사들도 많이 지쳐 있다. 먼저 저쪽에서 화해를 청했으니 받아들이는 게 이로울 것 같은데 제장들의 생각은 어떠한가?"

왕건은 견훤의 요청을 받아들일 결심으로 이렇게 물었다. 그러자 유금필이 즉각 반대하고 나섰다.

"사람의 마음은 알기 어려운데 어찌 가볍게 적과 화친할 수 있겠습니까?"

그러나 왕건의 뜻은 이미 굳어져 있었다. 그는 계속해서 반대의견을 굽히지 않는 유금필을 제지하며 덧붙였다.

"경의 공이 크다는 것은 이미 알고 있다. 이제 국가가 안정되면 마땅히 크게 상을 내릴 것이다."

이렇게 해서 왕건과 견훤은 서로 화해하기로 합의하고 각각 인질을 교환하게 된다. 고려 측 인질로는 왕건의 사촌동생 왕신이 갔고 견훤은 자신의 사위인 진호를 인질로 내주었다.

이듬해 4월에 공교롭게도 인질로 잡혀왔던 견훤의 사위가 병으로 죽었다. 고려 조정에서 진호의 시신을 보내자 견훤은 길길이 뛰었다. 그는 결코 자신의 사위가 병들어 죽었다는 사신의 말을 믿지 않았다. 게다가 당장 원수를 갚겠다며 왕건이 친동생처럼 아끼던 왕신을 죽이고 군대를 몰아 공주성으로 향했다. 설마 견훤이 그렇게까지 나올 줄은 미처 생각도 못했던 왕건은 뒤늦게 유금필의 말을 듣지 않은 걸 후회하며 피눈물을 삼켜야 했다.

귀양지에서
전공을 세우다

유금필은 과거 전장터를 누비던 왕건과 많은 점이 닮았다. 그는 싸움에 임하면 결코 물러서는 법이 없었고 장수로서의 용맹과 기상을 무엇보다도 중요하게 여겼다.

서기 930년에 있었던 병산전투에서 유금필은 고려군의 선봉장으로 나서 백제군을 대파하고 안동 일대의 고려 영토를 굳건히 했다. 당시 왕건은 신숭겸과 김락 등의 공신을 잃고 의기소침해져 있을 때였다.

"만약 싸움이 불리할 때는 어찌할 것인가?"

왕건은 휘하의 장수들에게 대책을 물었다. 이때 홍유, 공훤 등의 장수들은 여차하면 퇴로가 차단될 염려가 있으니 미리 샛길을 만들어놓아야 한다고 말했다. 유금필은 그들과 생각이 달랐다.

"어차피 병兵은 흉기요, 싸움은 위태로운 것이라 했습니다. 죽을 각오로 싸움에 임해도 모자랄 판에 미리 도망갈 길부터 찾는다면 어떻게 승리를 장담할 수 있겠습니까? 만약 여기서 패배한다면 귀한 땅과 백성들을 고스란히 적에게 넘겨주게 되니 속히 진군하소서."

이번만큼은 왕건도 유금필의 충언을 받아들였다. 그 결과 유금필은 명장으로서의 기질을 아낌없이 발휘하여 백제군 8천을 무찌르는 대승을 거뒀다.

"오늘 승리는 경의 힘으로 얻어진 것이다."

모처럼 승리의 기쁨에 젖은 왕건은 다른 장수들이 무색해질 정도로 유금필의 공로를 크게 칭찬하였다.

왕건은 3년 전에 자신이 아끼던 장수 신숭겸과 김락 등을 잃었다. 그 것도 왕건 자신이 직접 군사를 이끌고 나간 전투에서 무참히 전사한 것이었다.

서기 927년 9월의 일이었다. 당시 견훤은 서라벌로 쳐들어가 신라 왕 실을 완전 쑥대밭으로 만들어놓았다.

그 동안 신라는 견훤의 백제보다는 왕건의 고려에 의지하는 모습을 보여주곤 했다. 이 시기에 이르러서는 거의 나라 전체의 운명을 고려 에 맡기는 분위기였다.

견훤에 대한 복수심에 불타고 있던 왕건은 경순왕의 급보를 받고 즉 시 구원병을 보냈지만 견훤이 한발 빨랐다. 견훤은 이때 경상북부를 공 격하는 척하다가 갑자기 진로를 바꿔 곧바로 도성을 치고 들어온 것 이었다.

고려군이 서라벌에 도착했을 무렵엔 이미 상황이 끝난 뒤였다. 적 군이 바로 코앞에 온 줄도 모르고 포석정에서 한가롭게 연회를 베풀 던 경순왕은 백제군사들이 보는 앞에서 스스로 목숨을 끊어야만 했다. 〈고려사〉는 이때'견훤이 궁궐을 샅샅이 뒤져 숨어 있던 경순왕과 왕비 를 찾아낸 다음 강제로 왕비를 능욕하였으며 부하들에게는 후궁들을 난행하게 하고 김부를 새 왕으로 삼았다'고 적었다.

고려에서 구원병이 오고 있다는 소식을 접한 견훤은 서라벌을 난장 판으로 만들어놓기 무섭게 군대를 돌려 팔공산 쪽으로 향하다 왕건의 군대와 맞닥뜨리게 된다. 왕건은 이때 정예군사 5천 명을 이끌고 왔는데 상대를 너무 얕본 게 탈이었다. 왕건은 이 싸움에서 자신이 가장 아끼던 장수 신숭겸과 김락 등을 잃고 겨우 목숨만 부지한 채 송악으로 돌아왔다.

견훤은 왕건을 비웃듯 김락의 목을 베어 절간 앞에 내다버렸고 신숭겸의 베어낸 목은 찾을 수도 없는 곳에 던져버렸다. 이후로 왕건은 경상도 서부 일대가 견훤의 수중에 들어가는 모습을 맥없이 지켜보는 수밖에 없었다.

그 와중에 얻은 승리였으니 왕건으로선 유금필을 업어주기라도 하고 싶은 심정이었을 것이다. 그러나 이러한 왕의 총애가 유금필 자신에게는 오히려 화를 불러들인 격이었다.

병산전투가 끝난 지 채 1년이 되기도 전에 유금필은 정적들의 모함을 받고 백령도로 유배된다. 백제군이 그 이름만 듣고도 벌벌 떠는 유금필의 숙청 소식은 견훤을 흥분시키기에 충분한 사건이었다.

얼마 후 견훤은 해군장군 상애와 상귀를 보내 고려를 습격한다. 고려군은 이때 속수무책으로 당하기만 했다. 백제군은 삽시간에 수도 개성을 치고 들어와 고려 조정을 혼비백산하게 만들더니 곧이어 고려군이 공들여 키운 저산도의 군마 3백여 필을 노략질해 가는 등 쉴 새 없이 치고 빠지는 전술을 구사했다.

어떻게 손을 써볼 수도 없는 상황에서 홀연 의병들을 이끌고 나타나 저 극성맞은 백제수군을 오합지졸로 만들어버린 장수가 있었으니 바로 백령도로 귀양 갔던 유금필이었다.

그는 귀양지에서 백제군의 침략 소식을 듣고 백령도와 그 주변 어부들을 모아 임시 수군을 조직하여 날쌔기로 이름난 백제군의 해상함대를 격퇴시켰다.

"경은 죄도 없이 귀양을 가게 되었는데 억울해하지도 않고 그저 나라를 도울 일만 생각했으니 내가 부끄럽고 후회스러운 마음을 금할 길이 없다."

왕건은 곧 그를 정남대장군에 봉하고 노고를 치하하며 이후로는 두 번 다시 그에 대한 신임을 버리지 않았다.

그로부터 1년 후인 서기 932년 유금필은 또다시 경주가 위태롭다는 왕건의 급보를 받고 즉시 신라 땅으로 향했다. 당시 유금필이 대동한 병력은 80여 명에 불과했다. 그에 비해 백제군은 견훤의 아들 신검의 지휘 하에 금달, 환궁 등 일곱 명의 장수들이 휘하 부대를 이끌고 나온 대군의 규모였다.

전쟁은 의외로 싱겁게 끝났다. 경주를 완전 포위하고 있던 백제군은 유금필이 오고 있다는 말만 듣고도 대오가 허물어져 버린 것이었다. 금달과 환궁 등 7명의 장수들은 고려군에 포로로 잡혔고 신검만이 겨우 목숨을 부지해 쫓겨 가는 것으로 신라에는 다시 평화가 찾아왔다.

"우리 장군이 아니었다면 누가 이런 일을 할 수 있었겠는가?"

승전보를 듣고 흡족해하던 왕건은 유금필이 나타나자 입에 침이 마르도록 칭찬을 늘어놓았다.

"경과 같은 공로는 일찍이 드물었다. 내 이 마음에 새겨서 잊지 않을 것이다."

"나라가 어려울 때 제 한 몸 바쳐 충성하는 것은 신하로서 마땅히 해야 할 직분에 불과한데, 성상께서는 어째서 이토록 저를 칭찬하십니까?"

지나친 칭찬은 꾸지람만 못하다는 유금필의 따끔한 충고였다. 이토록 훌륭한 신하를 곁에 두었으니 왕건으로선 더 이상 바랄 게 없었다.

별이 지다

맑은 날이 있으면 흐린 날도 있다고 했던가. 흡족한 마음이 채 식기도 전에 비보가 날아들었다. 지난 15년 간 올바른 조언으로 왕건의 오른팔 역할을 해왔던 최응의 사망 소식이 들려온 것이었다.

최응은 어린 시절 궁예의 눈을 피해 숨어 다니며 워낙 고생을 많이 한 탓인지 체질이 몹시 허약했다. 더구나 고기나 생선은 평생 입에 대지도 않은 채 밤낮 없이 일에 매달려 지내다보니 몸이 성할 리가 없었다. 그러던 어느 날, 최응은 과로로 쓰러져 자리에 누웠는데 며칠이 지나도록 상태가 좋아지지 않았다. 왕건은 태자 편에 고기를 보냈으나 최응은 끝내 먹지 않겠다고 버텼다. 결국 왕건이 직접 나섰다.

"경이 고기를 먹지 않는 것에는 두 가지 잘못이 있다. 하나는 자기 몸을 보전치 못하여 홀로 된 어머니를 끝까지 봉양하지 못하는 불효요, 둘째는 명이 길지 못하여 나로 하여금 훌륭한 보필을 잃게 하는 불충이라."

　최응은 비로소 눈물을 흘리며 왕건이 보는 앞에서 고기를 먹었다. 그러나 왕의 지극한 사랑에도 불구하고 그는 끝내 요절할 수밖에 없는 운명이었다. 왕건은 삼한통일을 발원하기 위한 석탑을 개경과 서경에 짓고 최응에게 기도문을 맡겼다. 최응은 마치 그 일이 자신이 태조를 위해 할 수 있는 마지막 과업이라도 되는 양 발원문 작성에 심혈을 기울였다.

　그리고는 일마 못가 숨을 거두었다. 최응이 세상을 떠났을 때 왕건은 연산진에 머물고 있었다. 당시 왕건의 군대는 홍성과 공주 일대를 누비며 백제군과 치열한 접전을 벌였는데 명장 유금필의 활약으로 공주 이북의 30여 성을 수중에 넣는 등 승승장구하던 중이었다.

　최응의 부음은 승리의 기쁨에 도취되어 있던 왕건에게 더할 수 없는 슬픔을 안겨주었다. 왕건은 친히 조문하지 못함을 안타까워하며 그에게 대광태자태부의 벼슬을 추증하고 그 가족들을 위로하였다.

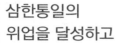

삼한통일의
위업을 달성하고

그로부터 2년 뒤에 백제의 견훤은 아들 신검에게 왕위를 빼앗기고 금산사에 유폐되는 신세가 되었다. 3개월 뒤 극적으로 금산사를 탈출한 견훤은 제 발로 왕건에게 달려가 자신의 원수를 갚아달라고 통사정을 한다.

뒤이어 신라의 경순왕도 고려에 귀순할 뜻을 전함으로써 후삼국시대는 사실상 막을 내리게 되었다.

최응의 발원문이 위력을 발휘했던 것일까. 모든 일은 너무나 극적이고 신속하게 이루어졌다.

"원컨대 부디 왕의 위엄에 의지하여 노신의 못난 아들을 처단해 주소서."

〈고려사〉는 '태조가 처음에 때를 기다려서 출동하려고 했으나 그가 굳이 이렇게 간청하므로 애처롭게 여겨 출병을 하게 되었다고' 전한다. 왕건은 견훤의 요청에 따라 그 아들 신검을 치기 위해 대군을 이끌고 경북 선산으로 향했고 그곳에서 신검의 항복을 받아냈다.

견훤이란 위인도 참 특이한 인물이었던 모양이다. 신검의 반란은 과거 견훤의 책사였던 능환이 정치권으로부터 소외된 것에 불만을 품고 그를 부추겼기 때문에 일어났다.

이것은 어디까지나 견훤의 실수였다. 그는 장남인 신검이 자신을 도와 많은 일을 세웠음에도 왕위는 넷째인 금강에게 물려주려고 했다. 그로 인해 견훤 자신은 물론 그가 애써 일군 후백제의 영토마저 고스란히 왕건에게 넘어가게 된 것이었다.

이 사실을 알고 있던 왕건은 신검이 견훤의 장남이라는 점을 감안하여 능환과 다른 두 아우만을 죽이고 신검에게는 벼슬자리를 내주었다. 그랬더니 견훤은 몇날 며칠 자리보전을 하고 누워 있다가 등 창으로 죽고 말았다.

적국의 우두머리인 왕건보다 아비를 배신한 자식이 더 무서웠던 것일까. 견훤은 또다시 신검이 자신을 죽이러 올지도 모른다는 두려움에 떨며 쓸쓸하게 죽어갔다. 한때 삼한의 저승사자로 불리며 전장을 누비던 영웅의 최후치고는 너무나 허망한 죽음이었다.

이렇게 해서 바야흐로 삼한은 하나의 제국, 고려로 통합되었다. 고려 태조 왕건은 그 일이 결코 자기 혼자만의 힘으로 이루어진 것이 아님을 알고 있었다.

많은 장수들과 이름 없는 병사들의 소중한 희생이 없었다면 고려는 결코 삼한의 주인이 될 수 없었을 터였다. 그중에서도 그는 자신이 즉위한 뒤부터 19년 간 전쟁터를 누비며 피땀으로 승리를 일궈낸 유금필의 노고를 잊지 않았다.

세월의 힘 앞에서는 누구도 무릎을 꿇을 수밖에 없었다. 941년, 유금필이 먼저 세상을 떠났고 2년 뒤에는 태조 왕건의 국상이 치러졌다.

"천하 만물 가운데 목숨이 있는 자는 죽지 않는 것이 없으니 죽음은 천지의 이치이며 만물의 자연스러운 것이다. 나는 이미 병든 지 20일이 지났으며 죽음을 고향으로 돌아감과 같이 보거늘 무슨 근심이 있겠는가."

왕건은 자신의 죽음이 임박했음을 느끼고 염상, 왕규, 박수문 등 대신들을 불러 유언을 남겼다. 한동안 좌중엔 숙연한 기운이 흘렀다.

왕은 더 이상 아무 말이 없었다. 어느 틈엔가 대신들의 흐느끼는 소리가 들려왔다. 그러자 왕은 마치 남의 이야기하듯 이렇게 물었다.

"무슨 소리냐?"

"성상께서 백성의 부모로 계시다가 오늘날 신하들을 버리시려 하시니 저희가 슬픔을 스스로 이기지 못할 뿐입니다."

왕의 입가에 희미한 미소가 번져 나왔다.

"덧없는 인생이 예로부터 그러하니라."

말을 마치고 조금 있다가 왕은 나지막이 한숨을 내리쉬었다. 더 이상 그 표정엔 아무런 변화가 없었다. 다만 아득한 허공을 응시하듯 희미하게 열린 두 눈만이 제왕의 파란만장한 생애가 끝났음을 알려주는 듯했다. 태조의 나이 67세, 왕위에 오른 지 26년 되던 해였다.

찬란한 문치시대의 빛과 그림자
쌍기

돗자리 대왕

태조 왕건은 무려 29명의 후비들 사이에서 34명의 자식들을 얻었다. 그렇게 많은 후비들이 각각 경쟁하듯이 자식을 낳아 25명의 왕자와 9명의 공주를 탄생시켰다.

공교롭게도 첫 번째 왕비인 신혜왕후 유씨는 자식을 한 명도 낳지 못했다. 자연 차기 왕위 계승을 둘러싼 궁중의 치열한 암투가 불가피한 상황이었다.

태조는 재위 4년째 되던 해인 921년 둘째 왕비인 장화왕후 오씨 소생의 맏아들 무武를 태자로 책봉한다.

당시 태자의 나이 12세, 첫째 왕비가 자식을 낳지 못했고 25명의 왕자들 가운데 맏이였다는 점을 감안하면 태자 책봉은 따 놓은 당상이었다. 뜻밖의 변수가 생긴 건 태자 책봉이 있기 1년 전이었다. 셋째 왕비인 신명순성왕후 유씨가 왕자 태泰를 낳은 것이다. 신명순성 왕후는 충주 출신 호족 유긍달의 딸이다.

유긍달은 당시 조정에 막강한 영향력을 행사하던 충주 세력을 대표하는 인물이었다. 특히 궁예를 몰아낼 때 충주 유씨 가문의 도움이 컸다. 왕건은 즉위 후 각 호족들의 병권을 관할하는 자리에 충주 유씨 사람을 들어앉히는 등 정책적인 배려를 아끼지 않았다.

나주 상인 오다련의 딸로 알려진 장화왕후는 '한미한 가문' 출신이라는 기록만 〈고려사〉에 전해지는 것으로 보아 조정에 별다른 세력이 없었던 듯하다.

왕건은 고민에 빠졌다. 마음속으로는 장화왕후 소생의 맏아들을 염두에 두고 있었으나 유씨 가문을 의식하지 않을 수 없는 것이다.

생각다 못한 왕건은 낡은 상자에 담긴 자황포왕이 입은 옷를 장화왕후에게 주며 은연중에 대광 박술희에게 보여줄 것을 지시한다. 박술희는 왕건이 나라를 세우기 전부터 신숭겸, 홍유 등과 생사고락을 함께 했던 무장으로 그 당시 군부의 실세였다.

〈고려사〉 열전 박술희 편에는 '그는 천성이 용감하고 육식을 좋아하며 두꺼비나 개미까지도 먹어치웠다'고 하는 대목이 나온다.

아무튼 '뭐든 한다면 하는' 우직한 성격이었던 모양이다. 왕건은 박술희의 그런 성격을 이용하려 했던 것 같다. 박술희는 재상직인 대광 자리에 있었으므로 조정에서도 얼마든지 발언권을 행사할 수 있었다. 왕건은 적어도 그 정도 위치에 그만한 성품이라면 자신의 뜻을 알아주리라 믿고 속보이는 눈치작전을 쓴 것이었다.

얼마 후 장화왕후는 박술희에게 태조의 하사품을 보여주며 탄식을 늘어놓는다.

"다른 사람은 몰라도 대광이신 장군께는 꼭 이것을 보여드리고 싶었습니다. 엄연히 맏아들이 있는데 대왕께서 오죽 답답하셨으면 나한테 이런 걸 주셨을까……."

왕건과 장화왕후의 작전은 그대로 들어맞았다. 의리의 사나이 박술희는 자황포를 부여잡고 눈물짓는 장화왕후의 모습에서 연민의 정을 느꼈고, 임금의 자리에 있으면서도 호족들 눈치 보기 바쁜 왕년의 전우 왕건의 번뇌가 무엇인지 깨닫는 순간 의협심에 가까운 충성심을 나타냈다.

"아무 걱정하지 마십시오. 이 문제는 반드시 제가 책임지고 해결하겠습니다."

여기부터 태자 책봉 문제에 관한 한 스스로 총대를 메기로 작정한 대광 박술희의 눈부신 활약이 시작된다. 그는 왕이 즉위한 지 4년이 지나도록 태자 자리가 공석으로 비워져 있음을 이유로 적장자인 무가 열두 살이나 되었으니 태자 책봉에 아무런 문제가 없다며 강력하게 자신의 주장을 밀어붙였다.

작전은 성공리에 끝났다. 태자 책봉을 둘러싸고 이래저래 할 말이 많았던 조정 중신들도 '맏아들이 왕위를 계승하는 것이 당연하다'는 박술희의 주장에는 반론의 여지가 없었다. 자신의 뜻을 관철시키는데 성공한 왕건은 박술희를 태자의 후견인으로 삼고 병부령 임희의 딸을 태자비로 맞아들였다. 아울러 경기지역에서 막강한 세력을 형성하고 있던 개국공신 왕규의 딸과, 청주지역 호족인 김긍률의 딸을 각각 두 번째와 세 번째 태자비로 삼았다.

그런데 태조 왕건의 29비 가운데 제15비 광주원부인과 제16비 소광주부인은 자매지간으로 둘 다 왕규의 딸이었다. 그러니까 왕규는 태조의 장인이자 그 다음 대를 이어갈 혜종의 장인도 되는 셈이다.

2대에 걸쳐서 왕의 장인이 되기는 김긍률도 마찬가지였다. 그는 혜종의 장인인 동시에 고려 제3대 왕인 정종의 장인이기도 했다.

왕건은 이처럼 복잡한 혼인정책을 통해 호족들과의 유대관계를 강화시키고 왕실의 안정을 꾀하려 했지만 결과적으로 골육상잔의 비극을 불러들였다.

대광 박술희 덕분에 고려 제2대 왕으로 등극한 혜종에게는 두 가지 별명이 있었다. 우선 얼굴에 주름살이 많다고 해서 '주름살 대왕' 혹은 '돗자리 대왕'이라는 별명이 있었고, 항상 요에다 물을 뿌리고 큰 병에 물을 담아 팔꿈치 씻기를 좋아한다고 해서 붙여진 별명이 '용의 아들'이었다.

혜종이 '주름살 대왕' 혹은 '돗자리 대왕'으로 불린 까닭은 얼굴에 주름살이 많은 것 외에도 출생에 관련된 우스꽝스러운 내막 때문이었다. 태조가 장화왕후를 처음 만난 것은 수군장군으로 나주의 목포에 들렀을 때였다. 왕건은 이때 시냇가에서 빨래하는 여인을 만나 하룻밤 동침을 하게 된다.

그녀는 왕건을 만나기 전 용이 뱃속으로 들어가는 꿈을 꾸었다. 그녀가 자신의 아이를 낳는 것을 원치 않았던 왕건은 침석寢席, 잠자리에 까는 돗자리에 사정을 했다. 그녀는 얼른 이것을 손으로 쓸어 담아 임신을 하게 되었고 얼마 후 아들을 낳았다.

왕건이 나주의 시냇가에서 만난 여인이 훗날의 장화왕후였고 그녀가 용꿈을 꾸고 낳았다는 아들이 바로 혜종이었다.

혜종은 어릴 때부터 유난히 얼굴에 잔주름이 많았다. 사람들은 그 주름이 돗자리 문양을 닮았다고 해서 '돗자리 대왕'이라 불렀다는 내용이 〈고려사〉에 전한다. 이야기가 다소 과장된 면은 있어도 혜종이 왕실의 환영받는 존재가 아니었음은 분명하다. 그는 부왕인 태조가 선뜻 태자 책봉을 결정하지 못할 만큼 고립된 처지였다.

혜종은 자라면서 기개가 뛰어나고 지력과 용맹을 겸비한 자신의 능력을 뚜렷이 부각시켰다. 태조는 새삼 그를 다시 보게 되었고 마침내 왕위를 물려줄 생각까지 하게 된다. 혜종은 부왕인 태조가 후삼국 통일전쟁에 나설 때 출전하여 1등 공신에 오르기도 했다. 무장 출신인 박술희는 이런 점을 크게 평가했을 것이다.

끊임없이 왕을 시해하려는 외척

즉위 당시 혜종의 나이는 32세였다. 그는 20년 동안이나 태자 자리에 있다가 왕위에 올랐다. 그나마 박술희를 비롯한 외척들의 보호가 없었다면 언제 누구 손에 죽게 되었을지도 알 수 없는 처지였다.

혜종의 즉위를 가장 못마땅하게 여긴 세력은 역시 충주 유씨 가문이었다. 신명순성왕후는 태조와의 사이에서 5남 2녀를 낳았다. 혜종 즉위 당시는 그녀의 둘째 아들인 요堯와 셋째 소昭는 각각 22세, 20세의 장년으로 성장해 있었다. 이 무렵 첫째 왕자 태에 관한 기록이 없는 것으로 보아 그는 혜종이 즉위하기 전에 죽은 듯하다.

혜종은 그들을 견제하기 위해 박술희를 대광에 임명하고 왕규를 중용하는 등 나름대로 보신책을 강구했으나 워낙 지지기반이 허약 했던 탓에 왕권 확립에 한계가 있었다.

어느 날 불안에 떨고 있는 그에게 장인인 왕규가 섬뜩한 이야기를 꺼낸다. 신명순성왕후 소생의 두 왕자가 역모를 꾀하고 있다는 것이었다.

"요 왕자와 소 왕자가 스스로 왕이 되겠다며 거사 준비에 들어갔다고 합니다. 하루빨리 그들을 처단하지 않으면 나라에 위급한 일이 닥칠 것입니다."

왕규는 두 아우를 죽여야 한다고 주장했지만 혜종은 차마 그럴 수가 없었다. 그는 아우들을 제거하라는 왕규의 충고를 받아들이기는 커녕 오히려 자신의 맏딸을 왕자 소훗날의 광종에게 시집보낸다. 그렇게라도 해서 아우들의 환심을 사고 싶었던 것이다.

이 대목에서 왕규는 위험한 발상을 하게 된다. 그는 충주 유씨 세력에 대해서나 박술희에 대해서 좋지 않은 감정을 갖고 있었다. 그럼에도 혜종은 충주 유씨 세력인 두 왕자를 싸고돌았고 대광 박술희의 말이라면 팥으로 메주를 쑨다고 해도 믿을 만큼 지나치게 의지하는 모습을 보였다.

'그렇다면 차라리 왕을 갈아치워버려……?'

권력욕이란 끝이 없는 법인가. 왕규는 자신의 사위인 혜종을 제거하고 차라리 외손자를 왕위에 앉히려는 음모를 꾸미게 된다.

　그 외손자란 바로 태조 왕건의 제16비로 들여보낸 소광주원부인 소생의 외아들 광주원군이었다.

　혜종이 왕위에 오른 지 2년째 되던 해였다. 어느 날 사천관 자리에 있던 최지몽이 박술희를 통해서 심상찮은 예언을 했다.

　"오늘 밤 무슨 변고가 있을 징조가 나타났으니 왕께서는 침전을 옮기셔야 합니다."

　박술희는 최지몽의 예언을 흘려듣지 않았다. 최지몽은 본명이 최총진이라 했는데 천문과 점성술에 뛰어나고 특히 꿈풀이에 일가견이 있어 태조가 이름을 지몽知夢으로 고쳐주기까지 했다.

　왕의 신변에 위협을 느끼고 있던 차에 그런 말을 듣고 보니 꺼림칙할 수밖에 없었던 박술희는 그날 밤 혜종의 잠자리를 옮기도록 하고는 은밀히 대궐 안팎을 경계했다. 아니나 다를까, 그날 밤 왕의 침전 벽을 뚫고 습격해 들어가는 무리들이 있었다.

　박술희는 즉각 병사들을 풀어 그들을 일망타진했다. 혜종은 이때 왕규의 부하들을 전부 죽이면서도 정작 사건의 주동자인 왕규는 문책하지 않았다. 더구나 이런 일이 한 번도 아니고 두 번씩이나 일어났는데도 끝내 왕규를 벌하지 않음으로써 스스로 자신의 무덤을 판 격이었다. 이래저래 혜종은 하루하루가 불안할 수밖에 없었다. 사방에 자신을 죽이려는 사람들이 득실대고 있다고 생각하면 한시도 견디기 어려웠을 것이다.

결국 그는 외척 왕규에 의해 두 번씩이나 죽을 고비를 넘기고는 극심한 신경쇠약 증세를 보이며 시름시름 앓기 시작한다. 그러다 마침내 재위 2년 만인 945년 9월, 34세를 일기로 세상을 떠난다.

왕위를 둘러싼
치열한 암투

고려 제3대 왕인 정종은 혜종의 사망 당일 조정 대신들의 추대를 받는 형식으로 왕위에 올랐다.

왕규는 바로 그 다음날 반란을 일으켰다. 박술희는 혜종이 죽자 곧바로 살해당했다. 그는 왕규와 정종 모두에게 걸림돌이 되는 인물이었다. 그렇기 때문에 둘 중 어느 세력에 의해서라도 죽게 될 운명이었다. 왕규가 반란을 일으킨 이유는 간단하다. 그는 혜종이 왕위에 있을 때부터 자신의 외손자인 광주원군을 그 자리에 앉히려고 했다. 그 와중에 혜종이 죽고 자신을 적대시하던 충주 유씨 가문의 아들이 왕위를 잇게 된 것이다. 왕규로서는 생존에 위협을 느낄 만한 상황이었다. 거사를 서두르던 그에게 예상치 못했던 복병이 나타났다.

태조 왕건의 사촌동생 왕식렴이 서경에서 군대를 끌고 왔다. 왕식렴은 서경 세력을 대표하는 인물로 태조 원년인 918년부터 이때까지 27

년 간 서경을 책임지고 관리하는 위치에 있었다.

　태조는 재위 기간 동안 개경과 서경을 양경兩京이라 하여 정책적인 안배를 게을리 하지 않았다. 말년에 박술희를 통해 전한 〈훈요십조〉에도 '서경은 수덕이 순조로운 곳이니, 1백일 이상 머물러 나라의 안녕을 도모할 것'을 후대 왕들에게 당부했다.

　이후 고려는 서경파와 개경파로 나뉘어 극심한 세력 다툼을 벌이게 된다. 박술희, 왕규를 비롯한 개경파와 왕식렴, 박수경 등을 중심으로 한 서경파가 본격적인 대립구도를 형성한 건 혜종이 즉위한 후부터였다. 왕식렴은 애초부터 혜종의 즉위를 탐탁지 않게 여겼다.

　그는 혜종이 병석에 누워 있으면서 흥화군에게 왕위를 물려주겠다는 뜻을 밝혔음에도 끝까지 반대의견을 고수했다. 이유는 흥화군이 너무 어리다는 것이었으나 당시 왕식렴이 혜종의 후계자로 적극 밀었던 상대가 바로 요 왕자, 곧 훗날의 정종이었다.

　왕식렴은 혜종의 죽음을 전후하여 어떤 식으로든 영향력을 행사했을 것이 분명하다. 일부에서 왕식렴 혹은 정종 지지 세력에 의한 혜종 시해설이 제기되는 것도 그 때문이다. 정종의 왕위 계승은 혜종이 후계자를 결정짓지 못한 상태에서 기습적으로 이루어졌다. 자연 개경파를 비롯한 반대세력의 저항이 잇따랐고 정종은 이를 극복하기 위한 방안으로 서경천도를 계획한다.

　서경천도는 왕식렴의 강력한 권유에 의한 결정이었다. 정종의 외척인 충주 유씨 가문도 적극적인 지원 사격을 가했다.

　대다수 백성들은 천도에 부정적인 반응을 나타냈다. 정종 2년인 947

년 봄부터 시작된 서경의 궁궐 공사에 개경 사람들을 동원하고 엄청난 식량과 자재까지 끌어다 써야 할 형편이 되자 민심은 걷잡을 수 없이 혼란스러워졌다. 정종은 소심하고 나약한 왕이었다. 그는 겉으로는 강인한 척해도 자신의 즉위 과정에서 있었던 불미스러운 일에 대해서 늘 죄책감을 갖고 있었다.

948년 9월, 동여진에서 온 소무개라는 사람이 말 7백 필과 토산물을 고려 왕실에 바쳤다. 정종은 이 선물을 직접 살펴보며 좋아하다 갑작스레 천둥번개가 몰아치자 충격으로 드러눕고 말았다. 왕이 경기가 들려 쓰러졌다는 소릴 듣고 백성들은 만세를 불렀다고 한다. 이 말은 정종의 귀에도 들어갔다. 일국의 통치자로서 그보다 더 치욕적인 상황은 없었으리라.

자책감과 고립감에 시달리던 정종은 이듬해 정월 왕식렴의 사망 소식을 듣고 심신이 극도로 피폐해졌다. 두 달 후에는 정종 자신도 27세의 나이로 세상을 떠난다. 재위 4년 만의 일이었다.

호족들의 저승사자

950년 1월, 맑은 하늘에 갑자기 비바람이 몰아치더니 삽시간에 엄청난 회오리를 몰고 왔다. 궁궐에선 아름드리나무가 뿌리째 뽑혀나가고 공포에 질린 궁녀들의 비명소리가 사방에서 터져 나왔다.

"이것은 무슨 변고이냐?"

왕이 사천관에게 물었다. 왕의 나이는 25세, 형인 정종의 뒤를 이어 고려 제4대 왕으로 용상에 앉은 지 불과 7개월 남짓 되던 때였다. 피로 얼룩진 왕위 계승 쟁탈전에서 살아남았다는 불안감 때문인지, 왕은 예사롭지 않은 일이 생길 때마다 사천관을 불러 점을 치게 하는 버릇이 있었다.

"재앙입니다."

뜻밖에도 사천관의 입에서 왕이 그토록 두려워하던 말이 튀어나왔다.

"재앙이라……."

왕은 그것이 무엇을 뜻하는 말인지 알고 있었다. 죽은 이복형 혜종의 얼굴이 문득 뇌리를 스쳤다. 비록 낳아준 어머니는 달랐지만 맏형 노릇을 톡톡히 했던 혜종이었다.

아우들을 보호하기 위해 장인인 왕규의 손에 죽을 뻔했고 그로 인해 병까지 얻었던 혜종의 죽음을 두고 사람들은 말이 많았다. 심지어 그가 이복형제들 손에 죽었다고 수군거리는 사람들도 있었다.

정종도 혜종의 죽음으로부터 자유로울 수는 없었다. 어쨌거나 그는 친형인 정종과 더불어 선대왕 혜종의 자리를 불안하게 만들었던 존재였다.

"이 재앙을 물리치려면 어떻게 하는 것이 옳겠느냐?"

왕이 또 묻는다.

"무엇보다도 덕을 닦는 것이 우선입니다."

사천관의 대답이었다.

〈고려사〉는 왕이 이때부터 항상 '정관정요'를 읽었고 연호를 광덕光德이라 정했다고 전한다. 그가 바로 15년 간 피의 숙청으로 온나라를 공포의 도가니로 몰아넣으며 '호족들의 저승사자'로 불렸던 전제군주 광종이었다.

태조의 넷째 아들로 태어난 광종은 본래 왕이 될 가능성이 희박했던 왕자였다. 위로는 맏형인 혜종이 있었고 광종 자신의 친형들도 둘이나 되었다. 이런 이유로 광종은 삼촌의 딸을 첫 번째 아내로 맞이했고 이복누이를 두 번째 아내로 맞이한 왕실 족내혼의 신기록을 세웠다.

태조는 그 자신이 정략결혼으로 호족들과의 유대관계를 강화시키며 왕실의 기반을 다져왔다. 자연 호족들의 입김도 무시할 수 없는 처지였다. 그들 또한 왕실과의 혼사를 통해 기득권을 보장받으려 했다. 차기 왕권 후보자인 혜종은 물론 그 다음 순위에 해당되는 정종도 호족 집안의 딸들 중에서 부인을 맞아들여야 했다. 광종은 왕위계승과는 거리가 먼 넷째 아들이었으므로 혼사문제에 있어서만큼은 호족들의 눈치를 살필 이유가 없었다.

혜종의 죽음을 전후한 시점에서 상황이 급속도로 변하기 시작했다. 광종의 친형제 중 제일 맏형인 태가 그 무렵 세상을 떠났다. 뒤이어 왕권을 거머쥔 정종은 용상에 익숙해지기도 전인 3년 6개월 만에 불귀의 객이 되었다.

혜종과 정종은 아들이 있었지만 다들 나이가 어렸다. 이제 다음 보위는 자신에게 돌아올 수도 있다는 가능성이 20대의 원숙한 나이에 접어든 광종의 야망에 불을 지폈다.

형인 정종의 치세과정을 지켜보며 대권을 꿈꾸던 그는 몇 가지 문제점을 발견하게 된다.

정종은 지나치게 많은 불사를 일으켰고 그로 인해 백성들의 신망을 잃어버렸다. 또 하나는 강성해진 호족세력에 대한 왕실의 독립문제였다. 그는 특히 왕실과 이중삼중의 인척관계를 맺고 문어발식 확장을 꾀하고 있는 외척들이나 막대한 경제력을 바탕으로 독자적인 세를 형성하고 있는 호족들을 견제하지 못하면 왕권이 바로 서지 못한다는 점을 꿰뚫어보게 되었다.

더욱 중요한 건 태조 이후 민심의 동향이었다. 광종은 형인 정종이 병들어 누웠을 때 백성들이 만세를 불렀다는 이야기를 뼈저린 교훈으로 삼았다.

그리하여 당나라 왕들이 침상 곁에 두고 치세의 교범으로 삼았다는 '정관정요'를 숙독하며 제왕의 도를 익히는 한편 고려를 당나라와 견줄만한 대제국으로 거듭나게 하리라는 원대한 포부를 갖게 된 것이다. '광덕'이라는 독자적인 연호를 쓰게 된 것도 이런 연유에서였다. 젊은 광종의 야심찬 행보는 즉위 후 1년이 지날 때쯤 일시적인 궤도수정이 불가피해진다.

그 무렵 중국에서는 후주가 대륙의 새 주인으로 급부상하고 있었다. 여진과 거란의 틈바구니에서 수시로 전쟁의 위험에 노출된 고려로서는 그들을 견제할 만한 우방이 필요했다.

광종은 셋 중 가장 덩치 큰 나라인 후주를 우방으로 택했다. 고려의 독자적인 연호'광덕'은 이때부터 후주의 연호를 따서 '광순廣順'으로 바뀐다.

고려를 움직인 이방인

953년, 고려는 후주와 정식으로 외교관계를 수립하고 양국 사신을 교환하는 등 평화로운 밀월관계를 유지하게 된다. 2년 후인 955년에는 후주의 제2대 왕으로 등극한 세종에게 고려의 토산품을 선물했고 사신을 통해 많은 정보를 입수하게 되었다. 광종은 그들이 고려와 비슷한 상황에서 나라를 세웠지만 짧은 시간 내에 놀라운 통치력을 발휘하여 왕권의 안정을 이루었다는 사실에 강한 인상을 받았다.

이 무렵 고려에 사신으로 왔던 후주 관리 쌍기가 병으로 앓아눕게 되었다. 광종은 그가 후주 태조의 책사로 집권 초기 어수선한 사회분위기를 안정시켰고 개혁의 배후세력으로 활동했다는 사실을 알게 되었다.

"병이 완전히 나을 때까지 사신을 극진히 간호하라."

왕의 특명이 떨어졌다. 사신의 병은 대단한 것이 아니었다. 며칠 후 그는 왕의 후의에 감사하기 위해 알현을 청했다. 광종은 기다렸다는 듯 그를 대궐로 불러들였다.

광종은 쌍기라는 인물에 흠뻑 매료되었다. 그는 병석에 누워 있는 동안 고려의 언어와 풍습을 익혀 광종과 대화하면서도 통역을 필요로 하지 않았다. 얼마 후 광종은 후주 국왕인 세종에게 특별 요청을 하게 된다. 사신으로 온 쌍기를 고려 조정에서 일할 수 있도록 허락을 구한 것이다. 쌍기의 영입은 비교적 순조롭게 이루어졌다. 세종은 곧 이를 허락한다는 답변을 보내왔고 광종은 그를 한림학사 자리에 앉혔다. 이때가 956년 광종 재위 7년째 되던 해였다.

고려는 광종이 왕위에 오른 뒤 7년 동안 모처럼 안정된 분위기 속에서 평화로운 흐름을 유지하고 있었다. 그러나 이는 피바람을 부르는 암중모색의 전 단계였다.

공포정치의 서막

956년, 개경에 식솔들을 데리고 들어온 후주 사람 쌍기가 아침저녁
으로 조정에 출퇴근하는 모습이 어느 정도 익숙한 풍경이 되었을 때쯤
이었다. 온 나라가 들썩거릴 만한 왕의 칙령이 반포되었다.

'모든 노비들의 신분을 조사해서 과거 양민이었던 사람은 전부 풀어 주도
록 하라!

사람들은 처음에 자신의 눈과 귀를 의심할 수밖에 없었다. 칙령의 요
지는 누구든 자신이 전에 노비가 아니었다는 사실을 관가에 알리기만
하면 남의 집 종살이를 하지 않아도 된다는 내용이었다.

더구나 그런 충격적인 이야기가 다름 아닌 왕명이었다는 사실이 그
들을 더욱 놀라게 만들었다. 왕명은 곧 시행을 전제로 하는 것이기 때
문이다.

당시 고려의 노비들은 대부분 통일전쟁 과정에서 포로로 잡혀 온 신
라나 백제 출신 양민들이 많은 수를 차지했다. 그밖에도 호족들에게 진
빚을 갚지 못해 노비로 팔려 가는 경우도 흔히 있었다.

삼국시대부터 대대로 노비신분이 아니었던 사람은 누구나 자유의 몸
으로 풀어줘야 한다는 왕명이 떨어지자 호족들 사이에서는 한바탕 난
리가 났다.

노비는 경제력의 원천인 동시에 그들의 세력기반이었다. 평상시에는 일꾼으로 부려먹다가도 필요할 때는 언제든지 사병으로 전환시킬 수도 있는 노비들이야말로 '살아 있는 재산'이었다. 그런 유용한 재산을 포기한다는 건 한 마디로 지금껏 누려온 특권을 내놓으라는 것과 마찬가지였다.

호족들은 죽기 살기로 반기를 들고 나섰다. 심지어 왕비인 대목왕후까지 반대하고 나섰다. 광종은 일체의 반대여론을 철저히 묵살해버렸다. 왕명을 거역하는 경우엔 가차 없는 숙청이 잇따랐다. 호족들의 불만은 누그러들 수밖에 없었고, 백성들은 왕의 선택에 박수를 보냈다. 그 동안 노비 신분에 묶여 살던 사람들 입장에선 천지개벽이나 다름없는 새 세상이 열린 것과 마찬가지였다.

광종이 쌍기를 등용하면서 처음으로 선보인 회심의 역작 노비안검법이 탄생하는 순간이었다. 이것은 시작에 불과했다. 2년 뒤에는 '과거제 도입'이라는 메가톤급 폭풍이 몰아닥쳤다. 노비안검법 실시로 자신들의 경제기반인 노비의 상당수를 잃어야 했던 호족들은 이제 권력의 원천인 관직까지 내놓아야 될 판국이었다.

그 동안 고려의 관직은 주로 통일전쟁에서 공을 세웠거나 건국과정에서 공을 세운 공신들 차지였다. 무인 세력이 대부분이었던 조정대신들에게 학문적 소양을 절대적 필요조건으로 삼은 과거제의 실시는 노비라는 밥그릇을 빼앗기는 것보다 더 큰 충격이었다.

과거제 실시는 가문의 미래와도 직결되는 문제였다. 공부 못하는 사람은 정계진출의 기회도 주지 말아야 한다는 게 과거제의 핵심이었다.

그러나 아직 고려는 공신들이나 호족들의 그늘에서 벗어나지 못한 상태였다.

그들은 저마다 어떻게 해서든 자신들의 세력기반을 잃지 않으려 대책마련에 부심했다. 광종은 이에 아랑곳하지 않고 과거제 실시를 밀어붙인다. 그리하여 958년 역사상 최초의 과거시험이 치러졌다.

광종은 쌍기를 지공거에 임명하여 과거시험을 주관하도록 했으며, 조정의 인재를 뽑는 일도 대부분 그가 추천하는 사람들로 채웠다. 이로써 쌍기가 데려온 귀화인들이 기존 관리들의 자리를 대신 차지하게 되었고, 나머지는 신라계 학자들이 채우게 되었다.

960년에는 관리들의 공복을 제정하여 지위에 따라 빛깔을 다르게 함으로써 군신간의 위계질서를 확립한다.

과감하고 획기적인 왕권강화 정책이 숨 돌릴 틈도 없이 실시되는 동안 점점 벼랑 끝으로 몰린 호족들은 위기감을 느꼈다. 급기야 그들 사이에서 조직적인 반발의 움직임이 일기 시작했다. 왕명의 권위에 눌려 잔뜩 엎드려 있던 호족들이 세를 규합하는 움직임을 보인 건 960년 대상 준홍과 좌승 왕동의 역모사건이었다.

사건은 평농서사 권신의 폭로로 비롯되었다. 이 사건이 실제로 있었던 것인지 조작된 것인지에 대해서는 정확한 기록이 없다. 다만 그간 호족들의 동태에 촉각을 곤두세우고 있던 광종의 정보망에 일단의 수상한 움직임이 포착된 것만은 분명하다. 그는 준홍과 왕동을 유배시키고, 혜종의 아들 홍화군과 정종의 외아들인 경춘원군을 사형에 처했다. 마침내 잔혹한 피의 숙청이 시작된 것이다.

폭군과 성군의
두 얼굴

권신의 고발사건이 있고부터 광종은 부쩍 의심이 많아졌고 한시도 주위에 대한 경계를 늦추지 않았다. 궁궐 수비병들을 두 배로 늘렸고 개경 출신은 믿을 수 없다는 이유로 자신을 시위하는 군졸들을 모두 지방 출신으로 채웠다. 평화는 공포로 변했고 사람들은 서로가 서로를 믿지 못하는 세상이 되었다.

왕은 누구든 의심나면 가차 없이 처단해버렸고 심지어 자신의 하나뿐인 아들까지 죽이려고 했다. 왕실이 그 정도였으니 호족들은 그저 죽은 목숨이었다. 오죽하면 '궁예의 관심법보다 현 임금의 의심병이 더 지독하다'는 말이 나올 지경이었다. 하루에도 수없이 많은 사람들이 죽어 나갔다. 감옥은 턱없이 모자라고 죄 없이 살육당한 희생자들이 꼬리에 꼬리를 물고 이어졌다.

어느 누구도 자신의 운명을 예측할 수 없는 혼돈과 공포의 세월, 숙청의 대상은 끝이 없었다. 왕권에 걸림돌이 될 만한 상대라면 누구도 예외가 없었다. 숙청이 시작된 지 불과 1년도 안되어 고려의 개국공신 중 살아남은 사람이 40여 명밖에 되지 않았다.

참극은 광종 재위 11년인 960년부터 그가 죽은 975년까지 15년간 계속되었다. 조정의 살벌한 기운은 일반 백성들에게도 전해졌다.

사람들은 덩달아 서로를 헐뜯고 모함하기 시작했다. 노비가 주인을 고발하고 하급관리가 상급자를 모함하며 심지어 자식이 부모를 고발하는 일까지 허다해졌다.

노비안검법과 과거제 실시로 권력구조를 개편한 광종은 공신중심의 관제를 유교적 소양을 갖춘 문신 중심의 문치주의 시대를 열었다는 점에서 주목할 만한 업적을 이루었다.

그러나 이 과정에서 그가 택한 방법은 통치자로서 가장 치명적인 오점으로 남았다.

'어째서 처음에는 왕이 나라를 잘 다스려 명예를 드높이더니 나중에는 잘못하여 이지경이 되었는 지참으로 통탄할일이다.'

훗날 최승로는 당시 상황을 이렇게 탄식했다. 이제현도 그와 비슷한 비판을 하고 있다.

'광종이 쌍기를 등용함은 현명한 사람을 씀에 유類를 가리지 않았다고 말할 수 있겠는가. 쌍기가 과연 현명한 사람이었다면 어찌 임금을 능히 착한 길로 이끌지 못하고 참소를 믿고 형벌을 함부로 하지 않도록 건의하지 못하였을까. 과거를 실시하여 선비를 취한 것은 광종이 고상하고 바른 문화로써 풍속을 교화하려던 뜻이 있었음을 볼 수 있으며, 쌍기가 또한 그뜻을 따라 그 아름다운 일을 성취하게 하였으니 보탬이 없었다고는 말할 수 없으나 오직 겉만 화려한 문文을 내세워 후세에 큰폐단을 남겼다.'

광종은 내국인도 아닌 외국인을 등용하여 조정의 관리들을 뽑는 지 공거 소임을 맡기고 쌍기의 아버지 쌍철을 좌승으로 임명하여 조정을 귀화인들로 채웠다. 이로 인해 설 자리를 잃게 된 내국인과 귀화인들

간의 대립으로 정국은 한치 앞을 내다볼 수 없게 되었다.

　이처럼 광종이 지나칠 정도로 귀화인우대정책을 폈던 이유는 정치권의 대폭적인 물갈이를 단행하기 위한 것이었다. 광종은 호족들을 견제할 만한 새로운 세력을 원했던 것이다. 이 모든 게 안정적인 왕권 확립을 위한 시나리오였다고는 하나 결과적으로 그것은 폭압에 다름 아니었다. 광종 자신도 마음의 부담이 컸던 탓인지 말년에는 불법에 귀의하나 그 또한 올바른 해결책은 되지 못 한다.

　다음은 광종 19년의 일을 적은 〈고려사〉의 내용이다.

　'홍화사弘化寺 · 유암사遊巖寺 · 삼귀사三歸寺등을 창건하였다. 승려 혜거惠居로 국사國師를 삼고 탄문坦文으로 왕사王師를 삼았다. 왕이 남이 모함하는 말을 믿고 사람을 많이 죽였으므로 마음속에스스로 회한을 품고 죄악을 없애고자 널리 재회齋會를 베풀었더니 무뢰배들이 승려라 거짓 칭하여 배부르기를 구하고, 구걸하는 자가 모여들었으며 혹은 떡과 쌀 그리고 땔감을 서울과 지방의 길거리에서 나누어 주는 것이 이루다 헤아릴 수 없었다. 왕은 또 방생소放生所를 여러군데 설치하고 부근 사원에 나아가 불경을 낭독하였으며 도살을 금하니 궁궐에서 쓰는 고기 또한 시장에서 사다가 올렸다.'

　그는 죽기 전에 자신의 업장을 씻어내기라도 할 듯 자주 선행을 베풀었다. 그러다가 975년 갑자기 병을 얻어 재위 26년 만에 세상을 마감하게 되니 이때 그의 나이 51세였다.

　975년 5월 어느 날 공포정치의 폐막을 알리는 광종의 부음을 전하며 〈고려사〉 사관은 이렇게 덧붙인다.

'왕이 즉위한 처음에는 신하를 예로써 대하고 정사를 행하매 공명하게 하며 가난하고 약한 자를 돌보아 살피고 선비들을 존중하며 밤낮으로 힘써 세상을 다스림에 태평함을 바랐다. 그러나 중반 이후로는 참소를 믿고 사람 죽이기를 좋아하였으며 불법을 지나치게 신봉하고 사치하여 절제함이 없었다.'

최승로는 훗날 광종의 치세를 혹평하면서 국내 정치에 쌍기를 끌어들인 것이 결정적인 화근이었다고 지적했다. 그러나 노비안검법이나 과거제시험은 당대의 기득권층에게는 불행이었겠지만 고려라는 국가적 차원에서 보자면 감히 누구도 상상할 수 없었던 대혁명이었다. 물론 그 과정에서 있었던 일련의 비극들은 무엇으로도 변명의 여지가 없을 것이다.

광종은 쌍기라는 이방인이 갖고 있는 한계를 어느 정도 파악하고 있었던 것 같다. 그는 비교적 사회가 안정되었다고 여겨질 때쯤인 972년부터 3년 동안 지속적으로 과거제를 실시함으로써 조정에 새로운 세력을 영입하려는 시도를 한다. 이는 그 동안 귀화인들이 차지하고 있던 자리를 내국인들에게 돌려주기 위한 것이었다.

이 무렵 등장한 신진 유학자들은 훗날 성종 대에 이르러 각자 제몫을 하게 되는데 그 대표적인 예로 최승로를 들 수 있다.

광종은 자신을 그토록 비판했던 최승로의 말처럼 귀화인들에게 휘둘리기만 한 것은 아니었다. 다만 그들의 존재를 일정 기간 이용했을 뿐이라면 지나친 비약일까.

최초의 정치 평론가
최승로

복수를 허하라

975년 5월 21세의 나이로 고려 제5대 왕으로 등극한 경종은 광종의 맏아들이다. 그는 순전히 '대안이 없기 때문에' 죽음을 면하고 왕위에 올랐던, 이를테면 비극적인 시대의 행운아였다. 자신의 왕권 강화의 걸림돌이 될 수 있는 상대라면 가차 없이 죽여 없앴던 부왕 광종 밑에서 10년을 숨죽이고 살았던 태자 주, 그가 바로 경종이다.

과거의 쓰라린 기억 때문이었을까. 경종이 즉위하면서 가장 먼저 한 일이 바로 부왕의 탄압을 받았던 사람들에 대한 대 사면령이었다. 그는 광종 대에 악명을 떨치던 감옥인 '가옥假獄'을 아예 헐어버렸으며, 그곳에 갇혀 있거나 귀양을 갔던 사람들을 모두 사면했다.

또한 관직에 있다가 축출당한 사람들은 다시 불러들여 원래의 벼슬자리를 돌려주었다. 그리고 수많은 사람들을 죽음으로 몰아넣거나 곤경에 처하게 만든 참소문을 모조리 불태웠다.

권력의 이동에 따른 급격한 내각의 변화는 또 다른 불씨를 안고 있었다. 전대에서는 광종의 미움을 받아 숨조차 크게 쉴 수 없었던 훈구파들의 일대 반격이 시작된 것이다.

그들은 정치 경험이 전무한 새내기 왕의 다소 감상적인 개혁 조치들을 십분 활용하여 자신들의 세력을 되찾으려고 했다. 경종은 15년간 지속되던 공포정치가 막을 내렸음을 선포하고 호족 출신인 왕선을 집정執政, 후일의 재상에 임명한다.

오랫동안 억눌려 지내던 호족 세력의 한 사람인 왕선이 집정의 자리에 임명된 것은 또 한 번의 피바람을 예고하는 신호탄이었다. 광종 대에 지방 호족들이 핍박을 받게 된 것은 대개 그들 세력 밑에 있던 하급관료나 노비들 때문이었다.

그 동안 호족들의 권세에 눌려 지내던 하급관료나 노비들이 무고한 사람을 역모로 몰아 고발한 경우도 부지기수였다. 왕선의 등용은 제2라운드의 복수전을 불러왔다.

"전대에 수많은 모함과 헛된 참소를 일삼아 죄 없는 사람들을 궁지로 몰았던 자들이 아직도 자신들의 과오를 뉘우치지 못하고 있습니다. 지금 그들을 엄벌에 처하지 않는다면 앞으로도 똑같은 일이 생길 것입니다. 성상께서 전대의 잘못을 바로잡으려 한다면 지금 저들에게 본보기를 보임으로써 만인의 경계가 될 수 있도록 하소서!"

왕선이 꾸민 패자부활전의 첫 단추는 이른바 '복수법'이라는 잔혹한 법령이었다. 복수법의 요지는 광종 대에 참소로 인해 피해를 입은 당사자에게 직접 복수할 수 있는 권한을 주자는 것이었다. 한나라의 재상이라는 위인의 입에서 나온 말이라고 하기 엔 참으로 유치하고 단세포적인 발상이 아닐 수 없었다.

경종은 왕선의 건의를 선뜻 용납하지 않았다. 그러나 결국은 호족들의 압력에 못 이겨 이 끔찍한 법안을 받아들일 수밖에 없었다. 정국은 다시 피비린내 나는 복수의 장으로 변했다. 왕이 공개적으로 정치보복을 허락하는 법령을 선포한 마당에 그 여파가 어땠으리라는 것은 짐작하고도 남는다.

그로부터 1년 간 참사가 끊이지 않았다. 복수법을 반기는 사람들 중에는 실제로 억울한 누명을 쓴 사람들도 있었으나 호족들의 권력을 확대하는 수단으로 악용되는 예도 허다했다. 복수를 위한 법이 또 다른 희생자들을 낳고 있었던 것이다.

정치보복의 핏방울은 왕실이라고 예외가 아니었다. 왕선은 집정의 지위를 이용해 권력을 장악하기 위해 태조 왕건의 아들인 효성태자와 원녕태자에게 복수의 칼날을 겨누었다.

태자들이 살해되고 사태가 걷잡을 수 없는 지경에 이르자 경종은 정신이 번쩍 났다. 그는 즉시 복수법을 금하고 왕선을 원지로 유배시켰다. 왕실에서 희생자가 나온 다음에야 역사상 전무후무한 악법이 폐지됐다는 건 봉건시대의 어두운 단면이 아닐 수 없다.

꿈풀이의 대가
최지몽

경종은 왕선을 파직한 다음 순질과 신질을 좌우 집정에 임명하고 내사령까지 겸하게 하는 인사를 단행했다. 내각을 좌우 집정제로 바꾼 것은 권력의 집중으로 인한 부작용을 막기 위한 고육지책이었다.

얼마 후에는 전시과라는 혁신적인 토지제도 시행령이 반포된다. 관리의 품계와 인품에 따라 토지를 배분해주는 것을 골자로 한 이 제도는 호족들을 비롯한 기득권층을 겨냥한 것이었다.

경종이 토지배분 기준에 당사자의 인품을 포함시킨 데에는 깊은 뜻이 있었다. 이는 곧 호족세력의 문란한 기강을 바로잡고 왕명을 바로 세우겠다는 의지의 표명이었다.

덕분에 경종은 그런대로 집권 초반의 정치적 위기를 넘길 수 있었다. 전시과의 시행은 광종 이후 정국의 주도권을 장악하려던 훈구세력을 바짝 긴장하게 만들었다. 언제 또다시 밀려나게 될지도 모른다는 불안감이 그들을 강하게 결속시켰다. 그들이 본격적으로 반란을 모의하게 된 것은 왕승이 등장하면서부터였다.

왕승은 훈구세력과 더불어 경종을 몰아내고 고려 왕조를 무너트리거나 자신들의 허수아비를 왕으로 옹립할 음모를 꾸몄다. 다행히 반란을 예측한 사람이 있었다.

하루는 최지몽이 은밀히 왕을 찾았다.

"신이 천기를 헤아려 보니 불순한 기운을 가진 별자리가 성상의 별

자리를 위협하고 있습니다. 부디 왕실의 경비를 엄중하게 하여 불의의 일에 대비하도록 하십시오."

경종은 최지몽의 말대로 왕실의 경비를 강화하는 한편, 각지로 밀정을 띄워 호족들의 동태를 면밀히 살폈다. 과거 왕규의 음모를 예언했던 최지몽 아닌가. 얼마 후 왕승을 비롯한 훈구세력의 역모가 포착되었다. 왕승 일당은 반란을 앞두고 발각되어 대부분 귀양을 가거나 처형당했다.

이 사건은 경종과 최지몽에게 엇갈리는 결과를 가져다주었다. 최지몽은 왕실을 구한 공로로 어의와 금띠를 하사받고 조정의 실세로 등장한다. 하지만 경종은 이 일을 계기로 정치에 대한 깊은 절망과 회의에 빠져들었다.

경종은 본래 정치적으로 뛰어난 능력을 지닌 제왕이었다. 부왕의 공포정치를 목격한 충격이 가시지 않은 상태에서 자신의 대에 이르러서도 그치지 않는 권력싸움은 그를 타락의 길로 이끌었다.

그는 왕승의 역모사건을 계기로 예전의 총명함을 잃고 향락의 늪에 빠졌다. 정사에는 관심이 없고 술과 여자를 탐닉하는 것으로 하루하루를 보냈다. 그러다가 결국 기력이 쇠잔하여 병상에 눕고 말았다.

981년 6월, 경종은 조정 중신들이 지켜보는 가운데 사촌동생 개령군 치治를 불러놓고 유언을 남겼다.

"내게 아들이 하나 있으나 겨우 두 살에 불과하므로 대통을 이어받아 나라를 다스릴 수 없다. 그런 이유로 내 사촌아우들 중 개령군을 후계로 삼으려 한다. 그는 학문과 인품이 높아 만인의 추앙을 받고 있으니 반드시 성군이 되리라 믿어 의심치 않는다."

개령군에게는 왕자를 잘 보살펴주라는 간곡한 당부도 잊지 않았다. 적장자임에도 불구하고 대통을 이어받지 못한 왕자의 앞날이 얼마나 험난할 것인가를 너무도 잘 알고 있었기 때문이다.

훗날의 성종 개령군은 태조 왕건의 제4비 신정왕후 황보씨의 소생 대종 욱과 태조의 제6비 정덕왕후 유씨 소생의 딸 선의왕후 사이에서 둘째 아들로 태어났다. 위로는 형 효덕태자가, 아래로는 아우 효경태자가 있었다.

경종이 자신의 아들이 아닌 사촌들 중 한 명을 후계자를 삼으려면 첫째인 효덕태자를 지명하는 것이 마땅했다. 당사자에게 특별한 결격사유가 없다면 비적장자일지라도 맏아들이 왕위를 계승하는 것이 왕실의 법칙이었다.

경종이 둘째인 개령군을 선택한 표면상의 이유는 인물 됨됨이가 뛰어나다는 것이었다. 여기에는 개령군이 경종 자신과 같은 황보씨를 외가로 두었다는 점도 크게 작용했다.

경종과 남매지간인 문덕왕후는 개령군의 첫 번째 부인이다. 그러니까 두 사람은 사촌지간이면서 처남 매부 사이이기도 했다. 경종은 어린 아들의 안전을 보장받기 위해서라도 개령군을 후계자로 지목할 수밖에 없었다. 그로부터 며칠 후 경종은 재위 6년 2개월 만에 세상을 떠났다.

교육에 대한
성종의 열정

981년 6월 경종의 뒤를 이어 개령군 치가 22세의 나이로 왕위에 올랐다. 그가 고려의 제6대 왕 성종이다. 왕의 시호는 죽은 뒤에 붙여지기 마련이다. 후대의 중신들이 그 업적을 객관적으로 평가하여 시호를 결정하게 되는 것이다.

성종成宗이란 시호는 나라의 기틀을 다진 제왕으로 평가되는 경우에만 붙인다고 한다.

성종은 개국 이후 국가로서의 위용을 갖추기에는 부족한 점이 있던 고려의 제도와 문물을 정비하는 데 심혈을 기울였다. 그 결과 고려는 주변의 다른 국가와 견줄 만한 발전을 이루었다. 대외적으로도 거란의 침입을 극복하고 압록강까지 영토를 확장하는 데 성공했다.

〈고려사절요〉는 성종에 대해 이렇게 평가하고 있다.

'………성품으로 말하자면 지극히 엄정하고 도량이 넓어 나라의 법을 세우고 제도를 정비함에 있어 절의節義를 숭상했다. 또한 널리 인재를 구하고 백성들을 구휼하는 데 힘써 훌륭한 정치상을 구현하였다.'

즉위 후 성종이 가장 역점을 둔 것은 중앙관제 및 지방조직을 개편하는 일이었다. 유교적 중앙집권체제의 완성은 그가 꿈꾸는 정치적 이상향이었다. 그리하여 국가 행정체제의 골격이랄 수 있는 중앙관제를

3성省6부部로, 지방조직은 12목牧으로 개편하게 된다. 성종은 효율적인 국가 운영체계를 확립하는 것이 강력한 중앙집권체제의 관건이라고 보았다.

그 또한 일찍이 무자비한 숙청을 통한 왕권 강화가 얼마나 많은 부작용을 초래하는지 똑똑히 보았다. 또한 그러한 압제가 후대에까지 악영향을 끼친다는 사실은 바로 윗대인 경종의 예를 통해서 충분히 절감하게 되었다.

성종은 물리적인 힘에 의한 권위를 내세우기보다는 선진 제도의 도입과 법률의 정비로 한결 기초가 튼튼한 중앙집권을 꾀했다. 초반부터 모든 게 순조로웠던 것은 아니다. 성종은 재위 1년 만에 당나라의 3성6부 체제를 모방하여 만든 3성 체제가 중앙집권을 강화하기보다는 호족연합체를 유지하는 기능에 그치자, 전면적인 관제개편에 들어갔다.

그 결과 중앙의 관제는 관리의 임명이나 조직을 입안하는 내사성, 국사를 도맡아하는 내사성, 문무백관을 총괄하는 상서성으로 분류되었다. 이중 문하성의 수장인 문하시중은 국왕 다음 가는 위치인 수상 격이다. 이·병·호·형·예·공부로 구분되는 6부는 상서성에 소속되었다. 조직상으로는 6부가 3성의 하나에 예속되어 있었지만 3성과 별도로 국왕의 지휘를 받았으므로 행정제도의 중심적인 기능을 갖고 있었다. 이 역시 각 기구의 권한을 분산시킴으로써 왕권을 강화하기 위한 포석이었다.

더불어 성종은 군현제 정비를 통하여 중앙정부의 손길이 지방 곳곳까지 미치도록 만들었다. 이는 전국의 주요 지역 12곳에 주목州牧을 파견하여 지방 토호세력의 발호를 막고 효과적인 중앙집권을 앞당기기 위한 제도로서 최승로의 건의에 따라 전격 실시되었다.

양주楊洲·충주忠州·광주廣州·청주淸州·공주公州·해주海州·진주晉州·상주尙州·전주全州·나주羅州·승주昇州·황주黃州 등 12곳에 중앙관리를 파견, 전국을 직접 통치하기 시작한 것이다.

유교적 소양을 두루 갖춘 성종은 즉위 초부터 불교에 대해서는 억압 일변도의 정책을 펼쳤다.

불교의 폐해를 시정한다는 명목으로 연등회, 팔관회 등 대규모 행사를 폐지시켜 버렸다.

반면 개경에 국자감을 설치하고, 지방에는 향교를 설치하는 등 유학을 진흥시키기 위해서는 국가적 지원을 아끼지 않았다. 이러한 숭유억불정책으로 인해 고려 사회 전반에 걸쳐 유학에 대한 관심이 높아질 수밖에 없었다.

성종은 교육면에 있어서도 역대 어느 왕보다 강한 열정을 보였다. 12목마다 경학과 의학박사를 파견하여 지방 교육에 힘쓰고, 지방에서 발굴한 인재들을 중앙으로 불러 올려 적재적소에 배치하는 등 일련의 정책들은 교육의 시너지 효과를 노린 것이었다.

이에 따라 과거제도도 한층 강화되었다. 과거시험의 최종고시인 예부시 통과자들을 다시 왕이 직접 테스트하는 복시를 시행했으며, 거의 매년 과거시험을 치러 많은 인재들을 확보했다.

성종 재위 8년에 내린 교서를 보면 교육에 대한 그의 열정이 고스란히 담겨져 있다.

'나는 지금 학교를 세움으로써 나라를 다스리려 한다. 그러자면 무엇보다도 배움에 대한 높은 열정을 지닌 학생들을 널리 구하고, 학문이 높은 사람들을 스승으로 삼아 가르쳐야 할 것이다.

또한 그들에게 토지를 지급하여 배움에 전념토록 하고, 해마다 갑을과를 치러 인재들을 선발하는 한편, 초야에 묻혀 있는 학자들을 발굴하여 우대하도록 하라. 그들로 하여금 나의 부족한 정치를 돕게 할 것이다. 다만 유감스러운 일은 배우는 자는 많으나 그 성취를 이루는 자는 극히 적고, 국학에 이름을 올린 자는 많으나 과거장에서 시험을 치르는 자는 드물다. 그것 때문에 나는 밤낮으로 고민하고 자나 깨나 오로지 그 생각뿐이다.'

이처럼 교육에 지대한 관심을 갖고 있었던 성종은 국가경영에 있어서도 탁월한 능력을 지닌 인물이었다. 물론 그 능력이 보다 체계적이고 광범위하게 발휘될 수 있었던 것은 뛰어난 신하들의 뒷받침이 있기에 가능한 일이었다.

태조 왕건이 나라를 창업한 지 60여 년이 흘렀지만 이때까지도 고려는 제자리걸음을 하고 있었다. 법률이나 관제의 정비는 물론이고 국가의 정책방향조차 제대로 서 있지 않은 상태였다. 그런 의미에서 성종이 지향한 일련의 정책기조는 비로소 고려가 통일국가로서의 면모를 갖추게 되었음을 의미하는 것이었다.

성종은 즉위하자마자 5품 이상의 중앙관리들에게 의무적으로 시정의 득실을 논하는 봉사封事즉, 국가경영에 대한 의견서를 올리도록 지시했다. 이를테면 고위관리들의 정치적 자문을 구한 것인데, 이는 자신의 정치적 구상과 관료들의 현장 경험을 접목시켜 국가의 올바른 미래상을 구현하는 데 목적이 있었다.

성종의 이런 아이디어는 전대부터 벼슬살이를 해오고 있던 각급 관료들의 능력을 재평가하여 인재를 뽑아 쓸 수 있는 좋은 기회였다. 그 대표적인 예가 바로 '시무 28조'를 올린 최승로의 발탁이다.

고려사에 한 획을 그은 시무 28조

최승로는 927년 경주에서 태어났다. 후백제의 견훤이 신라로 쳐들어와 경애왕을 죽인 바로 그해였다. 신라 귀족이었던 그의 아버지는 935년 신라가 망하자 일가를 이끌고 송도로 이주했다. 최승로는 어릴 적부터 신동으로 이름이 높았다. 유달리 총명한 데다가 학문을 좋아했으며 특히 문장에 남다른 재능을 보였다. 그리하여 불과 12세의 나이에 태조 왕건에게 불려나가 학문적 재능을 평가받게 되었다.

태조 왕건은 왕의 면전에서도 전혀 위축됨이 없이 논어를 줄줄 외우는 어린 신동에게 흠뻑 반하고 말았다. 그는 최승로에게 친히 자신의 말안장과 식량 20석을 상으로 내리는 한편, 원봉성의 학생으로 추천하여 영재교육을 받도록 했다.

국왕으로부터 능력을 인정받고 주변 사람들의 기대를 한 몸에 받게 된 최승로는 장차 나라를 위해 큰일을 하겠다는 원대한 포부를 갖고 청년기를 맞이한다.

　당시 신라의 학자라면 으레 당나라로 유학을 떠나는 것이 관행처럼 되어 있었다. 하지만 최승로는 그러한 관행을 따르지 않았다. 그는 해외 유학을 하지 않고도 높은 학문적 성취를 이룬 몇 안 되는 국내파 학자였다.

　그러나 최승로가 자신의 학문적 역량을 펼칠 수 있는 기회는 쉽게 오지 않았다. 혜종과 정종 대의 혼란기를 거쳐 그가 본격적으로 정치에 입문하게 된 광종 대에 이르러서는 모든 정책이 귀화인들 중심으로 이루어졌기 때문에 국내 소장학자인 그에게는 출세의 관문조차 원천봉쇄된 것이나 다름없었다.

　학문으로 따지자면 어느 누구에게도 뒤지지 않을 능력이 있다고 자부하던 그였다. 하지만 쌍기가 고려의 조정에 등장한 이후로는 본의 아니게 시대에 뒤처진 인물이 되고 말았다.

　더욱이 광종 대에 시행된 8차례의 과거시험에서 단 한 번도 지공거라 불리는 시험관의 자리를 맡지 못했으니 소위 학자로서의 자존심은 무너질 대로 무너진 상황이었다. 절치부심, 때를 기다리며 학문에 정진하고 있던 최승로에게 드디어 도약의 기회가 주어졌다. 광종 대 후반기에 들어서면서 과거제 출신의 신진관료들이 대거 등장하게 되었던 것이다. 최승로 개인으로서는 조정에 자신의 가치를 강하게 인식시키는 의미 있는 시기였다. 비록 비중 있는 자리에는 오르지 못했지만 향후 정치인생의 발판이 될 수 있는 계기를 마련하게 된 것이다.

981년, 최승로의 나이 55세가 되던 해 하늘이 점지한 운명의 파트너, 성종의 즉위와 함께 비로소 그의 시대도 활짝 열리게 된다.

성종의 정치 이념은 유교사회 건설의 표방에 있었다. 최승로의 입장에서 성종의 등장은 마치 고기가 물을 만난 격이었다. 비로소 자신의 가치를 인정해주는 군주를 만나게 된 것이다.

성종은 그를 종2품 정광행선관어사 상주국에 임명한다. 이는 조정의 인사권을 담당하는 중견 관료직이었다. 이처럼 정권이 교체되자마자 최승로의 위상이 급부상한 것은 성종이 오랫동안 쌓아온 그의 정치적 경륜을 높이 평가했음을 반증하는 것이기도 하다.

이듬해인 982년, 고려사에 한 획을 긋는 최승로의 명작 시무 28조가 탄생했다. 〈고려사〉와 〈고려사절요〉에 그 전문이 실려 있는 최승로의 상소문은 큰 맥락에서 볼 때 두 부분으로 나눠진다.

첫째는 자신이 상소문을 올리게 된 배경에 관한 설명이다. 그는 먼저 당나라의 사관 오긍이 '정관정요'를 편찬하여 현종에게 올린 일을 언급하며 자신의 시무 28조 또한 그와 같은 의미가 있음을 피력했다. 본론에 들어가서는 태조에서 경종까지 5대조의 치적에 대한 세세한 평가를 적었다. 최초로 전대 왕들에 대한 객관적인 정치평론을 시도한 것이다. 오긍은 정관정요에서 태종의 정치를 본받아야 한다고 충고한 바 있다. 최승로 역시 전대 임금들의 정치형태를 논하면서 그중 옳은 사례만을 가려서 취하도록 건의했다.

최승로의 평론은 다섯 임금의 정치적 취약점에 대한 지적과 개개인의 장단점을 분석함으로써 이상적인 군주상을 제시하고 있다. 태조의 넓은 도량과 포용력, 혜종이 그토록 중시했던 왕족간의 각별한 우애, 사직을 수호하려는 정종의 의지, 광종의 공평무사함, 경종의 현명한 판단력 등이 최승로가 평가하는 5대조의 장점이었다.

이중 재위 기간이 짧았던 데다가 집권 후반기에 이르러서는 극히 타락한 양상을 보여준 경종에 대해서는 광종대의 폭압정치, 즉 전제왕권을 배격하고 유교적인 왕도정치를 시도했다는 것에 후한 점수를 준 듯하다.

전체적으로 그는 태조 왕건을 가장 이상적인 통치자로 꼽았다. 넓은 포용력과 통찰력을 바탕으로 신하를 존중하고, 참소에 귀 기울이지 않았으며, 실천력 강한 태조 왕건은 그가 꿈꾸는 성군이었다. 반면 힘의 논리를 앞세워 무자비한 숙청과 압제를 펼쳤던 광종은 평균이하의 점수를 받았다.

두 번째는 최승로 자신을 고려사의 빛나는 별로 기록하게 만든'시무 28조'였다. 이는 왕의 치세를 위한 시무책을 열거한 것으로 그중 6조는 분실되고 22조만이 전한다.

그 내용이 전해지는 22조는 대략 여섯 가지로 나눌 수 있다.

1조는 국토방위의 중요성을 강조하는 것으로, 특히 서북 변경 지역의 확정 및 수비에 만전을 기하자는 것이다. 2조 · 6조 · 8조 · 10조 · 13조 · 16조 · 20조에서는 불교 및 각종 토착신앙의 폐해를 지적하며 합리적인 시정을 촉구하고 있다. 즉 불교의 폐단을 줄이기 위해서는 승려에 대한 지나친 예우를 거두고, 연등회, 팔관회 등의 대형 불교행사를 금지시켜야 한다는 것이다. 아울러 유교사상을 근간으로 한 왕도정치의 구현을 역설하고 있다.

3조·14조·15조·19조·21조는 왕실문제에 관한 것인데 먼저 광종 대에 이르러 지나치게 비대해진 시위대와 궁궐노비를 감축하자는 것이다. 더불어 왕은 유교적 몸가짐으로 신하를 예로써 대하고, 국가 공신들의 자손에게 관직을 내리는 한편, 나라의 빈번하고 번잡한 제사를 줄여야 한다는 내용이다.

4조·5조·18조에서는 경제·외교에 관한 문제를 다루고 있다. 그는 특히 광종 대의 맹목적인 중국문화 수용태도를 신랄하게 비판했다. 그리고 중국과의 무역을 국가 대 국가로 일원화함으로써 무분별한 중국 문물의 수입을 막아야 한다는 주장을 펼치고 있다.

그런 한편 임금의 사소한 포시布施행위의 금지, 상벌과 권선징악을 바탕으로 하는 정치구현, 그리고 중국에 보내는 사신의 숫자를 줄여야 한다는 건의도 덧붙였다. 또한 경제력의 불필요한 소모를 막기 위해 금·은·동·철로 불상을 제작하지 말아야 하며, 과도한 불경 필사로 인한 물질과 인력의 낭비를 막아야 한다는 주장도 곁들여졌다. 다음 7조·12조에는 지방정책에 관한 구체적인 대안이 담겼다. 주요 지역 12곳에 외관을 파견하여 지방에 대한 관리를 용이하게 하자는 것과 각급 도서지역의 주민들이 부담하는 공역의 균등화 등 효율적인 국가 관리에 대한 내용이다.

마지막으로 9조·11조·17조·22조는 주로 사회·문화적인 문제, 특히 사회기강에 관한 것들이다. 복식제도의 정비, 가정생활 준칙, 양인·천민에 관한 구분을 엄격히 하고, 고려인 고유의 풍습을 지켜나감으로써 민족의 정통성을 지켜야 한다는 것 등등이다.

이렇듯 최승로는 시무 28조를 통해서 정치·경제·사회·문화·국방·행정 등 국가운영 전반에 걸친 대안을 제시하고 있다.

이미 언급했다시피 성종이 즉위 초부터 허약했던 고려 왕실의 한계를 딛고 강력하면서도 다양한 개혁정책을 펼칠 수 있었던 것은 모두 최승로의 시무 28조 덕분이라 해도 과언이 아니다.

만약 최승로가 없었더라면 중앙집권정치를 꿈꾼 성종의 개혁 드라이브도 제대로 실행되긴 어려웠을 것이다. 그러나 보다 중요한 건 오랜 세월 그늘에 가려 있던 인재를 발굴하여 크게 쓸 수 있었던 젊은 임금 성종의 탁월한 정치 감각에 있었다.

성군을 더욱 성군답게 만든 재상

최승로가 시무 28조를 통해 강조하고자 했던 것은 유교정치의 기본이 성군과 민본에 있다는 점이다. 임금이 백성의 모범이 되지 못하면 올바른 통치가 불가능하다는 논리였다. 물론 그의 주장에도 몇 가지 한계가 있었다. 이를테면 그가 그토록 힘주어 강조했던 민본民本이란 것도 사실은 지배층의 시각을 크게 벗어나지 못했다는 것이다.

군주는 백성을 위하고 그들의 고통을 덜어주는 정치를 해야 한다고 역설하면서 정작 백성들의 삶의 질 향상을 위한 대안 제시에는 아쉬움이 있는 것도 사실이다.

가령 신분의 귀천에 따른 의복제도의 정비나 양인·천민에 관한 구별을 뚜렷이 함으로써 미천한 자가 윗사람을 능욕하지 못하도록 해야 한다는 주장에 이르러서는 유교사상의 한계를 지적하지 않을 수 없다. 그럼에도 불구하고 최승로의 주장이 대부분 큰 의미를 갖는 것은 그가 중앙정치 위주의 정책방향 제시에 머물렀던 기존의 시각에서 크게 벗어나 다분히 전국적 규모의 통치 이념을 제시하고 있다는 점이다.

후삼국 통일 이후 60여 년의 세월이 흘렀지만 고려 왕실은 그때까지도 전국적인 통치력을 행사하지 못 하는 실정이었다. 최승로는 바로 이 점을 개선해야 한다고 주장하며 지방 관현에 대한 특별관리를 대안으로 제시한 것이었다.

개혁의 대상으로는 임금도 예외가 될 수 없었다. 궁정의 군졸 수를 줄이고 신하를 예의로써 대해야 한다는 건의를 통해서 최승로가 정작 의도한 것은 왕권의 전제를 막으려는 것이었다.

최승로는 급진적인 개혁보다는 점진적인 변화를 지향했다. 그런 까닭에 귀족이나 호족세력의 반감을 사지 않으면서 무리 없이 중앙집권의 발판을 다져나갈 수 있었다. 그들을 위해서는 공신중용과 신분제에 따른 기득권 보호 등의 당근이 주어졌고, 호족들이 갖고 있던 무기들을 전부 거둬들여 농기구로 환원시키라는 채찍도 가해졌다. 이는 그 동안 왕실의 위협세력으로 존재해왔던 지방 호족들을 무장해제시킴으로써 힘의 중앙 집중을 피하고 부족한 농기구 제작을 통해 나라의 근본인 농업을 안정시킨다는 일석이조의 효과가 있었다.

이처럼 위로는 국왕으로부터 하층민에 이르기까지 전 국민을 대상으로 한 최승로의 개혁정책은 그 동안 전반적으로 안정되지 못하고 있던 고려왕조가 성종 대에 이르러 나라의 골격을 튼튼히 세우게 된 궁극적인 요인이다. 성종 재위 2년, 최승로는 정2품인 문하시랑평장사의 자리에 올랐다. 이때부터 그는 이양, 김심언 등 유학자들과 더불어 유교사상에 의한 국가건설이라는 대업을 구체화하는 작업을 본격화했다. 왕의 정치이념을 실질적인 제도로 표현해낸다는 것은 쉬운 일이 아니다. 그는 끊임없는 발상과 추진력을 앞세워 차근차근 사회적 체질개선을 이뤄나갔다.

불교의 폐단을 개선해야 한다는 그의 건의는 즉시 받아들여졌다. 불교계의 대표적인 행사인 팔관회와 연등회가 폐지되었고, 승려들의 부패상에 대한 여러 가지 개혁안도 시행되었다. 고려사회가 유교사회로 탈바꿈하기 시작하는 순간이었다. 그가 불교 자체를 무용한 것으로 여겨 비판한 것은 아니다. 오히려'불교를 믿는 것은 몸을 닦는 근본이요, 유교를 행하는 것은 나라를 다스리는 근원'이라는 말로 개인적 종교로서의 불교를 인정했다.

당시 그가 불교에 대한 여러 가지 시정사항을 건의한 것은 불교계에서 수시로 벌이고 있던 사치스러운 행사의 여파로 인한 백성들의 부담과 국가 경제의 낭비를 우려한 때문이었다. 물론 유학자로서 유교 국가를 건설하겠다는 야심찬 포부도 있었겠지만, 무엇보다도 그 사상의 바탕에는 고려라는 나라와, 그 안에 살고 있는 사람들이 있었다.

최승로는 언제나 개혁세력의 맨 앞에 서서 정국을 이끌었다. 그의 가장 근본적인 정책기조는 고려를 누구나 마음 놓고 생업에 종사할 수 있는 안정된 나라로 만드는 것이었다. 그러기 위해서는 국가의 중추적인 역할이 몰려 있는 중앙정부의 개혁과 함께 국왕의 권위가 온 나라에 미치도록 만드는 일이 급선무였다. 그는 먼저 3성6부제의 도입을 건의, 중앙관제를 정비하고 전국 곳곳에 12목을 설치하여 비로소 고려가 한 국가로서의 골격을 갖추는 데 결정적인 공을 세웠다.

그의 과감한 개혁론은 교육 분야에 있어서도 많은 변화를 가져왔다. 물론 광종 대에 쌍기가 도입한 과거제도의 시행이 유학에 대한 관심을 높인 것은 사실이었다. 하지만 대부분의 귀족들은 그저 학업의 흉내나 내는 정도에 그칠 뿐 그다지 열의를 보이지 않고 있었다.

이에 성종과 최승로는 과감한 교육정책을 모색하기에 이른다. 특히 유학의 전파가 지지부진한 원인이 모두 부실한 교육제도 때문이라고 판단한 최승로는 먼저 국립대학인 국자감 설치를 건의한다. 그리고 각 지방마다 학교를 세우는 한편, 12목에는 특별히 선발한 경학박사를 파견하여 유학교육의 기틀을 다졌다.

최승로의 정치적 구상은 곧 성종에 의해 현실화되었고, 성종의 이상은 최승로를 통해 구체화되는 환상적 동반관계는 근 10년 간 지속되었다. 성종 7년인 988년 최승로는 문하성의 종1품 관직인 문하시중과 동시에 청하후淸河候로 봉작되면서 식읍 7백호를 하사받았다.

정치인으로써 최고의 영예를 누리던 최승로였지만 흐르는 세월만큼은 거스를 수가 없었다. 군자는 나아감과 물러섬에 있어 때를 잘 알아야 한다고 했다. 그는 자신의 나이 환갑을 넘어서자 여러 차례 벼슬에서 물러날 뜻을 밝혔다. 하지만 성종은 한사코 최승로의 사직을 허락하지 않았다. 개혁 정국의 상징적인 존재인 그를 결코 떠나보낼 수 없었던 것이다.

결국 이듬해인 성종 재위 8년인 989년 63세의 일기로 생을 마감할 때까지 그는 신명을 다해 성종의 개혁정책을 보필하게 된다.

성종은 공훈과 덕행을 표창하고, 태사 벼슬에 추증한다는 교서를 내렸다. 더불어 유족들에게는 베 1천 필, 쌀 5백 석, 밀가루 3백 석, 유향 100냥 등을 내려 장례비에 충당하도록 했다.

이와 같은 임금의 각별한 배려는 개혁동지로서 그가 얼마나 최승로를 신뢰하고 아꼈던가를 엿볼 수 있는 대목이다.

그의 명성은 후대에까지 이어졌다. 997년 성종이 세상을 떠나자, 고려 제7대 왕으로 보위에 오른 목종은 그를 성종의 묘에 합사하는 것으로 다시 한 번 그 공로를 치하한다. 그리고 제9대 덕종은 그에게 대광, 내사령의 벼슬을 추증함으로써 고려사의 큰 별로 대접했다.

개혁가 최승로, 그는 자신의 말년을 오로지 고려의 체제를 정비하고 기틀을 세우는 일로 보냈다. 비록 짧은 세월이었지만 그가 이룩해 놓은 것은 너무도 많았다.

다행히 천년 만에 주인을 만나

부족한 재주로 자리를 더럽히며 서원西垣에 있네

문장이야 감히 함께 있는 현인들을 바라볼까만

주군의 깊은 총애자랑으로 삼아 후세에 보여주리.

크나큰 은혜에 눈물만 흘리고

뛸듯한 기쁨에는 오히려 말이 없네.

보은할 길을 찾으나 끝내 얻지 못하고

오직 남산으로 갈길 빌면서 성은에 절 할 뿐이네.

최승로가 연로함을 이기지 못하고 병석에 누웠을 때 성종을 그리워하며 쓴 시 전문이다. 성종은 그에게 8년이라는 시간과 기회를 허락했지만 최승로가 성종을 위해 바친 것은 그 자신의 한평생이었다.

적들에겐
한 톨의 쌀도 내줄 수 없다

성종 재위 12년인 993년 10월, 고려 조정은 마치 벌집을 쑤셔놓은 듯 소란스러웠다. 북방의 국경수비대로부터 '거란 군대가 쳐들어오고 있다'는 다급한 보고가 들어왔다. 진작부터 여진에서는 '거란이 고려를 침입하려는 모의를 하고 있다'는 정보를 전해주었다. 하지만 고려 조정에서는 여진 측의 제보를 전혀 심각하게 받아들이지 않았다. 그동안 여러 차례 거란의 침입이 있을 것이란 소문이 있었지만 모두 사실무근으로 밝혀졌다.

이미 그 두 달 전에도 여진으로부터 '거란 군대가 고려로 향하고 있다'는 첩보가 들어왔다. 고려 조정에서는 만일의 사태를 대비하자는 논의만 분분했을 뿐 여전히 반신반의하는 분위기였으므로 적극적인 대응은 이뤄지지 않았다.

하지만 이번에는 달랐다. 여진이 다시 거란의 동정을 알려온 데다가, 국경수비대에서도 연일 거란의 침입이 시작되었음을 알리는 파발마를 보내오고 있었다.

비로소 사태의 심각성을 깨달은 성종은 서둘러 군대와 지휘부를 편성했다. 시중 박양유를 상군사, 내사시랑 서희를 중군사, 문하시랑 최량을 하군사로 임명하여 평안북도를 방어하도록 했다.

성종은 친히 군사를 이끌고 서경을 거쳐서 평안남도로 나아가 정세를 살폈다. 거란 군대는 이미 동경 유수 소손녕의 지휘 아래 압록강을 넘어 남하하고 있었다.

별다른 저항 없이 고려 땅으로 진입한 거란 군대는 여세를 몰아 황해북도 서부로 몰려들었다. 곧이어 청천강 이북지역을 단숨에 점령하고, 고려군의 선봉장 윤서안을 비롯한 많은 군사들을 포로로 잡았다. 상황이 어려워지자 성종은 급히 서경으로 철군했다.

일단 기선을 제압하는 데 성공한 소손녕은 출전 준비를 하고 있던 서희의 진영으로 항복을 권유하는 편지 한 통을 보내왔다.

"우리가 이미 발해를 멸망시키고 옛고구려의 영토를 다스리고 있는데, 지금 너희들이 그 일부를 차지하고 있으니 순리에 어긋나는 것이다. 나는 대조大朝·요나라 황제의 명을 받고 영토를 되찾기 위해온 것이다."

대내외적으로 고구려의 후예임을 밝혀온 고려의 입장에서는 한마디로 어처구니없는 주장이 아닐 수 없었다. 소손녕의 편지를 접한 서희는 일단 조정에 저들의 주장을 알렸다. 곧바로 소손녕이 두 번째 편지를 보내왔다.

"우리나라는 중원을 통일한 대제국이다. 만약 너희들이 다른 마음을 품고 항복하지 않으면 대군을 몰아 모조리 소탕할 것이다, 다시 한 번 권하니 즉시 항복하여 목숨을 보전하도록 하라."

당장 항복하지 않으면 재미없다는 협박편지였다. 편지를 읽은 서희는 간담을 졸이기는커녕 나름대로 소손녕의 심중을 간파하고 조정에 보고를 올렸다.

"거란 군대가 더 이상 남하하지 않고 멈추어 선 것은 저들로서도 껄끄러운 점이 많기 때문입니다. 이를 잘 이용한다면 화의로써 전란의 위협을 벗어날 수 있을 것입니다."

서희의 판단은 옳았다. 사실 소손녕은 고려와 전면전을 벌일 의사가 없었다. 아직 그들은 고려를 두려워하고 있었고 이번에 소손녕이 이끌고 온 군대도 본격적인 싸움을 벌이기에는 그 규모가 형편없었다.

그가 계속해서 협박편지를 보낸 것은 일종의 심리전이었다. 자신 없는 싸움을 계속하기보다는 고려 조정을 위협하여 소기의 목적을 달성해보겠다는 심산이다. 서희는 바로 이 점을 간파했던 것이다.

그는 즉각 조정에 파발을 띄웠다.

"지금은 저들이 싸울 의사가 없는 것 같으니 화친을 유도하는 것이 옳을 듯싶습니다."

성종은 예빈 소경 이몽전을 거란 진영으로 보내 저들이 침입한 이유를 알아보고 화친을 청하도록 했다.

소손녕은 계속해서 말뿐인 협박 편지를 보내왔다.

"우리 군대는 가히 8십만에 이르는 대군이다. 얼른 압록강가로 나와 항복하지 않으면 나는 군대를 몰아 너희를 멸망시킬 것이다. 고려의 임금과 신하들은 모두 내 군영에 나와 항복하도록 하라."

그로부터 얼마 후 이몽전은 소손녕을 만나 전쟁을 일으킨 이유를 물었다. 그러자 소손녕은 또다시 터무니없는 이유를 늘어놓는다.

"고려가 도탄에 빠진 백성들을 구휼하지 않으므로 마땅히 천벌을 내리려는 것이다. 너희 왕이 정녕 화해하기를 원한다면 속히 나와서 항복하라고 전하라."

이몽전의 보고를 접한 고려 조정에서는 어전회의가 열렸다. 중신들 간에 갑론을박이 벌어졌다. 대부분 소손녕의 요구대로 항복하는 것이 좋겠다는 한심한 의견이었다. 심지어 일부 중신들은 황당하기 그지없는 주장을 늘어놓았다.

"소낙비는 일단 피하라고 했습니다. 우선 항복하여 화친을 맺고 후일을 도모하는 것이 종묘사직을 위하는 길일 것입니다."

"임금께서는 먼저 개경으로 돌아가시고, 우리 중신들이 군사를 거느리고 나아가 항복하는 것이 좋겠습니다."

"무조건 버티다가는 더 많은 것을 잃을지도 모릅니다. 저들이 요구하는 대로 서경 이북의 땅을 떼어주고 황주에서 절령을 잇는 국경만이라도 확보하는 게 이득입니다."

참으로 태조 왕건이 지하에서 통곡할 일이었다. 일찍이 태조가 서경을 옛 고구려의 영토를 회복하기 위한 전초기지로 삼았다는 사실은 그들도 알고 있었다. 그런데 이제 겨우 70여 년이 흐른 지금 북으로 진출하기는커녕 바로 코앞의 영토까지 적에게 내주자는 주장을 하고 있는 것이다.

대세는 거란의 요구를 들어주는 쪽으로 기울고 있었다. 성종은 너무도 분한 마음에 뜨거운 눈물만 흘렸다. 재위 12년 간 그토록 나라의 체계를 세우고 힘을 기르는 일에 전념했건만 지금에 와서는 달리 대안이 없었다.

결국 조정 중신들의 여론에 못 이겨 이른바 할지론割地論을 받아들인 성종은 굴욕적인 항복을 결심하게 된다. 이에 앞서 조정에서는 서경의 나라 곳간을 열어 그곳에 있던 쌀을 백성들에게 나눠주었다.

심지어 성종은 백성들에게 나눠주고 남은 쌀은 모조리 대동강에 쏟아버리라는 지시까지 내렸다. 그 아까운 식량이 거란 군대의 군용미로 쓰일 것을 염려했기 때문이다.

왕을 부끄럽게
만든 직언

조정에서 항복을 결정했다는 소식을 듣고 서희는 분연히 서경으로 달려왔다.

"식량이 넉넉하면 얼마든지 성을 지킬 수 있고, 국력을 기울여 죽기로 싸운다면 능히 물리칠 수 있습니다. 지금 우리가 수세에 몰려 있는 것은 불시에 공격을 당한 때문입니다. 전장에서의 승패는 반드시 군사의 강하고 약함에 좌우되는 것은 아닙니다. 다만 저들의 약점을 노려서 용감히 싸우는데 달려 있습니다. 그러므로 저들의 동태를 면밀히 살피다가 적절한 틈을 타서 움직이면 될 것을 어찌 싸우기도 전에 항복 먼저 한단 말입니까? 게다가 어째서 식량을 버리라고 하십니까? 어쨌든 나라의 곡식을 백성들에게 나눠주는 것은 구휼의 의미라도 있으나, 흐르는 강에 버린다는 것은 천부당만부당한 말씀입니다. 차라리 적군의 군량미로 쓰일지언정 백성들의 생명과 같은 식량을 헛되이 버려서는 안 됩니다. 만약 하늘이 노하면 어찌하시렵니까?"

성종은 '하늘이 노한다'는 말에 마음이 흔들렸다. 임금이 몸소 하늘에 제사를 지내고, 천기에 따라 나라의 중대사가 영향 받던 시대였으니 이보다 더 두려운 일은 없었다.

사실 서희는 헛되이 버려지는 쌀이 아까워서가 아니었다. 또한 임금 앞에서 하늘의 뜻 운운한 것도 꼭 그렇게 생각해서만은 아니었다. 이미 말했듯이 그는 수차에 걸친 소손녕의 편지를 통해 거란의 의도를 파악하고 있었다.

그들이 침입한 목적은 굳이 영토를 확보하겠다는 것보다는 중원의 숙적인 송나라를 의식했기 때문이었다. 중국의 통일이라는 자신들의 야망을 실현하기 위해서는 무엇보다도 송나라와 고려가 밀착되는 것을 막을 필요가 있었다. 서희는 소손녕이 고려 조정을 협박하는 가장 큰 이유가 송나라와의 화친에 있다는 심증을 굳히고 있었던 것이다.

서희의 진언에 마음이 움직인 성종은 그 자리에서 서경 창고의 쌀을 대동강에 버리는 일을 중지하라는 명을 내렸다. 그러나 서희의 주장은 여기서 끝나지 않았다.

　"원래 거란의 동경으로부터 우리의 안북부에 이르기까지 수백리 땅이 여진족의 근거지가 되었으므로 일찍이 광종 임금께서 가주, 송성 등에 성을 쌓았습니다. 지금 거란이 쳐들어 온 것은 바로 이 두 성을 빼앗으려는 것에 불과합니다. 그들이 고구려의 옛 땅을 취하겠다고 목소리를 높이는 것은 기실 우리를 두려워하기 때문입니다. 그러므로 당장 저들의 군대가 막강하다고 서경 이북을 떼어주며 화친을 맺는 것은 그다지 좋은 계책이 아닙니다. 더욱이 삼각산 이북도 옛 고구려의 땅이니 만일 저들이 또다시 욕심을 내어 내놓으라고 생떼를 쓴다면 그곳도 내주시겠습니까? 옛 나라도 그렇거니와, 태조 왕건께서 이 나라를 창업하신 이래 우리 영토를 스스로 남에게 내준 일은 한 번도 없습니다. 국토를 떼어준다는 것은 자손만대의 치욕입니다. 이제 성상께서는 도성으로 돌아가십시오. 일단 신들이 결전을 벌인 다음에 이 일을 의논하는 것이 좋겠습니다. 그래도 늦지는 않을 것입니다."

　구국일념에 불타는 서희의 진심에 왕의 얼굴이 붉게 물들었다. 잠시나마 선대로부터 물려받은 강토를 적에게 떼어주려 했던 자신이 부끄러웠으리라. 서희의 말이 끝나자 이번에는 전 민관어사 이지백이 그 주장에 동조하면서 중국풍을 즐기던 성종의 취향을 은근히 꼬집고 나섰다.

　요컨대 이지백의 주장은 '조정에 단 한 사람의 충신도 없어 선뜻 땅을 베어 적에게 내주자고 주장하니 통탄을 금치 못하며, 땅을 내주기보다는 차라리 선왕 때의 연등·팔관·선랑仙郎등을 행하고, 남의 나라 풍습을 멀리함으로써 태평성대를 이루는 것이 옳다'는 거였다. 당시 일각에서는 중국문화를 선호하는 성종의 취향에 대한 반감이 형성되어 있었다. 이지백은 중국 민족의 일부인 거란의 침입을 기회 삼아 이 점을 따지고 들었던 것이다.

마침내 성종은 그때까지 조정의 대세로 굳혀지고 있던 할지론을 전면 백지화시키는 결단을 내린다.

세 치 혀로
영토를 늘인 지략

한편, 거란군 진영의 소손녕은 이제나저제나 고려가 항복하기만을 기다리고 있었다. 그는 사신으로 왔던 이몽전이 돌아간 뒤로 아무런 소식이 없자 무력시위에 돌입한다. 소손녕이 공격목표로 삼은 곳은 청천강 이남의 안주지방이었다. 거란군의 맹렬한 기세는 발해 태자 중랑장 대도수와 낭장 유방의 활약으로 일시에 꺾이고 말았다.

예상치 못한 고배를 마신 소손녕은 진영 문을 굳게 잠그고 나오지 않았다. 그리고 다시 부하 장수를 고려 진영으로 보내 항복을 독촉하기 시작했다. 고려 조정에서는 합문사인_{조정의 조회와 의례를 담당} 장영을 거란 진영으로 보냈다. 소손녕은 자신의 위치에 필적하는 대신을 보내라며 숫제 만나주지도 않았다.

"답답한 일이다. 누가 거란 진영으로 가서 말로써 구슬려 후세에 길이 남을 공을 세워보겠는가?"

좌우로 늘어선 조정 중신들은 왕의 탄식에 고개를 푹 숙인 채 아무 말도 하지 못했다.

"비록 능력은 보잘 것 없으나 신이 감히 성상의 명령을 받들겠습니다."

지원자는 오직 서희 한 사람뿐이었다. 그는 곧 국서를 받들고 거란 진영으로 떠났다. 이때 성종은 친히 강가까지 배웅을 나가 그의 손을 잡고 사태를 완전히 수습하도록 당부했다. 거란 진영에 도착한 서희는 먼저 통역관으로 하여금 상견례 절차에 대한 상대방의 의중을 알아오도록 했다.

소손녕의 대답은 오만방자하기 그지없는 것이었다.

"나는 대 요나라의 귀인이니 마땅히 뜰아래에서 절해야 한다."

이 말에 서희는 다시 통역관을 보냈다.

"무릇 신하가 군주를 뵈올 때는 뜰아래에서 절하는 것이 당연하다. 하지만 양국의 대신이 서로 만나는 것인데 어찌 그럴 수 있단 말인가?"

피차 기를 꺾기 위한 실랑이가 계속되었다. 그 동안 통역관이 몇 차례나 양쪽을 오갔으나 두 사람은 한 치의 양보도 없었다. 소손녕이 끝내 고집을 부리자 서희는 크게 화를 내고는 숙소로 돌아와 자리에 누운 채 꼼짝도 안했다.

마음이 조급해진 소손녕은 다시 통역관을 보내왔다. 적진에 와서도 너무나 당당한 서희의 태도로 보아 도저히 꺾을 수 없음을 깨우친 것이리라. 결국 두 사람은 뜰에서 인사하는 것으로 상견례를 하고, 당상에 올라 동서로 마주보고 앉았다.

이윽고 담판이 시작되자, 소손녕이 먼저 입을 열었다.

"그대 나라는 신라 땅에서 일어났고, 고구려 땅은 우리 소유인데 그대들이 먼저 침범해왔다. 또 우리와 국경을 접하고 있으면서도 바다 건너 송나라를 섬기는 까닭에 오늘의 출병이 있게 된 것이다. 이제라도 땅을 떼어 바치고 우리를 섬기면 모두 무사하리라."

곧 서희의 반박이 이어졌다.

"그건 틀린 말이다. 우리의 영토는 곧 고구려의 옛 땅이다. 그러므로 국호를 고려라 하고 평양을 도읍으로 삼았다. 지리적인 경계로 따지자면 의당 그대 나라의 동경까지도 우리 경내에 들어 있다. 또한 압록강 안팎도 모두 우리 영토인데 여진이 그 사이에 몰래 들어와 그대 나라와의 교통을 차단하였다. 그런 까닭에 그대 나라에 가기가 바다 건너 송나라에 가기보다 더 어렵게 되었다. 결국 귀국과 우리나라가 국교를 맺지 못함은 모두 여진의 탓이다. 만일 여진을 몰아내어 우리의 옛 땅을 회복하고 성을 쌓으면 자연히 길이 열릴 것이다. 그러면 왜 국교를 맺지 않겠는가? 이제 장군이 내 의견을 귀국의 임금에게 전달하면 분명 옳게 여겨 허락하시리라."

자고로 적을 물러가게 하려면 명분을 내줘야 하는 법, 서희는 지금 소손녕에게 철군의 명분을 제시하고 있는 것이다.

서희의 높은 기개로 보아 어떠한 협박으로도 제압할 수 없음을 느낀 소손녕은 그 날의 협상 결과를 상세히 적어 자국에 보냈다. 얼마 지나지 않아 거란 왕으로부터 답신이 왔다.

"고려가 이미 화해하기를 청하니 마땅히 군대를 돌려 돌아오도록 하라."

이로써 서희는 거란 진영에 7일 간이나 머물며 자신이 목적한 바를 이뤘다. 그는 단 한 뼘의 땅도 내주지 않았을 뿐더러 고려 신하로서의 자존심까지 고스란히 지키며 거란의 대군을 물리쳤다. 게다가 거란의 성종으로부터 고려가 압록강 동쪽 280여 리의 영토를 개척해도 좋다는 동의까지 받았다. 당초의 목적보다 훨씬 더 많은 것을 얻어낸 것이다.

소손녕으로부터 융숭한 대접을 받은 서희는 낙타 10마리, 말 100필, 양 1,000마리와 비단 500필까지 선물로 받아 돌아왔다. 성종은 이에 크게 기뻐하며 다시 강어귀에까지 마중을 나왔다.

고려는 거란과의 담판에서 이기고 돌아온 서희의 쾌거로 압록강 동쪽까지 영토를 확장할 수 있게 되었다.

성종 재위 13년, 서희는 직접 군사를 이끌고 나아가 여진족을 몰아냈다. 그리고 흥화·용주·통주·철주·구주·곽주 등 이른바 강동 6주를 쌓았다. 결과적으로 거란은 고려를 침략한 것이 아니라 오히려 고려에 땅을 보태주고 간 셈이다.

나라를 지킨 유전자

혈혈단신으로 거란 진영에 들어가 소손녕과 국운을 건 일대 담판을 벌인 서희는 어릴 적부터 총명하기로 소문이 자자했다. 광종 재위 11년 그는 18세의 나이로 문과에 급제, 차관급인 광평원외랑에 올랐다. 통상 과거에 급제한 사람에게 내리는 벼슬의 몇 단계를 뛰어넘는 파격적인 인사였다.

서희가 외교가로서의 능력을 인정받기 시작한 것은 그의 나이 31세가 되던 해였다. 그때까지 고려와 송나라는 외교관계가 단절되어있었다. 후주의 멸망 이후 거란의 등장으로 긴장감이 유발되면서 양국 간에 적대적인 분위기가 형성된 것이다. 이후 10여 년 간 그 상태가 지속되었다.

광종 재위 23년인 972년, 서희가 송나라 사신으로 파견되면서 상황이 급속도로 달라졌다. 서희는 탁월한 외교수완을 발휘하여 그 동안 끊어진 양국 간의 외교관계를 완전히 회복시키고 돌아왔다. 당시 그의 품위 있는 행동과 예절을 높이 평가한 송나라 태조는 검교병부상서라는 벼슬을 내렸다.

이 일로 조정의 신임을 얻게 된 서희는 승진을 거듭, 983년에는 벼슬이 정3품 병관어사에 이르렀다. 그리고 꼭 10년 뒤인 993년, 거란의 1차 침입 때는 정2품 내사시랑으로서 다시 한 번 특유의 달변으로 적장의 코를 납작하게 만들었다. 강직하고 청렴결백한 성품은 집안내력이라고 할 수 있다. 신라의 아전 출신인 조부 서신일부터 광종 대의 재상인 부친 서필에 이르기까지, 그의 집안은 청렴결백하기로 유명했다.

서희 집안의 일면을 살필 수 있는 일화로 그의 아버지 서필의 탄생에 얽힌 이야기가 있다.

신라가 망하고 태조 왕건이 고려를 개국하자, 서신일은 망국의 슬픔을 안고 부인과 함께 서원골에 묻혀 농사를 지으며 살았다. 어수선한 세상일에 신경 쓰지 않으니 더없이 평화로운 삶이었다. 아쉬운게 있다면 집안의 대를 이을 아들이 없다는 점이었다.

어느 날 그가 밭에 나가 일을 하고 있을 때 화살에 맞아 피를 뚝뚝 흘리는 사슴 한 마리가 뛰어오고 있었다. 자상하고 인정 많은 성품의 서신일은 얼른 사슴을 낟가리 속에 숨겨 주었다.

잠시 후, 옆구리에 활을 찬 사냥꾼 하나가 숨을 헐떡거리며 그가 있는 곳으로 뛰어와서는 사슴을 보지 못했느냐고 물었다. 그는 금방 대답을 하지 못하고 말을 더듬었다. 못 보았다고 하면 거짓말이 될 테니 그 또한 마음이 허락하지 않았던 것이다.

"허허, 그게, 보기는 보았지만……."

"아니, 이 양반이? 봤으면 봤다고 하면 되지…… 대체 무슨 꿍꿍이요?"

사냥꾼의 재촉에 서신일은 더욱 말을 더듬거렸다.

"그런데 왜 그러시오?"

"뭐요? 내가 화살을 놓은 사슴이니 찾는 거지, 왜라니? 혹시 당신이 감춘 것 아니오?"

그의 태도가 수상쩍다고 여긴 사냥꾼이 험상궂은 얼굴을 하며 윽박질렀다. 그러자 서신일은 살살 달래기 시작했다.

　"그러지 말고, 그 사슴을 내게 파시오. 댁이야 어차피 잡아다가 팔려는 것 아니오? 내 값을 후하게 쳐 드리리다."

　이렇게 해서 서신일은 사냥꾼이 요구하는 대로 값을 치르고 돌려보냈다. 그런 다음 사슴을 집으로 데려가 부인과 함께 정성껏 치료해 주었다.

　며칠이 지나 사슴의 상처가 다 아물자, 두 사람은 사슴을 산 속으로 돌려보내 주었다.

　그로부터 얼마 후, 은혜를 입은 사슴이 점지했는지 그의 부인에게 태기가 있었다. 그리고 열 달이 지나자 건강한 남자아이가 태어났으니 그 아이가 바로 서희의 아버지 서필이었다.

　미물 하나도 함부로 대하지 않는 부모의 성품을 이어받았음인가? 후일 서필은 일인지하 만인지상이라는 재상의 자리에 올라서도 늘 검소하고 따뜻한 성품을 잃지 않았다.

　고려 제4대 왕 광종 시절, 그가 중앙행정의 최고기관 중 하나인 종1품 내의령으로 있을 때의 일이다.

　하루는 광종이 서필을 비롯한 여러 신하들의 공로를 치하하며 특별히 금 술잔을 내렸다. 다른 신하들은 모두 성은에 감사하며 금 술잔을 받았다. 하지만 서필 혼자만은 끝끝내 사양하며 받지 않았다.

　의아하게 생각한 광종이 그 이유를 묻자, 그는 이렇게 대답한다.

　"지금까지 입은 은혜만으로도 백골난망입니다. 그런데다가 귀하디귀한 금으로 만든 술잔을 받는 것은 참으로 분수에 넘치는 일이 아닐 수 없습니다. 더욱이 군주와 신하는 쓰는 그릇에 있어서도 의당 차등이 있어야 합니다. 만약 신하인 제가 금 그릇을 사용한다면 전하께서는 대체 무엇으로 음식을 담아 드시겠습니까?"

참으로 지당하고도 갸륵한 신하의 마음이 흠뻑 담긴 말이 아닐 수 없다. 당연히 광종은 그를 더욱 가까이하게 되었다.

광종은 중국문화를 좋아하여 송나라에서 귀화한 사람들을 중용하고 있었다. 문제는 그들을 우대한 나머지 죄 없는 백성들의 집을 몰수하여 그들의 거처로 삼도록 한 것이다. 서필은 이것을 늘 가슴 아프게 생각하고 있었다.

어느 날 그는 왕을 알현한 자리에서 자신의 집을 나라에 내놓겠다고 청한다. 느닷없이 집을 내놓겠다니? 광종이 깜짝 놀라서 그에게 물었다.

"집을 내놓겠다고? 그럼 그대는 대체 어디서 살겠다는 것인가?"

서필은 태연한 얼굴로 이렇게 대답했다.

"저는 재상의 자리에 올라 지금까지 아무런 불편 없이 잘 살았습니다. 그런데 어찌 제 자식까지 재상의 집에서 살게 할 수 있겠습니까? 나라에서 받는 녹봉으로 작은 집이나마 새로 마련하여 자식들을 키우도록 하겠습니다."

일국의 재상인 서필은 자신의 집을 나라에 바치고 허름한 초가로 들어갔다. 이후로는 광종도 백성들의 집을 더 이상 강탈하지 않게 되었다. 서희는 할아버지에서 아버지로 이어지는 올곧고 청렴한 가풍을 그대로 이어받았다. 바로 그것이 서희가 고려의 사직을 수호한 인물로 후대에 이름을 남길 수 있었던 원동력이었다.

성종 재위 15년인 996년 서희는 건강이 악화되어 개성 탄현문 밖의 개국사란 절로 들어가 요양을 했다. 그러나 건강은 갈수록 악화되었다. 성종은 치사령까지 내려가면서 그의 건강을 걱정했지만, 997년 10월 재위 16년을 끝으로 자신이 먼저 세상을 떠나고 말았다.

이듬해 서희도 향년 56세를 일기로 세상을 떠났다. 그가 세상에 남기고 간 교훈은 결코'세치 혀로 상대방의 마음을 움직였다'는 식의 달변의 논리와는 차원이 다른 것이었다. 그는 정당한 명분을 관철시키기 위해 언어라는 고도의 무기를 사용했다. 그리고 그 무기의 위력은 과연 총칼의 힘보다 강하고 효과적이었다.

거란 왕을 무색하게 만든 배짱
강조

토굴에
숨어 사는 왕자

1009년 2월, 어느 날 삼각산 서쪽 기슭이 갑자기 소란스러워졌다. 고요하던 산중에 난데없는 풍악소리가 울려 퍼지더니 멀리서 예사롭지 않은 행차가 모습을 나타냈다. 울긋불긋한 깃발이 꼬리에 꼬리를 물었고, 그 뒤를 금은 바탕에 칠보로 장식된 커다란 가마가 둥둥 떠오고 있었다. 게다가 색색의 옷차림으로 대열을 나눈 남녀의 무리가 길게 줄을 지어 따르고 있었는데, 여간해서는 보기 힘든 광경이었다.

가뜩이나 인적이 드물어 어디가 길인지 분간조차 할 수 없고 산비탈에는 눈이 발목까지 차오를 만큼 쌓여 있었다. 잠시 산 아래 서서 숨을 고르던 행렬은 다시 풍악을 울리며 산자락을 오르기 시작했다.

그리고 얼마 후, 그들은 산중턱의 바위를 타고 앉은 작은 암자의 산문 밖에 모습을 드러냈다.

그곳에는 아까부터 스님 몇몇이 상기된 얼굴로 서성거리고 있었다. 다만 백발을 휘날리며 선장禪杖을 짚고 선 노스님 한 명만이 태연자약할 뿐이었다. 삼각산 암자의 주지 진관대사였다.

이윽고 비탈길을 오르느라 흐트러졌던 모양새를 갖추고 난 행렬 속에서 당당한 풍채의 두 사람이 앞으로 걸어 나왔다. 두 사람은 먼저 진관대사를 찾아 정중한 예를 갖추었다. 그리고 자신들은 조정에서 파견된 특명대사 김응인과 황보유의라고 밝히고 중대한 임무를 띠고 왔노라고 덧붙였다.

"보위에 오르실 대량원군 마마를 모시러 왔습니다."

'보위?' 참으로 뜻밖의 말이 아닐 수 없다. 그러면 이 깊은 산중의 작은 암자에 왕의 재목이 있다? 대사는 합장으로써 그들의 예를 받았다. 전혀 놀라는 기색이 없는 걸 보니 결코 뜻밖의 손님은 아니었던 모양이다.

"아미타불, 어서 오십시오. 소승은 이미 오래 전부터 기다리고 있었습니다!"

특명대사 김응인과 황보유의는 대사의 뒤를 좇아 어느 선방 앞에 이르렀다.

"이곳이 대량원군께서 거처하시는 곳입니다."

대사의 말이 끝나기가 무섭게 두 사람은 바닥에 엎드려 머리를 조아렸다.

"대군마마! 저희들은 대군마마를 도성으로 모시라는 명을 받고 왔습니다."

방 안에서는 아무런 기척도 없었다. 두 사람은 몇 차례나 번갈아가며 목청을 높였으나 끝끝내 대량원군의 대답은 들려오지 않았다.

가만히 그 모습을 지켜보고 있던 대사가 짐짓 인기척을 내며 문고리를 잡아당겼다.

활짝 열려진 문을 통해 들여다보이는 방 안은 텅 비어 있었다. 국왕의 자리에 오를 인물의 거처라고 하기에는 너무도 작고 초라한 방이었다. 세간이라고는 야트막한 침상과 낡은 책상 하나, 누렇고 거친 천으로 이리저리 깁기까지 한 이부자리 한 채, 그리고 서책 몇 권이 덩그러니 놓여 있을 뿐이었다.

　김응인과 황보 유의는 누가 먼저랄 것도 없이 대사의 얼굴을 돌아보았다. 직접 대놓고 말만 안 했지 '누굴 놀리느냐'는 듯한 표정이 역력했다. 더구나 대사는 빙그레 웃고만 있으니 그들로서는 정말 복장이 터져 죽을 노릇이었다.

　이렇다 저렇다 말 한 마디 없이 방안으로 들어간 대사는 침상 위에 개켜져 있는 이부자리를 방바닥에 내려놓았다. 그러더니 빈 침상을 향해 이렇게 말하는 것이었다.

　"그만 나오시는 것이 좋겠습니다."

　그 순간 자못 의아한 표정으로 대사의 행동을 지켜보고 있던 김응인과 황보유의가 깜짝 놀라더니 황급히 바닥에 엎드렸다. 대사가 침상 끝을 잡고 들어 올리자, 그 속에서 대량원군의 얼굴이 쑥 나타났던 것이다.

　"대군마마! 속히 도성으로 돌아가 보위에 오르십시오!"

　여전히 침상 밑의 땅굴 속에 앉아 있던 대량원군이 한 손을 휘휘 내저었다.

　"일찍이 내 운명이 기구하여 세상을 등진 몸, 이곳에서 남은 생을 보낼 터이니 모두들 물러가시오!"

특명대사들의 끈질긴 간청에도 불구하고, 다시는 세상으로 나가지 않겠다는 대량원군의 태도는 변함이 없었다. 그러나 진관대사까지 나서서 설득하기를 거듭하자, 결국 땅굴에서 나와 가마에 올랐다.

도성으로 떠나는 대량원군의 가슴속으로 만감이 교차했다. 그도 그럴 것이 무려 3년이라는 세월을 인간 두더지가 되어 땅굴 속에서 지냈었다. 파리한 얼굴을 들어 그토록 그리워하던 햇볕을 마음껏 받았다. 이어 지난 세월 자신의 목숨을 지켜준 진관대사와 눈물로 작별을 고했다. 그는 자신이 숨어 살던 땅굴을 '신혈神穴'이라 이름 지었다. 이때부터 이 암자는 신혈사寺로 불렸다.

왕후의 치정과
남색에 빠진 왕

개경으로 돌아간 대량원군은 고려 제8대 왕의 자리에 올랐다. 어째서 그는 일국의 왕자의 몸으로 그렇게 비참한 생활을 했던 것일까?

이야기는 997년 목종 즉위년으로 거슬러 올라간다. 성종의 뒤를 이어 왕위에 오른 고려 제7대 왕 목종은 즉위 당시 18세의 어린 나이였다. 대개 어린 왕이 즉위하면 권력에 눈 먼 자들의 암투가 생기게 마련이다. 목종의 경우는 생모인 헌애왕후 황보씨가 문제였다. 경종의 제

3비로 성종의 친동생이기도 한 그녀는 유난히 정권욕이 강하고 간악한 성격의 여인이었다.

그녀는 처음부터 왕의 나이가 어리다는 것을 내세워 수렴청정을 자처하고 나섰다. 그리고 자신의 정부인 김치양을 불러들여 요직에 앉혔다. 그런 다음 천추궁에 기거하며 스스로 천추태후가 되어 마음대로 정사를 주무르기 시작했다.

김치양은 헌애왕후의 외척이었다. 그런데 경종이 세상을 떠나고 두 살짜리 아들 송訟을 키우며 별궁에 기거하고 있던 그녀와 눈이 맞았다. 천성이 포악하고 음탕하던 그녀가 외간 남자들에게 눈을 돌리던 차에 외사촌인 김치양과 불륜을 저지르게 되었던 것이다.

꼬리가 길면 밟히는 법, 그가 승려를 사칭하고 천추궁을 드나들면서 헌애왕후와 온갖 추잡한 짓을 벌인다는 소문이 자자했다. 결국 이 소문을 들은 성종의 분노를 사는 바람에 그는 외진 곳으로 귀양가는 신세가 되고 말았다. 그러다가 이번에 정권이 바뀌면서 헌애왕 후가 실권을 잡자, 보무도 당당히 개경으로 돌아왔던 것이다. 다시 헌애왕후의 정부 노릇을 하게 된 김치양은 거칠 것이 없었다.

나라의 실권을 쥐고 있는 사람이 자기가 없으면 죽고 못 사는 여인이니 자연히 그 실권도 그의 것이나 마찬가지였다. 그는 하루에도 몇 번씩 천추궁에 드나들면서 헌애왕후와 불륜의 정을 나누는 한편, 정사를 마음대로 주물렀다.

불과 몇 년 만에 김치양의 벼슬은 상서성의 정2품 관직인 우복야 겸 삼사사에 올랐으며, 인사권을 장악하여 백관의 임명권을 손아귀에 넣었다. 그리고는 매관매직을 일삼아 엄청난 축재를 했다. 그 돈으로 그는 궁궐보다 더 화려한 3백여 칸의 집을 짓고, 귀한 수목으로 가득한 정원에는 연못과 정자를 꾸며 밤낮으로 헌애왕후와 놀아났다.

김치양의 측근들은 조정의 요직을 모두 차지했다. 그는 가문의 사당을 짓는 공사에 백성들을 강제로 동원하기도 했다. 그 횡포가 얼마나 심했으면 숫제 조정의 기능이 마비될 정도였다.

목종은 김치양의 권력 독점에 위기감을 느꼈다. 그는 단지 명목상으로만 왕이었지 자기 뜻대로 할 수 있는 것은 아무것도 없었다. 여러 차례에 걸쳐 김치양을 축출하려던 목종은 그때마다 헌애왕후의 방해로 뜻을 이루지 못한다.

결국 자신감을 잃고 자포자기한 목종은 그만 방탕한 생활에 빠지고 말았다. 아예 정사를 팽개친 채 엉뚱하게도 동성애를 탐닉하기 시작했던 것이다. 상대는 유행간이란 이름의 하급관리였다.

어느 새 남색가가 되어버린 목종은 유행간의 말이라면 무엇이든지 들어주었다. 국왕이 주재하는 조회와 의례를 관장하는 관직인 합문사인의 벼슬에 오른 유행간은 정사에 간섭하며 온갖 비리를 저질렀다. 김치양에 버금갈 정도로 오만방자했던 그는 조정 대신들을 턱짓으로 부릴 정도였다.

본디 부패한 권력에는 파리 떼가 꼬이기 마련이다. 유행간의 주변으로 많은 사람들이 몰려들어 그를 마치 왕처럼 떠받들었다.

유행간은 발해 출신으로 외모가 출중한 유충정이란 자를 목종의 새로운 상대로 추천했다. 이후로 두 사람은 왕명을 핑계로 인사권을 남용하고, 궁인들을 하인 부리듯 몰고 다녔다.

1004년 목종 재위 7년, 김치양과 부부행세를 하던 헌애왕후가 불륜의 씨앗을 출산하기에 이르렀다. 김치양으로서는 보다 큰 권력을 얻을 수도 있는 절호의 찬스였다.

갓난아기를 사이에 두고 마주앉은 두 사람은 이심전심으로 새로운 꿈을 꾸고 있었다. 얼마나 감격스러웠으면 김치양은 눈물을 글썽이기까지 하였다.

"당신이 내 아이를 낳다니 꿈만 같소."

"이제 됐어요. 우리 아기가 장차 큰일을 할 겁니다."

헌애왕후의 눈빛이 유난히 반짝거렸다. 김치양의 입가에서도 야릇한 미소가 피어올랐다. 왕의 생모가 자신을 더 소중히 여기니 벌써부터 섭정의 자리에 오른 듯 뿌듯했다.

헌애왕후가 은밀하면서도 표독스런 목소리로 말했다.

"먼저 대량원군을 없애야 합니다."

김치양은 주저 없이 고개를 끄덕였다. 대량원군이 버티고 있는 한 아무리 애써도 자신들의 아들이 보위에 오를 가능성은 전혀 없었다.

지금의 국왕에게는 후사가 없으니 왕통으로서 후계자 자격을 갖춘 사람은 대량원군이 유일했다.

대량원군 왕순은 태조 왕건의 여덟 번째 아들 왕욱과 경종의 비 헌정왕후 황보씨가 불륜을 저질러 낳은 아들이다.

981년, 경종이 세상을 떠난 뒤, 궁궐을 떠나 친정에 머물던 헌정왕후는 이웃에 사는 왕욱과 눈이 맞아 아이를 가졌다. 분노한 성종은 왕욱을 제주도로 귀양 보냈다.

그 후 혼자 아이를 낳던 헌정왕후는 출산 후유증으로 목숨을 잃었다. 성종은 아이를 대궐로 데려다 키웠다. 그러던 중 종실에 왕자가 귀하게 되니 차기 왕위를 이어받을 유일한 존재로 떠오른 것이다.

김치양과 헌애왕후에겐 대량원군이 목에 걸린 가시 같은 존재였다. 그들은 결국 왕자를 궁에서 내쫓기로 마음먹었다. 일단 궁궐 밖으로 내보낸 다음 어떻게든 처치할 요량이었다.

대량원군이 강제로 머리를 깎은 다음 개경 남쪽의 숭교사로 보내진 건 12세 때의 일이다. 어린 대량원군을 절로 쫓아낸 두 사람은 수시로 자객을 보내 암살을 시도했다. 그러나 보는 눈이 많았던 관계로 쉽게 성공하지 못하고 세월만 흘렀다.

그러는 동안 갖가지 소문들이 들려왔다.

'이제 15세가 된 대량원군이 무척 총명하다', '남들은 10년 걸리는 공부를 3년 만에 끝냈다'는 등 하나같이 두 사람의 마음을 초조하게 만들기에 충분한 얘기들뿐이었다.

"그대로 두었다가는 앞으로 제거할 기회가 없을지도 몰라요."

"삼각산 기슭의 암자로 보냅시다. 그곳에는 늙은 스님 혼자서 수도하고 있으니 일이 수월할 것이오."

두 사람은 의기투합하여 다시 대량원군을 진관대사가 있는 암자로 보냈다. 이후로도 수시로 자객을 보내는 것은 물론 심복을 시켜 독이 든 음식을 강제로 먹이려는 시도까지 했다.

그때마다 진관대사가 기지를 발휘하는 바람에 끝내 목적을 이룰 수는 없었다. 이것이 대량원군, 그러니까 뒷날의 현종이 침상 밑에 땅굴을 파고 두더지처럼 숨어 살게 된 연유였다.

역사를 바꾼
편지 한 통

1009년 1월, 목종은 재위 12년이 되던 해 숭교사에 다녀오던 길에 폭풍을 만나 크게 놀란 뒤로 심신이 부쩍 쇠약해졌다. 그로부터 며칠 뒤에는 연등회 구경을 하다 기름 창고에서 일어난 불이 궁궐 일부를 시커멓게 불태웠다.

가뜩이나 심약한 목종은 화재를 목격한 충격으로 몸져누웠다. 어수선하던 조정은 갈수록 혼란에 휩싸였다. 병으로 누운 목종 곁에는 항상 유행간과 유충정이 지키고 있었다. 다른 조정 대신들은 아무리 급한 일이 있어도 가까이 갈 수조차 없었다. 이른바 문고리 권력의 횡포였다. 두 사람은 왕명을 구실로 매사를 제 입맛대로 처리했다.

목종의 병세는 더욱 나빠졌다. 자신의 죽음을 예감한 그는 대량원군을 후계자로 삼으려고 했다. 유행간은 대량원군에게 선위하는 것을 반대하여 더욱더 교묘한 방법으로 왕을 고립시켰다.

한편, 김치양과 헌애왕후의 간악한 음모를 눈치 챈 사람이 있었다.

바로 유행간과 함께 목종의 총애를 받던 유충정이었다. 그는 대량
원군의 왕위 계승에 찬성하는 쪽이었다. 즉시 목종에게 '두 사람이 대
량원군을 살해하고 자신들의 씨앗을 보위에 앉히려 한다'는 사실을
알렸다.

　아무리 나약하고 타락한 목종도 다른 성씨로 하여금 왕조를 잇게 할
생각은 추호도 없었다. 비록 생모의 그늘에 가려 제대로 왕권을 행사
하지도 못했지만 이 일만큼은 결코 양보하지 않기로 했다. 그는 은밀
히 채충순과 최항을 불러들여 자신의 고민을 털어놓았다.

　"내 병이 위중하니 언제 죽을지 알 수 없다. 그대들도 알다시피 태조
임금의 후손으로는 대량원군 왕순이 유일하다. 허나 지금 그의 자리를
노리는 사람들이 있어 이만저만 걱정스럽지가 않다. 그대들은 부디 사
직을 위하여 다른 성씨가 왕위에 앉지 못하게 하라."

　목종은 채충순 등과 의논한 끝에 황보유의를 특명대사로 삼아 비밀
리에 대량원군을 데려오도록했다. 더불어 김치양 일파인 전중감이 주
정을 서북면으로 전출시키는 한편, 만일의 사태에 대비하여 서북면 도
순검사로있던강조에게개경으로들어오라는명령을내렸다.

　목종이 강조를 불러들인 것은 두 가지 목적이 있었다. 하나는 대량
원군을 보호하라는 것이고, 또 하나는 김치양 일파를 견제하기 위한
것이었다.

　왕의 밀지를 받은 강조는 그날로 서경을 떠나 개경으로 향했다.

　그가 동주 용천 역에 이르렀을 때 내사주서 위종정과 안북도호장 서
기 최창증이 찾아왔다. 일찍이 어떤 일에 연루되어 파직당한 그들은

조정에 불만을 갖고 항상 반란을 꾀하던 자들이었다.

"두 분이 예까지 어쩐 일이시오?"

"지금 왕의 병세가 악화되어 목숨이 경각에 달려 있습니다. 이를 기회로 태후는 김치양과 작당하여 사직을 빼앗으려고 혈안이 되어 있습니다. 그런데 나라의 군대를 장악하고 있는 도순검사께서 자기들의 뜻을 따르지 않을까 싶어 왕명을 핑계 삼아 소환하는 것입니다.

이제 개경으로 들어가면 어떤 화를 입을지 알 수 없습니다. 다시 군영으로 돌아가 군사를 일으켜 사직을 지키고 일신의 안전을 꾀하십시오. 잠시라도 지체하면 다시는 기회가 없을지도 모릅니다."

두 사람의 말은 모두 새빨간 거짓말이었다. 그들은 오로지 강조를 충동질하여 자신들의 목적을 이루려는 것이었다. 결국 강조는 그들에게 속아서 다시 서북면으로 발길을 돌렸다. 항간에는 이미 왕이 죽고 김치양 일파가 조정을 장악했다는 소문이 돌고 있었다. 그런 상황에서 위종정 등의 말을 듣고 보니 갑작스런 소환명령에 의구심이 들었던 것이다.

이때 헌애왕후와 김치양은 강조가 군사를 이끌고 개경으로 오고 있다는 정보를 입수했다. 만약 강조가 개경까지 진출한다면 그들로서는 여간 불리한 것이 아니었다. 계획에 차질이 생기는 건 둘째 치고 자칫하면 목숨이 위태로운 판국이었다.

그들은 개경으로 들어오는 길목인 절령에 군사를 매복시켰다. 이 사실은 곧 강조의 아버지에게 알려졌다. 아들의 생사가 걸린 문제였다. 그는 노비 한 명을 골라 머리를 깎고 승복을 입혀서 급히 절령으로 떠나보냈다. 노비가 든 죽장 속에는 아들에게 보내는 편지가 들어 있었다. 승려로 위장한 노비는 무사히 절령을 통과하여 강조에게 편지를 전했다. 그런데 이 노비는 얼마나 서둘렀던지 편지를 전하자마자 기갈을 견디지 못해 그 자리에서 숨이 끊어졌다.

'왕은 이미 죽고 간신들이 조정을 장악했으니 군사를 이끌고 와서 정국을 수습하라.'

아버지의 편지를 읽고 난 강조는 왕이 죽은 것으로 확신하고 걸음을 재촉해 서북면으로 돌아갔다. 그리고 자신의 휘하에 있던 이부시랑 이현운 등과 함께 5천 명의 군사를 거느리고 다시 개경으로 향했다. 강조의 아버지도 정확한 내막은 알지 못했다. 다만 아들의 안위가 걱정되어 세간에 풍문으로 떠돌던 말만 믿고 그런 편지를 보낸 것이었다.

강조는 구국의 일념을 안고 평주에 이르렀을 때야 왕이 살아 있다는 소식을 듣게 되었다. 그로서는 마른하늘에 날벼락이 아닐 수 없었다. 왕이 살아 있으니 군사를 이끌고 개경으로 들어갈 명분이 없고, 그냥 돌아가자니 반역자로 몰려 멸문지화를 당할 것이 분명했다. 졸지에 오도 가도 못하는 신세가 된 강조는 번민에 휩싸였다. 부하장수들은 내친 김에 개경으로 밀고 들어가자는 의견을 내놓았다.

"이미 여기까지 왔으니 그만둘 수는 없는 일입니다. 이렇게 죽으나 저렇게 죽으나 마찬가지이니 앞으로 나아가는 것이 상책인 듯싶습니다."

"그 수밖에 없겠지?"

선뜻 마음의 결정을 내리지 못하던 강조는 계속되는 부하들의 설득에 고개를 끄덕였다. 그는 당초의 생각과 달리 목종을 폐위하기로 결심했다. 먼저 분사감찰 김응인에게 대량원군을 맞아오라고 시키는 한편, 목종에게는 다음과 같은 편지를 보냈다.

'전하의 병세가 위중하니 나라의 기강이 흔들리고 있습니다. 또한 조정에는 간신들이 넘치고 유행간등의 참소로 상벌賞罰이 밝지 못하여 오늘의 위기를 초래한 것입니다. 그래서 저는 그들을 제거하고 민심을 수습하고자 대량원군을 맞이하게 하였습니다. 저희들이 궁중에 들어갈 때 전하의 심기를 불편케 할까 염려되오니 잠시 귀법사에 나가 계시면 간신들을 소탕한 뒤에 모시러 가겠습니다.'

편지를 읽고 난 목종은 이렇게 중얼거린다.
"이미 그대가 말한 바를 알고 있다."
목종은 자신의 의도가 강조에게 전달되었다고 믿었다. 이리저리 일이 꼬이는 바람에 그가 자신을 폐위시키기로 마음먹었다는 사실은 꿈에도 모르고 있었다. 그가 군사를 몰고 개경으로 들어오는 것이 오로지 김치양 등을 제거하고, 자신이 뜻한 바대로 대량원군을 후계로 삼으려는 것인 줄만 알고 있었던 것이다.
이윽고 삼각산 암자로 떠났던 김응인이 황보유의와 함께 대량원군을 궁으로 데려왔다. 다음날 강조는 이현운을 선봉으로 삼고 개경으로 쳐들어갔다.
목종은 막상 강조의 군대가 궁궐로 들이닥치자 크게 놀라 어쩔 줄을 몰랐다. 강조가 간신으로 지목한 유행간을 보내 달래보려고 했으나 아무 소용이 없었다. 비로소 일이 잘못되었음을 느낀 목종은 헌애왕후와 함께 채충순, 유충정 등을 데리고 궁궐을 빠져나와 법왕사로 피신했다.

마침내 강조의 군사들이 대궐로 쳐들어왔다. 강조는 군사들이 궁을 수비하는 동안 무심코 용상에 걸터앉았다. 이를 본 부하 장졸들이 별안간 만세를 불렀다. 깜짝 놀란 강조가 자리에서 벌떡 일어났다.

"아직 대량원군이 오시지도 않았는데 왜들 만세를 부르는 것이냐?"

강조는 입장이 곤란한 지경에 이르러 얼떨결에 정변을 일으키기는 했으나 자신이 왕이 될 생각은 전혀 없었다. 마음만 먹으면 스스로 왕위에 오를 수도 있는 절호의 기회였다.

대량원군이 나타나자 강조는 그를 왕으로 옹립하였다. 바로 고려 제8대 왕인 현종의 등극이었다. 현종은 정당한 절차를 거쳐 왕이 될 수 있었음에도 '정변에 의해 왕위에 올랐다'는 어쩔 수 없는 불명예를 안게 되었다.

1009년 2월 3일, 목종은 재위 12년을 끝으로 폐위되었다. 이때 그의 나이 30세였다. 목종을 폐위하여 양국공으로 삼은 강조는 김치양 부자와 유행간 등 7명을 참수형에 처했다. 아울러 헌애왕후의 친족인 이주정과 그 일파 30여 명을 외딴 섬으로 귀양 보냈다.

결과적으로 자신이 불러들인 강조의 정변으로 왕위에서 쫓겨난 목종은 최항을 불러 이렇게 말했다.

"지난번에는 궁궐이 불타더니 오늘에 이르러 변란이 일어난 것은 모두 내 부덕의 소치이다. 그러니 이제 와서 누구를 원망하겠는가? 다만 내가 원하는 것은 어디 한적한 시골로 내려가 여생을 보내는 것이다. 그대는 부디 새 임금에게 내 뜻을 아뢰고 조정에 남아 잘 보필하도록 하라."

목종은 최항을 강조에게 보내 자신과 헌애왕후가 타고 갈 말을 빌려달라고 청했다. 강조는 곧 말을 내주었고 모자는 충주를 향해 떠났다. 사실 이 지경이 된 데에는 누구보다도 헌애왕후의 잘못이 컸다. 하지만 목종은 결코 모후를 원망하지 않았다. 오히려 그녀가 배고파하면 자신의 먹을 것까지 내주었고, 그녀가 말에 오르면 친히 말고삐를 잡는 등 정성을 다했다.

한편, 목종 모자를 보내고 난 강조는 후환이 두려웠다. 결국 두 사람이 적성현에 이르렀을 때 사약을 마시도록 강요했다. 하지만 목종이 끝내 거부하자 살해한 다음 자살한 것처럼 꾸몄다. 강조는 목종이 죽었다는 사실을 보고 받고 성대히 제사지내게 함으로써 일을 마무리 지었다.

고려 왕실을 나락으로 밀어 넣은 헌애왕후는 섬으로 유배되었다 후일 방면되어 황주로 거처를 옮겼다. 그녀는 이후로 무려 20여 년을 더 살다가 오욕으로 얼룩진 삶을 놓았다.

강조의 정변으로 고려 정국은 안정을 되찾으나 이로 말미암아 뜻밖의 전란에 시달리게 되었다. 목종 폐위 사건을 빌미로 거란의 대대적인 침입이 시작된 것이다.

반역자의
오명으로 남은 절개

고려를 침입할 구실을 찾고 있던 거란에게 강조의 정변은 좋은 핑계 거리였다. 한갓 무신에 불과한 강조가 자신들이 인정한 국왕을 폐위시킨 것은 종주국에 대한 도전행위로 치부한 것이다.

1010년 현종 원년 7월, 거란은 목종 폐위 사건의 진상을 밝히라고 요구했다. 고려 조정에서는 상황의 불가피함을 설명하며 이해를 구했으나 받아들여지지 않았다.

같은 해 11월 16일, 거란의 성종은 직접 40만 대군을 이끌고 압록강을 건넜다. 거란의 제2차 침입이었다. 거란군은 제일 먼저 흥화진을 공격 목표로 삼았다. 하지만 그곳을 수비하고 있던 도순검사 양규 등의 강력한 저항에 막혀 시간만 보내게 된다.

성종은 40만 대군을 반으로 나눠 20만은 인주 남쪽에 주둔시키고, 나머지 20만을 몰아 강조가 지키고 있던 통주를 공격했다.

이때 강조는 병력을 세 곳으로 나눠 지형을 이용한 유인작전을 펼쳤다. 예상대로 거란군이 말려들자 검차 한꺼번에 대량의 화살을 발사하는 신무기, 일종의 장갑차를 투입하여 상당한 전과를 올렸다.

이때 적을 얕잡아본 게 돌이킬 수 없는 실수였다. 고려군은 방비를 소홀히 하다 거란군 별동부대의 기습을 받고 대패한다. 강조는 수많은 군사들과 함께 포로가 되었고 사방으로 흩어졌던 군사들은 대부분 죽임을 당했다. 그 수가 무려 3만 명에 달했다.

거란 성종은 직접 강조의 포박을 끌러주며 자신의 신하가 되면 목숨을 살려주겠다고 회유했다. 그러자 강조는 고개를 꼿꼿이 든 채 거침없이 대답했다.

"고려 사람으로 어찌 거란 왕의 신하가 될 수 있단 말이냐?"

그때 강조와 함께 끌려온 휘하 장수 이현운은 거란의 신하가 되기를 자청하고 나섰다.

"제 두 눈으로 새 세상을 보았으니 어찌 옛 산천만을 생각하고 있겠습니까."

"너 역시 고려인으로서 그런 말을 하다니 참으로 수치스럽다!"

강조는 거란병사의 제지를 뿌리치며 이현운을 발길질하고 마구 나무랐다. 이 광경을 조용히 지켜보고 있던 거란 성종이 말했다.

"그 기개가 아까우나 어쩔 도리가 없구나."

거란 왕은 결국 그의 목을 베라는 명령을 내렸다. 이로써 강조는 정변을 일으킨 지 채 2년도 못되어 불귀의 객이 되었다.

통주 전투 이후 거란 성종은 그 여세를 몰아 본격적으로 남하하기 시작했다. 이때까지는 서경 이북에 국한되어 있던 전장이 일시에 확산되어 양국 간에 전면전이 벌어지기에 이르렀다.

먼저 곽주가 무너졌다. 거란의 대군이 쳐들어온다는 첩보에 겁을 먹은 곽주 방어사 조성우는 숫제 도망쳐버리고, 신영한 이하 몇몇 제장들이 군사들을 독려하여 저항했으나 성이 함락되는 바람에 모두 전사하고 말았다.

고려는 거란의 대군을 맞아 전세를 만회시키려 애썼지만 순식간에 서경까지 내주고 후퇴를 거듭했다. 결국 이듬해 1월에는 개경까지 함락되고 현종은 경기도 광주로 피난을 떠났다.

거란군에게 점령당한 개경은 아비규환의 생지옥이었다. 대부분의 궁궐과 민가가 불탔으며, 수많은 백성들이 살육되었고, 거란병사들에게 능욕 당한 아녀자들의 비명이 끊이지 않았다.

현종은 개경을 유린한 거란군이 다시 남하한다는 소식에 문무백관을 이끌고 전북 태인을 거쳐 노령산맥을 넘어 남해안의 나주까지 피난을 내려가야 했다.

그런데 거란군은 개경을 점령한 지 7일 만에 갑자기 북쪽으로 퇴각해갔다. 그들은 고려군과 전면전을 치르느라 힘이 빠진데다가 구주별장 김숙흥에게 대패하면서 1만 명의 군사를 잃었다.

연이어 그들의 주둔지를 습격한 고려의 명장 양규에게 다시 수만의 군사를 잃었다. 양규와 김숙흥은 전투 막바지에 장렬히 전사했으나 고려군의 끈질긴 공격은 멈추지 않았다.

후퇴를 거듭하다 압록강까지 밀려 올라간 거란군은 다시 한 번 고려군의 일격을 받아 40만 대군 대부분이 수장되었다. 당시 압록강을 무사히 건너간 거란군은 극소수에 불과했다. 이로써 거란의 제2차 침입은 그들이 압록강을 넘어 쳐들어온 지 꼭 2개월 만에 마무리되었다.

강조는 자신의 정변이 빌미가 된 전란의 와중에 목숨을 잃었다. 그리고 거란군의 포로가 되어서는 고려인으로서의 절개를 버리지 않고 장렬히 죽어갔다.

만약 다른 누군가였다면 전투에는 패배했으나 그 절개만큼은 후세 사람들의 우러름을 받았을지도 모른다. 하지만 그는 국왕을 폐위시킨 장본인이었기에 〈고려사〉의 '반역열전'에 이름이 올랐다.

혼란한 시대가 낳은 영웅, 혹은 괴물.

강조를 바라보는 두 개의 시선이다.

귀주대첩의
영웅 강감찬

고려는 거란의 제2차 침입이 끝난 뒤에도 다시 한 번 외침으로 인한 전란을 겪어야 했다. 우선은 당시 동서로 나뉘어 있던 거란족 중 동여진이 가장 큰 골칫덩어리였다. 전운이 채 가시기도 전에 전함 백여 척을 이끌고 경주를 공격해 온 동여진은 고려군의 강력한 대응에 밀려 곧 퇴각한다.

1012년 5월에는 동여진이 경상도 일대로 쳐들어왔으나 문연, 강민첨 등의 활약으로 물리쳤다.

고려는 주변국들과의 계속되는 전란을 통해 오히려 국방을 튼튼히 하게 되는 계기를 맞았다. 조정에선 전후 수습을 위해 일시적으로 거란과의 화해를 꾀하기도 했다. 그러나 거란의 성종은 고려 현종에게 직접 자국으로 들어와 예를 갖출 것을 요구해왔다.

현종은 병을 핑계로 그들의 요구를 거부하며 형부시랑 진공지 등을 사신으로 보냈다. 화가 난 거란의 성종은 강동6주를 쳐서 빼앗겠다고 위협하기에 이르렀다. 고려는 몇 차례에 걸쳐 사신만 보내 왕이 직접 가지 못함을 이해시키는 데 치중했다. 한편으로는 거란과의 교류를 단절하고 송나라와 외교관계를 맺으려 시도한다.

1013년 5월, 거란군은 여진과 협력하여 압록강을 건너오다 대장군 김승위가 이끄는 고려군에게 크게 패하고 돌아갔다. 이후에도 거란은 줄기차게 강동6주를 내놓으라고 요구하며 수시로 고려의 국경을 위협했다.

1018년 12월, 마침내 거란 장수 소배압이 10만의 군사를 이끌고 왔다. 거란의 제3차 침입이다. 소배압은 제1차 침입 때 서희와 담판을 벌이고 물러갔던 소손녕의 형으로, 제2차 침입 때는 거란 성종과 함께 개경까지 내려왔던 인물이다.

고려에서는 머잖아 거란의 대대적인 침입이 있을 것을 예상하고 있었다. 진작부터 잘 훈련된 20만의 병력을 확보해 놓았고, 거란의 침입이 시작되자 정2품 서경유수 겸 내사문하사평장사 강감찬을 상원수로, 대장군 강민첨을 부원수로 삼아 즉각적인 방어태세에 들어갔다. 강감찬이 이끄는 고려군과 소배압의 거란군은 흥화진 앞을 흐르는 강을 사이에 두고 만났다. 거란군이 남하하기 위해서는 그 강을 건너야만 했다.

이때 강감찬이 선택한 전법은 바로 수공水攻이었다. 그는 강의 상류에 둑을 쌓아 물을 모았다가 거란군이 안심하고 강 중간까지 건너오는 순간 일시에 둑을 터트렸다. 그런 다음 미리 매복시켜 두었던 기병 1만 2천으로 하여금 우왕좌왕하는 그들을 공격하여 대승을 거뒀다.

강감찬의 지략에 속아 불의의 일격을 당한 소배압은 군사를 돌려 개경으로 향했다. 고려의 수도를 함락시키기만 하면 금방 항복을 받아낼 수 있다고 생각했던 것이다. 그러나 그들은 부원수 강민첨에게 자주의 내구산에서 대패하고, 일부 앞서 내려간 거란군도 대동강 근처 마탄에서 조원이 이끄는 고려군을 만나 패퇴했다.

소배압은 연이어 쓰라린 패배를 맛보았음에도 불구하고 개경으로의 진군을 멈추지 않았다. 이듬해 1월에는 기어이 개경에서 백여 리 떨어진 황해도 신은현까지 진출했다.

고려 조정에서는 만일의 경우를 대비하여 태조의 재궁을 부아산 향림사로 옮기고, 도성 밖의 백성들을 모두 성안으로 불러들였다.

또 인근 들판의 곡식과 가옥을 철거하는 등 초토화 작전을 펼치는 한편, 기병 3백 명을 금교 역에 매복시켰다가 기습을 감행하여 거란의 선봉부대에 상당한 타격을 주었다.

이때 강감찬의 주력부대가 거란군의 후방에서 압력을 가하자, 소배압은 개경 함락 작전을 포기하고 퇴각 명령을 내렸다. 그리고 마침내 운명의 귀주에서 강감찬과 격돌하게 되었으니 이것이 저 유명한 '귀주대첩'이다.

1019년 2월 1일, 균형을 유지하고 있던 전세가 일시에 고려군 쪽으로 기울었다. 개경에서 김종현이 군사를 이끌고 와 합세한데다가 고려군 진영으로 불던 비바람이 갑자기 거란군 쪽으로 방향을 바꿨다. 이에 사기가 충천한 고려군은 한껏 기세를 올렸고 전세의 불리함을 깨달은 거란군은 일제히 도망치기 시작했다.

이미 승부는 결정된 싸움이었다. 모름지기 전쟁의 승패는 그 주역인 군사들의 사기에 의해 결정되는 법이다. 고려군은 꽁지가 빠져라 도망치는 거란군을 추격하여 거의 몰살시키는 전과를 거뒀다.

당시 고려를 침입했던 10만의 거란군사 중 살아서 압록강을 건너간 수는 고작 수천 명에 불과했다. 그 우두머리인 소배압조차도 장수의 갑옷을 벗어던지고 일개 군졸로 위장하여 도망갈 정도였다. 후일 이 전투는 고려가 거란과 벌인 전쟁사에서 가장 빛나는 전공으로 기록되었다. 귀주대첩의 영웅 강감찬은 광종 즉위년인 949년 명문 호족가문의 자손으로 태어났다. 그의 아버지 강궁진은 고려 개국공신으로 삼한벽상공신에 오른 인물이다.

강감찬은 출생 내력부터가 매우 특이했는데 〈고려사〉에 다음과 같은 이야기가 전해지고 있다.

어느날 밤의 일이다. 어떤 사신이 시종들을 대동하고 막금주 시흥에 도착했다. 그때 하늘에서 붉은 광채를 내는 큰 물체 하나가 금주 땅으로 떨어졌다.

"아니, 저것이 뭐꼬? 별똥별인가?"

워낙 기이한 광경에 깜짝 놀란 사신이 시종들에게 물었다. 하나같이 입을 딱 벌리고 그 광경을 보고 있던 시종들 중 하나가 놀라움이 가득한 목소리로 이렇게 대답했다.

"저건, 그냥 별똥별이 아닌데요. 진짜 별이 떨어진 모양입니다!"

사신 일행은 한참 동안 넋을 잃고 그것이 떨어진 쪽을 바라보았다.

밤하늘을 가르고 떨어진 물체는 여전히 눈부시게 빛나고 있었다.

그때 사신이 말고삐를 당기며 이렇게 말했다.

"그리 멀지 않은 곳 같으니 우리 한 번 가보자!"

그들은 부리나케 그 광채가 발하는 곳으로 달려갔다. 이윽고 그들이 도착한 곳은 마을 한 가운데 있는 아담한 기와집이었다. 그 집 지붕에서는 아직도 오색찬란한 빛이 쏟아져 나오고 있었다.

"바로저깁니다, 저기!"

사신은 시종 하나를 그 집으로 보내어 도대체 무슨 일이 있는지 알아보도록 시켰다. 잠시 후, 숨이 턱이 차게 달려온 시종은 과연 그 집에 일이 생겼다는 것이었다.

"그래? 무슨 일이라더냐? 빨리 좀 말해보아라!"

"저 집 며느리가 방금 사내아이를 낳았답니다!"

그 말을 들은 사신의 얼굴에는 놀라움과 함께 부러움이 가득했다.

"허허! 하늘의 별이 지상으로 내려왔구나. 오늘 밤 저 집에서 태어난 아이는 분명 비범한 인물이 될 것이다."

사신은 오랫동안 그 집 앞에 서서 움직일 줄을 몰랐다고 한다.

이날 태어난 사내아이가 바로 강감찬이었다. 사람들은 그를 별의 화신, 혹은 별의 정기를 받고 태어난 아이라고 불렀다. 당시 사신이 보았던 별 떨어진 자리가 오늘날의 서울시 봉천동에 있는 낙성대落星垈였다. 이밖에도 그에 대한 일화는 정사와 야사를 통틀어 수없이 많다. 그

중 〈세종실록〉과 〈동국여지승람〉에 실려 있는 일화 하나를 더 엿보기로 하자.

어느 해 송나라에서 사신이 왔다. 당시 재상으로 있던 강감찬은 그를 시험해볼 요량으로 한 가지 일을 꾸몄다. 자신의 하인에게는 재상의 복장을 갖춰 입히고, 반대로 자신은 하인의 옷을 빌려 입었다. 그런 다음 그 사신과 상견례 하는 자리에 나간 그는 재상 복장을 한 시종 뒤에 서서 원래의 못 생기고 왜소한 체구를 그대로 드러내고 있었다.

송나라 사신 역시 안목과 지혜가 높은 사람이었는지 단번에 강감찬을 알아보았다. 그는 다른 사람들은 보는 둥 마는 둥 하고 가장 뒤쪽에 서 있던 그에게 다가와 큰절을 올렸다. 그리고 감격에 겨운 목소리로 이렇게 말했다.

"문곡성文曲星을 뵌 지 오래 되었는데 이곳에서 뵙게 되는군요!"

당시 그가 말한 문곡성이란 도가道家에서 학문을 주재하는 모든 성좌의 별을 이르는 것이니, 강감찬의 학문적 역량이 그만큼 뛰어났음을 의미한다. 당시 그가 최상급 학자들에게만 주어졌던 한림학사를 역임했다는 사실이 바로 그 증거이다.

흔히 '강감찬' 하면 '귀주대첩'을 떠올린다. 그런 까닭에 강감찬이 처음부터 무신이었던 것으로 오해하기도 쉽다. 그는 원래 983년 성종 재위 2년에 장원으로 문과 급제한 뒤 예부시랑, 국자제주, 한림학사, 승지, 중추원사, 이부상서 등의 문관 벼슬을 역임한 문인이었다. 과거시험도 처음에는 시문을 겨루는 진사과에 합격했으며, 그 다음에는 유교 경전을 논술하여 급제자를 뽑는 갑과에서 장원을 차지했다.

강감찬은 유교적 소양에 결코 뒤지지 않을 만큼 뛰어난 군사적 지식과 무술실력을 겸비했다. 그러므로 많은 사람들이 출장입상出將入相즉, 전시에는 훌륭한 장수가 되고 평상시에는 어진 재상이 되는, 문무를 겸비한 위인으로 그를 추앙하는 것이다.

만약 그가 학문에만 통달했다면, 거란의 대대적인 침입을 맞아 절체절명의 위기에 놓인 고려 조정이 그를 최고사령관인 상원수에 임명하지도 않았을 것이다. 아울러 귀주대첩의 혁혁한 성과도 기대할 수 없었을 것이다.

강감찬은 분명 뛰어난 학자였다. 동시에 나라의 위기상황을 믿고 맡길 수 있는 용맹한 장수이기도 했다. 그리고 무엇보다도 나라와 백성의 안위를 중히 여기고, 올곧은 지조와 기개가 높았던 한 인간이었다. 1010년 거란의 성종이 40만 대군을 이끌고 침입했을 때 조정 대신들 대부분은 무조건 항복을 건의했다. 그들은 적의 기세에 놀라 오직 일신의 안위만을 염려하여 나라의 치욕은 생각지도 않았다. 이때 중추사 강감찬은 분연히 일어나 항복론에 결사반대했다.

"지금 거란이 침입해 온 것은 오로지 강조 때문이니 걱정할 것 없습니다. 단지 그들이 대군인지라 당장 맞서서 대적하는 데 어려움이 있을 뿐입니다. 일단 거란의 공격을 피했다가 저들이 지치기를 기다려 반격한다면 능히 이길 수 있습니다."

이렇듯 강감찬은 혼신의 힘을 다하여 나라에 헌신하며 평생을 청렴결백하게 살았다. 일단 조정에 나아가면 기개 높고 지혜로운 처신으로 임금은 물론 만조백관의 존경을 한 몸에 받았다. 더욱이 평소에는 늘

허름한 옷을 입고 지내서 그가 길거리에 나서도 재상임을 알아보는 사람이 별로 없었다고 한다.

귀주대첩에서 거둔 그의 업적에 대해 〈고려사〉는 이렇게 전하고 있다.

'강감찬이 거란의 침입을 물리친 후부터 나라가 비로소 안정을 되찾고 풍년이 계속되었다. 만백성이 입을 모아 '이 모든 것이 강감찬의 공덕'이라고 칭송하였다.'

천하에 명성에 떨쳤던 강감찬도 세월의 흐름은 어쩔 수 없었다. 그는 자신의 연로함을 이유로 여러 차례에 걸쳐 벼슬에서 물러나기를 청했다. 그러나 현종은 자신의 지팡이까지 하사하며 은퇴를 허락하지 않았다. 도리어 현종 재위 21년에는 그에게 오늘날의 국무총리인 문하시중의 자리를 제수했다.

고려 제9대 왕인 덕종 원년인 1032년, 그토록 자신을 떠나보내지 않던 현종이 먼저 저 세상으로 가고 난 뒤 그는 향년 84세를 일기로 생을 마쳤다. 하늘에서 내려온 별이 지상을 빛내다가 다시 제자리로 돌아간 것이리라.

덕종은 3일 간 조회를 중지하는 것으로 강감찬의 죽음을 추모했으며, 장례를 국장으로 치러 주었다. 현종 묘정에 배향되었으며 인헌仁憲이라는 시호가 내려졌다. 후일 문종 대에 이르러서는 수태사 겸 중서령 벼슬에 추증되었다.

좋은 신하가 태평성대를 만든다
최충

고려 판
옷 로비 사건

1011년 겨울, 거란의 침입을 피해 몽진 길에 올랐던 현종이 다시 개경으로 돌아가던 때의 일이다. 왕의 환도 행렬은 어느덧 공주를 향해 가고 있었다. 근 20일 만에 개경에서 나주까지 강행군을 했고 거기서 또다시 3일 만에 발길을 돌려야 했으니 모두들 지칠 대로 지친 상태였다.

마침 그곳 절도사로 있던 김은부가 왕을 맞이하러 나와 며칠 쉬었다 가기를 청했다. 경황없이 여기저기 옮겨 다니는 동안 차마 일국의 왕으로선 당할 수 없는 온갖 수모를 경험해야 했던 현종은 김은부가 워낙 간절하고 극진한 태도로 자신을 영접하는 걸 보고 내심 감동하지 않을 수 없었다.

김은부는 이때 자신의 맏딸을 시켜 임금의 옷을 짓게 하고는 그것을 현종에게 바쳤다.

"추운 날씨에 옥체라도 상할까 염려되어 감히 시키지도 않은 일을 했습니다. 지엄하신 성상께 누가 되었다면 마땅히 신을 벌하소서."

아무리 임금이라지만 이 상황에서 김은부나 그 딸의 행동은 하나의 감동적인 이벤트가 되기에 충분한 사건이었다. 궁궐에서 편안히 지낼 때야 그깟 옷 한 벌쯤으로 마음이 움직일 까닭이 없었다. 더구나 그런 일은 아무나 할 수 있는 것도 아니었다.

하지만 한겨울에 이리저리 쫓겨 다니며 지방 말단 관리들에게까지 상상조차 할 수 없는 모욕을 당하고 난 뒤끝이라 그런지 현종은 그들 부녀의 마음 씀이 그렇게 고맙게 느껴질 수가 없었다. 더구나 그는 일찍이 정에 굶주린 어린 시절을 보내야 했던 왕이었다.

마침내 현종은 공주를 떠나면서 김은부의 맏딸을 함께 데려가 왕비로 삼았다. 뿐만 아니라 훗날 김은부의 두 딸도 궁궐로 불러들여 왕비 책봉을 내렸다.

이로써 자신의 세 딸을 왕비로 들여보낸 김은부는 일개 지방 절도사에서 일약 국왕의 장인이 되었고 그 덕분에 형부시랑·지중추사 등을 역임하며 권력자의 대열에 합류하게 된다. 되는 집안은 가지나무에도 호박이 열린다고 했던가.

현종의 첫째 왕비 원정왕후는 젊은 나이로 소생을 남기지 않은 채 요절했고 두 번째 왕비는 아들을 낳지 못했다. 세 번째 왕비인 원성왕후는 덕종제9대 왕과 정종제10대 왕을 낳았고 네 번째 원혜왕후는 문종제11대 왕을 낳았다. 그리고 이들 두 왕비는 자매지간이었다. 바로 공주 절도사 김은부의 딸들이 현종 사후 3대를 잇는 왕들을 배출해낸 것이었다.

가문의 영광은 여기서 끝나지 않았다. 고려 제11대 왕 문종은 부왕인 현종과 함께 아들 셋이 모두 왕위에 오르는 진기록을 세우는데, 그 또한 부왕과 마찬가지로 한 집안의 세 딸을 왕비로 맞아들인 것이다. 문종은 5명의 왕비로부터 13명의 왕자를 낳았는데 그중 인주 이씨 출신인 인예왕후가 숙종제12대 왕과 선종제13대 왕, 숙종제15대 왕을 낳았다.

이로써 인주 이씨는 문종에서 인종제17대 왕대에 이르기까지 약 백여 년 간 왕실의 외척 노릇을 하면서 고려 중기 최대의 문벌 가문으로 행세하게 되는데 이러한 역사의 꼭대기에는 공주 절도사 김은부의 이른바 '옷 로비 사건'이 있었다.

문종 이후 3대를 잇는 왕의 모후가 된 인예왕후는 이자연의 맏딸로 1052년 문종의 두 번째 왕비로 책봉되었다. 인예왕후는 문종의 15남매 중 12자녀를 낳았고 나머지 3형제는 그녀의 친동생인 인경현비 소생이다.

이것만으로도 왕의 장인인 이자연의 콧대가 높아질 일인데 여기에 또 이자연의 아버지 이허겸은 김은부의 장인어른이니 권력의 중첩이 이루어지는 것이다. 사위 김은부의 발빠른 처신으로 졸지에 덕종, 정종, 문종 3왕의 외증조부 노릇을 하게 된 행운의 사나이 이허겸이 소성백에 봉해지면서 그 자손들도 줄줄이 벼슬길에 올랐다.

이허겸의 손자 이자연은 자신의 세 딸을 문종비로 들여보내면서 인주 이씨 가문을 일약 문벌의 위치에 올려놓은 장본인이다.

현종 15년인 1024년, 그는 과거시험에 장원으로 급제하면서 정치권에 첫발을 내딛게 되는데 이때 현종과는 동서지간이었다. 그러나 왕실의 외척이라는 배경이 필요 없을 만큼 이자연은 정치적 역량이 뛰어난 인물이었다.

그는 1031년 우보궐을 시작으로 초고속 승진을 거듭하여 중추부사

자리에까지 올랐고 불과 10년 남짓 되는 정치 이력에도 불구하고 정치권의 실세로 등장하게 되었다. 그러나 인주 이씨 가문의 역사로 보자면 어디까지나 이건 시작에 불과했다.

준비된 리더십

현종의 세 아들로 왕위를 이었던 덕종, 정종, 문종 시대는 1, 2차 거란침입을 겪었던 부왕 현종이 이룩한 국방력 강화를 바탕으로 사회적 안정을 이룩한 태평성대였다.

그중에서도 현종의 셋째 아들 문종은 선왕인 덕종과 정종에 비해 37년간이라는 긴 세월을 왕위에 있으면서 고려의 정치·문화·외교·학문 등 다방면에 걸쳐서 눈부신 업적을 쌓았다. 워낙 병약한 체질을 타고난 덕종과 정종은 둘 다 치세 기간이 길지 못했다.

현종의 맏아들 덕종은 왕위에 오른 지 불과 3년 만에 급작스럽게 세상을 떠났고 그 친동생 정종 또한 재위 11년 8개월 만에 29세의 젊은 나이로 요절하였다.

정종의 뒤를 이어 고려 제11대 왕으로 등극한 문종은 즉위 당시 28세였다. 16세 때 왕이 되었던 덕종이나 17세 때 그 뒤를 이은 정종에

비하면 성숙한 나이였다. 왕이 되기 전부터 지·덕·체를 겸비한 인물로 평가받았던 문종은 즉위하자마자 왕실의 사치풍조부터 개선하는 모범을 보였다.

원래 금은으로 화려하게 장식된 용상은 권위의 상징이었다. 문종은 이것을 동으로 바꿨고 금·은실로 사치스럽게 꾸민 침전의 이불도 견직으로 교체시켰다.

내시나 환관의 수도 대폭 줄였다. 그 대신 변방에서 공을 세운 군관 계자들에게 대대적인 표창을 단행함으로써 병사들의 사기를 북돋워 주었다. 얼핏 사소한 것처럼 보이는 변화였지만 조정 대신들이나 일반 백성들에겐 그러한 왕의 사소한 배려가 엄청난 파급효과를 안겨주었다. 임금이 바뀔 때마다 장차 어떤 식으로 국정을 이끌어갈 것인지에 대해서 촉각을 곤두세우기 마련인 조정 대신들은 이 같은 솔선수범이 무엇을 뜻하는지 대충 짐작할 수 있게 되는 것이다.

새로운 통치권자의 인사 스타일을 보면 앞으로의 정책방향을 가늠할 수 있게 된다. 문종은 즉위 후 시중 최제안과 평장사 최충에 대한 재신임을 공표함으로써 정치권에 큰 변동은 없을 것임을 시사한다. 원로대신 최제안은 성종 대의 명재상 최승로의 손자로 현종에서 정종 대에 걸쳐서 왕의 신임이 높았던 인물이었다.

그는 현종 때 거란의 침입으로 소실된'훈요십조'를 백방으로 수소문한 끝에 최항의 집에서 찾아낸 사본을 왕실에 바친 장본인이기도 하다. 문종은 가급적 선대왕들의 충신들을 가까이 두려고 했다.

그 동안 부왕인 현종을 비롯한 선대왕들의 입을 통해서 그들의 역량이나 인물됨에 관한 것을 대충 파악할 수 있었기 때문이다.

문종은 특히 최충을 눈여겨보았다. 최충 또한 현종 때부터 조정의 중추적 역할을 담당했던 대 유학자였다. 시중 자리에 있는 최제안은 노쇠하여 언제 그 자리가 공석이 될지 알 수 없는 상태였다. 최충은 62세의 나이에도 불구하고 당당한 풍채를 지닌 강골이었다. 그는 22세 때인 목종 8년, 문과에 장원으로 급제하여 관직에 진출한 뒤로 정종 때까지 40여 년 간 왕의 훌륭한 보필자 역할을 해왔다.

고려 최초의 실록인 〈7대 실록〉 편찬은 물론 정종 때 편찬한 〈현종실록〉도 최충의 노고가 없었다면 불가능한 성과물이었다. 또한 압록강에서 도련포에 이르는 '천리장성'의 대역사에 있어서도 최충은 크게 활약한 바 있다.

문종은 최충의 그 화려한 경륜과 이력에 기대를 걸었다. 일국의 국왕이 통치자로서의 기틀을 닦아나가려면 최충 같은 인물의 도움이 절실했다. 이듬해인 4월 문종의 염려대로 최제안이 세상을 떠났다.

문종은 그 후임으로 최충을 등용하고 본격적인 제도개선에 나섰다. 새 임금 문종의 첫번째 야심작은 법률개정이었다.

"법률은 형벌을 판단하는 규정이다. 법률이 밝으면 형이 억울하거나 지나침이 없게 될 것이다. 그러나 법이 올바르게 집행되지 못하면 죄가 경중을 잃게 된다. 지금 시행되고 있는 법률에 혹 무슨 잘못된 점이나 고쳐야 할 점은 없는지 상세히 살펴 바로 잡도록 하라."

문종은 이 같은 교지를 내리고 그 책임자로 최충을 지목하였다. 그리하여 우선 형법이 크게 개정되었고, 5품 이상의 관리들에게 상속이 가능한 일정한 토지의 지급을 보장하는 공음전시법, 천재지변으로 인한 손해를 입었을 경우 세금을 면제받는 재면법과 담험손실법_{논밭의 피해}를 직접 조사한 뒤 세금을 면제해 주는 제도 등 광범위한 법률개정이 이루어졌다.

죄인을 심문하려면 반드시 3명 이상의 관리들이 입회하도록 하여 공정한 조사가 이루어지게 한 삼심제가 실시된 것도 문종 때부터였다. 이러한 지속적인 법률개정 작업은 결과적으로 왕권의 안정과 사회적 번영을 이룩하는 토대가 되었다.

이제현은 훗날 문종의 치세에 대하여 '창고에는 묵은 곡식이 썩어나며 집집마다 넉넉하고 사람마다 만족해하니 당시 사람들이 이때를 태평성세라 불렀다'며 높은 평가를 내리기도 했다.

37년이라는 문종의 오랜 치세 기간 동안 최충이 조정에 몸담았던 기간은 7년여에 불과했다. 그러나 문종은 그가 관직을 떠난 뒤에도 종종 국정 전반에 걸친 문제를 논하여 자문을 청했다.

그토록 왕의 신임이 두터우면 제 아무리 노쇠한 정객이라 해도 권력의 단맛에 취할 법도 한데 최충은 전혀 그렇지 않았다. 그는 생전에 자신의 두 아들에게 결코 권세에 빌붙어 출세하기를 바라지 말라고 가르쳤고 스스로는 그 모범을 보였다. 흔히 지나치게 성품이 강직한 사람은 원리원칙에 얽매여 옹졸하게 처신할 수도 있는데, 최충은 매사를 합리적으로 판단하는 장점도 아울러 갖고 있었다.

문종 즉위 초 그가 도병마사로 변방에 나가 있을 때였다. 최충은 이때 지역 주민의 생활상을 보고 느낀 점을 고하며 왕의 선처를 호소한다.

"지난해 서북 지방에 흉년이 들어 백성들의 생활이 어렵게 되었습니다. 남자는 부역에 지쳐 있고, 여자는 그 뒷바라지에 매달려 지쳤으니, 성城을 보수하는 일 이외의 다른 공사를 중지하여 백성들의 고충을 줄여주소서."

문종은 두 말 없이 최충의 주청을 받아들였다. 그러자 얼마 후에는 또 다른 문제를 들고 나왔다.

"동여진의 추장 염한 등 86명이 여러 번 변경을 침범하여 개경에 잡아가둔 지 이미 오래되었습니다. 이 오랑캐들은 어리석고 미련한 족속이라 법으로 처벌해도 소용이 없고, 사람의 뜻으로 교화시키려 해도 알아듣지 못하니, 그저 가둬놓는 것밖에는 달리 방법이 없습니다. 그런데 너무 오랜 기간을 그렇게 가둬놓기만 하면 저들도 고향 그리운 줄은 알 텐데 깊은 원한을 품지 않겠습니까? 더구나 저들을 관리하는 비용도 만만치가 않으니 차라리 집으로 돌려보내는 게 좋을 듯싶습니다."

비록 오랑캐의 무리라 해도 너무 오래 가둬두면 고향 땅으로 돌아가고 싶은 마음에 무슨 일을 저지를지 알 수 없고 잡아두고 있어봐야 비용만 들어갈 뿐 득이 될 게 없으니 놓아주자는 의견이었다. 자못 실리를 추구하면서도 인간미가 느껴지는 대목이다. 문종은 최충의 제안을 받아들여 곧 그들을 고향으로 돌려보냈다.

그렇다고 해서 문종이 최충의 말이라면 무조건 받아들이기만 한 것은 아니었다. 그가 식목도감사로 재직할 땐 이런 일도 있었다.

당시 과거시험을 보려면 그 사람의 출신성분을 증명할 수 있도록 4대조까지의 이름을 기록하고 가계 증빙서류를 시험관리소에 제출하도록 되어 있었다.

　그런데 그해 과거시험에 급제한 이신석이라는 선비는 씨족등록을 하지 않은 채 시험에 응시했다는 사실이 밝혀졌다. 이는 과거제 실시 연혁이 오래지 않은 관계로 종종 있어온 사례이기도 했다.

　최충은 이때 그가 과거에 급제하여 관리로 등용될 자격은 있으나 씨족등록을 하지 않았으니 벼슬은 얻을 수 없다는 원칙론을 들고 나왔다. 그러나 최충의 주장은 곧 문하시랑 김원충과 판어사대사 김정준의 반론에 부딪힌다.

　"씨족등록을 하지 않은 것은 그의 죄가 아닙니다. 하물며 스스로 열심히 학문을 쌓고 자력으로 과거에 급제하였으니 무슨 허물이 있겠습니까? 마땅히 관직을 주는 것이 옳습니다."

　이신석의 조부가 선조들에 관한 기록을 남겨놓지 않았기 때문에 본인으로서도 어쩔 수 없는 일이었으니 정상참작을 해줘야 한다는 의견이었다.

　이때 문종은 어떤 결정을 내렸을까?

　"최충 등의 주장은 이치에 맞는 말이지만 인재를 기용하는 데는 여러 가지가 필요 없으니 사소한 것에 집착하지 말라."

　문종의 말인 즉 최충의 말이 옳기는 하나 인재를 기용하는 문제에 있어서만큼은 개인의 능력을 우선시하겠다는 뜻이었다. 임금의 뜻이 그러한 이상 최충도 더 이상 토를 달지는 않았다. 따지고 보면 그것이 나라를 위해서는 이로운 일이었기 때문이다.

　이런 면에서 문종과 최충은 환상의 콤비였다. 어느 한쪽이 치우친다 싶으면 어느 한쪽은 기울 줄도 알았다. 무조건 자기주장만 앞세우지 않은 것도 그만큼 서로를 신뢰하기 때문이었다.

그렇게 7년이라는 세월이 흘렀다. 최충은 나이 70이 되자 스스로 관직에서 물러나기를 청하는 상소를 올렸다. 그러나 문종은 좀 더 오래 관직에 머물러 있기를 원했다.

"최충은 누대에 걸쳐서 가장 으뜸가는 학자요, 나라의 덕망 있는 원로가 아닌가. 이제 비록 나이 들어 은퇴하기를 청하나, 차마 허락할 수 없다, 전래의 예법에 의거하여 그에게 몸을 의지할 수 있는 방석과 지팡이를 주고 일을 보게 하라."

문종은 어떤 식으로든 그를 곁에 두고자 했으나 최충은 이제 재상으로서 자신의 소임은 끝났다고 여겼다. 그리하여 국왕의 만류에도 불구하고 거듭 사직을 청했다. 그에게는 후진 양성이라는 또 하나의 사명이 남아 있었던 것이다.

이에 문종은 조서를 내려 최충의 공덕을 치하하며 못내 아쉬움을 금치 못하였다.

"좋은 신하를 곁에 둠으로써 군왕이 성덕을 펼 수 있는 것이다. 그러므로 저 중국의 요 임금은 여덟 명의 인재를 중용하였다. 또한 현명한 인재를 얻는 자가 나라를 융성시키므로 주나라 왕실에서는 네 사람의 현인을 맞아들였던 것이다. 그들을 높은 자리에 두고, 혹은 재상으로 삼아 충성스런 의견을 받아들였기에 나라가 빛났고, 그들의 지혜를 모아 변화의 시기에 무궁한 발전을 이룰 수 있었던 것이다. 누가 옛날의 그 현철賢哲에 비교하리요, 짐은 이 사람을 얻었노라 하겠노라."

이렇게 왕의 극찬을 받을 만큼 문종 대에 이루어진 수많은 법제도의 정비가 사실상 최충의 재임기간에 이룩된 성과물이었다. 이제 70 고령으로 정계를 은퇴한 최충은 자신의 집에 사숙을 열어 제자들을 받아들이기 시작한다. 바야흐로 '해동공자' 최충의 9재학당 시대가 열리게 된 것이다.

고려에 부는
사학 열풍

　이 무렵 고려 사회의 가장 낙후된 분야로 꼽히는 것은 다름 아닌 교육 분야였다. 국가의 백년대계를 좌우하는 교육기관의 부실은 거란의 침입으로 사회가 혼란스러웠던 현종 때부터 시작된 문제였다.

　당시 고려 최고의 교육기관인 국자감은 교육기능을 상실한 채 유명무실한 기관으로 전락해버렸고 지방의 향교는 더더욱 말할 것도 없었다. 과거시험을 통해 관직에 오르는 길만이 유일한 입지의 수단이 될 수 있었던 까닭에 그 당시 학문에 뜻을 둔 선비들은 많았지만 실제로 그들의 요구를 충족시킬 만한 교육기관은 전무하다시피 한 실정이었다.

　이러한 때 최충이 사숙을 열었다는 소문이 전해지자 사람들이 어찌나 많이 모여드는지 학당이 비좁아 운영이 불가능할 정도였다. 〈고려사〉 열전 최충 편에는 이때 '과거를 준비 중인 학도들이 모여들어 거리를 메우게 되었다'고 전한다.

결국 모여드는 학도들을 수용하기 위해 수업과목을 9단계로 나누고 9개의 서재에서 순차적인 교육을 실시하게 된다. 이로써 최충은 역사상 최초의 사립학교 설립자가 되었다.

악성·대중·성명·경업·조도·솔성·진덕·대화·대빙으로 분류되는 9재학당의 수업방식은, 먼저 초학자들은 악성단계에서 수업과정을 이수하고 순차적으로 진급하여 최종적으로 대빙에서 졸업을 하게 되는 방식이다.

사람들은 훗날 이 9재학당의 학도를 최충이 관직에 있을 때의 직함을 따서 '시중 최공도'라 불렀다. 또한 그가 죽은 뒤에는 시호를 따라 '문헌공도'라고 했다.

9재학당의 주요 교과목은 9경과 3사였다. 이 학당이 갖고 있는 최대의 장점은 과거시험 교육에 있었다. 특히 설립자인 최충이 현직에 있을 때 지공거의 벼슬에 있었다는 사실은 학도들의 관심을 끌기에 충분한 조건이었다.

'매년 여름이면 귀법사 승방에서 공부를 하는데 대개는 과거에 급제하고 벼슬을 얻지 못한 사람들이 학도들을 가르쳤다. 간혹 뛰어난 선비가 찾아오면 촛불에 금을 긋고 불꽃이 타들어 가기 전까지 시를 짓게 한다. 그중에서 우수한 자를 뽑아 시를 읽게 하고 술자리를 마련했는데 술자리에서는 미혼자와 기혼자가 마주앉아 술잔을 돌렸으며, 그 오고 감에 예의가 있고, 윗사람과 아랫사람에 질서가 있었다. 또 문장과 시를 읊으며 즐기다가 해질 때가 되면 또 아쉬움의 시를 읊으며 자리를 파하니 지켜보는 사람마다 감탄을 금치 못하더라.'

〈고려사〉에 수록된 9재학당의 수업 장면이다. 틀에 얽매이지 않으면서도 절도가 있고, 즐거움을 만끽하면서도 품위를 잃지 않는 그 독특한 학풍으로 인해 학도들은 더욱더 학문에 매진하게 되었다. 얼마 안가 이 학당을 통해 배출된 인재들의 명성이 국자감 출신을 능가할 정도였다.

과거를 준비하는 사람은 모두 최충의 학도가 되기를 소망하였고 전국에는 이를 모방한 사숙들이 줄줄이 생겨나기 시작했다. 그 대표적인 사숙으로는 시중 출신 장배걸의 '홍군공도', 쾌주 김상빈의 '남산도' 등 11개가 있었는데 최충의 '문헌공도'와 더불어 12도가 된다. 이들 12도 가운데 최충의 문헌공도는 단연 압도적인 학생 수를 자랑하며 당대의 대표적인 사학으로 자리매김하게 되었다.

이때부터 사람들은 이런 그의 행보가 공자와 닮았다 하여 '해동공자'라는 이름을 붙여주었다.

사학의 발달은 공교롭게도 국학의 본격적인 침체로 이어지게 된다. 문종은 그 책임이 가르치는 교사들에게 있다며 분발을 촉구했지만 상황은 좀처럼 나아지지 않았다.

사태가 점점 악화되자 국자감에 입학한 지 9년이 지난 학도들과 법률학도로서 6년을 넘긴 학도들 가운데 정해진 과정을 마치지 못하는 자가 있으면 가차 없이 퇴출시켜 분위기 쇄신을 시도해 보기도 했다. 그러나 이미 공교육은 사교육에 밀리는 지경이 되었다. 최충이 일으킨 사학 열풍은 이미 오래 전부터 제 기능을 상실해버린 공교육에 대한 도전이자 대안이었다. 그렇게라도 교육환경을 개선시키지 않았다면 문종 대의 학문은 제자리걸음을 면치 못했을 터였다.

그러나 이것은 국왕인 문종 편에서 보자면 왕권을 위협하는 또 하나의 세력이 존재한다는 걸 의미했다. 결국 유림이 하나의 집단으로 존재하는 한 왕권 강화에도 한계가 있었다. 위기감을 느낀 문종이 그 해결사로 등장시킨 인물이 바로 이자연이다.

흉흉한 소문

"선비가 권세에 빌붙어 자리에 오르면 끝맺음을 잘하기 어렵지만 문文으로 출세하면 반드시 끝에 복이 따른다. 다행히도 나는 글을 알고 입신하였으니 깨끗한 지조로써 세상을 끝마치려 하노라."

해동공자 최충은 83세를 일기로 세상을 떠나기 전에 자손들에게 이런 유언을 남겼다. 그는 조정을 떠난 뒤 10여 년 간 후학들을 양성하는 일에 몰두하다 선비답게 조용히 눈을 감았다. 문종은 이때 특별히 그 아들 최유선에게 조서를 내려 다음과 같이 위로하였다.

"돌아보건대 몸이 백이라도 속贖하기가 어렵고, 만승萬乘을 기울여 슬픔을 거듭하노라."

이것은 문종의 진심이었을 것이다. 그러나 최충이라는 강직한 신하에 대한 믿음과는 별도로 문종은 온 나라에 사학의 열풍이 요원의 불길처럼 번져나가는 것을 보고 참으로 곤혹스럽지 않을 수 없었다.

언제부턴가 고려에는 이상한 소문이 돌기 시작했다. 소문의 내용인즉, '장차 이씨 성을 가진 사람이 한양에 도읍을 정하고 고려를 멸망시킨다'는 것이었다. 이는 도선대사의 예언과도 밀접한 관련이 있었기 때문에 고려 왕실을 바짝 긴장시켰다.

문종은 이때 흩어진 민심을 한데로 모으고 왕실의 권위를 드높일 수 있는 방안으로 풍수설을 역이용하려 했다. 그러니까 '개경 · 남경 · 서경을 잘 다스려야 왕업을 영원히 이어갈 수 있다'는 도선대사의 지덕쇠왕설地德衰旺設에 따라 한양을 남경으로 승격시키고 서경에 궁궐을 창건하는 등 나름대로 비책을 강구한 것이었다.

'이씨가 왕이 된다'고 하는 이야기는 이른바 풍수지리학 상의 십팔자왕설十八字王設을 근거로 한 소문으로 한문 글자를 조합했을 때 '李'자가 된다는 것이다.

어쨌거나 도선대사의 예언은 고려왕조의 성립에 지대한 영향을 끼쳤던 게 사실이었다. 그런 만큼 태조 이래 역대 왕들은 그 예언이 담긴

〈도선비기〉를 신봉할 수밖에 없었다.

현명하고 합리적인 군주로서 평판이 높았던 문종도 예외는 아니었다. 그리하여 일찍이 개경의 지덕이 쇠퇴했다는 도참설에 현혹되어 예성강 남쪽에 장원정을 짓고 흥왕사라는 엄청난 규모의 사찰 공사를 강행했다.

흥왕사는 12년간의 대역사 끝에 준공된 초호화판 사찰로 사찰건립 추진 단계에서부터 여러 가지 폐단이 잇따랐다. 몇몇 조정 대신들은 물론 최유선을 비롯한 유학자들의 반대도 만만치 않았다. 그럼에도 문종은 그들의 의견을 묵살한 채 공사를 강행한다. 풍수나 종교의 힘을 빌어서라도 왕권을 안정시키려 했던 문종의 속뜻은 흥왕사 창건을 앞두고 내린 교지를 통해서도 잘 나타나 있다.

"옛 제왕들은 불교를 숭배하여 왔음을 기록을 통하여 알 수 있으며, 더구나 성조聲調, 태조 왕건 이래 대대로 사찰을 창건하여 복과 경사가 있기를 축원하였다. 헌데, 내가 왕이 되어 어진 정치를 하지 못한 탓에 재난이 여러 번 나타났도다. 바라건대 법력에 의지하여 나라를 복되고 이롭게 할 것이니 해당 관리로 하여금 땅을 가려서 절을 세우도록 하라."

왕의 교지가 내리자 문하성 관료들은 일제히 사찰건립을 반대하고 나선다.

"지금 새 절을 더 세우는 것은 백성들을 급하지 않은 공사에 내몰아 수고롭게 하는 것으로 원망이 연달아 일어날 것이요, 산천의 기맥을 상하게 하여 재해가 일어나 신과 사람이 함께 노여워할 것이 분명하니, 이는 결코 태평을 이룩하는 길이 될 수 없습니다."

이 같은 요지의 상소문이 속속 올라왔지만 문종은 끝까지 뜻을 굽히지 않았다. 불교는 고려의 국교였고 문종은 특히 독실한 불교신자였다. 그는 13명의 아들 중 3형제가 왕위에 오른 것 말고도 아들 다섯을 출가시킨 것으로도 진기록을 세웠다.

대각국사 의천을 비롯한 당대의 유명한 고승들이 문종의 자식들로 이때부터 불교는 엄청난 발전을 이루게 되었다. 세상에 남부러울게 없는 왕자들마저 중이 되겠다고 궁궐을 박차고 나가는 모습을 보고 소위 명문가에서도 자식들을 출가시키려는 예가 허다했다.

최충의 뒤를 이어 시중 자리에 오른 이자연이 아들 둘을 출가시킨 것만 보아도 이 같은 분위기를 짐작할 수 있을 것이다. 절을 짓는 건 왕실의 안녕을 기원하는 목적 외에 사회적 분위기를 바꿔보려는 수단으로 쓰이기도 했다. 문종의 경우도 이와 무관하지 않다. 그는 개인적인 신앙심에 덧붙여 불교를 민심통합의 수단으로 사용하여 왕실의 지배력을 굳건히 하려는 의도에서 무리를 해가며 대 역사를 강행한 것이었다.

문종 21년1067년 1월 12년의 공사 끝에 완성된 흥왕사는 준공 당시 규모가 총 2800칸에 달하는 초호화판 사찰이었다. 주위에 성을 쌓고 금탑까지 만든 사찰의 위용은 가히 궁궐과 견줄 만했다. 또한 금탑에 들어간 금만 해도 144근이었고, 금탑 내부를 채운 은이 427근이나 되었다고 하니 훗날 이제현이 문종을 평하며 불교를 혹신하여 국운을 쇠하게 만들었던 양무제와 비유한 것도 이해가 가는 대목이다. 더구나 여기에 천 명의 승려를 선별하여 상주시킨 것이다.

인주 이씨
전성시대

홍왕사 건립을 비롯한 일련의 불교육성책을 추진하는 과정에서 문종의 가장 강력한 후원세력은 이자연을 비롯한 외척들이었다. 이자연은 후비로 들어간 자신의 맏딸이 정식으로 왕비 책봉을 받게 된 1052년 이후부터 당대 최고의 세도가로서 입지를 굳혔다.

더구나 문종의 첫째 왕비가 자식을 낳지 못했던 것에 비해 이자연의 두 딸들인 인예왕후와 인경현비가 15남매나 되는 자식들을 줄줄이 낳았으니 왕실은 물론 조정에서도 그 위세를 부정하지 못했다.

이렇듯 대단한 배경이 아니더라도 이자연은 인물 자체가 영민했다. 그는 병부에서 뽑은 천 명의 승려들을 홍왕사에 상주시킴으로써 유림에 대응할 만한 세력 확보에 나선다.

비상시 왕의 친위세력으로 활용할 수도 있는 하나의 조직 체계를 갖춘 것이다. 그렇게 함으로써 이자연은 문종의 왕권 강화를 도와주는 한편 자신의 세력을 더욱 확장해 나갈 수 있었다.

이자연과 문종은 서로 손발이 척척 맞았다. 이자연은 홍왕사 건립을 둘러싼 조정의 잡음을 앞장서서 가라앉히는 한편 사찰 건립지 주변의 민심을 다독거리는 데도 한몫을 했다.

홍왕사는 워낙 방대한 규모의 역사였으므로 사찰이 들어서는 덕수현 주민들을 영천으로 이주시켜야 했다. 오랜 세월 살아온 삶의 터전을 두고 생판 낯선 땅으로 옮겨가야 했던 백성들은 조정을 원망할 수밖에 없었다. 이자연은 이때 덕수현 주민들의 고충을 감안하여 1년 간 부역을 면제해주자는 의견을 내놓았다. 문종은 한술 더 떠서 2년 간 부역을 면제해주도록 지시한다.

문종의 치세 기간 동안 특별히 조정 대신들과 마찰을 빚은 일이 있다면 바로 이 흥왕사 건립과 외교 문제였다. 이 두 가지 사안이 논란의 핵심이 되었을 때 시중자리에 있었던 인물이 이자연이었다. 거란이 압록강 부근을 침범한다는 보고가 조정에 들어온 것은 이자연이 시중자리에 오른 지 3년 째 되던 1057년 4월이었다.

평소 거란에 대해 적대적인 감정을 갖고 있던 문종은 국경 침범에 강한 불쾌감을 표시하며 이런 교지를 내린다.

"지난해 사신을 보내 압록강 변 우리 측 땅에 세운 성과 다리를 철거하도록 요구했는데 아직 철거하지 않았고, 송령松嶺동북쪽으로 간척지를 넓혀 암자를 설치하고 사람과 물건을 두고 있다 한다. 이것은 반드시 우리 강토를 침범하려는 속셈일 것이니 마땅히 곧 철수할 것을 요청하라."

문종의 의지는 단호했으나 반대 의견도 만만치 않았다.

"거란은 지금 변방을 소란스럽게 할 만한 움직임은 보이지 않고 있으며, 또 새 황제가 즉위했다고 소식을 보내왔는데 우리 측에선 아직 답례도 하지 못하고 있습니다. 이럴 때 먼저 그들을 자극하는 것은 옳지 않을 듯합니다."

아직 거란과 대적하기에는 시기상조임을 주장하는 것은 대부분의 조정 대신들도 마찬가지였다. 그러나 문종은 부왕인 현종이 겪었던 치욕을 되갚아주기 위해서라도 거란과 겨뤄보고 싶었다. 그러나 이때 문종과 뜻을 같이 하는 사람은 오직 이자연 한 사람뿐이었다.

"저들이 먼저 성책을 쌓아두게 되면 후회막급한 결과를 초래하게 될 것입니다. 국경을 맞대고 있는 한 언제든 전쟁의 위험은 피할 수 없습니다. 그러니 마땅히 공사중단을 요구하고 저들을 물러가도록 하는 게 옳습니다."

이자연은 여차하면 전쟁이라도 벌이자고 할 태세였다. 그러나 의지만으로 해결될 수 있는 문제가 아니었다. 그 동안 국력이 웬만큼 강해졌다고는 하나 전쟁이란 위험하기 짝이 없는 발상이었다. 이자연은 그 대안을 송나라에서 찾으려고 했다. 거란과 대적하는 대신 송나라와의 국교를 정상화함으로써 돌파구를 찾아보려는 것이었다.

1058년 8월 문종은 이자연의 지지에 힘입어 제주와 영암지역에서 나무를 베어 송나라와의 통상에 필요한 상선을 만들도록 지시한다. 그러나 이번에는 내사문하성에서 반대하고 나섰다.

"이미 오래 전에 거란과 우호를 맺어 변방에 이상이 없고 백성들이 마음 놓고 생업에 열중할 수 있을 때 위험을 자초할 필요가 없습니다. 만약 이 일이 거란에 알려지면 반드시 틈이 생겨 문제가 될 것입니다. 그리고 제주는 땅이 척박하여 주민들이 어렵게 생계를 이어가고 있습니다. 게다가 지난해 가을 사찰 짓는 데 쓰일 나무를 베어내고 바다를 건너 운반하느라 이미 고역을 치렀습니다. 다시 이 일로 거듭 고충을 겪게 되면 다른 변이 생길까 두렵습니다."

송나라와 수교해봤자 도움을 받을 것도 별로 없고 민생고만 가중시킬 뿐이며, 특히 거란과의 관계를 고려해서 국교를 재개하는 일은 당분간 미루자는 의견이었다. 이 일은 조정 중론이 워낙 거센 데다가 그나마 이자연이 죽는 바람에 문종도 일단 한발 물러서는 수밖에 없었다. 1061년 이자연은 59세를 일기로 세상을 떠났고, 그로부터 10년 후 송나라에서 정식으로 국교정상화 요청이 들어왔다.

이때도 조정 중신들 간에 반대 여론이 지배적이었지만 문종은 기어이 자신의 뜻을 관철시키고 만다. 비록 이자연은 죽고 없었지만 생전에 그가 왕실의 친위세력으로 세를 키워온 인주 이씨 가문은 여전히 건재했기 때문에 가능한 일이었다.

반역자의
오명으로 남은 절개

대부분의 역사학자들은 문종을 성군으로 평가하기를 주저하지 않는다. 그는 최충이라는 올곧은 학자를 등용하여 법치주의의 토대를 완성시켰고 이자연이라는 외척의 세력을 적절히 이용하여 왕권 강화의 기틀을 잡았다.

주위에 아무리 똑똑한 인물이 많이 있어도 그들을 제대로 활용하지 못하는 군주는 결코 성군이 될 수 없다. 또한 국왕 자신의 정치적 판단이 올바르지 못하다면 오히려 그 똑똑한 인물에 휘둘려 나라를 망치게 되는 수도 있다.

문종이 후대 사가들에게 성군으로 평가받는 이유는 주변 상황을 적절히 이용하면서도 결코 군주로서의 위엄이나 통치자로서의 책임을 잃지 않는 그 탁월한 정치력에 있었다.

또 한 가지는 그가 진정으로 백성을 위할 줄 아는 왕이었다는 점이다. 물론 흥왕사 건립 같은 무리수를 두기도 했지만 재위 37년 간 문종의 행적을 살펴보면 그가 얼마나 민심에 귀를 기울이려 했었는지 알 수 있다.

왕이 개경을 떠나 한 달 간 남으로 순행 길에 오른 적이 있었다. 문종은 이때 자신이 지나 온 마을의 1년 치 세금을 반으로 삭감해주었다. 이것은 국왕의 행차로 인해 생업에 지장을 입었을 지역 주민들을 배려한 조치였다. 때때로 전국 각 지방에 사신을 보내 관리들의 근무태도를 점검하고 백성들의 고충을 해결해주도록 지시한 것도 그런 이유에서였다. 한 번은 해당 관청에서 이를 반대하고 나섰다.

관리들이 사신을 영접하느라 지쳐 오히려 업무에 방해가 되고 있으니 이를 중지해달라는 것이다. 문종은 그들의 요구에 즉각 호통을 치고 나섰다.

"관리들이 공적인 일에는 부지런하지 않고 사리사욕만을 꾀하니 통탄할 일이다. 심지어 어떤 이들은 권세가들과 결탁하여 조금이라도 재산이 있는 집은 침탈을 서슴지 않으며 만약 말을 안 듣고 인색하게 나오면 일을 꾸며 매를 때리니 힘없는 백성들이 원통함을 품고도 호소할 곳이 없게 되었다. 간혹 이것을 바로잡으려 하는 자가 있어도 권세 있는 자의 청탁으로 끝내 바로잡을 수 없게 되니 백성을 좀먹는 해독은 날로 더하고 달로 불어나게 되었다. 관리가 이러하거늘 어찌 살아갈 길이 있겠는가? 그런 연유로 내가 항상 근심하던 차에 그 부당함을 풀어줄까 하는데 앞장서야 할 당사자가 찬성하기는커녕 논설이 분분하니 어찌된 일인가!"

서릿발 같은 왕의 질타에 조정 대신들도 꿀 먹은 벙어리가 될 수밖에 없었다. 문종은 그 자리에서 각 도에 보낼 사신의 명단을 즉각 발표하고 지체 없이 출발하도록 명령을 내렸다.

문종의 통치력이 빛나는 까닭은 이와 같이 '사람을 위할 줄 안다'는 점에 있었다. 그리하여 당시 사람들은 말 그대로 건국 이래 최대의 황금기를 누리며 정치적·사회적으로 안정된 삶을 살 수 있었다.

1038년 7월, 문종은 67세를 일기로 세상을 떠났다. 이후 문종의 아들들이 왕위를 이어받기 시작하면서 고려는 엄청난 척신 간의 권력다툼 혼란에 휩싸인다. 바야흐로 인주이씨 세상이 도래 한 것이다.

문종은 생전에 자신이 그토록 믿고 의지했던 이자연의 후손들이 결국은 왕실의 가장 위협적인 존재로서 근 백년 가까운 세월 동안 전횡을 일삼게 될 줄이야 꿈에도 상상을 못했을 터였다.

허망하게 깨진 장수의 꿈
윤관

불길한 행차

문종의 아들로서 후사를 잇게 된 순종은 효자 중의 효자였다. 그는 8세 때인 1053년 태자로 책봉되었고 37세 때인 1083년 7월에 즉위식을 가졌으나 4개월 만에 세상을 떠났다.

〈고려사〉는 그 이유가 부왕의 국상을 당하고 지나치게 통곡하고 슬퍼하며 병을 키웠기 때문이라 전한다. 순종은 죽기 전에 자신의 아우에게 왕위를 넘긴다는 유언을 남긴다. 그는 결혼생활이 순탄하지 못했던 탓에 자식을 남기지 못했는데 첫 번째 부인과는 사촌 간이었고 두 번째 부인은 부왕인 문종의 미움을 받아 친정으로 쫓겨나고 말았다. 세 번째 부인은 순종이 왕위에 오르면서 맞아들인 이자연의 손녀로 4개월 만에 남편이 죽는 바람에 말 그대로 청상과부 신세가 되었다.

순종 다음으로 왕위에 오른 선종은 인예왕후 소생으로 순종과는 친형제간이다. 선종은 3명의 왕비를 모두 인주 이씨 집안에서 데려왔다. 첫 번째 왕비인 정신현비는 이자연의 조카이며 두 번째 사숙왕후는 이자연의 손녀, 세 번째 원신궁주 또한 이자연의 장남인 평장사 이정의 딸이다.

선종은 재위 10년 만에 세상을 떠났고, 다음으로 고려 제14대 왕이 된 헌종은 11세의 어린 나이로 왕위에 올랐다. 이 과정에서 왕실의 치열한 혈전이 벌어졌다. 어린 헌종에게는 다섯 명의 쟁쟁한 숙부들이 있었다. 나름대로 독자적인 세를 키우며 조정에 영향력을 행사하고 있던 그들은 다름 아닌 문종의 13왕자 중 출가하지 않은 다섯 왕자들이다.

그중에서도 문종의 셋째 아들 계림공 왕희는 형인 선종이 병석에 눕기 시작하면서 심심찮게 세간의 입에 오르내릴 만큼 정치적 역량이 두드러진 인물이었다.

그는 13왕자 중 가장 총명하고 자질이 뛰어난 왕자였다. 비록 장자인 순종에게 왕위를 물려주긴 했지만 문종 또한 셋째인 그를 무척 아꼈다.

"장차 우리 왕실을 크게 일으킬 재목이로다!"

계림공이 어릴 때부터 부왕인 문종은 종종 이런 말을 했다. 이때만 해도 그는 부왕의 칭찬이 그저 왕위를 잇지 못하게 될 아들에 대한 위로의 말인 줄로만 여겼다. 그러나 맏형인 순종이 죽고 그 뒤를 이어 둘째인 선종이 보위에 오르는 것을 보고는 다소 생각을 달리하게 되었다.

부왕인 문종도 이복형인 정종의 뒤를 이었고 정종 또한 덕종의 친동생으로 왕위를 이어 받았다. 그런데 선종은 형제상속의 전례가 자연스럽게 받아들여지던 시기에 겨우 11세밖에 안 된 아들을 남겨두고 세상을 떠난 것이었다.

계림공은 선종이 죽기 2년 전에 한 가지 이상한 경험을 하게 된다. 그가 왕의 행차를 따라 서경에 갔을 때였다. 멀쩡하던 하늘에 갑자기 붉은 구름이 감도는 것이었다. 게다가 구름은 하필 계림공의 장막 위로만 멈추듯 서려 있었다. 그것을 보고 사람들은 '계림공이 왕이 된다는 뜻'이라고 수군거렸다.

　공교롭게도 선종의 재위 기간에는 심상찮은 천재지변이나 재난이 잦은 편이었다.

　선종은 유난히 불사를 많이 일으켰다. 그때마다 가뭄이 들고 폭풍에 해일까지 겹치는가 하면 절간이 불탔다. 심지어 보물이 쌓여 있던 창고에 때 아닌 벼락이 떨어지는 등 왕이 한번 움직일 때마다 대형사고가 잇따랐다. 사람들은 이런 천재지변조차 왕이 정치를 잘못했기 때문이라고 믿었다. 통치자가 민심을 잃으면 그만큼 억울한 소리도 듣기 마련이다.

약효를 얻고 못 얻고를 어찌 굳이 염려하랴
떠도는 인생
처음이 있으니
어찌 끝이 없으리.
오직 빽빽이 삼가 모든 선을 담아서
정역淨域, 서방정토에 뛰어올라 부처님께 절하리라.

　1092년 3월 빈번한 재난을 근심하던 끝에 병을 얻은 선종은 어느날 문득 시 한 수를 지었다. 〈고려사〉 사관은 이날의 일을 두고 '왕의 춘추 한창인데 이런 시를 지었으므로 사람들이 몹시 놀랐다'고 전한다. 당시 왕의 나이 45세였다. 이때까지만 해도 왕의 건강에 큰이상은 없었다. 그런데 그 얼마 후 과로로 쓰러진 선종은 끝내 일어나질 못했다. 1094년 3월에서 5월까지 왕실 안팎으로는 위험한 기류가 형성되고 있었다. 왕의 건강에 이상이 생겼다는 소문이 있고부터 과연 다음 보위를 누가 잇게 될 것인가를 놓고 세간의 이론이 분분했다.

이 무렵 차기 왕권후보로서 가장 높은 서열을 차지했던 사람은 계림공 왕희와 그의 조카인 태자 왕욱이었다. 계림공은 왕위 계승권이 있는 문종의 다섯 왕자 가운데 가장 연장자였고 태자는 선종의 적장자라는 강점을 갖고 있었으나 나이가 너무 어렸다. 계림공으로서는 일이 잘될 수도 있겠다는 기대를 품어볼 만도 한 상황이었다.

그러나 대궐 안에선 어쩐지 꺼리는 기색이 역력했다. 문병을 청해도 왕의 근신들이 겹겹이 가로막고 출입을 통제하는 바람에 그는 형인 선종의 근처에 얼씬도 하지 못했다.

계림공은 설마 한 어머니 뱃속에서 나온 형이 자신을 그토록 경계하리라곤 믿지 않았다.

"필시 무슨 농간이 있을 것이다."

거의 쫓겨나다시피 해서 대궐을 물러나오던 계림공의 뇌리에 문득 스치는 얼굴이 있었다. 태자의 모후인 사숙왕후의 얼굴이었다.

사숙왕후는 평소 시동생인 계림공을 탐탁지 않게 여겼다. 이는 장차보위를 이어갈 태자의 모후로서 갖게 되는 본능적인 경계심이었다. 자신의 남편인 선종이 하는 일마다 백성들의 원성을 사고 있는 것과 달리 계림공은 주변에 늘 사람을 달고 다녔다. 부왕인 문종도 특별히 그를 아끼는 편이었다. 조정 대신들 중에서도 계림공을 따르는 세력이 꽤 많이 있다는 사실을 그녀 또한 알고 있었다.

특히 2년 전 서경 행차에서 있었던 일은 그녀를 긴장시키기에 충분한 사건이었다. 엄연히 왕의 적장자인 태자가 있는데 계림공을 가리켜 왕기王氣운운한 사람들이 있었다는 말을 듣고 가만히 있을 그녀가 아니었다.

계림공의 예상은 적중했다. 며칠 후, 왕이 세상을 떠났다는 소식과 함께 사숙왕후의 섭정발표가 있었다. 왕이 죽기 전에 태자에게 보위를 물려주겠다는 뜻을 밝혔다는 것이었다. 계림공의 야망이 한낱 일장춘몽으로 구겨지던 순간이었다.

고려의 수양대군

1094년 5월 선종의 유명을 받들어 고려 제14대 헌종이 11세의 어린 나이로 왕위에 올랐다.

헌종은 나이도 어린데다가 요즘으로 치자면 소아 당뇨병에 해당되는 소갈증 환자로 국왕으로서의 정상적인 업무수행을 할 수 없는 상황이었다. 그런 이유로 모후인 사숙왕후가 대신 정사를 총괄하게 된다. 그러나 정치 경험이 전무한 여자의 몸으로 국정을 돌본다는 것은 여러모로 문제가 있었다. 이럴 땐 대개 외척들이 등장하기 마련이다.

헌종의 즉위와 더불어 사숙태후로 봉해진 그녀가 끌어들인 외척은 사촌오빠 이자의였다. 그는 이자연의 손자이며, 선종의 셋째 왕비인 원신궁주와는 친남매 간이다.

이때 이미 이자연의 자손들은 왕실과 이중삼중의 혼인관계를 맺고 조정의 실세로 부각되어 있었다. 사숙태후는 날이 갈수록 헌종의 병세가 심각해지자 호부상서로 있던 이자의를 중추원사로 승진시켜 권력의 핵심부에 앉혔다.

이왕이면 평소 껄끄럽게 생각하던 계림공보다는 자신의 척족인 이씨 가문 사람에게 기대고 싶었던 것이다. 이자의는 여기서 한술 더 떠서 헌종 이후까지를 내다보고 있었다. 어차피 새 임금은 오래 못살 것이 분명하고 그렇다면 자신의 여동생인 원신궁주 소생의 왕자를 보위에 앉히겠다는 심산이었다.

"지금 왕의 병이 깊어져 아침저녁으로 일이 어떻게 될지 모르는데 밖에서 기회를 엿보는 자가 있다. 너희가 한산후漢山侯를 받들어 다른 사람이 보위를 차지하지 못하도록 하라."

한산후는 원신궁주의 맏아들 왕윤을 뜻한다. 이자의는 집안의 탄탄한 권력과 재력을 바탕으로 은밀히 사병들을 양성하는 한편 자신을 따르는 무리들에게 장차 한산후가 왕이 될 것이라는 입바른 소리를 하고 다녔다.

이 말은 곧 계림공에게 들어갔다. 이자의가 자신을 겨냥하며 그런 말을 입에 담았다면 전면전을 선포한 것과 마찬가지였다. 계림공은 위기를 느낄 수밖에 없었다. 당시 조정에서 병권을 좌우할 만한 위치에 있는 사람은 왕국모와 소태보 두 사람이었다. 계림공은 일단 그들을 자기편으로 끌어들이는 데 성공한다.

두 사람은 선조 때부터 왕의 자문을 맡았던 능력 있는 중신들이었다. 이 와중에 조정 대신들은 그저 무기력하게 사태의 추이를 지켜볼 뿐이었다. 장차 조정이 누구 손에 넘어갈 것인지에 대해서는 누구도 장담을 하지 못하는 상황이었다. 이자의는 인주 이씨 세력을 포함한 몇몇 고위급 장수들을 패거리로 두고 있었고 위로는 사숙태후라는 든든한 배경이 자리 잡고 있었다. 만에 하나 계림공 편에 섰다가 일이 잘못되기라도 한다면 당장 역모로 몰릴 게 뻔했고 이자의 편에 선다 해도 상황은 마찬가지였다.

5월 들어 이자의는 눈에 띄게 설치고 다녔다. 대궐 드나들기를 자기 집 안방 드나들 듯하면서 명목상 '어린 임금을 보호하기 위해서'라는 단서를 붙였다. 그것이 오히려 조정 대신들의 반감을 불러일으킨 원인이 되었다.

상황은 점차 계림공한테 유리한 쪽으로 변해가기 시작했다. 어느 쪽이든 기회만 있으면 상대방을 치고 들어가야 살아남을 수 있는 일촉즉발의 위기감이 감도는 가운데 마침내 계림공이 이자의의 뒤통수를 친 것이었다.

"국가의 안위가 달린 일이오. 상황이 급하게 되었으니 공이 먼저 나서주시오.”

계림공은 이자의가 궁중에 들어가 있는 틈을 타 소태보에게 은밀히 지시를 내렸다. 소태보는 곧 이 사실을 왕국모에게 알렸다.

“이런 일은 속전속결이 최선책입니다. 지금 군사를 이끌고 가봤자 싸움만 커질 게 뻔하니 이자의와 그 일당들부터 처치합시다.”

왕국모의 노련한 판단이었다. 그는 자신의 수하에 있던 장사 고의화에게 날쌘 자객 몇 명을 붙여주고 신속하게 궁궐로 잠입시켰다.

1059년 7월, 닐노 없이 밀펴진 밤중이었다. 자객들은 궁궐 안으로 들어가 이자의의 행방을 찾아다녔다. 마침 그는 자신의 심복인 합문지후 장중, 중추원 당후관 최충백 등을 만나기 위해 선정문 안으로 들어서던 중이었다. 고의화는 먼저 그를 없앤 다음 문 밖에 있던 일당들까지 모조리 잡아 죽였다.

일은 그날 밤 안으로 신속히 처리되었다. 이자의가 허망하게 목숨을 잃은 그 시각 고의화가 집으로 보낸 자객들은 그 아들 이작을 비롯한 17명의 일당들까지 한꺼번에 죽여 없앤다.

이 일로 원신궁주와 한산후를 포함한 세 아들은 물론 이자의와 한 패거리로 의심받던 50여 명의 대신들까지 귀양을 가게 되었다.

사태가 급진전되자 그 동안 눈치만 보던 조정 대신들의 행보가 바빠지기 시작했다. 그들은 아예 궁궐을 비워두고 계림공의 집으로 찾아가 그곳에서 국사를 논하는 추태를 보였다. 누가 보더라도 계림공의 왕위 계승은 시간문제였다. 그는 이자의가 죽자 왕족은 정사에 참여하지 않는다는 원칙을 깨고 즉각 중서령 자리에 올랐고 그를 따르던 왕국모와 소태보는 군부와 조정을 장악한다.

얼마 후에는 계림공의 주도로 대대적인 정계 개편이 이루어졌다. 막상 뚜껑을 열고 보니 가관이었다. 왕국모와 소태보를 비롯한 계림공의 측근들이 각각 한꺼번에 두 자리씩 벼슬을 겸한 것은 기본이고 나머지는 모두 계림공을 지지하는 세력으로 교체된 것이다.

"짐이 나이도 어리고 허약한 몸으로 외람되게도 부왕의 유지를 받들어 왕위를 이어받은 까닭에 권신들을 바르게 다스리지 못하고 백성들의 기대에 미치지를 못했다. 그리하여 음모와 책동이 걷잡을 수 없게 일어나며 역적들이 대궐을 자주 침범하였다. 이는 다 내가 덕이 없기 때문이니 임금노릇 하기도 어렵다는 것을 항시 생각하고 있었다. 이제 대세는 나의 숙부 계림공에게로 기울어 있는 듯하고 사람들이 모두 그를 돕고 있는 듯하니 너희 대중들은 그를 따라 국가의 위업을 받들도록 하라. 나는 조용히 후궁으로 물러앉아 남은 생명이나 보전할까 하노라."

석 달 뒤인 1095년 10월, 마침내 헌종은 숙부인 계림공에게 왕위를 넘겨주겠다는 교지를 내린다. 안 그래도 지난 3개월 간 헌종은 빈껍데기에 불과했다. 모든 일은 최소한 계림공의 묵인이라도 있어야 추진이 가능한 상황이었다.

헌종은 다소 신경질적인 내용의 선위 교서를 남긴 채 후궁인 홍성궁으로 물러난다. 그리고 2년 후인 1097년 2월 14년간의 짧은 생을 마감하게 된 것이다. 이 대목에서 차마 수양대군의 왕위찬탈 사건을 떠올리긴 민망하지만 어쩌면 헌종도 단종과 비슷한 처지였을 것이란 짐작은 할 수 있다. 또한 실록에는 헌종의 모후인 사숙태후의 죽음에 관한 언급이 없고 헌종은 병으로 죽은 것으로 되어 있다.

어찌 알겠는가. 그 시대에도 자신의 충성심을 과시하기 위해 어린 임금의 목숨을 노려야만 했던 무리들이 있었을 것인지.

잇단 죽음

1년 5개월간의 숨 막히는 통치기간을 끝으로 쫓겨난 헌종의 뒤를 이어받은 계림공이 바로 고려 제15대 왕인 숙종이다. 어린 조카를 몰아내고 왕이 되었다는 정치적 부담감 때문인지 즉위 초부터 숙종은 대대적인 숙청을 단행하여 정적들을 옴짝달싹 못 하게 만들었다.

이것은 초반에 강한 카리스마를 내비침으로써 자신의 왕위 계승을 둘러싼 조정의 잡음을 차단하려는 일종의 사전 포석이었다.

그가 왕위에 올랐을 때도 심상찮은 기상이변이 있었다. 숙종 원년인 1096년 4월, 때 아닌 서리가 내리더니 느닷없이 돌덩이만한 우박까지 쏟아졌다. 숙종은 속이 뜨끔했을 것이다.

그로부터 1년도 채 지나지 않아 흥성궁의 어린 헌종이 세상을 떠났다. 그리고 얼마 후에 숙종이 가장 아끼던 둘째아들 상당후 필의 급작스런 죽음이 잇따랐다.

　세상 사람들은 이러한 일련의 사건들을 예사롭게 보지 않았다.

　"오죽 억울했으면⋯⋯."

　요절한 어린 임금을 두고 가시 돋친 소문들이 흘러 다녔다. 안 그래도 죽은 자식의 일로 상심하던 숙종은 차라리 이 피 묻은 도성을 벗어나고 싶어졌을 터였다. 가장 중요한 건 자신의 자연스럽지 못했던 왕위 계승에 관한 세간의 이목을 분산시키고 흩어진 민심을 한데로 모으는 것이었다.

　1101년 9월, 숙종은 도읍을 남경지금의 양주으로 옮기기로 정하고 남경개창도감을 설치한다. 남경천도는 문종 때도 한때 거론된 적이 있었으나 궁궐만 지어놓고 흐지부지된 전례가 있었다. 숙종이 다시 그곳을 도읍으로 정한 것은 개경의 왕기가 쇠했다는 도참설에 대한 미련을 버리지 못했기 때문이었다.

　남경개창도감의 총책임자로는 문하시랑평장사 최사추가 뽑혔고 어사대부 임의, 지주사 윤관 등이 실무를 돕도록 했다. 한 달 후 그들은 지형답사 결과 삼각산 남쪽의 산세가 궁궐터로 적합하다는 보고를 올렸다. 삼각산 남쪽이란 지금의 청와대 부근에 해당되는 곳으로 최사추 등은 그 자리가 도선 대사의 예언과 부합되는 곳이라 주장했다.

　이듬해 3월, 숙종은 직접 순행 길에 올라 남경을 돌아보고 난 뒤 궁궐을 쌓도록 지시한다. 불행하게도 숙종은 새 도읍의 주인이 될 운명이 아니었다. 남경건설을 추진한 지 3년째 되던 해인 1104년 5월, 숙종은 새 도읍이 거의 완성되었다는 소식을 듣고 직접 남경으로 내려가 성대하게 자축파티를 열었다. 그리고 이듬해인 1105년 고구려 동명성황 묘정에 배향하고 돌아오던 중 수레 안에서 52세를 일기로 나그네처럼 세상을 허망하게 떠나고 말았다.

윤관의
쓰라린 패배

집권 과정이 다소 소란스럽긴 했지만 숙종은 재위 10년 간 몇 가지 굵직굵직한 업적을 남겼다.

그 첫 번째가 우리나라 최초의 화폐인 '해동통보'를 발행한 일이다. 쌀이나 베가 일반적인 상거래의 주된 수단으로 사용되던 시대에 먹지도 못하고 입지도 못하는 동전의 등장은 한 마디로 획기적인 사건이었다. 이 일은 숙종 즉위 후 요나라에 왕의 즉위를 알리는 사절단으로 갔던 윤관과 송나라로 유학 갔다 돌아온 숙종의 아우 대각국사 의천의 건의로 이루어졌다.

대각국사 의천은 이미 숙종이 보위에 오르기 전인 1087년 귀국하여 '고려속장경' 간행을 준비하던 중이었다. 그는 선종 3년인 1087년 송나라에서 돌아와 부왕인 문종이 세운 흥왕사의 주지가 되었다.

이후 그곳에 교정도감을 설치하고 요나라와 송나라 등지에서 수집

한 불교서적의 목록편찬에 들어갔다.

그 결과 총 4천여 권에 달하는 방대한 양의 불교 관련 서적이 간행되었다. 이로써 고려시대 불교문화의 한 차원 높은 발전을 이룩하게된다. 의천은 숙종 2년인 1097년 경전간행을 마친 뒤 국청사 주지로 임명되어 국왕과 고승 1천여 명을 대상으로 천태학을 강의한다.

천태종의 기본사상이 담겨 있는 천태학은 선교 양종을 하나로 규합하는 불교의 새로운 종파로서 이후 고려 중기의 최대 종단으로 성장한다.

아마도 의천이 숙종을 만나 화폐 사용을 건의한 것도 이때쯤이었을 것이다. 요나라에 파견된 윤관이 임무를 성공리에 수행하고 돌아온 것도 이 무렵이었다. 일찍이 문종 때 과거에 급제하여 출주사로 이름을 날렸던 윤관은 당시 숙종이 가장 신임하는 관료였다. 윤관은 이후 숙종 3년에는 동궁시강 학사로 송나라에 가서 왕의 즉위를 알리고 〈자치통감〉을 기증받아오기도 했다.

숙종 즉위 초반 윤관이 맡았던 역할은 왕의 이력과 정치적 역량을 대외적으로 알리는 홍보사절이라 할 수 있었다. 두 차례나 외국에 나가 색다른 문물을 접할 기회가 있었던 그는 대각국사 의천이 화폐사용을 건의하는 상소문을 올리자 이를 적극 지지하고 나섰다.

그 동안 물물교환 형태를 벗어나지 못했던 고려사회에서 화폐가 사용된다는 것은 국가가 유통경제를 장악할 수 있다는 것을 의미했다. 의천의 상소문에서도 이 같은 내용을 볼 수 있다. 그는 화폐를 사용함으로써 권세가나 재력 있는 상인들의 세금 포탈을 막고 일반 백성들의 생활을 안정시킬 수 있다고 역설한다.

이는 곧 대민정책인 동시에 왕권 강화로 직결되는 정책이었다. 숙종은 즉각 의천의 건의를 받아들여 '민간에 큰 이득을 도모하려 한다'는 명분을 내걸고 주전관을 설치하고 화폐제작에 나섰다.

자연 기득권 세력의 반발이 뒤따랐다. 그중에는 화폐사용이 풍속에 맞지 않는다는 이유로 극렬 반대하다 벼슬자리를 내팽개치고 낙향해버리는 관리들도 있었다. 이러한 일부 문벌귀족들의 반대에도 불구하고 화폐사용은 예정대로 강행되어 숙종 재위 기간만큼은 경제활동의 새로운 장을 열 수 있게 되었다.

숙종은 그 이익금을 남경 건설과 여진정벌에 투자한다. 1102년 봄, 동북면에서 급속도로 세력을 키워가고 있던 여진족이 변방을 자주 침범하고 있다는 보고가 날아왔다. 그 동안 여진족은 고려의 상대가 되지 못했다. 그들은 고려를 부모의 나라로 섬겼고 해마다 조공을 바쳐왔다. 그러므로 고려는 변방의 경계를 철저히 하는 한편, 귀순을 유도하는 정책을 병행하고 있었다.

원래 여진은 고구려 시대 말갈족이 세운 부족국가로 여기저기 흩어져 살던 유목민들이었다. 고려가 개국한 뒤에는 압록강 유역의 서여진과 동북면의 동여진으로 갈라졌고 이때부터는 부족별로 거란이나 고려에 복속되어 살아가던 중이었다.

이들은 힘이 없을 때는 고려를 '부모의 나라'로 섬기며 기회를 엿보고 있다가 조금만 세력이 커지면 언제든 국경을 넘보기 일쑤였다.

당시 고려는 거란과 마찬가지로 이들이 귀순해오면 농사지을 땅과

관직을 내주며 융화정책을 쓰다가도, 적대적으로 나올 경우에는 가차
없이 응징하는 등 그때그때 적절히 대처해 왔다.

완안부의 추장 영가가 등장하면서 고려와 여진의 관계는 새로운 국
면으로 접어든다. 그들은 서서히 통일국가의 형태를 이루더니, 지금
의 간도지방에서 갈라 전 지역으로 급속히 세력을 확대하며 고려의 동
북면 일대를 위협하기 시작한다.

이때까지만 해도 고려는 그들을 제압할 충분한 힘이 있었다. 그들
은 전과 다름없이 고려에 조공을 바쳤고 별다른 침략행위도 없었다.

문제가 생긴 것은 1103년 영가의 조카 우야소가 동여진의 새로운 추
장이 되면서부터였다. 부족들 사이에서 추장 승계문제로 내분이 일어
나자 우야소가 자신의 반대 세력인 부내로를 치기 위해 고려와 가까
운 정주 지역에 진을 치게 된 것이다.

여진족의 세력이 커지는 것을 경계하던 숙종은 그들이 국경에 진지
를 구축한 것을 침공으로 간주하고 문하시랑 평장사 임간을 정주로
보내 만약의 사태에 대비했다. 임간은 성격이 워낙 급한데다가 경솔
하기까지 한 인물이었다. 그는 여진을 너무 얕잡아 본 나머지 군사를
이끌고 아예 적진 깊숙이 쳐들어갔다. 그리고는 여진으로부터 역습을
당해 허겁지겁 쫓겨 돌아온 것이었다. 무모한 공명심 때문에 스스로
화를 자초한 결과였다.

숙종은 임간을 파직하고 그 후임으로 윤관을 내세웠다. 1104년 3
월, 숙종은 윤관을 동북면 행영병마도통사로 삼고 출정식을 가졌다.

"경은 내 뜻을 받아 저 오랑캐들을 벌하고 오라!"

숙종은 이때 왕의 전권을 위임한다는 뜻에서 윤관에게 도끼를 내린다. 불행하게도 왕의 하사품인 도끼는 제 구실을 하지 못했다. 요란한 출정식과 함께 여진족 정벌에 나섰던 윤관이 돌아올 때 왕을 위해 준비한 것은 여진족 30명의 목을 베었다는 초라한 전과뿐이었다.

숙종은 아연실색했다. 부왕인 문종은 일찍이 3만여 병력을 동원하여 동북여진을 정벌하고 북방의 여진족들을 잠재운 바 있었다. 그런 그들이 어느덧 국경을 위협할 만큼 세력이 강성해졌다는 사실만으로도 놀라울 지경인데 믿었던 윤관마저 치욕적인 패배를 안고 돌아온 것이었다.

전쟁은 일방적인 고려군의 패배로 끝났다. 여진족의 희생은 30명에 불과했지만 고려군은 그보다 많은 희생을 치러야만 했다. 게다가 '오랑캐'라 하여 일개 미물 취급하던 여진족 부족장과 화의를 맺고서야 살아 돌아올 수 있었다는 건 엄청난 치욕이었다.

"'춘추대의'에 이르기를, 임금이 욕을 보면 신하는 곧 죽어야 한다고 했는데, 신은 성상께 씻을 수 없는 죄를 짓고도 이렇게 살아 돌아왔으니……."

스스로 통분에 겨워 말을 잇지 못하는 윤관의 건장한 체구가, 차마 부왕의 영정 앞에서 고개를 들 수 없게 된 숙종의 쓰라린 속사정만큼이나 초라하게 느껴지는 순간이었다.

그 와중에 패장인 윤관을 엄벌에 처하라는 조정 대신들의 상소가 빗발쳤다. 그래도 숙종은 윤관을 믿었다. 왕은 그 동안 한 번도 그의 충정을 의심해 본 적이 없었다. 아무래도 고려군이 패한 원인이 따로 있었을 것 같았다.

"어찌하여 그대마저 이리 되었는가?"

"여진은 원래 말 타고 사냥을 일삼던 족속이라 아무리 힘을 합쳐도 대적하기 어려웠습니다."

왕의 물음에 윤관은 보병만으로 구성된 고려군의 한계를 토로했다. 사실 패배는 이미 윤관 자신도 예상하고 있었다. 여진족 기마부대는 뜻밖에도 강적이었다. 고려군이 아무리 용맹하다 해도 말을 타고 종횡무진 공격해 오는 그들과는 애초부터 싸움이 불가능했다. 고려군은 그들의 뒤꽁무니만 쫓아다니다 애꿎은 희생자만 늘어난 꼴이었다. 결국 윤관은 스스로 역부족임을 절감하고 백기를 들고 말았다. 그는 이런 전후사정을 고하며 숙종에게 별무반 창설의 중요성을 역설한다.

"신이 패한 까닭은 알고 있으니 후일을 기약한다면 반드시 저들을 물리칠 수 있을 것입니다."

윤관이라면 결코 허튼소리나 지껄일 사람이 아니라는 사실을 숙종은 잘 알고 있었다.

1104년 12월, 마침내 숙종은 국민총동원령을 내려 별무반 설치를 명한다. 문무양반은 물론이고 20세 이상의 모든 고려인들을 징집대상으로 한 별무반은 기마군으로 구성된 신기군을 중심으로 신보군보병, 도탕군특수병, 항마군승병등으로 다양하게 구성되어 대대적인 훈련에 들어갔다.

'천지신명의 힘을 빌어서라도 기필코 적을 소탕하리라.'

이듬해 봄, 숙종은 윤관을 불러 자신의 맹세를 적은 밀지를 내린다.

이미 태자 우에게도 같은 내용의 밀지를 건넨 뒤였다.

"저 북방의 오랑캐들을 정벌하여 고려국의 영토를 넓히고 새 도읍 남경에서 대제국의 아침을 맞이할 수만 있다면 나는 더 이상 바랄 것이 없도다……."

자신의 운명을 예감했던 것일까. 숙종은 윤관에게 여진족 정벌의 한을 풀어줄 것을 당부하고는 채 몇 달 지나지도 않아 유명을 달리했다.

고려의 숙원
동북 9성

숙종 사후 여진정벌의 과업은 예종의 몫이 되었다. 27세의 나이로 고려 제16대 왕이 된 예종은 즉위 후 한 달 만에 대폭적인 정계개편을 실시한다. 그 무렵 고려와 변방을 맞대고 있는 여진의 통일전쟁이 가속도가 붙는 바람에 전례 없는 인사를 단행한 것이다.

예종은 하루빨리 부왕의 유지를 받들어 여진을 정벌하고 그 여세를 몰아 거란에게 내주었던 압록강변의 두 성을 찾고 동쪽으로는 두만강 유역까지 진출하려는 원대한 포부를 갖고 있었다. 즉위 2년째 되던 해 예종은 부왕의 맹세문을 조정 대신들에게 보여주며 여진정벌의 뜻을 밝혔다.

숙종의 간절한 염원이 담긴 맹세문을 받아든 신하들은 감히 왕의 뜻을 거역할 수가 없었다.

"성고聖考, 숙종의 끼친 뜻이 이와 같이 깊고 간절하시니 저희가 어찌 그 뜻을 받들지 않을 수 있겠나이까."

드디어 조정 대신들의 합의를 이끌어낸 예종은 1107년 윤 10월 순천관 남문에서 군대를 사열하고 출병식을 가졌다. 군사가 이동하기에는 다소 무리가 따르는 추운 날씨였다. 그럼에도 출병을 서두르는 데는 이유가 있었다.

예종은 여진정벌 계획을 추진하면서부터 평장사 최홍사에게 출병하기 가장 좋은 날을 뽑아보도록 지시했다. 그 결과 이때가 길일吉日이라는 점괘가 나왔다. 이번 전투에 거는 왕의 기대가 남달랐던 만큼 병사들의 사기도 하늘을 찌를 듯했다.

출병군의 규모도 엄청났다. 그 동안 윤관의 지휘 하에서 꾸준히 훈련받아온 별무반 군사들과 2군 6위의 정규군을 합치니 그 숫자가 무려 20만을 육박하는 규모였다. 예종은 여진과의 전투 경험이 있는 윤관을 원수元帥로 삼고 부원수로 오연총을 임명했다.

"신이 일찍이 선대왕의 밀지密旨를 받았고, 이제 또 엄명을 받드니 감히 3군을 통솔하여 적의 진을 파하고 우리 강토를 넓혀서, 나라의 수치를 씻도록 하겠습니다."

결의에 찬 윤관의 다짐이었다. 그런데 부원수 오연총은 아무래도 자신이 없었던 모양이다. 그가 윤관에게 나지막이 속삭였다.

"사실 어려운 싸움이 되리란 건 뻔한 일인데, 어찌 그리 쉽게 승리를 장담하십니까?"

순간 윤관의 부리부리한 눈에서 불꽃이 튀었다.

"그대와 내가 아니면 누가 죽을 각오로 나서서 나라의 수치를 씻을 수 있겠소? 계책은 이미 마련되었으니 그대로 따르시오."

오연총은 더 이상 할 말이 없었다. 이미 쓰라린 패배를 경험한 바 있는 윤관의 눈빛에는 감히 반론을 제기할 수 없을 만큼 강한 확신이 넘쳐나고 있었다. 어쩌면 일종의 자기 암시에 가까웠을 것이다. 그는 전 왕인 숙종과의 맹세를 지키려는 사명감에 불타고 있었다.

지난 몇 년 간의 세월이 아득하게 느껴지는 순간이었다. 그 동안 윤관은 오로지 지금 이 순간만을 기다리며 절치부심의 세월을 보내야 했다. 마침내 설욕의 기회가 온 것이다.

"만 번을 죽더라도 나라를 위해 죽을 수 있다는 건 값진 일이다. 더구나 우리에겐 20만에 이르는 막강한 대군이 있으니 무엇을 두려워할 것인가!"

대원수 윤관의 쩌렁쩌렁한 목소리가 울려 퍼지자 병사들의 함성이 잇따랐다. 이때 출병한 병사들은 17만 명이었지만 윤관과 오연총은 병사들의 사기를 높이고 자부심을 고취시키기 위해 17만의 군사를 20만 대군이라 불렀다.

도성을 떠난 윤관의 군대는 동쪽 국경에 맞닿은 장춘 역에서 일단행군을 멈췄다. 여진과의 싸움은 신중해야 했다. 적을 얕잡아 보았다가는 지난번처럼 허망하게 패배할 수도 있었다.

"기습공격으로 적의 기선을 제압합시다. 지난번에 포로로 잡아온 적장들을 이용하면 저들도 의심 없이 걸려들지 않겠습니까?"

병마판관 최홍정의 제안이었다. 윤관은 최홍정과 황군상을 정주와 장주로 보냈다. 그들은 그곳 추장들을 적당한 곳까지 유인하는 임무를 맡았다. 그들이 포로 석방을 미끼로 추장들을 현혹시키는 동안 윤관은 군사들을 매복시켜 놓고 있었다.

여진족 추장 400여 명이 줄래줄래 최홍정과 황군상을 따라왔다. 윤관은 그들을 환대하는 척하며 술과 음식을 진탕 먹였다. 일단 경계심을 풀도록 한 다음 기습을 가할 작정이었다. 드디어 때가 왔다. 윤관의 부하들은 술에 취해 앞뒤 분간 못하는 여진족 추장 3백여 명을 단숨에 해치웠다.

관문 밖에서 어슬렁거리던 50~60명의 의심 많은 추장들 역시 병마판관 김부필과 녹사 척준경에게 요절이 났다. 승기를 잡은 윤관은 군사들에게 총 출동 명령을 내렸다. 그 자신이 5만3천 명을 거느리고 정주 대화문을 나선 것을 시작으로 중군 병마사 김한충을 비롯한 휘하 장수들이 동시다발적으로 적진을 치고 들어갔다.

순식간에 추장들을 모두 잃고 우왕좌왕하던 여진의 병사들은 고려군의 기세에 눌려 뿔뿔이 흩어져 달아나기 바빴다. 초반전은 파죽지세로 이어졌으나 이것은 서막에 불과했다. 군대가 여진의 석성에 도착했을 땐 적군의 저항도 만만치 않았다. 그들은 성문을 굳게 닫은 채 꼼짝도 하지 않았다. 윤관은 통역사를 보내 항복을 권유했다.

"우리는 싸워서 승부를 끝장 낼 것이다!"

함성과 함께 갑자기 성 위에서 돌과 화살이 빗발치듯 쏟아져 내렸다. 어느덧 날은 저물었다. 더 이상 지체하다간 불리한 상황이었다. 윤관은 녹사 척준경에게 물었다.

"해는 저물고 일은 급하게 되었는데 그대가 저들을 칠 수 있겠느냐?"

"내가 일찍이 큰 과오를 저질렀는데 장군은 나를 위해 조정에 복직을 주선해주신 은인이십니다. 오늘 이 척준경이 몸을 바쳐서라도 그 은혜를 보답하겠습니다."

힘이 장사인 척준경이 거구를 이끌고 앞으로 나서며 큰소리로 외쳤다. 그는 숙종 때 임간과 함께 여진을 치다 패한 죄로 파직을 당한 전력이 있었다. 그런 자신을 윤관이 복직시켜주었으니 지금 그 은혜를 갚겠다는 말이었다.

척준경은 말을 마치기 무섭게 곧바로 적진을 향해 뛰어나갔다. 어찌나 마음이 급했던지 맨몸으로 싸우겠다고 뛰쳐나가는 꼴이 가관이었다. 그는 석성 아래까지 뛰어가서야 급히 갑옷을 두르고 방패를 집어 들었다. 그리고는 곧장 비 오듯이 쏟아지는 화살을 요리조리 피하며 적진으로 들어가 그곳 추장을 한 방에 때려 눕혔다.

말 그대로 엄청난 괴력이었다. 척준경의 일면 무모한 듯한 용맹성은 곧바로 다른 장수들에게도 전염되었다. 용기를 얻은 장수들이 떼거리로 몰려가 성 안에 있던 여진족들을 일시에 궤멸시켜버렸다.

고려군의 대승이었다. 윤관은 곧 장수들을 보내 국경을 확정짓도록 지시했다. 동으로는 화곶령, 북으로는 궁한이령, 서로는 몽다골령하에 이르는 국경선이 확정되었다. 윤관은 이 땅을 지키기 위해 몽다골령하에 950칸짜리 성곽을 쌓고 그곳에 두 개의 사찰을 세웠다. 이는 그 땅에 사찰을 창건하려 했던 숙종의 염원을 풀어주기 위한 것이었다.

그밖에도 화관령 아래 992칸짜리 웅주성과 오림촌의 774칸짜리 복주성, 궁한이촌의 670칸짜리 길주성 등 6성을 축조하는 성과를 올렸다. 조정에서도 한바탕 축제가 열렸다. 예종은 승전 소식을 알리러 온 녹사 유영악에게 그 자리에서 7품 벼슬을 내주고 좌부승지를 비롯한 격려 사신들을 전선으로 보냈다.

'여진은 본시 고구려의 부락으로 개마산 동쪽에 모여 살며 대대로 우리 조정의 은택을 입었는데 갑자기 숙종 10년에 우리를 배반하고 난리를 일으켜 우리 백성들을 많이 죽이고 노예로 삼았다. 이에 숙종이 크게 노하여 군사를 정비하고 장차 대의를 펼치려다 애석하게도 그 공을 이루지 못하고 돌아가셨노라. 다행히 내가 삼년상을 마치고 나랏일을 보게 되니, 성고의 수치를 어찌 씻지 않을 수 있겠는가…… (중략) 대저, 고구려가 잃었던 것을 지금의 임금이 얻었으니, 어찌 천명天命이 아니리오. 이에 새로 6성을 쌓아 현명한 인재로 하여금 이 땅을 다스리게 하노라.'

윤관은 임언을 시켜 영주성 벽에 이런 글을 새겨 넣게 하고 유유히 다음 목적지로 향했다. 그는 여기에 만족하지 않고 이듬해 3월 의주와 통해·평융 세 곳에 성을 더 쌓았다.

마침내 고려의 숙원인 동북 9성을 완성시킨 것이다.

변방의 영웅들

'윤관과 오연총이 개선하니 왕이 명하여 고적대와 군 사열대를 갖추어 이들을 맞이하고 대방후 왕보와 제후 왕서를 보내 동쪽 교외에서 잔치를 열어주었다. 윤관과 오연총이 경령전에 나아가 복명하고 하사품으로 받은 도끼를 도로 바쳤다. 왕이 문덕전으로 자리를 옮겨 윤관과 여러 대신을 전에 오르게 하고 직접 변방의 일을 물으니 밤이 깊어서야 이야기가 그쳤다.'

예종 3년인 1108년 4월 〈고려사〉는 윤관의 개선 장면을 이렇게 전한다. 예종은 이때 윤관에게 문하시중 벼슬을 내렸다. 그러나 이런 기분도 잠시, 여진은 9성 반환을 요구하며 끈질기게 북방을 어지럽혔다. 그들이 공격을 멈추지 않는 한 동북9성은 아무런 의미가 없었다. 사실상 전쟁은 아직도 끝나지 않았던 것이다.

빼앗긴 영토를 되찾기 위한 여진의 반격은 이미 9성이 축조될 당시부터 시작되었다. 한 번은 윤관의 목숨이 위태로운 적도 있었다. 윤관이 군사 8천 명을 인솔하고 가한촌의 어느 좁은 길을 나아갈 때였다. 울창한 숲속에 매복하고 있던 여진족의 기습이 시작되었다.

이때 윤관은 미처 손을 써볼 겨를도 없이 적의 포위망에 갇히고 말았다. 삽시간에 일어난 일이라 군사들도 모두 잃고 남은 건 오연총과 10여 명의 군사들뿐이었다. 더구나 오연총은 화살에 맞아 위급한 상태였다. 윤관은 거의 죽은 목숨이나 마찬가지였다. 그때 10여 명의 병사들을 이끌고 척준경이 나타났다. 그는 윤관이 위험에 처한 것을 보고 단신으로 적진을 뚫고 들어갈 기세였다.

"형님, 왜 헛되이 목숨을 버리려 하십니까? 지금 적들이 사방으로 에워싸고 있는데 안으로 들어가는 건 어리석은 일입니다."

척준경의 아우가 한사코 길을 막고 나섰다. 척준경은 단호하게 아우를 뿌리치며 이렇게 외쳤다.

"너는 돌아가서 늙은 아버지를 봉양하라. 나는 이미 나라에 몸을 맡겼으니 의리상 가만히 있을 수가 없다."

척준경은 쏜살같이 적진을 향해 말을 몰아갔다. 그리고는 단숨에 10여 명의 여진족들을 해치워버렸다. 그 기세에 눌린 적들은 섣불리 덤벼들지를 못했다. 뒤이어 최홍정과 이관직이 군사를 끌고 왔다. 그 많던 여진족들은 죽기 살기로 포위망을 뚫고 도망쳤다. 간신히 목숨을 건지고 영주성으로 돌아온 윤관은 척준경의 손을 잡고 눈물을 흘렸다.

"이제부터 자네를 내 아들처럼 생각하겠네. 그러니 자네도 나를 아비처럼 대해주게."

윤관은 척준경을 양아들로 삼고 조정에 추천하여 합문지후로 승진시켰다. 척준경은 훗날 이자겸과 더불어 온 나라를 시끄럽게 만든 장본인이지만 이때만큼은 은혜를 확실하게 갚은 셈이었다. 여진족의 반격은 시간이 갈수록 거세졌다. 이번에는 영주성 남쪽으로 적의 보병과 기마병 2만 명이 몰려오고 있다는 소식이 들려왔다. 당시 영주성을 지키고 있던 윤관의 군대는 불과 수천 명뿐이었다.

"적들은 수가 너무 많고 우리는 그에 미치지 못하니 성문을 굳게 닫고 수비에 전념하는 게 옳겠소."

윤관의 계획은 철저한 수비 위주의 방어전이었다. 다른 장수들도 대부분 동조했다. 이때 척준경이 제동을 걸었다.

"만약 우리가 싸우지 않는다면 적의 군사는 자꾸만 밀려올 것이고 성 안의 양식도 다 떨어질 텐데 밖에서 원군이 오지 않으면 장차 어쩌려고 그러십니까? 아무래도 여러분들은 싸움에 이기는 것을 보지 못했던 모양입니다. 그렇다면 오늘 우리가 죽을힘을 다해 싸워볼 테니 성에 올라가 구경이나 하시오!"

척준경은 길들여지지 않은 야생마였다. 도무지 두려운 게 뭔지를 모르는 위인이었다. 그는 즉석에서 결사대를 조직하여 성문을 박차고 나갔다.

여진족 진영에서도 비슷한 규모의 병사들이 튀어나왔다. 곧 양쪽 군사들끼리 피 튀기는 혈전이 벌어졌다.

척준경의 결사대는 순식간에 19명의 여진족 병사들을 해치웠다. 그리고는 회심의 미소를 지으며 여진족 진영을 향해 떡 버티고 섰다.

그 모습을 보고 기가 질린 여진족 병사들은 꽁지가 빠져라 달아나기 시작했다.

그러나 전쟁은 척준경 같은 군인 몇 사람의 힘으로 이기고 지는 게임이 아니었다. 시간이 갈수록 고려군은 사기가 떨어졌다. 예상외로 상대방의 저항이 완강했던 탓도 있지만 더 큰 문제는 조정에 있었다.

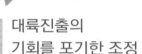

대륙진출의
기회를 포기한 조정

　윤관이 9성을 축조한 것은 변방을 안정시키기 위한 것이었다. 그러나 9성을 쌓았다고 해서 잠잠해질 여진족이 아니었다. 그 땅은 그들의 생존권이 달린 삶의 터전이었다. 고려군의 기세에 밀리는 듯했던 여진족은 시간이 지날수록 끈질기게 변방을 교란시켰다.

　전쟁은 2년 이상을 끌었다. 고려군은 지칠 대로 지쳐 있었다. 적군은 하루가 다르게 늘어나는데 아군은 식량조달마저 제대로 이뤄지지 않는 상황이었다.

　윤관이 9성을 쌓았다는 사실만으로도 조정 대신들은 모든 상황이 끝난 것으로 여겼다. 심지어 그토록 여진정벌을 염원했던 예종조차도 전쟁에는 관심이 없는 것처럼 굴었다.

　예종은 즉위와 동시에 국학을 활성화시키고 청연각과 보문각을 설치하는 등 나름대로 문치에 치중하는 모습을 보였다. 그러나 그는 어려서부터 노는 걸 너무나 좋아하던 한량이었다.

　술 마시고 춤추는 일이라면 사족을 못 쓰는 왕은 자주 조정 안팎의 구설수에 오르내렸다. 이를테면 그 어려울 때 송나라로부터 대성악을 들여와 궁중에서 연주하도록 하고, 춤 솜씨가 뛰어난 기녀들에게는 상을 내리는 등 탐미적인 취향이 지나친 면이 있었다.

　예종 4년인 1109년 2월, 전투 중에 잠시 조정에 들렀던 임언은 황당한 광경을 목격한다. 이날도 여느 때처럼 왕이 연회를 베풀고 있었는데 평장사 김경용이 술에 취한 채로 춤을 추고 있는 것이었다.

조정의 내로라하는 대신들 얼굴도 여럿 눈에 띄었지만 누구 하나 나서서 그를 말리는 사람이 없었다.

"변방이 위태로운데 어떻게 저럴 수가 있단 말인가?"

술에 취한 척하며 그 자리를 빠져나온 임언은 마침 우간의대부 이재를 만나 이렇게 탄식하였다.

며칠 후 이재는 다음과 같은 내용의 상소를 올렸다.

'지금 나라에 사고가 많고 백성이 편안하지 못한데 왕께서는 자주 군신들과 주연을 베풀며 밤새도록 대궐의 등불이 꺼지지 않는다고 하니 백성들이 크게 걱정하고 있습니다. 또한 이렇게 시국이 어수선한 때에 평장사 김경용 등에게 춤을 추게 하셨다니 어찌 그런 일이 있을 수 있겠습니까?'

이 무렵 조정에서는 여진족의 침입이 빈번해지자 아예 9성을 돌려주고 편하게 좀 살아보자는 의견이 심심찮게 나오고 있었다. 심지어 전쟁을 지시했던 왕까지도 흔들리는 기색이 역력했다. 이재는 내친김에 한 마디 덧붙였다.

'9성을 반환해야 한다는 일부의 의견은 옳지 않으니 신중히 결정하시기 바랍니다.'

조정의 책임 있는 관료로서 할 말을 한 것뿐이다. 그러나 왕은 며칠 뒤 이재를 파직하고 그 자리를 김연으로 교체한다. 김연은 애초부터 윤관을 탐탁지 않게 여겼고 여진정벌에도 반대한 인물이었다.

9성 지역만 평정하면 국경이 안정되리라는 기대와는 달리 여진의 공격이 계속되자 예종은 회의를 느꼈다. 그는 더 이상 전쟁을 끌어가고 싶지 않았다.

여진 쪽에서도 마찬가지였다. 그들은 공격을 계속하면서도 한편으로는 사신을 보내 화친을 맺을 것을 요구해 왔다. 9성만 반환해주면 어떤 적대행위도 하지 않겠다는 조건이었다.

이 무렵 오연총은 길주에서 여진족과 격전을 벌이다 크게 패했다. 예종은 윤관을 길주로 보내 오연총을 지원하게 하고는 곧바로 중신들을 소집한다. 간발의 차이로 여진 쪽에서 화친 요청이 들어왔기 때문이다.

이때가 1109년 6월이었다. 이때 조정의 실세였던 평장사 최홍사 등 28명의 대신들은 9성 반환에 찬성하고 나섰다. 반대의견을 제시한 사람은 예부낭중 박승중과 호부낭중 한상 등의 소수에 그쳤다.

이미 대세는 9성 반환 쪽으로 기울었다.

1109년 7월 예종은 마침내 9성 반환을 결정하게 된다. 이때 사신으로 와 있던 여진의 요불은 이 같은 왕의 결정에 흐느껴 울기까지 했다. 윤관은 이때 손발이 묶인 것과 마찬가지였다. 그는 조정이 여진과 화친 협상을 진행 중이라는 소식을 듣고 군대를 돌려 정주로 돌아왔다.

협상은 일사천리로 진행되어 이제 남은 건 군대를 돌리는 일밖에 없었다. 승선 최홍정과 병마사 문관은 최후담판을 짓기 위해 여진 추장들과 만났다. 만약 9성을 돌려준다면 예전처럼 조공을 바치겠느냐고 묻는 협상단의 물음에 여진족 추장들은 함주성 문밖에 단을 설치하고 하늘에 맹세하는 시늉까지 한다.

"지금 이후부터 아홉 세대가 지날 때까지 대방大邦, 고려을 이전처럼 부모의 나라로 삼고 계속하여 조공할 것이며 결코 악심을 두지 않을 것이고, 감히 기와조각 돌 조각 하나도 변경에 던지지 않을 것입니다."

여진족의 맹세를 믿었던 고려 조정은 9성의 군비와 군량을 차례로 거둬들였다. 여진족은 자신들의 소, 말 등을 답례품으로 실어 보냈고 예종은 그들에게 술과 음식을 선사한다.

모양새로만 보자면 참으로 아름답기 그지없는 절경이었다. 그러나 이들의 맹세는 아홉 세대는커녕 9년도 못 가서 깨졌다.

여진이 나라 이름을 '금'으로 바꾸고 스스로 황제국을 칭하며 '형兄인 대 여진 금나라 황제는 제弟인 고구려 국왕에게' 운운한 것이 예종 12년1117년 3월이었다.

장수의 한

조정에선 연일 패전의 책임을 물어 윤관과 오연총 등을 처벌해야 한다는 상소가 줄을 이었다. 9성 반환은 조정의 중론이었음에도 싸울 기회조차 빼앗긴 장수들에게 책임을 묻는 것이었다. 탄핵의 이유도 설득력이 없었다. 그들은 윤관과 오연총이 무리한 정벌을 일삼아 국력을 낭비했다는 이유로 엄벌에 처하라는 상소를 올렸다.

왕명이 없었으면 전쟁도 없었을 터였다. 9성 반환의 최종 책임은 국왕인 예종에게 있었다. 그럼에도 윤관과 오연총은 왕에게 경과보고도 하지 못한 채 파직당하고 집으로 돌아가는 수모를 겪어야만 했다. 조정 대신들의 태도가 너무 심하다고 여긴 예종은 이쯤에서 사태를 수습하려 했다. 그러나 문제는 그렇게 쉽게 풀리지 않았다.

하루 종일 윤관을 탄핵하던 대신들은 끝내 왕명이 떨어지지 않자 모두 집으로 돌아가 수십일 동안 파업 시위를 벌였다. 결국 윤관과 오연총의 공신칭호마저 삭탈하고 나서야 벌떼같이 들고 일어섰던 문책론도 잠잠해졌다.

윤관과 오연총의 실각은 예종의 친위세력을 제거하려는 정적들의 집요한 작전이었다. 이때 이미 평장사 최홍사, 임의 등 조정의 중진세력들이 윤관의 공석을 틈타 세력 확장을 꾀하고 있었다.

여기에 이자겸을 비롯해서 인주 이씨 세력들이 왕실의 외척 노릇을 톡톡히 하며 입김을 행사했다. 이자겸의 둘째 딸 순덕왕후 이씨가 왕비로 간택된 것을 계기로 외척들이 활개 치는 세상이 왔다.

이듬해 예종은 윤관과 오연총을 다시 조정으로 불렀다. 충신들이 정치적 희생양으로 불명예 퇴직을 당한 게 안타까웠던 것일까.

그러나 윤관은 끝내 업무에 복귀하지 않고 파란만장한 생애를 마감한다. 죽음은, 어쩌면 그의 마지막 자존심이었다.

잔혹한 야망
이자겸

왕을 가둔 신하

예종 17년인 1122년 3월, 등에 난 자그마한 종기 하나가 커지고 왕을 병상에 눕혔다. 전의들도 그 이유를 알지 못했다. 왕의 병은 점점 깊어갔다. 문하시랑평장사

이자겸은 신료들을 대동하고 왕의 쾌차를 비는 제를 올렸다.

"바라건대 질병의 화를 내리시려거든 신 등의 몸에 내리시고, 성상께서 오랫동안 곤고함이 없도록 해주소서."

이자겸의 기도는 간절하기 그지없었다. 사람들이 어찌 알았겠는가. 그것이 악어의 눈물이었음을.

예종이 병세가 깊어지자 차기 왕권을 두고 조정은 두 파로 갈린다. 이자겸을 중심으로 한 외척들은 14세의 태자 구構를 자신들의 허수아비로 내세우려 혈안이 되어 있었다. 반면 한안인을 비롯한 조정대신들은 왕의 아우들 중 한 명을 염두에 두고 있었다. 관료들은 외척들의 영향권에서 벗어나 강력한 통치력을 행사할 수 있는 군주를 원했다.

예종은 결국 자신의 맏아들에게 왕위를 물려주었다. 그로부터 한달 뒤인 1122년 4월, 고려 제17대 왕인 인종이 보위에 올랐다. 이자겸의

외손인 어린 태자가 용상의 새 주인이 된 것이다. 이로써 온갖 추문과 비리로 얼룩진 인주 이씨 가문의 화려한 컴백이 이루어졌다.

이자겸은 선종 때 잠시 정치권에 이름을 올렸다 누이동생 장경공주의 불륜으로 기껏 얻어걸린 벼슬자리도 물러나야 했다. 왕이 죽은 뒤 장경공주와 노비의 간통 사실이 발각됐기 때문이다.

누이 덕에 출세하려다 망친 권력욕에 불을 지핀 건 둘째 딸이었다. 인종의 모후인 순덕왕후가 바로 그 둘째 딸이다. 외척을 등에 업고 보위에 오른 인종은 할 수 있는 게 거의 없었다. 국사의 대부분은 외조부 이자겸의 몫이었다. 이자겸의 권세가 나날이 커지자 조정은 인주 이씨 세상이 되었다.

이자겸은 누구라도 자신의 권위에 도전하는 사람은 외척들을 동원하여 몰아내고 측근들만 요직에 들어앉혔다. 국가의 중대사는 조정이 아니라 이자겸의 집안에서 이루어졌다. 그는 조회에도 참석하지 않았다. 관료들은 이자겸의 전횡에 혀를 내둘렀다. 그러나 누구하나 몰염치한 행태를 꼬집는 사람이 없었다. 그만큼 이자겸의 위세가 등등했다. 암울한 시대에도 양심은 있다.

맨 먼저 반기를 든 사람은 중랑시랑 평장사 한안인이다. 그는 이자겸의 독단과 전횡에 대한 여러 가지 증거를 내세워 맹비난을 퍼부었다. 그와중에 한 가지 실수를 저지르게 된다. '최유적이란자가 이자겸에게 노비 20명을 주고 급사중 벼슬을 얻었다'는 유언비어를 공식석상에서 발표한 것이다.

이자겸은 회심의 미소를 지었다. 그는 즉시 이 문제를 어사대에서 조사해줄 것을 왕에게 요청하여 사건을 확대시킨다. 소문이 사실무근임을 알고 있던 한안인은 궁지에 몰려 어쩌지 못하던 중 휴가를 내고 집으로 들어앉아 버렸다. 이자겸은 그가 예종의 아우 대방공 왕보를 왕으로 추대하려 한다는 역모설을 조작하여 정적들을 모조리 잡아들인다. 한안인은 이 일로 귀양길에 올랐다가 이자겸이 보낸 자객에 의해 바다에 던져지고 말았다. 이자겸은 이제 걸릴 것이 없게 되었다. 그러나 욕심은 여기서 멈추지 않았다.

어린 왕을 꼼짝없이 묶어두려면 혼인만큼 강력한 방법이 없었다. 그는 인종에게 자신의 셋째 딸을 왕비로 맞게 한다. 인종은 자신의 이모와 혼인한 셈이다. 이듬해에는 이자겸의 넷째 딸까지 인종의 둘째 왕비로 들어왔다. 이로써 모든 권력이 이자겸에게로 집중되었다.

그는 스스로 국공國公이 되고 자신에 대한 예우를 왕태자와 비교하는가 하면 자신의 생일을 인수절이라 부르게 하였다.

이자겸의 아들들은 서로 경쟁하듯 대궐 같은 집을 지었다. 그 아들들의 집이 줄줄이 늘어섰고 사방에서 뇌물이 들어와 그 일족들의 곳간이 터져 나갈 지경이 되었다.

이자겸의 집에서는 매일 썩어나가는 고기만 수만 근인데 그것도 모자라 남의 논과 밭을 빼앗고 자기 집 종들을 시켜 남의 마차를 빼앗고 물건을 약탈하는 등 온갖 만행을 일삼았다. 그 때문에 견디다 못한 사람들이 모두 수레를 부숴버리고 소와 말을 팔아치우는 바람에 도로가 일대 혼잡을 이루기도 했다.

그는 국사를 처리함에 있어서도 왕을 제쳐둘 만큼 거만해져 있었다. 스스로 송나라에 사신을 보내 토산물을 바치며 지군국사를 자처하는가 하면 왕명이 필요한 일에는 인종을 자기 집으로 불러 대책을 정해주기까지 했다. 인종이 그에게 등을 돌리게 된 것이 이때부터였다.

인종의 나이 어느덧 18세가 되어 있었다. 그는 비로소 세상을 보는 눈이 열려 이자겸을 제거하는 일이 나라를 위하고 왕권을 지키는 길임을 알게 되었다. 이러한 왕의 뜻을 가장 먼저 알아차린 내시 감찬과 안보림은 인종의 허락을 받은 뒤 이자겸 제거작전에 돌입한다.

이 일의 가장 큰 걸림돌은 척준경이었다. 척준경은 예종 때 윤관과 함께 여진정벌에 나섰던 무장으로 그 무렵 군부를 장악하고 있었다. 그들은 먼저 척준경부터 치기로 결정했다. 척준경은 이자겸의 사돈이기도 했다. 1126년 2월 25일 초저녁, 안보림 일파는 군대를 이끌고 궁궐로 진입하여 병부상서직에 있던 척준경의 아우 척준식과 아들 척순을 죽이고 시체를 궁궐 밖에 내다버렸다.

이런 사실은 곧 이자겸에게 전해졌다. 그는 자신의 아들 이지미와 척준경 등을 모아놓고 대책을 논의하였다. 워낙 급작스럽게 당한 일이라 모두들 어쩔 줄을 모르는 상황이었다. 그러자 성질 급한 척준경이 불끈 일어섰다.

"일이 급하니 앉아서 당하고 있을 수는 없습니다."

척준경은 곧 부하 수십명을 거느리고 성문 자물쇠를 부순 다음 궁궐 안으로 들어갔다. 그는 벼락같이 고함을 쳐대며 지록연과 최탁 등을 찾아다녔다. 그는 아침이 되어서야 아우 척준신의 시체를 찾아냈다. 그리고 복수를 다짐하며 자신의 휘하 군졸들을 무장시켜 승평문을 에워싸게 하였다. 현화사 승려 300여 명이 이자겸의 명을 받고 궁궐에 나타난 것도 그 시각이었다. 결국 이자겸과 척준경을 제거하려던 인종의 계획은 수포로 돌아갈 판국이었다.

인종은 어떻게든 상황을 수습해야만 했다. 고심 끝에 직접 나서보기로 했다. 인종은 신봉문에 직접 거동하여 황색우산을 펼쳤다. 그러자 성 밖에 모여든 척준경의 군졸들은 왕의 모습을 확인하고는 절을 하며 만세를 불렀다.

"너희들이 어찌하여 병기를 가지고 왔느냐?"

왕이 짐짓 모른 체하며 그들에게 물었다.

"적이 궁궐에 침범하였다 하여 사직을 지키고자 할 뿐이었습니다."

"적은 없고 짐도 역시 무사하니 너희들은 갑옷을 벗고 흩어져라."

인종의 호통에 군졸들은 동요하는 기색이 역력했다. 그러나 척준경은 물러서지 않았다. 아들과 아우의 복수를 해야 했던 것이다. 그는 칼을 빼들고 호통을 치며 군사들에게 다시 갑옷을 두르고 병기를 집어 들도록 선동하였다. 그러자 와 하는 함성과 함께 화살이 날아오기 시작했다. 화살은 임금의 우산 위로 날아가기도 하고 앞을 가린 방패에 맞기도 했다.

"반란을 일으킨 자를 밖으로 내보내십시오!"

왕은 이자겸의 협박에도 굴하지 않았다. 그러자 이자겸과 척준경은 왕궁을 공격할 태세를 갖췄다. 전투경험이 많은 척준경이 앞장을 섰다. 그는 날이 저물자 궁문을 불태우고 대궐 안을 쑥대밭으로 만들어버렸다. 순식간에 불길이 치솟자 놀란 궁인들이 사방에서 튀어나왔다. 척준경은 군졸들을 시켜 성문을 지키고 안에 있는 사람은 모두 죽이라고 명령했다. 물론 왕도 예외는 아니었다.

인종은 이때 신호정 후원에 숨어 있었다. 모두들 도망치고 왕을 호위해줄 사람이라곤 10여 명의 내관들뿐이었다. 궁궐은 불타고 어디를 보아도 척준경의 군사들만 눈에 보일 뿐이었다. 왕은 절망적인 상황에서 글을 지어 이자겸에게 왕위를 물려주겠다는 뜻을 밝혔다.

그렇게라도 해서 목숨만은 보전하고 싶었던 것이다. 그러나 이자겸은 그 좋은 제의를 마다하는 수밖에 없었다.

"비록 주상이 그렇게 되기를 바란다 한들 어찌 신하가 이같이 하리오!"

하필 결정적인 순간에 이자겸의 사촌 동생이 바른 말을 하고 나섰던 것이다. 결국 이자겸은 눈물을 머금고 왕의 선위교서를 돌려보내야만 했다. 이자겸은 사태가 수습되자 인종에게 자신의 집안 중흥택서원에 머물 것을 지시한다. 인종 또한 눈물을 머금고 이자겸의 지시를 따르는 수밖에 없었다. 그가 중흥택에 도착하여 막 북문에 들어서려는 순간, 이자겸과 척준경은 왕을 부축하고 있는 지석숭을 노려보며 당장 이적선에게 끌어내 죽이라고 소리쳤다.

"전하! 살려주시옵소서."

지석숭은 인종의 옷자락에 매달리며 비명을 질렀다. 그러자 인종은 이적선을 꾸짖으며 발로 가슴을 걷어찼다. 이적선은 더욱더 힘껏 지석숭을 움켜쥐고 끌어내려 했다. 그를 말리던 왕의 옷자락이 찢어지고 관은 중방에 부딪혀 깨지고 말았다. 그때까지 이자겸의 아들들인 이지미, 이지보는 문에 서서 바라보고만 있었다. 인종은 이제 더 이상

왕이라고도 할 수 없는 처지였다.

　인종은 이자겸의 중흥택 서원에 머물면서 행동 하나하나와 음식까지 감시를 받아야만 했다. 이자겸은 송나라는 물론 새로 일어난 금나라에 대한 외교문제도 독단적으로 처리했다. 조정 대신들이 모두 반대하는데도 금나라를 상국으로 섬기도록 결정한 것이다. 이제 그는 감히 누구도 넘볼 수 없는 국가의 최고통치권자였다.

도선비기의 망령

　연금 상태나 다름없는 나날들이 이어졌다. 인종은 절치부심 재기할 기회만을 엿보았다. 이자겸을 제거하려면 그를 대적할 만한 세력을 가진 인물을 이용하는 수밖에 없었다. 이때 인종의 뇌리에 떠오른 사람이 척준경이다.

　척준경은 단순하지만 군인다운 충성심이 있었다. 인종은 내의 內醫 최사전을 비밀리에 척준경에게 보냈다.

　"오직 짐이 밝지 못하여 흉도가 일을 저지르게 하고 대신으로 하여금 근심하게 하였으니 다 과인의 죄라. 이로써 몸을 살피고 허물을 뉘우쳐 하늘을 가리키며 마음에 맹세하여 오직 그 덕을 새롭게 할 것이니 그대는 다시 닦기를 힘써 지난 일을 생각지 말고 마음을 다해 나를 도와 후환이 없게 하라."

인종의 밀지는 뜻밖에도 효험이 있었다.

그 무렵 때마침 척준경과 이자겸의 사이가 갈등이 생겼다. 이자겸의 아들 이지언 집 종과 척준경의 종 사이에 싸움이 붙은 게 갈등의 발단이었다. 이지언의 종은 홧김에 척준경의 종에게 '너희 주인이 왕을 향해 활을 쏘고 궁궐을 불태웠으니 그 죄가 죽어 마땅하고 너도 역시 몰수당하여 관노가 될 것이라고 하더라'고 내뱉었다.

이 말을 전해들은 척준경은 단단히 화가 났다. 비록 종들끼리 싸우다 나온 말이라도 아니 땐 굴뚝에 연기 나랴 싶었던 것이다. 그는 곧 이자겸에게 달려가 볼멘소릴 했다.

"내 죄가 큽니다. 그러니 차라리 자수하겠습니다."

이자겸이 설득할 겨를도 없었다. 척준경은 뒤도 돌아보지 않고 집으로 가버렸다. 이자겸은 급히 두 아들을 보내 화해를 청했다. 그러나 돌아오는 건 싸늘한 비난뿐이었다.

"일은 다 너희들이 꾸며놓고 어째서 나만 죽어야 한단 말이냐?"

척준경은 이자겸의 화해요청을 끝내 거부해버렸다.

인종은 그 소식을 듣고 속으로 쾌재를 불렀다. 이 무렵 이자겸은 자신의 왕이 될 것이라는 확신에 사로잡혀 있었다. 도참설에 십팔자가 왕이 된다는 설이 있었는데 十八字는 곧 李字가 되므로 자신이 왕이 된다는 뜻으로 받아들였던 것이다.

남은 건 대의명분이었다. 왕이 생존해 있는데 자신이 왕이 된다면 그것은 역모가 되기 때문이었다. 그러니 인종만 없어진다면 자신이 왕이 되는 건 시간문제였다. 얼마 후 인종은 이자겸의 집을 떠나 별궁인 연경궁으로 거처를 옮겼다. 이때 이자겸은 인종을 독살할 뜻을 품고 떡 속에 독을 넣었다. 그것을 넷째 딸인 둘째 왕비에게 주고는 왕이 죽었다는 소리가 들려오기만을 기다렸다.

왕비는 평소부터 아버지를 의심하고 있었다. 그녀는 이자겸이 준 떡을 까마귀에게 던져주었다. 떡을 먹은 까마귀는 그 자리에서 즉사했다. 이자겸은 다시 독약을 보내 왕에게 먹이도록 딸을 협박했으나 이번에도 그녀는 일부러 약사발을 엎질러버렸다.

어느 날 척준경 앞으로 누군가 쪽지 하나를 건네주고 돌아갔다.

"지금 이자겸이 병기를 들고 내전으로 침범해 오고 있다. 짐이 해를 입으면 실로 부덕의 소치이다. 애통한 것은 태조가 창업한 이래 면면이 이어오던 왕업이 이제 다른 성씨로 바뀌게 되면 이는 짐의 죄가 될 뿐 아니라 실로 모든 신하된 자의 부끄러움이 될 것이니 그대는 이를 도모하라."

다급해진 왕이 손수 휘갈겨 쓴 밀지였다. 마침내 이자겸이 군사를 이끌고 연경궁으로 쳐들어온 것이다. 인종 재위 4년째 되던 해인 1126년 5월 20일의 일이다. 척준경은 왕의 신변이 위험하다는 사실과 어필을 직접 받았다는 사실에 감동하여 특유의 의협심을 발휘하게 된다. 그는 급히 20여 명의 부하들을 거느리고 북문을 나왔으나 들고 나갈 무기가 없었다. 우선 급한 대로 울타리 나무를 뽑아 궁으로 달려갔다. 척준경이 군기감에 들러 병기를 갖추고 급히 되돌아왔을 때 인종은 천

복문에 나와 기다리고 있었다.

척준경은 일단 왕을 밖으로 데리고 나왔다. 이자겸 일당이 활을 쏘았으나 척준경이 칼을 빼들고 고함을 쳐대니 다들 그 서슬에 기가 죽어 감히 움직이지를 못했다. 척준경은 힘이 장사였다. 그가 화나면 물불 안 가리는 성격이라는 건 그들도 익히 알고 있었다.

척준경은 우선 왕을 안전한 군기감에 모셔두고 이자겸 일당을 소탕했다. 이로써 반란은 완전히 진압되었다. 왕을 죽이고 스스로 왕이 되려 했던 희대의 권신 이자겸을 비롯한 일가족 90여 명은 뿔뿔이 흩어져 귀양을 갔다. 비로소 이자겸 일당이 축출되었다는 소식이 전해지자 백성들은 만세를 부르며 감격의 눈물을 흘렸다.

이자겸은 그해 12월 유배지인 전남 영광에서 숨이 끊어졌다. 하늘 높은 줄 모르고 설치던 인주 이씨 백년세도가 막을 내리는 순간이었다. 인종은 이자겸의 두 딸을 폐위시키고 척준경에게 문하시중의 벼슬을 내렸다. 그러면서도 과거의 뒤끝이 남아 척준경을 탄핵하는 상소가 올라오자 즉각 그를 유배시켜 버렸다.

아울러 이자겸과 척준경의 죄상을 낱낱이 밝힌 책자를 만들라는 지시를 내렸다. 나라를 뒤엎으려다 역사의 오점으로 남은 위험한 야심가, 이자겸과 척준경의 비참한 말로였다.

무신 쿠데타의 주역
정중부

향락에 빠진 왕

1146년 2월, 지병에 시달리던 인종이 38세를 일기로 세상을 떠났다. 그 뒤를 이어 고려 제18대 왕위에 오른 의종은 즉위 당시 20세였다. 의종은 예술적 기질이 뛰어났으나 경솔하고 놀기를 좋아하는 단점이 있었다. 모후인 공예왕후마저 그가 공부하기를 싫어하며 매일 격구 등의 놀이로 소일하자 둘째아들에게 왕위를 물려주도록 인종을 설득할 정도였다.

인종은 진작부터 태자를 불신하고 있었다. 그럼에도 불구하고 태자를 왕위에 앉히도록 설득한 사람은 예부시랑 정습명이었다.

"태자의 처신이 올바르지 못하나 신이 신명을 다하여 보필하면 될 것이오니 적통자로 하여금 선위케 하여 후일의 변고를 방지하소서."

결국 인종은 정습명의 간청을 받아들였다. 그는 태자에게 선위하면서 정습명을 가까이 두고 나라를 잘 다스리라는 유언을 남겼다.

정습명은 의종이 즉위하자 최선을 다해 제왕의 도를 가르치려 했다. 놀기 좋아하는 의종에겐 보통 성가신 일이 아니었다. 하지만 부왕의 유언도 있었던 만큼 함부로 그를 내칠 수는 없었다. 그러기를 5년, 그나마 왕의 스승을 자처해 왔던 정습명의 간섭으로 별 사고 없이 지내던 의종은 간신들의 유혹에 빠지게 된다.

마침 이 무렵 정습명은 병이 들어 궁궐 출입이 자유롭지 못했다.

의종이 총애하던 환관 정함과 내시 김존중은 이참에 정습명을 파직시켜 왕을 마음대로 조종하려는 음모를 꾸몄다.

그들은 간사한 말로 의종을 꾀어 마침내 정습명을 쫓아내는 데 성공했다. 그러자 정습명은 의종의 처사에 분노하여 독약을 먹고 자살해 버린다. 이때부터 인종은 환관과 내시들을 친위세력으로 삼고 격구나 주연으로 방탕한 나날을 보낸다.

조정 대신들이 왕의 눈을 흐리게 하는 환관과 내시들을 쫓아내야 한다고 간언했지만 아무 소용이 없었다. 의종은 아예 모든 정사를 폐지한 채 삼류문사들과 어울려 다니며 매일 주연을 베풀었다.

급기야 대신들은 모든 업무를 중단하고 농성을 벌였다. 의종은 그러거나 말거나 놀기 좋은 곳이라면 때와 장소를 가리지 않고 별궁 짓는 데만 신경 썼다. 그러는 바람에 대신들이 계속 업무에 복귀하지 않자 환관 중에서 정함을 대표로 쫓아내는 척하고는 얼마 후에 다시 불러들여 일개 내관인 그를 합문지후라는 요직에까지 등용하는 기막힌 짓을 저질렀다.

결국 '환관이 조정에 참여할 수 없다'는 대신들의 강력한 반발에 부딪히게 된다. 의종은 보란 듯이 아예 내시와 환관에게 정치를 맡겨버린다. 이렇게 되자 나라 돌아가는 꼴이 한 마디로 가관이었다. 왕의 환심을 사기에만 정신이 팔린 간신들이 조정에 가득 차게 되었고, 백성들은 툭하면 집을 내놔라 땅을 내놔라 해서는 그곳에 정자를 짓거나 별궁 등을 지어 주연을 일삼는 왕에게 환멸을 느꼈다. 왕의 방탕한 생활은 갈수록 도가 지나쳐 나중엔 국고가 바닥날 지경이었다.

왕의 심기를 어지럽히는 간신배들 가운데 '영의'라는 무당도 있었다. 그는 마치 자신이 풍수와 점술에 도통한 것처럼 행세하며 '국가의 흥망과 왕의 수명이 기도에 달려 있다'는 말로 의종을 현혹시킨다. '나라에 재앙이 있을 것이니 마땅히 옛 절을 수리하여 이를 면하소서.' 무당의 이 한 마디면 조정 대신들은 왕을 따라 절을 찾아나서야 했다. 행재소에는 승려나 도사를 사칭하는 자들이 하루에도

수백 명씩 모여들어 날마다 제사를 지냈다. 여기에 들어가는 바용도 엄청날 수밖에 없었다.

의종은 특히 사치스럽고 화려한 것을 좋아했다. 백성들의 원성에도 불구하고 민가 50여 채를 헐어 태평정이라는 별궁을 짓고 정자 곁에는 화려한 꽃과 진귀한 과실나무를 심도록 했다. 값비싼 조각품을 좌우로 늘어놓는 것은 기본이었다. 양이정이라는 정자를 신축할 때는 청기와로 지붕을 얹어 이었고, 남쪽 곽란정에는 종려나무 지붕을 이었다. 연못에는 옥석을 깔아 환치대, 미성대 두 대를 쌓고 기암괴석을 모아 절벽을 만들고는 먼 곳에서 물을 끌어다가 폭포수까지 만들어놓았다. 왕이 사치를 즐기는 것을 알게 된 측근들이 비위를 맞추느라 민가의 진귀한 물건을 강탈해대는 바람에 백성들은 하루도 편할 날이 없었다. 날이 갈수록 왕의 사치가 도를 넘어서자 뜻있는 대신들이 정자를 헐어내야한다고 청하면 왕은 얼토당토않은 꿈얘기를 꺼내곤했다.

"어젯밤 꿈에 신령이 나타나 이르기를 짐의 정성이 갸륵하기 그지
없다 하더라."

이쯤 되면 더 이상 말이 필요 없었다. 의종은 한 나라의 왕이라기보
다는 속 편한 풍류객에 가까웠다. 때로는 절을 찾아다니며 풍월을 읊
다가 술에 취한 채로 어디론가 종적을 감춰버리기도 했다. 날씨가 춥
거나 눈비가 오거나 왕의 행차는 그칠 날이 없었다. 심지어 왕을 호위
하던 군사들이 쓰러져 얼어 죽는 사고가 일어나기도 했다. 그럼에도
왕의 행렬은 멈추지 않았다.

어느 날 봉령사에서 즉석 향연이 벌어졌다. 술에 취한 의종이 피리
를 불다 말고 좌중을 돌아보았다.

"음율을 아는 자가 있느냐?"

그 자리에 있던 문신들은 얼마 전 대과에 급제한 이홍승의 이름을
들먹였다. 의종은 그에게 한 번 피리를 불어보라고 시켰다. 이홍승의
피리소리를 들어보니 과연 일품이었다.

"진작 그대를 만나지 못한 것이 한이로다!"

이홍승의 피리 부는 솜씨에 흠뻑 빠져버린 의종은 그를 즉시 내시
부에 편입시켜 주었다.

고려시대의 내시는 조선시대의 내시와는 다른 위치에 있었다. 즉,
거세된 환관을 의미하는 게 아니라 과거시험에 합격한 신진관료들로
편입된 왕의 측근세력을 뜻한다. 주로 이들은 왕명의 초안을 작성하거
나 국가의 중요한 업무를 관장하는 임무를 담당했다. 최충의 손자 최
사추나 김부식의 아들 김돈중은 대표적인 내시출신이다.

내관들을 중심으로 한 측근정치는 고려시대 역대 왕들의 공통적인 특징이다. 특히 의종은 내관뿐만 아니라 정식 관원이 아닌 고자출신 환관으로 임시로 궁중 일을 맡아보던 정함을 신임하여 정사를 망쳤다. 이렇듯 왕의 기분에 따라 국정이 오락가락하게 되니 조정에 쓸 만한 신하들이 배겨나질 못했다.

한 번은 강에 배를 띄워놓고 질펀한 술판이 벌어졌는데 모두들 누가 왕인지 누가 신하인지도 모르게 뒤엉켜 놀았다. 어떤 신하는 왕의 수레 앞에 거꾸로 매달려 실려 가기도 하는 어이없는 일도 벌어졌다. 광적인 향연은 날이면 날마다 이어졌다. 이 와중에 죽어나는 것은 향연장을 호위하는 무관들이었다. 내시와 문관들이 먹고 마시며 시를 읊고 춤을 추는 동안 그들은 추위와 배고픔을 참고 밤새 보초를 서야 했다. 무신들의 불만이 쌓이는 건 당연지사였다. 일찍이 과거제도가 도입된 이래 정치가 문신위주로 돌아가면서 무신들은 모든 면에서 소외당했다. 그렇게 천대받던 무신들의 원초적인 불만이 쌓이고 쌓여 마침내 터지기 일보직전이었다.

권력의 먹이사슬

의종 24년인 1170년 4월. 왕은 여느 때와 다름없이 문신들을 데리고 주연을 베풀었다. 왕이 술 마시고 시를 읊으며 시간가는 줄도 모르는 새 향연장을 호위하는 군졸들의 표정엔 저마다 지치고 짜증난 기색이 역력했다. 군졸들의 통솔을 책임지고 있던 상장군 정중부의 얼굴에도 잔뜩 불만이 서려 있었다. 밤이 이슥할 무렵 정중부는 소변을 보기 위해 뒷간으로 가다가 호종장사 이의방과 이고를 발견하게 된다. 그들은 아까부터 그를 기다리고 있었다.

그들이 슬슬 다가와 불만을 터뜨렸다.

"문신들은 다들 배터지게 먹고 노는데 우리들은 밥 한 끼 못 얻어먹고 이 짓을 하고 있으니 참는 데도 한도가 있는 것 아닙니까?"

7척 장신의 상장군 정중부가 향연장 쪽으로 고개를 돌렸다. 문신들이 노는 꼴이 가관이다. 김돈중의 모습이 제일 먼저 눈에 들어왔다. 얼마나 술을 많이 마셨던지 얼굴이 붉어질 대로 붉어진 모습이었다. 순간 정중부의 가느다란 눈에서 불꽃이 일었다.

선왕 대에 정중부가 그토록 애지중지하던 수염을 촛불로 태운 장본인이 바로 김돈중이었다. 김돈중은 원로대신 김부식의 아들로 과거에 급제하여 내시가 되었다. 그때만 해도 김부식의 아들이라면 천하에 무서울 게 없는 시절이었다. 김돈중은 부친의 위세를 믿고 설치다 어느 연회 자리에서 급기야는 정중부의 수염을 촛불로 태워버렸다.

아들 뻘이 되고도 남을 풋내기에게 애지중지하던 수염까지 잃었으니 정중부는 이가 갈렸다. 화가 난 정중부는 김돈중에게 욕을 해대며 한 대 쳐버렸다. 그러자 이번에는 김부식이 나섰다.

김부식은 인종에게 자기 자식을 때린 정중부에게 매를 치게 해달라는 청을 넣었다. 그러나 인종은 평소 정중부를 아껴왔다. 그는 말로만 허락하는 척하고는 몰래 정중부를 빼돌렸다. 덕분에 정중부는 수모를 모면할 수 있었다. 정중부는 그때 김돈중에게 당했던 수모를 한 순간도 잊지 않고 있었다.

의종 24년인 1170년 8월, 왕이 연복정에서 흥왕사로 거동할 때였다. 마침내 정중부는 일을 벌이기로 결심하고 이의방과 이고를 은밀히 불렀다.

"지금이 좋은 때다. 만약 왕이 곧장 궁궐로 들어가면 다음 기회로 미루기로 하고 보현원으로 가게 되면 그때 거사를 일으키도록 하자!" 왕이 다음 날 어디로 행차할지는 아무도 몰랐다. 워낙 기분 내키는 대로 움직이는 경우가 많아서 그를 따르는 시종조차 왕의 행방을 몰라 헤맨 적도 많았다. 다음날, 왕의 행차는 보현원으로 향했다.

모든 게 정중부의 의도대로 돌아가고 있었다. 갑자기 왕의 행차가 도중에 멈춰서더니 술판이 벌어졌다.

의종은 술이 거나하게 취하자 주위를 둘러보았다.

"경치 한번 좋구나! 이런 데서 군사들 훈련이나 시키면 어떻겠는가?" 곧이어 무신들에게 명하여 수박희를 열게 했다. 수박희란 오늘날 당수 경기의 일종이다.

연일 왕의 행차를 호위하느라 지친 데다 제대로 먹지도 못하고 있던 무신들은 별로 시합을 하고 싶은 마음이 없었다. 그러나 추상같은 왕명을 거역할 수는 없는 일이라 대장군 이소응이 앞으로 나섰다.

왕은 건장한 군졸 하나를 그의 상대로 지목하였다. 이소응은 장군이라도 몸집이 작고 힘도 약한 편이었다. 결국 젊은 장사와 끝까지 겨루지 못하고 뒷걸음질 쳐 달아나기 시작했다. 이를 지켜보던 내시 한뢰가 배꼽을 잡고 웃어대기 시작했다.

"그러고도 네가 장군이냐?"

한뢰는 이소응을 조롱하며 쫓아가더니 뺨을 갈겨버렸다. 이소응은 계단 아래로 굴러 떨어지고 말았다. 이를 보고 왕과 군신들이 모두 손뼉을 치며 크게 웃었다.

"이놈 한뢰야! 이소응은 벼슬이 3품인데 감히 누굴 욕보이느냐?"

정중부의 노기 서린 음성이었다. 성질 급한 이고는 벌써 칼을 빼들고 정중부의 명령만 기다리고 있었다. 정중부는 일단 눈짓으로 칼을 거두도록 지시했다. 순간 좌중은 찬물을 끼얹은 듯 조용해지고 말았다. 그제서 분위기가 심상치 않음을 감지한 의종은 정중부의 손을 잡고 위로의 말을 건넸다. 그러나 정중부는 좀처럼 마음이 풀리지 않았다.

이윽고 날이 저물어 왕의 수레가 보현원에 가까워지자 성미 급한 이고와 이의방이 일을 저질렀다. 왕이 문에 들어서고 군신들이 자리를 잡으려는 순간이었다. 이고의 칼이 내시 두 사람의 목을 베어버렸다. 한뢰는 칼을 피해 왕의 의자 밑으로 기어들었다.

"멈추지 못하겠느냐?"

당황한 의종이 소리쳤으나 정중부는 살기 띤 얼굴로 한뢰를 내놓으라고 요구했다.

"화근인 한뢰가 아직 살아 있으니 그의 목을 베도록 허락해주십시오!"

한뢰는 왕의 옷자락을 붙들고 나가려 하지 않았다. 참다못한 이고가 칼을 들이대며 끌고 나와 즉시 베어버렸다.

"우리 편은 오른쪽 소매를 걷고 모자를 벗을 것이니 그렇지 않은 자는 모두 죽여라."

정중부는 군졸들에게 적군과 아군을 분별하는 법을 일러주고는 김돈중을 찾았다. 의종을 따라온 대소신료, 환관, 내시들이 그렇게 죽음을 당하니 쌓인 시체가 산처럼 쌓였다. 그러나 정작 정중부가 찾는 김돈중의 모습은 좀처럼 보이지 않았다.

"김돈중이 이미 알고 달아났습니다."

정중부는 가슴이 철렁 내려앉았다.

"만약 김돈중이 입성하여 성문을 닫아버리면 큰일이다. 빨리 그놈을 뒤쫓아가라!"

이의방도 급하긴 마찬가지였다.

"김돈중이 군사를 몰아오면 우리 모두 강물에 뛰어들어 죽거나 거란으로 도망치는 수밖에 없소!"

이의방은 급히 걸음이 빠른 자를 성안으로 들여보내 동정을 살피도록 지시했다. 명령을 받은 첩자가 도성 안으로 들어갔을 땐 이미 날이 어두워진 뒤였다. 그러나 김돈중의 집에는 아무런 기척이 없었다. 당시 김돈중은 개경 근처 감악산에 숨어들었으나 후일 정중부 수하들에게 잡혀 죽음을 맞았다.

한편 정중부는 곧바로 군사들을 이끌고 도성 안으로 들어가 밤새도록 뒤지고 다니며 문신을 찾아 죽였다.

"문관文官쓴 자는 한 놈도 남김없이 죽여서 씨를 말려라."

정중부의 명령이 떨어지자 모든 군사들은 벌떼같이 일어나 문신 50여 명을 참살하였다. 그때까지 행궁에 갇혀 있던 의종은 정중부를 불러 이 반란을 중지시키라 명을 내렸으나 그는 못들은 체 외면해버렸다. 정중부는 이고, 이의방에게 중랑장의 직책을 주고 다른 무인들에게도 각기 승진을 약속한 다음에야 왕을 개경으로 호송했다.

정권을 장악하게 된 정중부는 환관 왕광취와 백자단, 영의, 유방의 등 의종의 측근들을 죽여 저자에 효수하고 왕을 거제현으로 추방해버렸다. 곧이어 태자까지 유배시키고 어린 태손을 죽인 후 의종의 아우인 익양공 왕호를 새 왕으로 앉혔다. 그가 바로 고려 제19대 왕인 명종이다. 얼떨결에 왕이 된 명종은 무신들의 칼바람 속에서 목숨을 부지하기에 급급한 세월을 보내야 했다.

명종의 즉위와 동시에 정중부, 이고, 이의방 등은 벽상공신의 자리에 올랐다. 명종은 그들의 화상을 그려 전각에 붙여 주는 호의를 베풀기도 했다. 이때부터 정중부 일파는 국왕인 명종을 제쳐놓고 모든 정사를 주관하게 되었다.

그들은 일개 군장성들의 집회소에 불과하던'중방重房'을 국정 운영의 본거지로 삼았다. 대전이 아닌 중방에서 국사를 결정하는 것이었다. 반란세력들은 시간이 흐르자 자체 내분에 휘말렸다. 떼거리로 거사를 일으켜 정권을 장악하고 보니 자기들끼리 서로 시샘하고 경계하기 시작한 것이다.

1171년, 이고는 정중부와 이의방에 비해 자신이 홀대받는 것에 분개하여 또다시 일을 꾸미다 채원, 이의방에게 살해당한다. 다시 얼마 후 채원은 이의방의 의심을 받고 조정 대신들이 보는 앞에서 죽음을 당하게 된다.

정중부는 이고와 채원이 이의방의 손에 죽음을 당하자 자신도 그렇게 될지 모른다는 의심을 갖게 된다. 이의방의 세력이 너무 커진 까닭이었다. 그는 갑자기 관직을 모두 내놓고 집에서 두문불출했다.

어느 날 이의방 형제가 술을 들고 그의 집으로 찾아왔다.

"그대가 동지였던 이고를 철퇴로 쳐죽인 것도 모자라 다시 모든 대신들이 지켜보는 조정에서 채원을 목 베었으니 내 어찌 그대를 믿고 일할 수 있겠소. 나는 관직에 미련이 없소. 잘못된 조정을 바로 잡자는 뜻으로 거사를 행한 것이지 권력을 차지하기 위해 그리 한 것이 아니니 그대는 이제 칼을 거두시오."

정중부가 짐짓 속을 떠보았다. 그러자 이의방은 태연하게 정중부의 말을 받아쳤다.

"이고는 자신의 벼슬이 낮다고 여겨 무뢰배들을 모아 반란을 꾀하여 그리 된 것이고, 채원 역시 권력을 독점하려는 마음에서 대감과 저를 죽이려 하기에 그럴 수밖에 없었습니다. 그러나 저 역시 대감의 뜻과 같습니다. 그저 대감을 모시고 나라의 안녕을 도모하고자 할 뿐입니다."

정중부는 그때서야 마음 놓고 술잔을 들었다. 두 사람은 즉석에서 부자의 연을 맺고 자리를 파했다. 그러나 두 사람의 의중에는 각기 다른 생각이 들어 있었다.

　1173년 8월, 동북면 병마사로 가 있던 김보당이 정중부, 이의방을 토벌하고 의종을 복위시킬 것을 주장하며 난을 일으켰다. 그는 거제도에 있던 의종을 경주로 데려다 놓고 전투를 벌였으나 이의민, 박종원의 정부군에 의하여 진압 당했다. 이때 의종은 이의민에 의해 죽음을 당했다.

　이의민은 의종을 연못가로 불러서 술을 몇 잔 권하는 척했다. 그러다 왕의 허리를 휘어 감고 힘을 주었다. 8척이 넘는 거인의 힘이었다. 그가 힘을 쓸 때마다 뼈 부러지는 소리가 들렸다. 의종이 비명을 지르며 죽어갈 때 이의민은 껄껄 웃고 있었다.

　잠시 후 이의민은 죽은 의종의 시체를 요에 둘둘 말아 가마솥 두 개에 넣고 한데 묶어 연못에 던져 버렸다. 이후로 그는 중랑장에 올랐다. 또한 자신의 위치를 확고히 하기 위해 다시 문신들을 대거 죽이고, 딸을 태자비로 들여보냈다.

　1174년 9월에는 조위총이 서경에서 반란을 일으킨다. 이때는 동북 양계의 백성들이 모두 호응하는 바람에 이의방이 고전을 면치 못했다. 그로부터 3개월 후, 이의방이 다시 군사를 모아 서경으로 나갔을 때 정중부의 아들 정균이 이의방을 살해했다. 이로써 정권은 다시 정중부의 손에 들어오게 되었다.

　이때부터는 정중부의 세상이었다. 그는 비로소 탐욕을 드러내며 재물 늘이기를 낙으로 삼는 등 의종 못지않은 사치를 누렸다. 그는 70세가 넘도록 관직을 내놓지 않고 문하시중 자리에서 국정을 주물렀다. 권력의 먹이사슬은 돌고 돌았다. 경대승이라는 새파란 무장의 등장은 천하무적 정중부의 시대의 마감을 예고하고 있었다.

죽은 정중부가
산 경대승을 잡아갔다

청주 출신 경대승은 힘이 장사였다. 그는 일찍부터 정중부의 난을 못마땅하게 여겨 때를 노리고 있었다. 명종 9년인 1179년 9월, 경대승은 정중부의 아들 정균을 먼저 처치하기로 하고 평소 친분이 있는 후배 허승에게 협조를 구했다. 허승도 그에 못지않은 힘을 갖춘 장사였다.

"장경회가 끝나는 밤 숙위하는 병사들이 반드시 모두 잠들 것이다. 내가 결사대 30여 명으로 화의문 밖에서 대기할 것이니 네가 먼저 정균을 죽이고 휘파람 소리로 신호를 보내면 내가 복병을 들여보내 그 아비를 처치하겠다."

새벽 4시경, 허승은 정균의 숙소에 들어가 그를 죽이고 휘파람을 불었다. 경대승은 휘파람 소리에 맞춰 병사들과 함께 궁궐 담장을 넘어 들어가 정중부의 측근들을 보이는 대로 죽여 없앴다.

삽시간에 궁궐 안은 살육의 도가니로 변했다.

"신 경대승이 사직을 지킬 것이니, 청컨대 전하는 두려워 마시옵소서."

경대승은 왕의 침전을 향해 소리치며 즉각 정중부를 처단하러 갔다. 이제 70 고령인 정중부는 황급히 도망쳐 민가에 숨어들었으나 경대승의 포위망을 벗어나지는 못했다. 밖으로 나온 명종은 그에게 술을 따라주었다. 이땐 이미 경대승이 정중부의 머리를 저자거리에 효수해버린 뒤였다.

정권은 고스란히 경대승에게로 넘어왔다. 그는 별도의 자기 세력 없이 정중부라는 거물을 제거함으로써 권력자가 된 특이한 경우였다. 그런 취약점을 스스로도 알고 있었던지 경대승은 늘 암살의 불안감에 시달렸다. 실제로 정중부의 세력이 아직 남아 있었고 이의민을 비롯한 무신들이 암암리에 경대승 제거 음모를 꾸미고 있었다.

경대승은 신변의 위협을 느낀 나머지 백여 명의 무사들을 모아 도방都房을 결성한다. 도방은 일종의 깡패조직이었다. 그들은 긴 베개와 큰 이불을 만들어 놓고 24시간 교대로 경대승을 호위하였다. 경대승은 가끔 도방에 찾아가 부하들과 함께 같은 이불을 덮고 자기도 하면서 조직 관리에 성의를 다했다.

그러나 불안하기는 마찬가지였다. 언제 누구의 칼에 맞아 죽을지 알 수 없었다. 항상 항간에 떠도는 소문을 탐문하고 다니다가 누군가 자신을 미워하고 있다는 말이 들리면 즉시 국문을 일으켜 무자비한 형벌을 가했다. 그가 그렇게 예민한 반응을 보이는 것은 그만큼 적이 많았기 때문이다. 경대승 제거 세력들은 사람을 시켜 민가를 노략질하게 한

다음 스스로 도방사람이라 말하도록 시켰다. 도방을 도둑소굴로 전락시켜 경대승의 입지를 약하게 하려는 심산이다.

아무것도 모르는 경대승은 스스로 도방의 이미지를 관리하기 위해 그 좀도둑들을 잡기에도 바쁜 나날을 보냈다. 당시 그가 가장 경계하던 상대는 이의민이었다. 그는 이의민이 의종을 살해한 일을 들먹이며 은연중에 위협하였다. 겁먹은 이의민은 경주로 도망쳐버렸다. 경대승은 곧 이의민을 뒤따라갔다.

그런데 어느 날 정중부가 나타나는 꿈을 꾸게 된다.

"네 이놈! 나와 내 아들을 죽이고 네 놈 목숨만 무사할 줄 알았더냐?"

정중부가 고래고래 호통 치며 자신을 몰아세우는 소리에 잠에서 깨어난 경대승은 그 길로 병을 얻었다. 그리고 며칠 후 30세의 젊은 나이로 숨이 끊어지고 말았다. 경대승은 다른 무신들과 달리 정권을 장악하고 있으면서도 가급적 도에 넘치는 행동을 하지 않았다. 학식이나 용맹이 뛰어난 경우가 아니면 함부로 벼슬자리를 내주지도 않았다. 장례식이 치러지던 날 길 가는 사람들의 곡소리가 끊이지 않았다고 하는 걸보아 백성들의 인심도 그럭저럭 얻었던 모양이다.

정중부나 경대승의 죽음으로 조정에 평화가 다시 찾아온 건 아니었다. 고려는 어느덧 무신들의 나라가 되어 있었다. 그들의 죽음은 또 다른 무신세력의 등장을 위한 틈바구니에 지나지 않았다.

공포와 문치의 두 얼굴
최충헌

삼류깡패
이의민의 몰락

최충헌은 무예와 전략에 뛰어난 무신이자 정치가였다. 그가 바로 3대에 걸친 최씨 무신정권을 연 장본인이다. 그러나 최충헌은 처음부터 무신의 길을 걷지는 않았다.

그는 일찍이 음서제로 벼슬길에 나왔다. 음서제란, 공신들의 자손들에게 과거시험을 통하지 않고도 관직에 나올 수 있는 기회를 주는 제도를 말한다. 맨 처음 주어진 직책은 문관 말단 행정직이었다.

그의 아버지 최원호는 상장군의 지위에 있었고 외가 역시 탄탄한 무반 가문이었다. 최충헌은 그렇듯 든든한 집안 배경을 두고도 초기 관운은 없었던 모양이다. 최충헌은 출세욕이 남달랐다. 그는 무신으로의 변신을 꾀하지 않고서는 출세의 길에 오를 수 없다는 판단을 하게 된다. 조위총의 반란은 그가 잡은 첫 번째 기회였다.

1174년 9월 정중부, 이의방 등의 전횡에 불만을 품은 서경유수 조위총이 군사를 일으켰다. 조위총은 동북양계의 여러 성에 격문을 보내 동참을 권한다. 이에 재령 이북의 40여 성이 모두 응해 또 한 차례 파란을 예고하고 있었다.

그해 11월 윤인첨을 필두로 한 서경 진압작전이 전개된다. 그 중기 탁성이란 인물이 최충헌을 휘하에 두었다. 최충헌은 이때 공을 세운 결과 별초도령에 올랐고 나중엔 섭장군의 지위까지 올랐다.

그러나 최충헌의 출세 길은 쉽게 열리지 않았다. 이후 이의민이 정권을 잡게 되자 20여 년 간 주로 한직에 머무르는 신세였다. 자신보다 낮은 신분의 무신들이 상급자로 군림하는 것에 불만을 품고 갈등을 일으키다 한때 관직에서 내쫓기기도 했다.

최충헌이 정권을 잡기까지 결정적인 역할을 한 건 아우인 최충수와 조카인 박진재 등이 있다. 그러나 이보다 먼저 경대승의 뒤를 이어 최고 실권자가 된 이의민의 실각이 결정적인 계기가 되었다. 정중부 정권을 무너뜨린 경대승이 집권한 지 4년 만에 죽자 명종은 경주에 있던 이의민을 불러들인다. 명종은 선왕인 의종을 그토록 무참히 살해했던 이의민에게 실권을 넘겨줘야 할 만큼 무력한 존재였다.

이의민은 천민 출신에 일자무식 삼류깡패였다. 그는 소금장수 아버지와 사찰 노비였던 어머니 사이에서 태어나 한때 건달노릇을 했다. 그의 무식함은 때로 조정의 웃음거리가 되곤 했다. 집권 후 이의민이 문인 중에도 문장이 뛰어난 자만 등용되는 동수국사라는 자리에 까막눈에 힘만 장사인 무인 최세보를 임명했다. 이를 한심하게 여기면서도 결재를 할 수밖에 없었던 명종은 동수국사의 끝 자인 '史'를 '事'로 고쳐 썼다. 그런데도 이의민은 이를 알아차리지 못해 많은 관리들의 비웃음을 샀다.

이의민은 경주 출신으로 젊은 시절부터 동네에서 깡패 짓을 일삼던 중 그곳 안찰사 김자양에게 잡혀 치도곤을 당한 적이 있다. 이때 함께 잡혀 들어간 두 형은 고문을 이기지 못해 죽었으나 거구에다 힘이 장사였던 이의민은 끝까지 살아남았다. 이를 가상하게 여긴 김자양은 이의민을 경군으로 추천한다. 그 후 이의민은 뛰어난 무술을 인정받아 정중부, 이의방과 더불어 '무신란 3인방'에 가담하게 됐고 이제 경대승의 뒤를 이어 당대의 권력자로 급부상하게 된 것이다.

권력을 손에 쥔 이의민은 사리사욕을 채우는 데 수단과 방법을 가리지 않았다. 또한 그의 처는 성질이 사납고 질투심이 강해 이의민이 건드린 여종을 죽이기까지 했다. 그의 아들과 딸도 못된 짓을 일삼았다. 특히 두 아들 이지영과 이지광의 횡포가 심해 세상이 이를 '쌍도자'라 하며 손가락질을 했다. 백성들의 원성을 사면서도 권력의 단맛을 즐기던 이의민 일가의 횡포는 최충헌 형제의 정변으로 종말을 맞는다.

〈고려사〉 이의민 열전을 보면 그의 최후를 예고하는 일화가 실려있다. 당시 경주에는 나무로 만든 귀신상이 있었는데 이를 '두두을豆豆乙'이라 불렀다. 까막눈에다 미신을 신봉하던 이의민은 자신의 집에 사당을 짓고 날마다 귀신에게 복을 빌었다.

그러던 어느 날 사당에서 난데없는 곡성이 들려왔다. 이의민이 두두을에게 기도하며 까닭을 물어보았다. 귀신이 대답하기를 "내가 너희 집을 수호한 지 오래되었는데 이제 하늘에서 장차 화를 내리려 하는지라 내가 의지할 것이 없으므로 우는 것이다."하더라는 것이다.

어느 날 최충수가 형인 최충헌을 찾아갔다. 이의민의 아들 이지영이 자기 집 비둘기를 강탈해 갔다는 것이다. 분개한 최충수는 이의민 일당을 처치하자고 했다.

"형님, 이의민과 그의 아들들이 저지르는 만행을 더 이상 지켜볼 수가 없으니 힘을 합하여 해치우기로 합시다."

워낙 힘이 세고 잔혹하기로 소문난 이의민의 성격을 알고 있던 최충헌은 잠시 망설였다. 그러나 동생의 끈질긴 요구는 그 동안 마음 속에만 간직해왔던 야심에 불을 붙였다. 최충헌은 마침내 정변에의 결심을 굳혔다. 때마침 왕이 보제사라는 절에 행차할 일이 있었다.

이의민은 몸이 안 좋다는 핑계로 미타산 별장에 머무는 중이었다. 정보를 입수한 최충헌은 아우 최충수, 조카 박진재, 친족 노석숭 등과 함께 칼을 소매에 감추고 이의민의 별장 문 밖을 지켰다.

이의민이 밖으로 나와 말을 타려는 순간, 최충수가 칼을 빼들었다. 그러나 이의민이 민첩하게 몸을 피했다. 이어 최충헌이 앞으로 달려가 이의민의 목을 베자 그를 따르는 무리들이 벌벌 떨었다.

최충헌 형제는 이의민의 머리를 개경 거리에 효수하고 장군 백존유에게 이를 알렸다. 백존유 또한 이의민에게 불만이 많았던 자였다. 그는 몹시 통쾌해하며 군대를 소집했다.

이의민의 살해 소식을 접한 명종은 급히 궁으로 돌아왔다. 최충헌 형제는 군사들을 이끌고 궁문으로 나갔다.

"적신 이의민이 일찍이 시역의 죄를 범하고 백성들을 포악하게 침해하며 왕위를 엿보므로 국가를 위하여 토벌하게 되었사옵니다. 일이 누설될까 두려워 일찍 아뢰지 못하였사오니 죽을 죄를 지었나이다."

무신정권의 허수아비에 불과했던 명종으로선 허락하고 말고 할 문제가 아니었다. 다만 이렇게 또 한 번 정권이 바뀌게 되었음을 담담하게 받아들일 뿐이었다. 최충헌은 우선 이의민의 아들들부터 찾아 죽였다. 그들이 어찌나 못된 짓을 많이 했던지 백성들의 호응도 대단했다. 최충헌은 내친 김에 궁궐 안에까지 군사를 이끌고 들어가 이의민의 잔당들을 무조건 죽여 없앴다. 이로써 13년 간 지속되었던 이의민 정권은 최씨 형제의 정변으로 하루아침에 무너지고 말았다.

정변에 대항하는 무리가 전혀 없었던 건 아니다. 이의민의 부하 길인은 수창궁에 있다가 유광, 박공습 등과 함께 금군 및 환관노예 1,000여 명을 이끌고 대항했다. 그러나 이들은 최충헌의 결사대 10여 명에게 맥을 못 추고 순식간에 흩어졌다.

장기집권의
기반을 다지다

1196년, 최충헌은 명종에게 과감한 국정개혁의 내용을 담은 〈봉사 10조〉를 올렸다. '봉사 10조'는 관직을 축소하고, 바른 조세행정을 확립하며, 관리들의 부패를 추방하는 등의 내용을 담은 이른바 개혁안이었다.

이의민의 실정을 부각시켜 자신의 정변에 대한 정당성을 확보하려는 심산도 있긴 했으나 어수선한 정국을 개선하려는 개혁안은 대다수 백성들의 환영을 받았다. 최충헌이 국정을 장악하게 되자 명종은 하루하루 불안한 날들을 보내게 된다. 최충헌 형제는 '봉사 10조'를 이행하지 않는다는 이유로 명종의 폐위문제를 거론하기 시작했다.

명종은 자신들이 옹립한 왕이 아니었기 때문에 아무래도 다루기가 편치 않았다. 정권을 독점하는 데 방해가 되는 상대라면 누구든지 해치우고 본다는 최씨 형제의 야망은 이때 본 모습을 드러내게 되었다. 명종은 창락궁에 유폐되었고 그의 아우인 평량공 민이 제20대왕 신종에 옹립되었다. 신종은 그야말로 이름뿐인 왕으로 6년 동안 최충헌의 독단정치를 지켜보기만 했다.

최충헌을 반대하는 세력들의 움직임은 끊이지 않고 계속되었다. 최씨 형제는 군사를 풀어 여러 성문을 닫아버렸다. 그리고는 당시 실권자였던 두경승을 자연도에 귀양 보내고 유득의, 고안우, 백부공 등 전대의 장군 여러 명을 영남으로 귀양 보냈다. 어쩌면 왕위에 오를 수도 있었던 명종의 아들 왕숙은 억지로 가마에 태워져 강화도로 쫓겨났다. 반대세력에 대한 대대적인 숙청으로 정권은 최씨 일가가 독차지하게 되었다. 대 파란을 앞둔 휴식 같은 시간이 지나고 최고 실권자인 최충헌과 그의 아우인 최충수 간의 피비린내 나는 충돌의 순간이 다가왔다.

최충수는 자신의 딸을 태자비로 만들어 형의 권력을 앞서고자 하는 속셈을 갖고 있었다. 이미 태자는 창화백 왕우의 딸을 태자비로 삼았음에도 불구하고 최충수는 왕명을 사칭하여 기어이 태자비를 내쫓았다. 쫓겨나는 태자비는 물론이요 왕후마저 대성통곡을 하여 궁중 전체는 온통 울음바다가 되었다.

이 소식을 전해들은 최충헌은 설마 하는 마음에서 술을 한 병 가지고 아우를 찾아갔다. 형제는 상대방의 의중을 모른 체하며 조용히 술잔을 주고받았다. 먼저 최충헌이 말을 꺼냈다.

"자네가 딸을 동궁에 바치고자 한다는 것이 사실인가?"

"그렇습니다."

선뜻 대답하는 최충수의 태도는 당당하기 그지없었다. 최충헌은 전대의 일을 예로 들며 아우를 설득하려고 했다.

"지금 우리 집안의 권세는 나라를 움직일 만큼 크고 귀한데 이런 일로 백성들의 손가락질을 당해서는 안 될 것이다. 부부의 정이란 각별한 것인데 태자가 수년 동안 정을 쌓아온 태자비를 쫓아낸다면 사람들이 무어라 하겠느냐? 앞 수레가 넘어지면 뒷 수레가 경계한다 하였는데 저번에 이의방이 딸을 태자에게 배필로 주었다가 마침내 남의 손에 죽었으니 네가 그 전철을 따르려고 하는 것이냐?"

형의 설득에 마음이 움직인 최충수는 일단 수긍하는 기색을 내비쳤다. 그러나 그의 생각은 금세 바뀌었다.

"대장부는 자고로 스스로 판단할 뿐이라는 이야기를 형님은 모르십니까?"

최충수는 정면으로 반격했다.

"어째서 형의 말을 듣지 않는 것이냐?"

곁에서 두 형제를 지켜보던 어머니는 최충수를 꾸짖다가 아들이 손으로 미는 바람에 뒤로 넘어지기까지 했다. 아우가 뜻을 굽히지 않았음을 안 최충헌은 그를 죽이는 수밖에 없다는 결심을 하게 된다.

최충수 또한 자신의 일에 이래라저래라 하는 형의 태도를 짐짓 못마땅해 하며 무리들을 소집했지만 무력충돌만은 피하고 싶었다. 그러나 그의 수하에 있던 부하들이 끝내 싸우고 보자는 의견을 고집했다. 결국 개성은 최씨 형제의 싸움터가 되고 말았다. 죽고 죽이는 혈전이 벌어지고 승리는 형인 최충헌의 차지였다.

최충헌이 부하들은 도망가는 최충수를 쫓이기 기이이 죽이고 밀있다. 자신의 뜻은 아니었다 해도 최충수가 죽음으로 최충헌은 확고부동한 위치에 오르게 되었다. 이제 그 누구도 최충헌의 권력을 감히 넘볼 수 없게 된 것이다.

최충헌은 이후 교정도감을 설치하고 인사, 감찰, 징세 등의 역할을 행하면서 스스로 교정별감이 되어 국사전반에 관여했다. 교정도감은 국정 전반을 장악하는 최씨 무신정권의 핵심을 이루는 중요한 기구로 남았다. 최충헌의 집권기에는 정치, 사회적으로 혼란한 와중에 크고 작은 반란이 자주 일어났다. 이때마다 그는 강경책과 회유책을 번갈아 쓰며 반란을 진압하는 데 성공했다. 그리하여 23년에 걸친 장기집권의 폐해에도 불구하고 감히 누구도 그의 권위에 도전할 수 없게 된 것이었다.

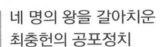

네 명의 왕을 갈아치운
최충헌의 공포정치

1204년 1월, 고려 제21대 왕 희종이 등극하면서 최충헌에게 일대 위기가 닥친다. 희종 또한 신종과 마찬가지로 실질적인 권한은 없었으나 정식으로 왕위에 올랐다는 면에서 대의명분이 분명했다.

최충헌의 지나친 공포정치는 끊임없이 반대세력을 만들어냈다. 그를 도와 정변을 성공시킨 조카 박진재는 최충헌을 비난하다 인대가 끊기고 백령진으로 귀양 갔다가 수개월 만에 병사하였다.

희종 재위 5년인 1209년에는 청교역리 3명이 최충헌 부자를 죽일 계획으로 승려들을 모은 일이 있었다. 이는 사전에 한 중이 최충헌에게 밀고하여 발각되었다. 대대적인 범인 색출 작업에 들어간 최충헌은 주모자 한기와 세 아들, 장군 김남보 등 9명을 죽이고 나머지 혐의가 있는 자들은 멀리 유배시켜버렸다.

이듬해인 1210년, 최충헌은 한 통의 투서를 받게 된다. 직장동정원서와 재상 우승경이 최충헌을 죽이려 한다는 내용이었다. 먼저 원서를 잡아 신문했다. 그는 투서의 내용은 사실이 아니며 자신을 모함하려는 원수 유익겸의 짓이라고 했다. 최충헌은 유익겸의 집을 수색한 결과 투서가 있어 그를 섬으로 귀양 보냈다.

이 무렵 최충헌에 대한 세간의 부정적인 여론이 들끓고 있었다. 그가 자신의 권세를 남용하여 비리를 저지르고 있다는 사실은 희종도 알고 있었다. 희종은 참다못해 측근들과 모의하여 그를 죽일 계획을 세웠다. 최충헌은 어느 날 일이 있어 궁궐을 찾았고 희종은 내전으로 그를 들였다. 희종의 측근들은 최충헌의 수하들에게 왕이 술과 음식을 대접하라 했다며 궁궐 깊숙이 유인하였다. 미리 잠복하고 있던 무사들이 그들을 덮치자 궁궐 복도는 순식간에 피범벅이 되었다. 최충헌의 부하 몇이 그 자리에서 죽었다.

위기를 느낀 최충헌은 희종에게 구원을 청했지만 왕은 싸늘한 표정으로 내실 문을 닫아버렸다. 다급해진 최충헌은 재빠르게 지주사방의 다락에 숨었다. 한 승려가 몇 번을 찾았으나 그를 발견하지 못했다. 변고가 생겼다는 소식을 전해들은 김약진과 정숙첨이 내전으로 달려가 최충헌을 구해냈고 다른 수하들은 무사들과 피 튀기는 싸움을 벌였다. 궁궐 밖에 있던 교정도감의 군사들은 주인이 무사하다는 소식을 듣고 우르르 궁궐 안으로 들어갔다.

그 동안 너무 많은 사람들을 죽인 것에 대한 일말의 양심일까, 가까스로 위기를 모면한 최충헌은 이번 사건을 모의한 무리를 모두 죽여야 한다는 김약진의 주장을 듣지 않았다. 사태를 진정시키고 국문한 결과 주모자는 내시낭중 왕준명이었고 우승경, 사홍적, 왕익 등이 가담했다는 사실을 밝혀냈다.

최충헌은 이들의 모의를 지지한 희종을 폐위시켜 강화도에 유배하고 아들 최이와 평장사 임유를 보내 명종의 아들인 한남공 왕정을 왕으로 세우니 제22대 왕 강종이다. 강종은 명종의 맏아들로 어린 시절부터 무신정권의 그늘에서 살아왔다. 그는 퇴위당한 명종과 함께 강화도에서 유배생활을 하다가 희종이 물러나는 바람에 우연찮게 왕위에 오른 것이다. 워낙 나이가 들어 왕이 된 탓인지 왕의 행세도 제대로 한 번 해보지 못하고 2년도 안 되어 죽었다. 이에 최충헌은 태자 철을 왕으로 옹립한다. 그가 제23대 왕 고종이다.

고종은 고려의 왕들 가운데 가장 오랫동안 재위하여 숱한 전쟁을 겪다가 죽었다. 최충헌이 정권을 잡은 17년 동안 왕좌에서 쫓겨난 이는 모두 여섯 명, 그중 이런저런 이유로 최충헌이 갈아치운 왕만 해도 4명이었다. 공포정치로 정권을 독식한 최충헌의 업적을 하나 꼽는다면 문예부흥을 시도한 일을 들 수 있을 것이다. 오랫동안 무신정권이 유지된 까닭에 대다수의 문인들은 숨죽여 지낼 수밖에 없었다. 이규보도 그중 한 사람이다. 14세 때부터 시를 지어 귀재라 불린 이규보는 오랫동안 관직에 나가지 못하고 빈궁한 생활을 하며 지냈다.

1199년, 최충헌이 초청한 시회에서 참석한 게 출세의 시작이었다. 이때 최충헌을 칭송하는 시를 지어 벼슬길에 오른 이규보는 몽고군의 침입을 진정표 한 장으로 격퇴할 정도로 문명을 날렸다. 이규보는 그때그때 즉흥적으로 떠오르는 생각을 표현한 호탕하고 활달한 시풍으로 당대를 풍미했다. 문집으로 〈동국이상국집〉이 있다.

최충헌은 무신정권의 폐해를 없애고자 정변을 일으켰으나 권력을 잡은 뒤로는 애초의 개혁 의지를 상실한 채 개인의 영화만을 추구했다. 그는 어느 제왕 못지않은 권력을 누리며 멋대로 왕을 갈아치운 것은 물론이고, 수없이 사람들을 죽였으며 나라 전체를 혼란에 빠트렸다. 그가 71세를 일기로 세상을 떠난 이후로도 계속된 최씨 무신정권은 고려 말의 혼란을 더욱 가중시켰다.

고려의 마지막 희망
이제현과 신돈

공민왕의
주권회복 운동

제25대 충렬왕 때부터 제30대인 충정왕까지 고려가 임금의 시호에 충忠자를 붙인 건 원나라의 압력 때문이었다. 고려가 본격적인 원나라의 속국이 된 건 충렬왕이 원나라 세조의 딸 제국대장 공주와 결혼하면서부터였다.

충렬왕은 당시 이미 왕녀인 정신공주와 결혼을 하여 자식까지 둔 유부남이었다. 그러나 원나라의 침입을 두려워한 부왕 원종이 원나라에 정식으로 청혼하여 태자를 볼모로 팔아넘긴 것이었다.

이때부터 고려는 원나라의 부마국으로 전락해버렸다. 태자가 원나라 공주를 고려로 데려오면서 변발에 호복차림으로 나타나자 백성들은 땅을 치며 통곡했다고 한다.

그리하여 고려는 충선, 충숙, 충목왕 등 네 명의 혼혈 왕을 탄생시켰고 왕자들은 일단 원나라 생활을 거친 다음에야 고려로 들어와 왕이 될 수 있었다. 고려는 이때 이미 정상적인 국가라고는 할 수 없었다. 심지어 원나라 측에서 정사를 제대로 돌보지 않는다는 이유로 국왕을 폐위시켜도 속수무책이었다.

고려 제28대 왕인 충혜왕이 그런 경우였다. 충혜왕은 16세의 나이로 왕위에 올랐으나 일찍부터 주색잡기에 절어 지냈다. 원나라 왕실은 충혜왕의 방탕한 행실을 문제 삼아 자국으로 끌고 가 유배시켜버렸다. 결국 그는 유배지로 가던 중 비명횡사로 생을 마감해야 했다.

　그런 뒤 충혜왕의 장남인 충목왕과 차남인 충정왕이 차례로 왕위를 이었으나 각각 5년이 채 못 되어 권력다툼의 희생양이 되고 말았다. 충정왕의 뒤를 이어 공민왕이 고려 제31대 왕으로 조정에 모습을 나타내기 전까지 고려는 1백여 년 간 지속된 원나라의 지배체제에 거의 길들여진 상태였다.

　공민왕은 다른 태자들과 마찬가지로 12세 때 원나라로 볼모로 잡혀가 22세인 1351년 12월에야 고국 땅을 밟게 되었다. 그는 이름도 몽고식으로 바꾸고 원나라 위왕의 딸과 결혼까지 했지만 다른 충忠자 돌림 왕들과는 전혀 다른 생각을 갖고 있었다.

　그는 즉위 후 곧바로 배원정책을 골자로 하는 일련의 개혁을 통해 잃어버린 국권을 되찾고 민족의 자존심을 일깨우기 위한 대대적인 정계개편에 돌입한다. 공민왕은 즉위한 지 2개월 만에 고려 조정에 새바람을 불러 일으켰다. 맨 처음 그는 무신정권의 인사행정을 맡아오던 정방을 폐지하였다. 곧이어 토지와 노비에 관한 제반문제를 해결할 것을 명령하는 개혁교서를 내린다.

　이러한 정책은 지속적으로 실시되어 훗날 신돈의 주도로 전민변정도감을 설치하고 귀족들이 불법으로 소유한 토지를 본래의 주인에게 돌려주는 한편 억울하게 노비로 전락한 사람들을 해방시키게 된다.

1352년 8월, 공민왕은 다음과 같은 교서를 내린다.

'옛날에 임금들은 나라를 다스릴 때 반드시 친히 정사를 주관함으로써 자신의 견문을 넓히고 아랫사람들의 실정도 알게 되었으니 지금이 그렇게 할 때다. 첨의사, 감찰사, 전법사, 개성부, 선군도관은 모두 판결 송사에 대하여 5일에 한 번씩 계를 올리도록 하라.'

공민왕의 이 같은 명령은 곧 왕의 친정체제가 시작됨을 예고하는 획기적인 조치였다. 무신정권 이후 왕은 상징적인 존재에 불과했다. 원나라 복속체제 아래에서는 서무결재권만 간신히 유지하고 있는 입장이었다. 하지만 공민왕의 등장으로 각 부서의 중요 안건을 직접 챙기는 것은 물론 민생전반에 대한 통치권의 확립이 이루어지게 되었다.

공민왕의 즉위는 곧 어수선하던 고려에 활기를 불어넣었다. 원나라에서 굴욕적인 볼모생활을 해야 했던 그는 마음 속 깊이 주권확립에 관한 강한 의지를 키우게 되었다. 이러한 공민왕의 기상을 진작부터 알아본 이가 있었으니 바로 이제현이다. 비록 원나라 조정의 반대로 무산되긴 했지만 이제현은 충목왕이 죽자 그 이복동생인 공민왕을 즉위시키기 위한 운동을 벌인 적이 있었다. 공민왕도 그 사실을 알고 있었다. 1352년, 공민왕은 이제현을 우정승에 제수하여 개혁의 선봉장으로 삼았다.

이제현의 등장과 함께 고려 풍속을 회복하기 위한 여러 가지 정책들이 발표되었다. 변발과 호복을 금지시키고, 관제는 문종 대에 맞춰 복고풍으로 전환하는 등 그 동안 원나라의 문화를 답습하는 것에 불과하던 고려는 일대 전환기를 맞게 되었다.

이 무렵 이제현은 지공거가 되어 이색을 비롯한 신진 사림 35명을 조정에 등용한다. 그리고 이색의 문하에서 정도전, 하륜을 비롯한 조선 개국의 주역들이 대거 배출되었으니 사실상 이제현의 영향은 조선까지 이어진 셈이었다. 공민왕의 과도한 개혁은 친원파의 강한 반발을 불러일으켰다. 그중에서도 친원파의 우두머리인 기철 일파는 정면으로 반기를 들고 나섰다. 기철은 고려인으로 원나라에 공녀로 가서 일약 황태후가 된 기씨의 오빠였다.

그러나 공민왕은 기철과 그 일당들을 모조리 참살하여 원나라에 대한 자신의 입장을 더욱더 분명히 했다. 그러자 원나라 조정에서는 공민왕을 폐하려는 움직임이 일었다. 공민왕은 이제현을 문하시중으로 삼아 사태를 수습하려 했지만 사태는 원만하게 수습되지 않았다. 기황후는 80만 대군을 보내 고려를 토멸하겠다고 엄포를 놓았다.

공민왕은 개경의 나성을 증축하는 한편 한성으로 천도할 준비까지 하며 원나라의 침입에 대비한 만전의 태세를 갖추었다. 이 무렵 공민왕이 개혁정치를 주도하던 이제현과 천도를 고민했던 상황을 〈고려사〉는 이렇게 전한다.

'왕이 봉은사에 행차하여 태조의 진전에 알현하고 한양에 천도할 것인가 말것인가 점을 쳐보았다. 왕이 점통을 더듬어 집어낸 자가 정靜자였다. 움직이지 말라는 계시였다. 왕은 천도하고 싶으나 점괘가 그렇게 나와 마음이 석연찮았다. 며칠 뒤 이번에는 이제현에게 점을 쳐보게 하였다. 이제현이 집어낸 자는 동動자였다. 움직일 동자니 천도하라는 뜻이니 왕이 기뻐서 말하기를 경이 점을 쳐 길복吉福을 얻었으니 나의 마음에 맞도다.'

이때 공민왕은 이제현에게 한양에 궁궐 지을 자리를 물색해보도록 지시하지만 몇 달 후 이제현은 관직에서 물러나게 된다. 71세의 고령인 데다 그 무렵 실권을 장악하고 있던 조일신에게 밀려나고 만 것이었다.

공민왕은 이제현이 사임한 뒤에도 꾸준히 자문을 구하였고, 이제현 역시 사직이 어려울 때는 혼신의 힘을 다해 왕을 보필하였다. 홍건적의 침입으로 개경이 함락되고 공민왕이 상주로 몽진했을 때는 백발의 노구를 이끌고 찾아가 호종하기도 했다.

말년의 이제현은 주로 역사를 집필하는 데 전력하였다. 민지의 '본조편년강목'을 중수하고 홍건적의 개경 함락으로 불탄 사료를 보충하기 위해 '국사'를 편찬하던 도중 81세로 생을 마감하였다.

마지막까지 그는 역사 편찬에 대한 열정을 잃지 않았다. 생전의 그가 아끼던 제자 이색은 이제현의 묘비에 '도덕의 으뜸이요, 문학의 종宗'이라 새겨 그의 학문적 업적을 기렸다.

신돈의 등장

1356년 7월, 공민왕은 원나라가 내정간섭을 위해 세웠던 쌍성총관부와 함주 이북의 땅을 수복하는 데 성공한다. 그러나 승리의 기쁨은 얼마 가지 못했다. 바로 이해 공민왕이 목숨처럼 아꼈던 노국공주가 아이를 낳다가 목숨을 잃게 된 것이다. 이때부터 공민왕은 사람이 완전히 달라졌다. 정치에 염증을 느낀 그는 자신을 대신하여 고려의 개혁을 주도해 나갈 적임자를 물색하였다. 그가 바로 신돈辛旽이다.

〈고려사〉는 공민왕이 신돈을 신임하게 된 경위를 이렇게 설명하고 있다.

'공민왕이 오랜 기간 왕위에 있으면서 재상들에 대해 만족을 느끼지 못하였다. 재상대족들은 친족의 뿌리가 얽혀 서로 엄폐하고 있고, 초야에 묻혀 있던 신진들이 명망을 얻어 귀하게 되면 자기 가문이 한미한 것을 부끄럽게 여겨 대족들과 혼인을 맺고 처음의 뜻을 모두 저버린다. 게다가 유생들은 과단성이 적고 기백이 없으며 문생이다, 좌주다, 동년이다 하면서 서로 당파가 되어 사사로운 정에 끌리니, 이 세 부류는 모두 쓸 수 없다고 공민왕은 생각하였다. 이에 세상에 때 묻지 않은 인물을 등용시킴으로써 이러한 폐해를 혁파할 것을 생각하던 차에 신돈을 보자 그가 적임자임을 알았다고 한다.'

신돈은 정치 신인에 불과했지만 개혁성향이 무척 강한 인물이었다. 공민왕이 그를 눈여겨 본 것은 이러한 성향을 높이 평가했기 때문이다.

신돈은 영산 출신으로 어머니가 옥천사라는 사찰의 노비였다. 승명은 편조遍照이고 법호는 청한거사清閑居士이다. 돈旽은 그가 훗날 공민왕의 신임을 얻어 집권한 후에 정한 속명이다.

　당시 노비의 자식이 승려가 되는 것은 법으로 금지되어 있었으나, 신돈의 생부가 영산의 유력자였기 때문에 승려가 될 수 있었다고 한다. 그러나 천한 신분으로 인해 승려가 된 후에도 산방山房에 따로 거처하며 승려사회에서도 온갖 설움을 받아야 했다. 이러한 신돈의 개인사는 그가 권문세족 및 기득권 세력들에 대해 증오에 가까운 반감을 갖게 만든 결정적 요인이 되기도 했다.

　공민왕과 신돈의 첫 만남은 공민왕 재위 7년 때인 1358년의 일이다. 이 시기 노국공주의 죽음으로 슬픔에 빠진 공민왕은 불교에 심취해 있었다. 그럴 때 왕의 측근인 김원명이 승려인 신돈을 왕에게 추천한 것이다.

　첫 만남을 통해 신돈의 예사롭지 않은 면모를 알아본 왕은 그를 자주 궐로 불러 대화를 나눴다. 갑작스런 승려의 등장으로 왕의 관심권에서 멀어지게 된 무리들은 심한 위기감을 느꼈다. 그들은 특히 신돈의 거침없는 개혁성향에 주목하였다.

　특히 홍건적의 침입 당시 공을 세운 이승경, 정세운 등의 무신은 신돈을 일컬어 '나라를 어지럽힐 중'이라며 공개적인 비난은 물론 살해 위협도 서슴지 않았다. 이러한 충돌은 이미 이 시기에 신돈의 정치적 영향력이 무신들 사이에 위협이 되고 있었음을 의미하기도 한다. 공민왕은 정적들로부터 신돈의 보호해주는 막강한 후원자였다.

그러나 신돈에 대한 조정의 거부감은 쉽사리 가시질 않았다. 결국 그는 4년 뒤 자신을 배척하던 세력들이 모두 조정에서 사라진 다음에야 비로소 정치표면에 나설 수 있었다.

1364년, 신돈은 삭발했던 머리를 기르고 유랑 걸식하는 수도승이 되어 다시 왕을 찾아왔다. 이때 왕은 '청한거사'라는 법호를 직접 지어주고 신돈을 사부로 삼아 국정 자문을 의뢰하였다.

이 무렵 공민왕은 쌍성총관부 폐지로 대표되는 일련의 반원反元 정책을 시도하면서 몇 차례 위험한 고비를 넘겼으나 점차 안정을 되찾고, 개혁에 박차를 가하기 위해 신돈을 등용하려 한 것이다.

"그는 도道를 얻어 욕심이 없으며, 또 타고 난 신분이 미천하여 친당親黨이 없으므로 큰일을 맡길 만하다."

공민왕이 신돈을 등용하면서 했던 말이다. 그러자 신돈은 이렇게 말했다.

"신은 기꺼이 왕명을 받들어 세상을 복되고 이롭게 할 뜻이 있습니다. 다만 한 가지 아뢰고 싶은 것은, 비록 참언이나 훼방이 있더라도 신을 끝까지 믿어줄 것을 청하는 바입니다."

이에 공민왕은 한 마디로 다짐을 해주었다.

"사師는 나를 구하고, 나 역시 사師를 구하리라!"

공민왕은 신돈이야말로 이해관계로 얽혀 있는 권문세족의 영향에서 벗어나 소신껏 개혁을 추진할 수 있는 적임자로 인식해 그에게 많은 권력을 부여했다.

1365년 5월, 신돈은 최영 등 무장 세력을 비롯하여 이인복 · 이구수 등 많은 권문세족을 물러나게 했다. 이후로는 인사권을 포함한 조정 안 팎의 모든 권력을 총괄했다. 이렇듯 강력한 권력을 갖게 되자 중국에는 신돈이 왕의 실질적인 권한을 행사하는 실권자로 알려졌고, 관료들에게는 영공令公으로 불렸으며, 그가 궁궐에 출입할 때에는 왕에 버금가는 의례가 행해졌다.

권문세족들에게 신돈은 두려움과 공포의 대상이었다. 일부에서는 그를 괴승, 또는 요승이라 부르며 이를 갈기도 했다.

신돈을 죽여야
우리가 산다

1365년 이후 실제로 공민왕은 신돈에게 모든 정사를 위임하였다. 신돈은 왕의 대리인으로서 개혁의 걸림돌이 되는 정치세력 제거에 나섰다. 개혁의 대상은 두 부류였다. 오랜 세월 기득권을 누려온 권문세족은 물론이고, 권력의 단맛에 취해 있는 조정의 관리들도 예외가 될 순 없었다.

어떤 면에서 공민왕은 신돈을 등용함으로서 일거양득의 효과를 거둘 수 있었다. 자신의 손에 피 한 방울 안 묻히고 기존의 정치세력을 효과적으로 제거하는 한편, 개혁을 둘러싼 잡음을 사전에 봉쇄시킬 수도 있었다.

신돈은 기존의 어떠한 정치세력과도 연결되지 않은 독보적인 존재였다. 그러므로 어느 누구보다도 과감하게 왕의 주변정리를 해줄 수 있었던 것이다. 신돈의 입장에서는 국왕의 의지만을 쫓다보니 결과적으로 지나치게 많은 정적들을 만든 원인이 되었다. 신돈이 주도적으로 실시한 개혁은 크게 세 갈래로 나누어진다.

첫째, 내재추제의 신설이다. 신돈은 이 제도를 통해 권문세족이 중심이 된 도당의 권리를 무력화시키고, 그 동안 수많은 폐해를 끼쳐왔던 지방의 산관品階만 받고 일정한 직무가 없던 벼슬들에 대한 통제권을 강화시킴으로서 결과적으로 왕권강화의 기틀을 마련했다.

둘째, 전민변정도감의 설치이다. 1366년 5월에 시행된 전민변정도감은 권문세족들에게 부당하게 빼앗긴 토지를 원 소유주에게 되돌려주고, 강압에 의해 노비가 된 사람들의 신분을 되찾아주기 위해 설치되었다.

이 제도의 실시로 권리를 되찾게 된 사람들은 신돈을 일컬어 "성인이 나타났다"며 찬양했으나, 그로 인해 경제적 기반이 뿌리째 흔들리게 된 권문세족들의 적개심 또한 하늘을 찔렀다. 이는 결국 신돈의 몰락을 초래하는 결정적 요인이 되기도 했다.

셋째, 국학인 성균관의 재건축 사업이다. 1367년 5월, 신돈은 숭문관 옛터에 성균관을 재건축하기로 하고 직접 그 터를 살피며, "공자야말로 천하의 스승"이라는 말로 성리학의 발전에 대한 적극적인 의지를 나타냈다.

성균관 재건축 사업은 신진사류의 성장과 밀접한 관련이 있다. 이 시기에는 이색, 정몽주, 정도전, 권근 등의 신진 문신세력이 대거 등장하던 때였다. 이들은 대체로 신돈의 정책에 대해 호의적이었다.

신돈은 권문세족들에 대항할 새로운 비판세력으로 이들 신진사류를 염두에 두고 있었다.

정치, 경제, 사회 전반에 걸친 신돈의 개혁은 계속해서 기득권층의 강력한 반발을 불러왔다. 이 와중에 신돈은 도선비기道詵祕記를 근거로 평양천도론을 제기하게 된다. 신진사류의 등장과 신돈의 줄기찬 개혁정책으로부터 자신들의 존재기반을 지키기 위해 혈안이 된 권문세족들은 그를 제거하기 위해 똘똘 뭉쳤다.

1367년 10월, 전 시중 경천흥과 지도첨의 오인택을 비롯하여 신돈을 공민왕에게 소개했던 김원명 등 전·현직 고위관료들이 신돈을 살해하기로 모의하다가 발각되는 사건이 있었다. 다음해 10월에도 그를 살해하려는 시도가 있었으나 사전에 계획이 누설되어 실패했으며, 이후로도 살해 음모는 계속되었다.

공민왕 18년인 1369년, 국내외의 모든 조건이 여러 모로 신돈에게 불리하게 작용하기 시작했다. 과도한 개혁의 후유증으로 조정 공론은 신돈에게 극히 부정적이었고, 전국엔 심한 가뭄으로 흉년이 들었다. 엎친 데 덮친 격으로 외적의 침입으로 국경이 혼란해지자 또 다시 무신세력이 강화되어 신돈의 입지는 갈수록 좁아졌다. 더불어서 모든 비난의 화살이 그에게로 쏠렸다.

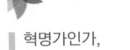

혁명가인가,
부패한 승려인가

1369년, 신돈은 자신의 세력 기반을 확립하기 위해 사심관 제도를 부활시켜 스스로 5도의 도사심관에 오르려 했으나 조정의 극심한 반대에 부딪쳐 뜻을 이루지 못했다. 여기에는 공민왕의 입김이 어느 정도 작용한 것으로 보인다.

그동안 신돈에게 모든 것을 일임하고 정치일선에서 물러나 있던 공민왕이 국정에 관여하기 시작한 것도 이 무렵이었다. 1370년 말, 마침내 친정을 선포한 공민왕은 몇 달 후 신돈을 반역혐의로 잡아들였다.

공민왕 14년부터 19년까지 5년 동안 신돈은 왕을 능가하는 권력의 소유자였다. 애초에 이 권력을 그에게 허락한 사람은 공민왕 자신이었다. 그러나 공민왕은 '師는 나를 구하고, 나 역시 師를 구하리라!'고 했던 신돈과의 약조를 끝내 저버렸다.

신돈은 특히 공민왕의 생모인 명덕태후와 사이가 나빴다. 명덕태후는 권문세족들과 밀접한 관련이 있었다. 결국 신돈은 그들의 공격을 받아 반역 혐의로 옥에 갇혔다. 집권 말기, 승려인 그가 처첩들을 거느리고 자식까지 낳았다는 사실로 인해 도덕성에도 치명적인 흠집이 생겼다.

또한 불교에 대해 비판적인 태도를 견지하던 신진사류와 승려인 신돈은 어차피 한 배를 탈 수 없는 한계가 있었다. 새롭게 권력의 전면에 나선 무신계급도, 그들과 각을 이루고 있는 신진사류도, 왕족들도, 심지어 그를 개혁의 선봉에 앞세운 왕조차 신돈을 경원의 대상으로 여겼다.

실제로 신돈이 반역을 저지르려 했다는 구체적인 물증은 어디에도 없었다. 그러나 공민왕은 그에게 씌워진 반역 혐의를 인정하여 수원으로 유배시켰다. 신돈은 그해 여름 유배지인 수원에서 처형됨으로써 파란만장한 인생에 종지부를 찍었다.

부패한 사회 제도와 모순을 바로잡으려 했던 승려 출신의 혁명적 정치가, 또는 왕의 신임을 빙자하여 권력을 남용한 부패한 종교인. 신돈에 대한 역사적 평가는 아직도 현재진행형이다.

역사를 움직이는 건 한 사람의 제왕이 아니라 그를 도와 국
정을 이끌어간 신하들의 역할이 컸다.

글을 쓰면서 가장 곤혹스러웠던 점은 간혹 어느 왕 대에서
는 '참모'라는 명칭이 어울릴 만큼 긍정적이고 구체적인 역할
을 했던 인물을 찾아내기 어려웠다는 점이다.

어떤 이는 자신의 소임을 다함으로써 올바른 길로 왕을 보
필했는가 하면, 또 어떤 이는 개인적 야욕으로 치세에 악영
향을 끼쳤다. 이들 모두 역사의 흐름을 바꾸는 데 어떤 식으
로든 영향을 끼쳤다는 점에서 목록에 포함시켰다.

왕을 움직여 역사를 바꾼 참모와 비선의 실체!

제왕들의 참모

| 조선 편 |

같은 운명, 다른 선택
정도전과 정몽주

혁명의 조짐

고려의 국운이 점차 쇠퇴해갈 무렵, 어느 날 함흥 기방에 낯선 활갑이 하나가 나타났다. 그는 마을사람들에게 이성계의 집이 어디인가를 묻고는 곧바로 사람들이 일러준 대로 걸음을 옮겼다.

"나는 북청 땅에서 온 퉁두란이란 사람인데, 이 고을에 활 잘 쏘는 무사가 있다 길래 한 번 실력을 겨뤄보러 왔소!"

하는 말이나 태도가 여간 거만한 게 아니었다. 마침 집에 있던 이성계가 그 소리를 듣고 밖으로 나왔다.

"거 듣던 중 반가운 말씀이군요. 그럼 어디 한 번 겨뤄보실까요?"

이렇게 해서 두 사람은 마을 앞 활터로 나갔다. 이성계로 말할 것 같으면 일찍이 서북면 병마사를 지낸 무장 이자춘의 아들로 이십 세가 되기 전부터 함경도 일대에서는 모르는 사람이 없을 정도로 뛰어난 무술의 소유자였다.

"자, 먼저 시합을 청하셨으니 나를 쏘아 맞춰보시지요."

이윽고 두 사람이 활터에 도착했을 때 이성계는 퉁두란과 백 보쯤 떨어진 자리에 책상다리를 하고 앉았다. 퉁두란은 서슴없이 앞으로 나아가 이성계를 마주하고 섰다.

　다음 순간, 그는 정확히 이성계의 이마를 겨냥하며 활시위를 당겼다. 바위라도 뚫고 나갈 것처럼 빠르고 힘찬 소리를 내며 화살은 삽시간에 백 보 밖으로 나아갔다.

　"저럴 수가!"

　퉁두란은 잠시 후 자신도 모르게 탄성을 내지르고 말았다. 금세 화살을 맞고 쓰러지거나, 최소한 날아오는 화살을 피해 몸이라도 움직일 줄 알았던 상대는 눈도 꿈쩍하지 않는 것이었다. 더군다나 어느 틈엔가 그의 한 손엔 자신이 쏘아 보낸 화살이 들려 있기까지 했다.

　"하하! 이 화살은 내가 잠시 보관했다가 돌려드릴 테니, 두 대만 더 쏘시지요."

　상대가 워낙 여유만만하게 나오자 퉁두란에게도 슬며시 오기가 생겼다. 그는 다시 한 대의 화살을 쏘아 보냈다.

　'이번에야말로 코를 납작하게 해줘야지.'

　마음을 단단히 먹고 두 번째 활시위를 당겼으나 곧이어 퉁두란은 입이 떡 벌어지지 않을 수 없었다. 화살이 거의 코앞에 다다른 순간, 이성계는 잽싸게 땅바닥에 엎드려 위기를 벗어났는데, 그 동작 하나하나가 한 마디로 예술이었다.

　그는 화살이 날아오는 시간을 미리 계산에 넣은 듯 최대한 가까이 날아오기를 기다렸다가 바닥에 엎드려 화살이 자신의 등 위를 살짝 스쳐 지나가도록 여유를 부린 것이었다.

　세 번째도 마찬가지였다. 이성계는 화살이 날아오는 동안은 꿈쩍도 않고 있다가 마지막 순간에 절묘하게 몸을 공중으로 솟구쳤다.

그리고는 양쪽 다리를 쩍 벌렸는데 그 순간 화살이 가랑이 사이로 싱겁게 빠져나가 버린 것이었다.

"죽을 죄를 지었으니 살려주십시오. 감히 천하 명궁을 몰라 뵙고 큰 실수를 했습니다."

퉁두란은 황망히 활을 던지고 이성계 앞으로 뛰어나와 무릎을 꿇고 말았다.

"원, 별 말씀을 다 하십니다. 그러지 말고 우리 서로 통성명이나 합시다."

이성계는 얼른 퉁두란의 손을 잡아 일으켰다.

"저는 본래 여진족 사람인데 몇 해 전에 부하들을 이끌고 압록강을 건너와 북청 땅에 살고 있습니다. 부디 수하로 거둬주시면 평생 의주군主君으로 모시겠습니다."

퉁두란은 자신의 화살을 꺾어 보이는 것으로 충성을 다짐하며 이날 이후 이성계의 곁을 한시도 떠나지 않았다. 나이는 이성계가 네 살이 어렸으나 퉁두란은 항상 그를 예로써 대했으며 훗날 이성계의 아들들 또한 그를 다른 숙부와 마찬가지로 예우하며 섬겼다.

아무튼 이성계와 퉁두란은 두 사람이 서로 마주 선 채로 활을 쏘면 화살끼리 맞부딪쳐 땅에 떨어졌다는 이야기가 전해질 정도로 고려 말의 알아주는 명궁이요, 명콤비였다. 「동국야사」에는 '퉁두란이 지나가는 아낙네의 물동이를 쏘아 맞히면 이성계가 뭉친 솜을 매단 화살촉으로 뚫린 물동이의 구멍을 틀어막아 물이 새지 않도록 했다'는 내용이 기록되어 있기도 하다.

퉁두란은 무장으로서의 기질만 뛰어난 것이 아니라 성격이 온유하고 주도면밀한 데가 있어 이성계의 심복 노릇을 톡톡히 했다. 한 번은 공민왕이 여러 신하들을 모아놓고 활쏘기 대회를 열었는데 이때 이성계가 세 번을 연달아 우승하게 되었다. 공민왕은 그때마다 '신궁神弓이 나왔다'며 감탄을 금치 못했다. 많은 사람들 앞에서 왕의 칭찬을 받으니 이성계로서도 우쭐한 기분이 들지 않을 수 없었다. 공민왕은 그에게 상을 내리며 또 한 번 실력을 보여주도록 청했다. 그러자 곁에 있던 퉁두란이 은밀한 음성으로 이성계를 제지하고 나서는 것이었다.

"본래 재주 많은 사람은 남에게 칭찬보다는 시샘을 받게 되는 법이니 조심하십시오. 이럴 때일수록 겸손하셔야 합니다."

이성계는 그 말을 듣고 깊이 깨달은 바가 있어 공민왕의 청을 사양하며 이렇게 말했다.

"오늘은 제가 운이 좋았을 뿐입니다. 시합을 계속했다간 망신만 당할 것 같으니 이만 물러가도록 허락해주십시오."

마침 이 자리에는 고려 왕실의 자랑거리라 할 수 있는 최영 장군도 있었다.

"그렇다면 이거 아깝게 되었구려. 내 오늘 이 자리에서 고려 제일의 명궁이 자리바꿈을 하게 될 줄 알았건만…."

공민왕은 은연중에 최영 장군을 빗대어 농담을 꺼낸 것이었다. 그때까지만 해도 이성계는 변방을 지키는 무장에 불과했고, 최영은 이른 바'흥왕사의 변'으로 불리운 공민왕 시해 사건을 진압한 공로로 좌명공신 1등에 봉해진 막강한 위치에 있었다.

퉁두란은 그런 상대와 무술실력을 겨뤄봤자 좋을 것이 없다는 판단에서 이성계의 행동을 제지하고 나선 것이었다. 만약 이때 그가 최영과 활쏘기 시합을 벌여 이기기라도 했다면 일찌감치 최영을 따르는 무신들의 눈 밖에 났거나 최소한 그들의 경계대상으로 점 찍힐 수도 있는 일이었다.

퉁두란은 단순한 경쟁심리가 쓸데없는 정적을 만들 수도 있다는 사실을 일찌감치 간파하고 있었다. 덕분에 이성계는 훗날 최영과 더불어 고려 최고의 무신으로서 확고한 입지를 다질 때까지 주위에 별다른 정적을 만들지 않고 자신의 아성을 구축할 수 있었다.

한번은 또 이런 일도 있었다. 이성계는 전쟁터에 나가면 물불을 가리지 않는 성격이라 늘 싸움의 선봉에 서서 적들을 무찌르곤 했다. 원나라 장수 나하추가 수만의 대군을 이끌고 고려의 동북면함경도 영흥 일대을 침입했을 때 이성계는 스스로 앞장서기를 주저하지 않았다. 그러자 퉁두란이 이성계 앞을 가로막고 나서며 이렇게 말했다.

"이런 일은 한낱 싸움하는 장수의 몫입니다. 주군께서는 어찌 이런 하찮은 일에 귀중한 몸을 쓰려 하십니까?"

퉁두란은 이성계에게 자중자애 할 것을 당부하며 그 대신 돌과 화살이 난무하는 적진 속으로 뛰어들었다. 이처럼 그는 이성계를 위해서는 목숨을 아끼지 않는 사람이었다.

훗날 조선이 개국한 뒤 태조는 그에게 자신과 같은 이씨 성을 쓰도록 했는데 퉁두란은 이때부터 이지란李之蘭이 되었다.

통두란의 일화에서 엿볼 수 있는 것처럼 이성계는 워낙 주위에 사람이 많이 꼬였다. 이것은 그가 무신으로서 본격적인 활약을 시작한 고려 말의 국내 정세와도 무관하지 않다고 볼 수 있다.

당시 고려는 사방에서 외적들의 침입을 받아 하루도 전쟁의 위험에서 벗어난 날이 없을 정도로 불안한 상황이었다. 여기에 공민왕의 실정은 극에 달해 있었고 백성들 사이엔 새 왕조의 탄생을 예고하는 도참설이 널리 퍼져 있던 때였다.

고려 태조 왕건의 등장을 예언했던 도선대사가 중국의 풍수지리설과 음양도참설陰陽圖讖說을 골자로 해서 쓴 「도선비기道詵祕記」에 의하면 십팔자왕설十八子王說이란 것이 있는데, 당시 사람들은 이것을 '이李씨가 왕이 된다'는 뜻으로 믿었다.

그러니까 한문 十자와 八자, 子자를 조합하면 李자가 된다는 것인데, 고려 인종 때 일어난 '이자겸의 난'도 이것에서 비롯된 것이었다. 이자겸은 자신의 딸들을 인종에게 출가시킨 뒤 온갖 권력을 독차지 한 것도 모자라 스스로 왕이 되기로 작심하여 난을 일으켰던 장본인이다. 그는 자신의 딸을 시켜 왕을 독살하려다 실패하고 유배지에서 죽게 되었는데 그 얼마 후 '묘청의 난'이 일어났다. 당시 왕실의 고문역할을 했던 묘청은 수도를 개경에서 서경으로 옮겨야 나라가 크게 번창한다고 주장했는데 그 또한 도참설의 신봉자였다.

그러나 묘청의 서경천도설은 김부식 등 조정 대신들의 맹렬한 반대에 부딪쳤고, 이에 정치적 위협을 느낀 그가 서경을 기반으로 반란을 일으켰던 것이다.

'이자겸의 난'이나 '묘청의 난'은 그 당시 사회적으로나 정치적으로 도참설이 얼마나 많은 영향을 미쳤었는지 알 수 있는 단적인 예가 될 수 있을 것이다.

　이 도참설은 고려 말에 이르러 더욱 더 민간에 확산되었는데 이성계의 주변에서도 예외가 아니었다.

　이성계는 서까래 셋을 등에 지고 산을 오르는 꿈을 꾸고 근처의 덕망 높은 선승에게 해몽을 부탁했는데, 그가 '서까래가 셋이면 王자가 되는 것이니 장차 가장 높은 자리에 오른 것'이란 예언을 했다는 내용이 조선왕조실록에 실려 있다.

　한 마디로 그에게는 왕기王氣가 있다는 것인데, 이 이야기는 이성계의 조선개국이 한낱 우연이 아니었다는 자기 합리화의 방편으로 사용되기도 했다.

운명적인 만남

　1383년 가을, 동북면 병마사로 함흥에 가 있던 이성계의 막사로 또 한 사람의 손님이 찾아왔다.

　그 무렵 이성계는 전국 각지의 전쟁터를 누비며 빛나는 무공을 세워 백성들에게는 최영 장군에 버금가는 전쟁영웅으로서의 인기를 누리고 있었다.

"삼봉, 이렇게 먼 곳까지 날 찾아주다니! 정말 반갑소."

이성계는 손님이 왔다는 말을 듣고 직접 검문소 앞으로 마중을 나갔다. 언제 여진족들이 출몰할지 모르는 변방까지 그를 찾아온 손님은 다름 아닌 삼봉 정도전이었다.

정도전은 서른셋의 나이에 태상박사가 되어 포은 정몽주와 함께 성균관에서 유생들을 가르친 신진 성리학자였다. 그런 그가 무신인 이성계를 찾아 함흥까지 가게 된 것은 나름대로 이유가 있었다. 그는 이미 고려 왕실에 충성을 바칠 뜻을 버린 지 오래였다.

이미 민심도 고려를 떠났다는 사실을 피부로 느낄 수 있었고, 그들이 새로운 지도자를 원하고 있다는 사실 또한 지난 몇 년 간의 떠돌이 생활을 통해 간파하고 있었다. 그러니까 지금 정도전은 정치판의 새로운 판짜기에 주역으로 나설 인물을 찾아 나선 길이었다.

"지나던 길에 장군의 막사가 여기 있다고 들어 구경삼아 한 번 와봤습니다. 무례를 범했다면 용서하십시오."

"잘 오셨소, 삼봉! 안 그래도 삼봉의 문명文名은 익히 들어 알고 있었소."

이성계는 마치 오랜만에 만난 형제를 대하듯 그를 반겼다.

"이 정도 군대라면 무슨 일인들 못하겠습니까?"

이성계의 극진한 대접을 받으며 군 내부를 한 바퀴 돌아보고 난 뒤 정도전은 은밀히 자신의 의중을 드러내었다.

"일이라니, 무슨 일을 뜻하시는 겁니까?"

짐짓 말귀를 못 알아듣는 척하며 상대방의 진의를 간파하려는 이성계 또한 만만한 인물은 아니었다.

'역시 쉽게 볼 인물은 아니군.'

정도전은 속으로 이런 생각을 하며 너스레를 떨었다.

"왜적들을 물리치는 일말입니다."

"아, 난 또 무슨 말씀이시라구. 하하하! 우리 이럴 게 아니라 술이나 한잔 들면서 세상 돌아가는 이야기라도 나눕시다, 그려."

"그렇게 하시지요."

그날 이성계와 정도전은 오래도록 술을 마시며 이야기를 나누었다. 아마도 정도전은 이 자리를 통해서 이성계의 인물 됨됨이를 나름대로 평가하고 재단했을 것이다. 떠나기 전에 정도전은 문득 막사 앞에 우람하게 서 있는 소나무 앞으로 걸음을 옮겼다. 그 큰 가지로 하늘을 떠받치듯 오래된 노송이었다.

정도전은 소나무 둥치 가운데 껍질을 벗겨낸 다음 즉석에서 시를 한 수 새겨 넣는 것이었다.

아득한 세월 속 한 그루 소나무여

청산에 나고 자라 몇 만 겹인가

언제 우린 다시 볼 수 있을까

살아가는 동안 높이 보고 따르리.

그날 둘이서 무슨 이야기를 했는지는 더 이상 구체적으로 전해진 사실이 없다. 다만 정도전은 이 시를 통해서 장차 이성계를 자신의 주군으로 삼겠다는 의지를 천명한 것이다.

난세에 꽃핀 우정

삼봉 정도전. 당시 권력의 실세들은 그를 별로 탐탁치 않게 여겼다. 지나치게 강직하고 타협을 모르는 그 성격 때문에 정도전의 주변엔 유난히 그를 꺼리는 인물들도 많았다.

'그는 도량이 좁고 시기가 많았으며, 또한 겁이 많아서 자기보다 나은 사람들은 반드시 해쳐서 묵은 감정을 보복하려고 했으며, 항상 임금에게 사람을 죽여 위엄을 세우기를 권고하였으나 임금이 듣지 않았다. 처음에 도전은 한산 이색을 스승으로 섬기고 정몽주·이숭인과 우정이 깊었는데 훗날 세 사람을 참소하고 헐뜯어 원수가 되었다.'

〈조선왕조실록〉 태조 편에 수록된 정도전에 관한 내용이다. 물론 이것은 정도전의 숙적인 태종 이방원의 재위 기간에 쓰여졌다는 사실을 감안할 필요가 있다. 그렇다고 하더라도 그가 스승 이색을 두 번이나 탄핵하고 끝내는 죽음으로 몰아갔으며 친구인 정몽주와도 원수지간이 된 것만은 사실이다.

정도전은 조선 개국 후 자신의 스승이었던 이색을 사람이 살지 않는 무인도로 귀양 보낼 생각까지 했었다. 그러나 이때 태조 이성계가 반대하는 바람에 뜻을 이루지 못했다.

"전날 교서에 내가 이미 이들을 불쌍히 여긴다 했는데, 지금 또 여러 섬으로 귀양보낸다면 내가 의리를 저버리는 것이다. 더구나 사람이 살지않는 땅에 보낸다면 의복이며 음식을 어디서 구한단 말인가?"

당시 도평의사사직에 있던 정도전은 태조가 이런 말과 함께 탄식했다는 소식을 듣고 마음을 바꿨다. 그리하여 이색은 장흥 고을로 유배를 떠나게 되었는데 정도전은 그 호송관인 경기계정사 허주에게 자신의 속내를 드러내고 말았다.

"내가 그를 섬에 귀양 보내자고 했던 것은 바로 바다에 밀어 넣자는 것이었다."

이 말은 곧 귀양 도중 그를 죽여 없애라는 뜻이었다. 결국 이색은 정도전의 뜻에 따라 이듬해 여강으로 이송되던 도중 의문의 익사사고를 당하게 된다. 정도전과 정몽주는 둘 다 이색이 특별히 사랑하는 수제자였다. 성균관 대사성으로 제자들을 가르치던 이색은 정도전과 정몽주에게 종종 강론을 대신하게 할 정도로 두 사람의 학문을 아꼈다. 그런 스승을 죽게 만들었으니 정몽주는 죽어서라도 그를 용서할 수 없었을 것이다.

정몽주는 학문에도 뛰어났지만 무예에도 남다른 기질을 갖고 있었다. 이성계가 전쟁터를 누비며 외적들을 소탕할 땐 조전원수로서 그를 도와 공을 세우기도 했다. 타고난 무신집안의 장군으로서 학문적 식견에 대한 동경심을 갖고 있었던 이성계는 문무를 겸비한 정몽주의 재주와 학식에 대해서 남다른 호의를 갖고 있었다. 더구나 몇 번의 전투를 같이 치르며 생사를 함께 한 사이였던 만큼 우정도 돈독할 수밖에 없었다.

1388년에 이성계가 위화도회군으로 정권을 장악했을 때까지만 해도 이 세 사람의 우정에는 큰 변화가 없었다. 이성계는 스스로 문하시중 겸 영팔도군마도총이 되어 군권을 독차지하고는 정몽주에게 수문하시 중 겸 대제학의 벼슬을 권했다. 남양부사로 나가 있던 정도전에게는 대사성 자리를 내주었다. 그 동안 외직을 맴도는 하급관리에 불과하던 그에게는 파격적인 대우였다.

정몽주는 위화도회군을 어쩔 수 없는 선택으로 받아들였다. 회군의 가장 큰 명분은 요동정벌에 반대한다는 것이었다. 그리고 그것은 당시 끈질기게 명나라와의 전쟁을 반대하던 친명파 일색인 문신세력들의 호응을 이끌어냈다.

이른바 폐가입진廢假入眞, 즉 가짜를 폐하고 진짜를 세운다는 논리로써 창왕을 폐하고 공양왕을 내세운 것은 우왕과 창왕이 신돈의 핏줄이라는 혐의 때문이었다. 창왕은 우왕의 아들이었고, 우왕은 공민왕의 아들이었다. 문제는 임금에게 자식을 생산할 수 있는 능력이 없었다는 것이다.

공민왕은 정비인 노국공주 외에도 여러 명의 후궁을 두었으나 자식은 하나도 얻지 못했다. 당시 나라 안에는 신돈의 애첩인 반야라는 여인이 임신한 몸으로 왕과 동침한 후에 우왕을 낳았다거나, 왕비가 신돈과 간통하여 낳은 자식이 우왕이라는 소문이 퍼져 있었다.

정도전·남은·조준 등 이성계와 뜻을 같이 하는 신진세력들은 그런 상황에서 절묘하게 폐가입진의 아이디어를 발휘, 새 왕조 건립을 정당화시킬 명분을 만들어낸 것이다.

결국 창왕은 폐위되었고 신종의 7대 손인 정창군이 왕위에 올랐는데 그가 바로 고려의 마지막 임금 공양왕이었다. 그러나 공양왕은 혁명세력을 대신하여 우왕과 창왕을 죽여야 할 책임을 넘겨받은 이름뿐인 왕이었다.

야망의 갈림길

현실개혁에 대한 이성계와 정도전, 정몽주와 이색 이들 네 사람의 생각은 일면 닮은꼴인 듯하면서도 전혀 다른 모습을 하고 있었다.

이색과 정몽주는 고려왕조라는 토대 안에서 사회적 중흥을 꾀하려는 온건파였고 정도전은 아예 이성계라는 새 인물을 전면에 내세워 고려왕조 자체를 깨부수고 새로운 판짜기를 시도하려는 급진 개혁론자였다.

여기에 대해서 이성계는 어떤 입장이었을까?

아마도 그 자신은 왕위에 대한 욕심이 별로 없었다거나 우유부단한 성격이었던 것 같다. 위화도회군으로 권력을 장악한 지 4년이라는 세월이 흐르도록 그는 특별한 행동을 개시하지는 않았다. 때를 기다리며 예의 주시하는 노련함이었을까? 어쨌거나 그는 주변의 추종세력에 의해 만들어진 왕이었다.

정도전은 스스로 왕이 되기보다는 오늘날로 치자면 내각책임제나 입헌군주제의 총리를 꿈꾸었다. 그는 임금의 자질이 중간 정도만 되어도 조정을 책임질 총재, 즉 재상만 잘 선택하면 얼마든지 선정을 베풀 수 있다고 믿었다.

그러니까 왕은 상징적인 존재에 불과하고 모든 정치는 총재를 중심으로 한 조정 대신들이 맡아서 한다는 것이었다. 물론 조정 대신들의 임용이나 퇴출도 총재의 권한에 속한다.

정도전의 이러한 사상은 당시로선 가히 혁명적이라 할 만 했다. 사실 왕정을 부정하지만 않았을 뿐이지 그 사상적 배경에는 한 사람의 재상이 국정을 전담하는 강력한 신권주의가 깔려 있었던 것이다.

이성계는 충분히 정도전의 이와 같은 정치적 청사진에 부합될 수 있는 인물이었다. 그를 정치적 스승으로 떠받들 만큼 정도전에 대한 이성계의 신임이 두터웠던 것도 사실이었다.

황주에서 이성계를 만나기 전까지만 해도 정도전은 조정 실세의 미움을 받아 정치권에서 완전히 밀려나 있던 중이었다. 그는 친원파 일색이던 조정에 정몽주와 함께 반기를 들었다가 정치생명이 위태로울 지경의 보복을 당해야 했다.

이때 정도전은 원나라에 오는 사신을 접대하라는 조정 대신 경복흥의 지시를 받고 그의 집까지 찾아가 고함을 치며 소란을 피웠는데 그 정도가 보통 과격한 게 아니었다.

"나더러 원나라 사신을 접대하라면 그 자를 죽여 버리던가 아예 산 채로 묶어 명나라로 보내버릴 것이오!"

감히 소장학사 신분으로 대신 집에 찾아가 이런 말을 했으니 이것은 엄연한 항명이었다. 정도전은 즉시 파직되어 나주로 3년간 유배되었다.

정몽주 또한 원나라와의 친교를 반대하는 입장이었지만 정도전과 같이 극렬한 태도를 취하지는 않았다. 그는 친명파로서 자신의 소신을 굽히지 않고 반대 상소를 올려 조정의 중론을 모의하려다 실패하고 귀향길에 오른 것이었다.

두 사람은 성격이나 기질 면에서 너무나 대조적이었다. 정도전은 매사에 반골 성향이 강했고 도무지 부드러운 데가 없는 사람이었다.

자기주장에 대해서는 한 치도 굽힘이 없는 반면 급하기까지 했다. 어떤 면에서 그는 문신이면서 무인 기질이 더 강했고 지나치게 독선적이었다. 권력을 가진 사람의 입장에서 보자면 도무지 화합할 수 없는 눈엣가시 같은 존재가 바로 정도전이었다.

반면 정몽주는 성품이 온화하고 선비적인 기질이 주위사람들의 호감을 샀다. 정도전이 3년간 유배되었다가 풀려난 뒤에도 오랫동안 정치권 복귀가 이루어지지 않은 데 비해 정몽주는 곧바로 방면되어 중용된 것만 보아도 두 사람을 대하는 정치권의 시각을 엿볼 수 있다.

무인 기질까지 갖춘 정도전의 독특한 개성을 남다른 매력으로 받아들인 사람은 이성계뿐이었다. 귀양에서 풀려난 뒤 여기저기 옮겨 다니며 떠돌이 서생 노릇을 하던 정도전이 정계로 복귀하는 데 가장 큰 도움을 준 사람도 이성계였다.

이때 정도전에게 맨 처음 맡겨진 임무는 그 동안 친원책으로 돌아섰던 고려조정에 대해서 비위가 상할 대로 상해 있던 명나라 황실에 화해 사절단으로 가는 일이었다.

사절단의 대표로는 정몽주가 뽑혔고 정도전은 서장관의 직책으로 그를 따라 나섰다. 사절단 파견의 결과는 대단히 성공적이었다. 그런데 이때도 정몽주가 명나라 황제인 주원장의 신임을 한 몸에 받고 돌아온 것과 달리 정도전은 그다지 좋은 인상을 심어주지 못했다. 그는 공자의 나라 중국을 흠모했지만 언젠가 중국대륙을 정복하리라는 원대한 계획을 품고 있었다.

이렇듯 거칠 것 없는 정도전의 호방한 기상이 주원장의 정치 감각에 포착되었던 것인지 그들은 조선건국 후에도 두고두고 정도전에게 정치적 압박을 가하게 된다.

죽기 아니면 살기

1388년의 위화도회군 이후 정도전에게 주어진 최대의 과제는 이
색 · 정몽주를 비롯한 조정 내의 왕당파를 제거하는 일이었다. 맨 처
음 공격의 대상이 된 사람은 당대의 대학자요 사대부들의 정신적 지
주였던 목은 이색이었다.

정치적으로나 학문적으로나 선배였던 정몽주는 정도전이 스승을 탄
핵하고 나서자 오히려 정도전을 봉화로 유배시킴으로써 문신세력의
우두머리로서 자신의 위상을 만천하에 확인시켰다.

이 사건으로 정몽주와 정도전은 서로 완전히 다른 길을 걷게 되었
다. 어쨌거나 고려왕조와 운명을 같이한다는 정몽주의 결심에는 변함
이 없었고 한쪽에선 이성계를 새로운 군주로 옹립하려는 움직임이 활
발하게 일고 있었다. 물론 그러한 움직임의 중심에는 삼봉 정도전이
있었다.

때는 어느덧 1392년, 이성계가 위화도에서 군대를 돌려 수도 개경을
치고 들어온 지도 어언 4년의 세월이 흘렀다. 이 무렵 정몽주는 공양왕
의 스승이 되어 정사를 보좌하고 있었지만 실질적인 권력은 여전히 이
성계 일파가 장악하고 있을 때였다.

한때는 한 스승 밑에서 공부하던 동지였고 전장에서 목숨 걸고 우정
을 맹세한 전우였지만 정몽주와 정도전, 이성계는 이제 더 이상 친구
가 될 수 없었다.

정몽주 입장에서 정도전과 이성계는 고려왕조를 지키기 위해 마땅히 제거해야 될 위험인물이었다. 그렇지 않으면 자신이 죽어야 할 운명이라는 것을 정몽주는 누구보다도 잘 알고 있었다.

그럼에도 불구하고 정몽주에게는 마땅한 대책이 없었다. 그러던 중 마침내 기회가 왔다.

"어떻게 해서든 이성계 일파를 몰아내지 않으면 조정이 위태롭게 됩니다. 마침 사냥 중에 말에서 떨어져 부상을 당했다고 하니 이때가 절호의 기회요, 먼저 이성계를 없애버립시다."

정몽주는 명나라에 갔던 세자를 마중하기 위해 황주로 나갔던 이성계가 크게 다쳤다는 소식을 듣고는 즉시 대간들을 동원하여 정도전 남은·조준 등을 탄핵하게 하고 그들을 즉시 유배시켜 버렸다.

일단 이성계의 팔다리를 자른 뒤 순서를 밟아 그들을 한꺼번에 없애버릴 계획이었다.

그러나 정몽주는 이때 이방원이라는 복병을 미처 계산에 넣지 못하는 실수를 범했다. 그는 이성계의 여러 아들 중 가장 정치 감각이 예민한 걸물이었다. 부친이 낙마했다는 소식을 듣고 정가의 움직임을 발빠르게 감지한 이성계의 다섯째 아들 방원은 그날 밤 황주로 달려갔다. 일단 환자를 개성으로 옮긴 다음 집 안팎을 철통같이 경계하였다.

이성계가 여전히 건재함을 알림으로써 문신들의 기선을 제압하려는 의도에서 방원이 머리를 쓴 것이었다. 그리고 이성계가 개성에 있는한 군사들은 그의 명령에 따르도록 되어 있었다. 방원의 계획은 예상대로 들어맞았다. 군부는 일체의 동요가 없었고, 조정 대신들도 지레 겁을 먹었는지 최대한 몸을 사리는 기색이 역력했다.

결국 방원에게 선수를 빼앗긴 정몽주는 사흘 간 식음을 전폐하고 집 밖에도 나오지 않았다. 태풍전야의 팽팽한 긴장감이 사흘 간 계속되었다.

"가시면 안 됩니다! 지금 이방원 일당이 선생님을 죽이겠다고 벼르고 있습니다."

마침내 그가 집을 나서자, 제자인 변중량이 앞길을 가로막고 나섰다. 그는 이성계의 조카사위였다.

"어쨌거나 한번은 부딪쳐야 할 일이다."

정몽주는 죽기를 각오하고 이성계의 집으로 향했다. 이미 그 자신의 힘으로는 고려왕조를 지킬 힘이 없다는 것을 뼈저리게 느끼는 그였다. 이성계의 집 문 앞에 도착한 순간부터 이미 대세가 기울어져 있다는 것을 간파할 수 있었다. 수많은 군졸들을 거느리고 선 채로 자신을 맞이하는 이방원의 눈에서 살기가 느껴졌다.

짐짓 그를 외면하며 내실로 들어간 정몽주는 먼저 얼마 전에 세상 떠난 이성계의 첫째부인 한씨 이야기로 말문을 열었다.

"부인께서 돌아가시고 상심이 크셨던 모양입니다. 천하의 명장이요, 신궁 소릴 듣던 장군이 낙마를 하시다니요…."

"여러 가지로 바쁘실 텐데 이렇게 문병까지 와주다니 고맙소, 포은…."

정몽주는 자리보전을 하고 누워 있는 이성계를 만감이 교차하는 눈빛으로 바라보았다.

'어쩌다 사람관계가 이 지경이 되었을 꼬!'

심정이 착잡한 것은 이성계도 마찬가지였다. 어차피 두 사람이 같은 배를 탈 수 없다는 건 지난 4년간의 숨막히는 긴장관계가 증명해주는 사실이었다. 이성계는 좀 더 시간이 걸리더라도 정몽주 한 사람만큼은 자기편으로 끌어들일 심산이었다.

그렇게 하지 않으면 혁명의 정당한 명분을 얻기도 어렵거니와 무엇보다도 정몽주는 온 나라 백성들의 신망을 한 몸에 받고 있는 선비 중의 선비였다. 문제는 성미 급한 방원이 무슨 일을 저지를지 알 수 없다는 데 있었다.

전날 밤에도 정몽주를 없애지 않으면 뜻을 이룰 수 없다는 수하들의 건의가 빗발쳤고 그 중에도 방원은 가장 단호한 입장을 취했다.

이성계는 그들에게 포은은 자신의 친구라는 점을 들어 절대 극단적인 행동을 하지 않도록 당부했지만 결국 일은 그날 밤에 벌어지고 말았다.

이방원의 수하들인 조영규 등이 문병을 끝내고 돌아가는 정몽주를 뒤쫓아가 기어이 그를 처참하게 살해하고 만 것이었다.

"어리석은 놈! 네가 만백성의 어버이를 죽였으니 사람들이 나더러 무어라고 하겠느냐?"

이성계는 정몽주가 죽었다는 소식을 듣고 불같이 화를 내며 방원을 질책하였다. 이때부터 부자간의 관계가 악화되기 시작했고, 이성계는 방원을 정치권에서 소외시킬 생각까지 하게 되었다.

어쨌거나 고려의 마지막 충신 정몽주를 제거함으로써 정도전·남은·조준 등 이성계 일파의 복권은 즉각 이루어졌다. 정도전은 정몽주의 죽음을 딛고 화려하게 정가에 복귀, 이때부터 태조 이성계의 책사 노릇을 톡톡히 하게 된 것이었다.

정몽주는 문무의 역량을 두루 갖춘 고려 말의 흔치 않은 인재였으나 현실감각이 부족한 면이 있었다. 시대에 뒤떨어진 현실감각으로 정치 일선에 뛰어들었던 것이 정몽주의 한계였다면 정도전의 경우는 지나치게 시대를 앞서갔다는 데 문제가 있었다.

정몽주는 개혁을 표방하면서도 쇠잔해 가는 고려왕조에 대한 미련을 버리지 못했고 민족주체성의 확립보다는 사대주의적 성향이 강했다고 할 수 있다. 이런 이유로 훗날의 역사가들은 '충신 정몽주'보다는 혁명가 정도전에게 더 많은 점수를 할애하는 것도 사실이다. 그렇지만 정도전은 결국 실패한 혁명가였다.

태풍전야

1392년 7월 17일, 마침내 공양왕을 폐위시킨 정도전·남은·배극렴 등이 옥새를 집 마루에 놓고 가는 해프닝 끝에 이성계는 마지못해 왕위를 수락하는 형식으로 수창궁에서 즉위식을 가졌다.

"예로부터 하늘의 뜻이 아니면 제왕이 일어날 수 없다고 했는데 나처럼 덕이 없는 사람이 어찌 이를 감당하겠는가? 내가 몸만 건강하다면 말을 타고 도망이라도 치고 싶은 심정이니, 경들은 마땅히 힘을 합쳐 부족한 사람을 보좌하라."

 태조 이성계가 즉위 일성을 토할 때까지만 해도 그 동안 새 왕조를 창건하기 위해 힘을 합쳤던 모든 사람들은 만세를 부르며 축제 분위기에 휩싸였다. 그러나 이것은 어디까지나 잠시 동안의 휴식 같은 평화였다. 국호를 '조선'이라 정하고 수도를 개경에서 한양으로 옮긴 뒤 태조 이성계는 세자 책봉을 서둘렀다. 여기에는 정당문학에서 도평의사사로 국가 요직을 두루 거치며 초고속 승진을 계속해 온 삼봉 정도전의 입김이 크게 작용했다.

 그는 이방원을 비롯한 태조의 장성한 아들들이 왕실의 중심인물로 떠오르는 상황에 대해서 몹시 촉각을 곤두세우고 있었다.

 "하루 빨리 세자를 책봉하셔서 전하의 뒤를 이어갈 성군으로 키워야 합니다."

 "그렇긴 한데… 누굴 세자로 한단 말이오?"

 세자 책봉이 중요하고 시급한 사안이라는 것은 태조도 익히 공감하고 있었지만 그 문제는 임금인 자신도 쉽게 결정을 내리기가 어려웠다. 원칙을 따르자면 적장자인 방우를 후계자로 삼아야 했으나 태조 이성계의 마음은 다른 아들에게 있었다.

 "그래 삼봉이 생각하기엔 누가 적임자일 것 같소?"

 태조의 물음에 정도전은 주저없이 방석을 거론하였다.

"의안대군이 적격입니다."

"…의안대군은 너무 어리지 않소? 이제 겨우 열한 살인데."

태조는 내심 무안대군 방번의 이름이 나오길 기대하고 있었다. 방번은 당시 18세로 의안대군 방석과 함께 태조의 둘째 부인 신덕왕후 강씨 소생이었다. 당시 궁궐 안팎에선 태조가 첫째 부인 한씨 소생의 아들 가운데 하나를 세자로 정할 것이라는 관측이 지배적이었다.

한씨는 태조 이성계가 아직 벼슬도 하지 못하던 때에 시집와서 오랜 세월 고생을 함께 했으나 남편이 왕위에 오르기 1년 전에 세상을 떠났다. 조선이 개국된 다음날 정비로 추존되었으며 훗날 정종이 즉위한 후에는 신의왕후로 추존된 한씨 소생의 아들은 모두 7형제였다. 세간의 중론은 그중 다섯째 아들인 방원이 세자로서 적합하다는 평이었다. 그만큼 방원은 인물이 뛰어났고 조선 왕조 창업에도 공을 많이 세웠다는 걸 다들 인정하고 있었기 때문이다. 그러나 태조 이성계와 정도전의 의중에는 아예 처음부터 기피인물로 낙인찍힌 지 오래였다.

"방번이는 어떻소?"

임금의 입에서 마침내 무안대군 방번의 이름이 나왔다. 안 그래도 정도전은 중전 강씨로부터 방번을 세자로 추대해달라는 청탁을 받았던 터였다.

"무안대군은 성격이 다소 경솔한 면이 있어서 세자로선 부적합하다는 대신들의 의견이 있었습니다."

배극렴 · 조준을 비롯한 몇몇 개국공신들에게 의견을 물어본 결과 태조 또한 같은 말을 들은 적이 있었다. 그들은 정안대군 방원이 세자 책봉을 받아야 한다는 주장이었다.

"시대가 태평하면 적장자를 왕위 계승자로 세우고 세상이 혼란스러울 땐 공이 많은 왕자를 택하는 게 옳은 일입니다."

"아무리 공이 많아도 백성들을 사랑할 줄 모르고서는 소인배나 마찬가지요."

태조는 한 마디로 대신들의 주장을 일축해버렸지만 뒤끝이 영 개운한 것만은 아니었다.

"방원이는 아무래도 곤란하지 않겠소, 삼봉…?"

세상 사람들이 방원을 주목하고 있다는 것을 태조라고 해서 왜 몰랐겠는가. 그렇지만 방원에게 왕위를 내주면 장차 방번과 방석 두 아들의 안전을 보장할 수 있을지 그게 의문이었다. 안 그래도 정실 자식들이 자신을 원수 대하듯 한다며 후비 강씨의 신세한탄이 그칠 날이 없었다. 나이 차이가 많은 강비를 끔찍이도 아끼던 태조는 그 걱정을 덜어주기 위해서라도 그녀가 낳은 두 아들 중 하나를 세자 자리에 앉히려고 했다. 그런 그가 이쯤에서 이방원의 이야기를 들먹인 것은 어쨌거나 잘난 아들의 위세를 무시 못 할 입장이었기 때문이었다.

"정안대군은 똑똑하고 영민하지만 지혜롭지 못하고 무엇보다 군왕으로서의 덕이 부족합니다."

역시 정도전은 태조의 의중을 훤히 꿰뚫어보고 있었다. 그는 익안대군 방우, 영안대군 방과, 익안대군 방의, 회안대군 방간 등 한씨 소생 왕자들에 대해서도 이런 저런 이유를 대며 세자 책봉을 반대하고 나섰다.

"그렇다면 결국 의안대군밖에 없다는 얘긴데…."

"대군께서 아직 나이는 어려도 총명하고 덕이 깊어 만백성의 어진 군주가 될 자질이 충분합니다."

결국 태조는 의안대군 방석을 세자 자리에 앉힌 뒤 정도전에게는 그 교육을 맡겼다. 마침내 세자 책봉 교지가 떨어지자 한씨 소생 아들들의 불만은 하늘을 찌를 듯했다. 그중에서도 다섯째 정안대군은 정도전과 계모 강씨에 대해서 속으로 이를 갈았다.

"우리 형제들을 다 제쳐두고 코흘리개 어린아이한테 세자 자리를 내주다니! 이건 분명 저 교활한 늙은이와 못된 여우가 짜고 한 짓이다!"

교활한 늙은이와 못된 여우란 물론 삼봉 정도전과 현비 강씨를 뜻하는 것이었다. 정도전은 세자 책봉에서 밀려난 왕자들의 원성이 자신을 향할 것이라는 일쯤은 충분히 예상하고 있었다. 바야흐로 정도전과 이방원을 비롯한 왕자들 간의 피비린내 나는 대 혈전이 예고되는 순간이었지만 그런다고 해서 겁먹을 그가 아니었다.

정도전으로 말하자면 5백년 고려왕조를 무너뜨리고 새로운 킹메이커를 자임하고 나선 책사 중의 책사 아닌가.

해동 장량의
비참한 최후

"한고조는 장량을 이용한 것이 아니라 사실은 장량이 그를 키운 것
이지."

정도전은 종종 술에 취하면 이런 말을 입에 담을 만큼 자신이 조선 왕
조 창업에 지대한 영향을 미쳤음을 노골적으로 자랑하곤 했다.

장량은 한고조 유방의 책사로서 한 나라를 개국하는 데 공이 컸던 인
물이다. 정도전은 고조가 장량을 책사로 발탁하여 새 왕조를 개국할 수
있었던 게 아니라 오히려 장량이 고조에게 왕위를 열어 주었다는 말로
스스로를 추켜세운 것이었다.

실제로 정도전이 아니면 조선의 왕조 성립이 어려웠다고 할 만큼 그
가 중요한 역할을 했던 것도 사실이다. 왕조의 기틀을 확립하고 민심
을 안정시키는 문제에 이르기까지 정도전은 그야말로 눈부신 활약을
했다. '조선'이라는 국호는 물론 오늘날까지 그 이름이 전해지고 있는
경복궁과 강녕전·근정전 등 궁궐에 있는 대부분의 전각 이름도 그가
지었다.

태조 이성계의 막강한 신임을 받는 이상 새 나라 조선은 정도전이 꿈
꾸는 이상적 정치 실현의 장이었다. 맨 처음 그는 〈조선경국전〉편찬을
주도하여 새로운 법 제도의 기틀을 마련하였고 사병혁파와 과전법 시
행 등으로 기득권층의 세력 확장을 차단시키려 했다.

그러나 정도전의 이 같은 개혁 의지는 너무 급진적이고 일방적이었

다. 그 이상이 아무리 높고 맑은 것이라 해도 주위의 반발이 거세면 한 걸음 늦춰가는 여유도 필요한데 정도전에게는 그런 정치가로서의 노련함이 부족했다.

사병 혁파는 병권의 중앙집중을 위한 것이었고 과전법은 국가재정을 확보하기 위한 방안이었다. 그러나 직접 농사짓는 사람에게만 토지를 분배한다는 과전법 시행의 원래 의도는 호족들과 권신들의 강력한 저항을 불러들일 수밖에 없었다.

안 그래도 의안대군 방석의 세자 책봉으로 위기감을 느껴오던 그 이복형제와 종친들, 기존 호족들의 불만은 갈수록 정도전이 예상하는 범위를 벗어나고 있었다. 엎친 데 덮친 격으로 명나라 황실에서는 표전문의 글귀를 문제 삼아 끈질기게 그 책임자인 정도전의 소환을 요구하고 나섰다.

표전문이란 국왕의 고명과 조선국의 인장을 내려달라고 청하는 문서를 말하는데 그전부터 정도전을 곱지 않게 보던 명나라에서 트집을 잡아 그를 궁지에 몰아넣으려는 것이었다.

"예로부터 군주는 문文으로써 백성을 다스리고 무武로써 난리를 평정한다고 했으니 문무 양직은 사람의 두 팔과 같은 것입니다. 한쪽 팔만 성해서는 나를 다스릴 수 없으니 이제 우리 조선도 군대를 더욱 강력하게 할 필요가 있을 것입니다."

정도전의 요동 정벌론이 불거져 나온 것은 표전문 시비로 자신의 정치적 입지가 어려워지기 시작하면서부터였다.

태조는 계속해서 책임자 송환을 요구하는 명나라에 정도전은 늙고

병들어 보낼 수 없다고 버텼지만 이참에 아예 명나라를 치자는 그의 요구엔 혀를 내둘렀다.

"삼봉! 내가 위화도에서 군사를 돌릴 때 이미 명나라를 칠 수 없음을 천명하였는데 이제 와서 전쟁을 일으키자니 그게 무슨 소리요? 아무래도 이건 계란으로 바위치기요, 백성들은 더구나 평화를 원한단 말이오."

태조가 몇 번이고 간곡하게 설득하려 했지만 정도전은 요지부동이었다. 여러 호족들과 종친들로부터 빼앗은 사병들을 새로 신설한 의흥삼군부에 흡수시킨 정도전은 진법훈련이라 하여 실질적인 전쟁 준비에 착수하였다. 결국 이것이 그 자신의 명을 재촉한 결과가 되고 말았다.

1383년 8월, 남은의 애첩이 마련한 술상을 앞에 두고 심효생·이직 등과 모처럼 한가로운 저녁 한때를 보내던 정도전은 이방원이 이끌고 온 사병들에 의해 불의의 습격을 받았다. 자리를 함께 했던 남은과 세자 방석의 장인 심효생은 물론 그 자리에 있던 공신들까지 무참히 살해한 이 사건을 '무인정사' 혹은 '제1차 왕자의 난'이라 한다.

이방원은 정도전이 나이 어린 세자 방석을 내세워 한씨 소생 왕자들을 몰살하려고 했기 때문에 마땅히 왕실보호 차원에서 응징했다는 구실을 붙였지만 그것은 자신의 행동을 정당화하려는 명분에 불과했다. 그는 정도전의 배후세력인 신덕왕후 강씨가 죽고 태조가 병으로 누워 있는 틈을 이용하여 자신의 정적들을 완전히 제거하려고 했던 것이다. 어쨌거나 정도전과 이방원은 영원히 합치될 수 없는 물과 기름 같은 존재였다.

한 사람의 재상이 국정 전반을 좌우한다는 정도전의 신권정치와 차기 왕위를 노리는 이방원의 대립은 불을 보듯 뻔한 상황이었다.

결국 그러한 대립의 결과 이방원은 조선 개국 이후 정도전에게 당했던 수모를 철저하게 보복하고 실질적인 권력을 장악하게 된다.

사실 이방원은 정도전과 마찬가지로 태조 이성계의 유능한 책사였다. 위화도에서 회군한 이성계에게 개경의 최영을 제거하도록 설득한 것도 이방원이었고 정몽주를 죽임으로써 개국의 물꼬를 터준 것도 그였다.

그럼에도 불구하고 정도전의 끈질긴 견제로 군권상실은 물론 개국공신 책록에서도 제외당하는 굴욕을 맛보아야 했으니 원한이 뼈에 사무칠 만도 했다.

그리하여 난세의 풍운아 삼봉 정도전은 그 아들들과 함께 목이 잘린 채 네거리에 방치되는 비운의 주인공으로서 그 파란만장한 생을 마감하였다.

정도전은 비록 살아서 자신의 뜻을 펼치지는 못했지만 끝내 실패한 것은 아니었다. 그가 꿈꾸는 '재상의 나라'는 결국 헛된 이상에 불과했지만 조선왕조라는 국가경영의 모태는 대부분 그가 생전에 그려놓았던 청사진에서 비롯된 것이었다.

오죽하면 정도전이라는 이름만 들어도 이를 갈던 태종 이방원조차 훗날 그가 지은 〈조선경국전〉이나 〈경제문감〉 등을 보고는 감탄사를 연발했다고 하니 인물은 역시 인물이었던 모양이다.

바라보면 저북교北郊숫돌과 같은데

봄이 오면 풀은 무성하고 샘은 달구나

만마萬馬가 구름처럼모이고 까치처럼 날뛰는데

목인牧人은 멋대로서로 갔다 남으로 갔다 하노라.

정도전이 지은 팔경시의 한 대목이다.

피로 맺은 군신간의 맹약
하륜과 이숙번

대군의 옷자락에
술잔을 엎은 까닭

태조 이성계에게 정도전이 있었다면 태종 이방원에게는 하륜이라는 뛰어난 책사가 있었다.

하륜은 고려 말 우왕 때 최영의 요동정벌을 반대하다 양주에 유배되어 있는 동안 천문학과 음양오행 연구에 전념하였고 그 방면에 많은 지식을 갖게 되었다. 이때부터 남의 사주나 관상을 보고 운명을 점치는 재주가 뛰어나다는 평을 얻게 된 그가 태종과 인연을 맺게 된 것은 결코 우연한 일이 아니었다. 우왕 8년인 1382년, 방원은 당시 대제학이던 민제의 딸과 결혼식을 올렸다.

하륜은 이때 우연히 잔치 집에 갔다가 이방원을 처음 보게 되었다.

"사윗감 하나는 정말 잘 고르셨습니다. 훗날 세상의 으뜸가는 지위에 오를 상이니 두고 보십시오."

세상의 으뜸가는 지위라면 임금의 자리를 말하는 것이 아닌가. 민제는 이 말을 듣고 사뭇 긴장할 수밖에 없었다. 그 또한 자신의 사위를 평범한 인물로는 보지 않았다. 시절이 워낙 어수선한 때였으니 세상인심이 문신 집안보다는 무인 가문 쪽으로 기울어졌던 것도 사실이었다.

민제의 사돈 이성계로 말하자면 당시 동북면 도지휘사로 여진족을 격퇴하고 최영 장군과 더불어 가장 존경받는 군부의 실력자였다. 그런 집안의 아들을 사위로 맞아들인 민제로선 하륜의 그 한마디가 예사롭게 들리지 않았다.

"언제 자리를 한번 마련해 주시겠습니까?"

"안 그래도 배운 게 적어 부족한 딸아이를 시집보내는 아비 마음이 편치가 않았는데 잘 부탁드리오."

"무슨 과분한 말씀을… 아무튼 기회가 되면 인사나 시켜주십시오." 하륜의 제안은 민제도 바라던 바였다.

민제 또한 하륜의 사람됨에 대해서는 웬만큼 알고 있었다. 그는 정몽주와 정도전이 대과에 급제하던 그해 불과 14세의 나이로 성균시에 입격하여 신동 소리까지 듣던 선비였다. 또한 풍수지리에 도통하고 의술에도 밝아 여러 모로 그 재주를 높이 살만한 인물이었다.

이제 열다섯 살밖에 안된 사위를 두고 심상치 않은 관상을 짚어내며 다리를 놓아달라고 청하는 하륜의 눈빛은 진지하기 짝이 없었다. 이후 민제의 주선으로 이방원을 만나게 된 하륜은 나이가 20년 연하인 그를 항상 깍듯한 예의로써 대했다.

그로부터 16년 후인 1398년 8월, 태조가 왕위에 오른 지 7년째 되던 해였다. 정도전과 이방원의 갈등이 극한을 치닫고 있는 상황에서 하륜은 충청감사가 되어 한양을 떠나게 되었다. 정도전은 이미 하륜이 이방원의 1급 참모 노릇을 하고 있다는 사실을 간파하고 그 둘을 떼어놓기 위해 지방으로 좌천시킨 것이었다.

이튿날이면 도성을 떠나는 하륜과 작별인사를 하기 위해 많은 사람들이 남대문 밖에 있는 그의 집으로 찾아왔다. 그는 워낙 인품이 후덕하고 점잖은 성격이라 주위에 따르는 사람이 많았다.

　태조 임금 즉위 후 왕사인 무학, 정도전과 함께 당대의 명풍수로 지목되었다는 소문이 있고부터는 어떻게든 정가에 줄을 대보려는 시정잡배들의 발길도 끊이지 않았다. 아버지뻘 되는 그를 스승으로 예우하던 이방원도 그날 하륜의 집으로 향했다. 가보니 집안에서는 이미 술판이 벌어져 있었다.

　"대군께서 이 누추한 곳까지 어쩐 일이십니까?"

　하륜은 이방원이 나타나자 몹시 호들갑스럽게 그를 맞았다.

　"제가 못 올 데를 왔습니까? 어서 들어가시지요."

　방원은 오늘따라 하륜의 태도가 좀 이상하다고 느꼈다. 여간해선 흐트러진 모습을 보이지 않던 그가 오늘은 혀 꼬부라진 소릴 내는 것이었다.

　"어쨌거나 저 같은 사람 송별식에 오셨으니 술 한 잔 받으시지요, 대군!"

　방안에는 낯선 얼굴들도 여럿 눈에 띄었다. 다들 얼큰하게 취해있던 차에 임금의 아들이 나타났으니 잔뜩 긴장한 표정이었다.

　"제가 먼저 따라 드리겠습니다. 먼길 떠나시더라도 부디 건강하세요. 조만간 다시 뵙게 되겠지요."

　방원은 착잡한 심정으로 하륜의 잔에 술을 따라주었다. 그 동안 자주 만나지는 못했어도 거의 매일같이 처가인 민씨 집안을 통해서 연락을 주고받던 사이가 아니었던가.

하필 요즘같이 어수선할 때 자신의 아버지나 스승처럼 믿고 의지하던 하륜을 떠나보낼 생각을 하니 우울하기 짝이 없었다. 방원은 당시 죽은 정몽주의 일로 부왕인 태조가 가장 경원시하는 자식이었다. 그렇듯 곤혹스러운 방원의 심정과는 달리 하륜은 뭐가 그리 좋은지 따라주는 술잔을 받은 둥 마는 둥 무척이나 산만한 태도를 보였다.

"대군께서 직접 술을 따라주시다니 이렇게 황송한 일이 어디 있겠습니까?"

말은 그렇게 하면서도 하륜은 전혀 황송해하는 것 같지 않았다.

술잔을 받아들고는 고개도 안 돌리고 단숨에 마시려는 폼이 예사롭지 않더니 기어이 방원의 옷자락에 술을 쏟아버렸다.

"아니, 저런 일이!"

순간 좌중은 물을 끼얹은 듯 조용해졌다. 방원은 기가 막혔다.

비록 나이 차이가 많더라도 이렇듯 그가 자신을 불손하게 대하기는 처음이었다. 아무리 오랜 세월 가르침을 받았다고는 하나 방원은 임금의 자식이었다.

그런데 일개 관리에 불과한 그가 왕자의 옷자락에 술을 엎지르고도 전혀 미안한 기색이 없는 것이었다.

"하 감사께서 오늘은 좀 취하셨나 봅니다."

방원은 불쾌한 기분을 억누르며 자리를 박차고 나왔다. 임금의 신임을 얻지 못하는 왕자라고 해서 이젠 그토록 믿고 의지하던 하륜마저 사람들 앞에서 자신을 욕보인다고 생각하니 속에서 울화가 치밀어 올랐다. 평소 괄괄한 성격 같아선 당장 술상이라도 엎어버리고 싶었지만 그나마 처음 있는 일이라 참아주고 만 것이었다.

"내가 갑자기 술을 많이 마셨더니 손이 떨려서 그만 대군께 실수를 한 모양입니다. 용서하십시오."

하륜이 뒤따라 나오며 방안에 있던 사람들에게 변명하는 소리가 들렸다. 방원은 그러거나 말거나 즉시 말을 타고 집으로 가버렸다.

그러나 이것은 어디까지나 하륜의 계략이었다. 그는 자연스럽게 이방원과 둘만의 은밀한 자리를 갖기 위해 일부러 술에 취한 척했을 뿐이었다.

"대군! 일이 급하게 되어 무례를 무릅쓰고 큰 실수를 저질렀습니다."

헐레벌떡 방원의 뒤를 좇아 집까지 뛰어온 하륜의 표정은 백팔십도 달라져 있었다. 좀 전까지만 해도 부글부글 끓는 분노를 주체할 수 없었던 방원으로서도 하륜의 태도가 예사롭지 않은 것을 보니 뭔가 이유가 있었구나 싶었다.

"제가 떠나면 곧바로 저쪽에서 움직임이 있을 것입니다."

하륜은 이제 곧 세자책봉이 있을 것이며 그 대상은 계비 강씨 소생 아들 중 하나일 것이라고 덧붙였다. 그런 다음 정비인 한씨 소생 왕자들에 대한 급작스런 숙청이 있을 것이란 말이었다. 그건 이방원의 동복형제들도 늘 불안해하던 문제였다.

강씨에 대한 태조의 사랑이 워낙 지극한 데다 강씨는 정도전의 강력한 배후 세력이기도 했다. 더구나 요즘은 태조의 병을 핑계로 방원을 비롯한 한씨 소생 왕자들의 대궐 출입을 금한 것은 물론 호위하던 사병들마저 정도전이 이끄는 의흥삼군부 소속으로 흡수된 상황이었다.

"저들이 우리 형제들을 다 죽이려고 든다 해도 우린 힘이 없으니 어쩌겠습니까? 꼼짝없이 당할 수밖에….'"

방원의 목소리가 부르르 떨려 나왔다. 하륜이 그 정도쯤은 문제가 아니라는 듯 빙그레 웃었다.

"안산군수 이숙번에게는 잘 훈련된 3백여 명의 별초군이 있습니다. 제가 이미 대군의 명을 따르도록 조치를 해놓았으니 언제든 상황이 급박하면 그를 불러들이십시오."

하륜이란 인물은 이렇듯 모든 면에서 빈틈이 없는 사람이었다. 그는 자신이 없을 때를 대비하여 이숙번이란 걸물을 이방원에게 붙여준 것이었다. 사병들을 모조리 의흥삼군부에 귀속시킨 상황에서 잘 훈련된 3백여 명의 군사란 잘린 팔다리를 다시 찾은 것만큼이나 엄청난 지원이었다.

"삼봉을 치지 않고는 대군께서 무사하실 수가 없습니다. 부디 이 말을 잊지 마시고, 두 분 대군에 대해서는 처분대로 하십시오."

하륜의 이 말은 정도전을 죽여 없애야 이방원이 살아남을 수 있다는 것이었고, 일이 그렇게 되면 이복형제인 방석과 방번도 살려두지 말라는 뜻이었다.

이튿날 하륜은 임지인 충청도로 떠났고 그 몇 달 후 이른바 '제1차 왕자의 난'이 터졌다. 이방원은 그때 하륜의 조언대로 안산군수 이숙번을 불러들였고 그는 정도전을 제거하는 데 있어서 결정적인 공을 세웠다. 뿐만 아니라 그는 이후 계속해서 이방원의 동복형인 방간의 난이 일어났을 때도 앞장서서 방원의 심복 노릇을 톡톡히 하게 된다. 그리하여 하륜의 지략과 이숙번의 물불가리지 않는 용맹에 힘입어 이방원은 마침내 누구도 넘볼 수 없는 대권 후보로써 자신의 입지를 확보하게 된 것이었다.

1 · 2차 왕자의 난

1400년 11월 11일, 마침내 태종 이방원이 조선 제3대 국왕의 자리에 올랐다. 제1차 왕자의 난으로 세자 방석을 죽인 뒤 자신의 동복형 방과를 왕위에 앉히고 이방원 자신은 세제로 책봉된 지 불과 2년 2개월 만의 일이었다.

"내가 어려서부터 말 달리기를 좋아하고 학문에는 관심이 없었는데 임금의 자리에 올라 나라에 재앙이 끊이지 않으니 어쩔 수가 없다. 세제는 일찍이 학문을 크게 익혀 이치에 통달하고 공덕 또한 큰 인물이니 마땅히 나를 대신하도록 하라."

무인년인 1398년 8월 세자로 책봉된 뒤 한 달 만에 태조의 뒤를 이어 왕위에 올랐던 정종은 도승지 박석명을 시켜 세제 이방원에게 왕위를 이어받도록 전하는 교지를 내렸다.

지난 2년여의 세월이 살얼음판 위를 걷는 것처럼 아슬아슬하기만 했던 정종으로선 어쩔 수 없는 선택이었다. 모든 게 방원의 뜻대로 이루어졌을 뿐 그는 애초부터 왕위에는 관심도 없었다.

　그러던 중 이번에는 한 어머니 뱃속에서 나온 아우들끼리 왕위를 차지하기 위해 서로 목숨을 내놓고 싸우는 일까지 벌어졌으니 이른바 '제2차 왕자의 난'이었다.

　제2차 왕자의 난은 태조의 넷째아들 방간이 박포의 꾐에 빠져 동복 아우 방원을 제거하려고 했던 사건이었다. 이 일로 도성 한복판에서 형제간의 치열한 혈전이 벌어졌고 결과는 방원의 대승리였다.

　사건은 방간을 황해도 토산으로 유배시키고 박포와 그 잔당들을 선동죄로 참수시킴으로써 완전히 평정되었다. 방원의 정치적 입지는 더욱더 확고해졌다. 오히려 이 사건으로 차기 왕위 계승문제도 해결이 수월해진 것이었다.

　상황은 빠르게 전개되어 갔다. 하륜은 일단 정종을 협박하여 방원을 세제로 책봉하게 한 뒤 모든 군신들의 사병을 혁파하는 일부터 착수하였다.

　정도전의 죽음으로 완전히 해결을 보지 못했던 병권의 중앙집중이 이때 이루어진 것이다. 그로부터 10개월이 지났고 정종은 끝내 왕위를 물러나기로 결단을 내렸다. 그러나 정종의 양위 교서는 하륜의 건의로 대폭적인 수정을 가하게 되었다.

　"우리 태상왕이 처음 일어날 때에 왕세자가 천명을 명확히 알고 먼저 대의를 주창하여 조선개국에 공을 많이 세웠다. 그러므로 원래부터 세자책봉 물망에 올랐는데 뜻하지 않게도 권세를 가진 간신이 공을 탐하여 어린 서자를 내세워 종사를 그르치려 하였다. 하늘이 그 충심을 달래느라 계책을 세워 종사를 안정시켰으니 우리 조선을 다시 일으킨 것도 세자의 공에 힘입은 것이다…."

처음부터 끝까지 방원의 공적을 추켜세우며 왕권 양도의 당위성을 강조한 글은 참찬 권근이 썼고 하륜의 검증을 거친 다음에야 당시 상왕으로 물러나 있던 태조 이성계에게 전해졌다.

"하라고도 할 수 없고, 하지 말라고도 할 수 없는 일이다. 이미 임금의 자리를 양위를 내주었는데 내가 무슨 말을 하겠는가?"

이미 자식인 방원에 대한 분노와 무력감에 빠져 있던 태조는 이 한마디를 남긴 채 심복들을 거느리고 소요산으로 떠나버렸다. 문제는 태조가 그렇게 떠나면서 나라의 보물인 옥새를 넘겨주지 않았다는데 있었다.

함흥차사와
막비천운

태종 이방원이 즉위한 것과 때맞춰 궁궐 밖으로 나간 태상왕 이성계는 소요산에서 다시 함흥으로 옮겼다. 함흥은 그가 무장시절부터 장악해 온 땅으로 아직도 그곳백성들은 그를 영웅으로 떠받들고 있었다. 자신을 지지하는 백성들과 험한 산맥으로 둘러싸인 함흥 별궁은 요새중의 요새였다.

태조는 무려 2년간이나 철저하게 외부인의 출입을 봉쇄한 채 함흥 별궁에 머물렀다. 그 2년 동안 태종 이방원이 보낸 차사들은 대부분 목숨을 잃었다. 한번 가면 살아서는 못 돌아오는 길, 함흥차사란 곧 죽음에의 여행을 뜻했던 것이다.

비록 만백성이 두려워하는 임금의 자리에 올랐다고 해도 옥새가 없으면 진정한 왕이라고 할 수 없었다. 태종은 날이 갈수록 속이 바짝바짝 타들어가는 것만 같았다. 그러던 중 해결사가 나타났으니 그가 바로 태조의 오랜 친구인 왕사 무학이었다.

무학은 근처에 볼일이 있어서 우연히 지나가다 들른 것처럼 둘러대며 태조와 이야기를 나누었다.

"비록 지난날의 과실이 큰 것은 사실이지만 어쨌거나 전하의 자식입니다. 이제 전하께서 인륜을 끊어버리신다면 전하의 아드님께서는 그 자리에 앉아 있을 수가 없습니다. 어쨌거나 두 분의 부자관계가 아름다워야 나라가 편안해진다는 것을 통찰하소서."

무학의 간곡한 설득에 태조는 한동안 말이 없었다.

"모든 게 다 전하의 업業이올시다. 이제라도 마음을 가볍게 하여 여생을 편안하게 하십시오."

결국 이 말이 태조의 마음을 움직였다. 그리하여 태상왕이 한양으로 돌아온다는 소식을 듣고 태종은 너무 기쁜 나머지 춤까지 추었다고 한다. 그리고 직접 부왕을 맞이하기 위해 조정 대신들을 모두 데리고 의정부로 향했다.

하륜은 이때 왕의 행차를 따라나서면서 태종에게 한 가지 다짐을 받았다.

"만약 태상왕께서 부르시더라도 절대 가까이 가지 마십시오."

"자식 된 도리로 부모의 부름을 받고도 가까이 가서 뵙지 말라니, 그건 무슨 까닭이오?"

"아직은 부자간의 도리를 따질 때가 아닌 듯싶어서 감히 이런 말씀을 드리는 것입니다. 부디 이번 한 번만 신의 불충을 용서하소서."

태종은 하륜의 간곡한 주청을 한마디로 일축해버렸다.

"쓸데없는 소리! 이제 부왕께서 얼어붙었던 마음을 풀고 돌아오시는 길인데 그거면 충분한 것 아니오? 경은 더 이상 나를 욕되게 하지 마시오."

일인지하 만인지상의 정승 자리에 있는 하륜도 이때만큼은 왕의 분노와 질책을 피하지 못했다. 그는 더 이상 태종을 설득할 수 없다고 판단하여 이렇게 덧붙였다.

"그렇다면 한 가지만 신의 뜻을 따라주십시오."

하륜은 태상왕을 맞이하기 위해 마련된 환영 행사장의 천막을 받칠 기둥만큼은 아름드리나무를 쓰게 해달라며 태종의 허락을 구했다. 천막 기둥이야 무엇을 쓰든 튼튼하기만 하면 그만이라는 생각에 태종은 그의 말대로 하도록 지시했다. 태상왕의 환도식은 엄숙하고도 장엄한 분위기 속에서 거행되었다. 태조 이성계는 미리 마련된 상좌에 올라 있었다. 멀리 부왕의 환도를 알리는 천막 휘장이 펄럭이는 모습만 보고도 태종 이방원의 가슴은 벅차올랐다.

'이제 비로소 아버님께서도 나를 군왕으로 인정하시는구나!'

'잔인한 놈! 제 아우를 둘이나 죽일 만큼 임금 자리가 그렇게 탐나더냐!'

부자간의 거리가 점점 가까워지는 것과는 달리 서로를 대하는 두 사람의 감정은 이렇듯 큰 차이가 났다. 태조는 당당하게 곤룡포를 갖춰 입고 만조백관을 거느린 채 한걸음 한걸음 다가오는 아들 방원의 모습을 노기 띤 눈길로 바라보았다.

그러더니 불현듯 옆에 놓인 활과 화살을 집어 드는 것이었다. 화살은 순식간에 태종을 향해 날아갔다. 화살 하나에 적장 한 명씩을 거꾸러뜨렸던 천하 명궁 이성계였다. 그러니 주변에 있던 대소신료들은 물론 멀리서 환영식 행사를 지켜보던 백성들조차 이제 임금은 꼼짝없이 죽게 생겼다고 여길 수밖에 없었다.

바로 그 순간 놀란 태종은 황급히 천막 뒤로 몸을 피했다. 동시에 화살은 퍽 소리를 내며 천막을 떠받치고 있는 기둥에 꽂히고 말았다.

"저럴 수가!"

사람들이 탄식하는 가운데 태조의 한마디가 흘러나왔다.

"천운을 타고 났으니 어쩔 수 없구나!"

천막을 떠받칠 재목으로 아름드리나무를 쓰자고 했던 하륜의 말을 듣지 않았더라면 부왕의 화살에 맞아 죽을 뻔했던 태종은 비로소 정신이 번쩍 들었다.

"침착하소서. 백성들이 보고 있습니다."

바로 옆에 있던 하륜의 음성이었다. 태종은 그의 말대로 태연하게 부왕 앞으로 나아가 문안인사를 올렸다.

"아직 태상왕께서 노기를 완전히 다스리지 못하신 듯 하니 잔을 직접 올리지는 마십시오."

"…알았소."

이번에는 태종도 더 이상 하륜의 충고를 거부하려고 하지 않았다.

이윽고 좀전의 소란이 거짓말처럼 가라앉았고 태종이 부왕에게 술을 올릴 차례가 되었다. 하륜은 술병을 들고 태상왕 앞으로 나아가는 임금의 행동을 제지시켰다.

"부자지간의 도리라고는 하나 일국의 군왕이 몸소 잔을 올리는 것은 예법에 어긋나는 일입니다. 그러니 전하는 술을 따르기만 하고 잔을 올리는 것은 내관을 시키도록 하소서."

태종은 못이기는 척 술을 따라 내관에게 건네주었다. 그러자 이번에도 태상왕은 예의 그 '막비천운莫非天運'을 입에 담는 것이었다.

"하늘이 정한 운수라서 어쩔 수가 없구나!"

장탄식과 함께 태상왕의 긴 소매 속에서 작고 단단한 여의주 모양의 철퇴가 나왔다. 만약 태종이 가까이 왔을 때 그 철퇴를 내리친다면 단박에 머리통이 날아갈 판이었다.

태조는 두 번씩이나 아들을 죽이고 싶은 충동을 느꼈으나 그때마다 태종은 교묘하게 위기를 모면한 것이었다. 그걸 보고 태조는 더 이상 그에 대한 미움을 쌓아두지 않기로 마음먹었다.

아들이 바치는 술잔을 들어 단숨에 마신 다음 마침내 태조는 옥새를 꺼내 태종에게 주었다. 하륜의 충고가 아니었다면 옥새는커녕 그 자리에서 목숨을 잃게 되었을지도 모를 태종으로선 그 순간 실로 만감이 교차하는 것을 느꼈다. 이 작은 도장 하나 때문에 그 동안 얼마나 많은 사람이 죽어야 했던가.

더 이상 그를
탄핵하지 말라

비록 피비린내 나는 골육상잔의 비극 끝에 왕위를 차지했다고는 하나 태종은 재위 기간 동안에 많은 업적을 남겼다.

신문고를 설치하여 백성들의 억울한 사정을 국왕이 직접 들을 수 있도록 하고, 과거제도를 정착시키고 활자를 찍어내는 주자소를 설치하여 학문의 발전을 꾀하는 등 민생과 교육 등 다방면에 걸쳐 변화가 이루어졌다.

또한 말썽 많던 명나라와의 외교문제도 무난하게 해결되었다. 해마다 공물을 바치기는 하되 대신 약재와 서적 등 필요한 물건들을 들여오기로 합의한 것이다. 이밖에도 호패법을 실시하여 인구실태를 파악하는 등 국가전반에 걸친 개혁 작업이 대부분 하륜의 제안에 의한 것이었다.

즉위 후 10년이 지나면서 태종은 악몽에 시달리는 경우가 많아졌다. 어찌나 심하게 잠을 설쳤으면 밤에 천둥이 치거나 비바람이 칠 때면 이튿날 조회에도 못 나갈 정도였다.

하륜은 임금이 마음의 병을 앓고 있음을 간파하고 있었다. 그 또한 과거의 죄업으로부터 자유로울 수 있는 입장은 아니었다. 그리하여 태종 즉위 후에는 왕이 선정을 베풀 수 있도록 최대한 노력을 아끼지 않았다.

그러나 왕의 신임이 큰만큼 그를 시기하는 무리들도 많았다.

태종11년 대간들이 하륜과 권근의 과거 행적을 문제 삼아 두 사람을 탄핵한 일이 있었다. 내용인 즉 하륜과 젊었을 때 권근은 정몽주와 친했으므로 정도전을 미워했을 것이고, 그렇기 때문에 만약 정몽주가 죽지 않고 살아 있었다면 태조가 왕위에 오를 때도 반대편에 섰을 것이란 논리였다.

하륜과 권근이 한때 정몽주와 친했던 것은 사실이었다. 그러나 어디까지나 같이 학문을 하는 문우로써 친했던 것이지 여기에 정치적인 해석까지 갖다 붙인다는 건 어불성설이었다. 게다가 그들이 서로 교분을 나누었던 건 벌써 수십 년도 더 지난 옛일이었다.

"듣기 싫다! 더 이상 공신을 모욕하지 말라!"

태종은 두 사람의 죄를 청하는 대신들의 탄핵을 일축하고 오히려 그들을 크게 꾸짖었다. 그리고 탄핵이 이어지는 동안 집에서 근신하고 있는 하륜을 위로하기 위해 그 아들 하구를 불러 안심시키는 말을 전하기도 했다.

민무구 형제의 일이 문제가 되었을 땐 하륜이 그들과 가깝게 지냈다는 이유로 대신들의 탄핵을 받은 적이 있었다. 그 전에 태종은 조정 대신들을 탄핵하려면 반드시 그 죄를 조목조목 살핀 다음 절차를 밟아 탄핵하도록 지시했다.

그러나 사헌부 관원들이 특별한 증거도 없이 하륜의 집을 은밀히 감시한 사실이 알려지게 된 것이었다. 그 일로 하륜의 집을 감시하도록 시킨 사헌부 관리가 귀양을 가고 군졸들은 매를 맞았다.

하륜은 이때 자신을 감찰했던 사헌부 관리의 방면을 청하며 이렇게 말했다.

"과거 조일신과 신돈이 권세를 부리던 시대에는 언관들이 벌을 받았지만 우리 조선이 창업한 이래로는 언관이 처벌받은 경우가 없습니다. 그런데 이제 저 때문에 관리들을 때리고 고문한다 하니 신의 놀라움과 두려움을 어찌 말로 다 하겠습니까? 원하옵건대 특별히 방면하여 주소서."

이렇듯 자신을 궁지에 몰라 넣으려 했던 상대를 향한 미움보다는 나라의 언로言路가 막힐까 염려하는 재상이 있었으니 임금으로선 든든하기 그지없었을 것이다.

권력의 법칙

 태종은 17년 10개월 동안 왕위에 있으면서 네 번에 걸쳐 스스로 왕위를 물러나겠다는 이른바 '선위파동'을 일으켰다. 그리고 이때마다 여러 중신들이 귀양을 가거나 목숨을 잃어야 했다.

 맨 처음 태종이 세자에게 왕좌를 물려주겠다고 선언한 것은 재위 7년째에 접어드는 1406년의 일로 세자인 양녕대군이 열세 살 때였다. 당시 태종은 그렇게 어린 세자에게 왕위를 내줄 만큼 나이가 많거나 특별한 건강상의 문제가 있는 것은 아니었다. 이때 태종은 33세의 젊은 나이였고 건강에도 별다른 이상이 없었다.

 그렇다면 어째서 그토록 어렵게 얻은 임금의 자리를 일찌감치 물러나고 싶어 했던 것일까?

 여기에는 정권의 안정과 후대를 염려하는 태종 자신의 강력한 의지가 깔려 있었다. 부왕인 태조 이성계는 고려 왕조를 몰락시키고 왕이 되었다. 또한 그 아들인 태종 자신은 이복동생에게 넘어갈 뻔했던 왕위를 강제로 빼앗은 것이나 다름없었다. 명분이야 어떻든 이 모든 게 불안정한 정국의 와중에서 생긴 일이었다.

 만약 고려왕실이 그토록 무능하고 부패하지 않았더라면 역성혁명은 불가능했을 것이고 태조 대의 후계구조가 제대로 섰더라면 조선개국 이후 피비린내 나는 살육은 피할 수 있었을지도 모른다.

 그러므로 무엇보다도 강력한 왕권의 확립이 이루어진다면 정치나 민생 안정은 걱정할 게 없다는 판단 아래 태종은 자신의 사후 정국운영에 방해가 될 만한 요인들을 미리부터 제거할 필요성을 느꼈을 것이다. 그 무렵 태종은 중전인 원경왕후 민씨와 불편한 관계에 있었다.

태종은 정치적으로 처가인 민씨 가문에 많은 도움을 받았던 게 사실이지만 외척들의 세력이 지나치게 커지는 것을 원치 않았다. 그러나 중전 민씨의 생각은 달랐다. 그녀는 '제1차 왕자의 난'이 있기 직전 정도전 세력이 종친들의 사병을 몰수하고 그들이 갖고 있던 군 장비들을 모두 불태우려 하자 집안에 무기들을 몰래 숨겨두었다.

이 무기들은 방원의 거사를 성공시키는 데 중요한 역할을 했다. 아울러 동생인 민무구·민무질 형제를 시켜 정도전 측의 움직임을 염탐하게 하고 수일 내로 왕자들을 제거할 계획을 갖고 있다는 정보를 방원에게 전해준 것도 그녀였다.

그 무렵 태조는 병석에 누워 있었는데 방원의 동복형제들은 어느 날 왕의 부름을 받게 되었다. 민씨는 그 와중에 정도전 세력이 왕자들을 모두 몰살시킬 음모를 꾸민 게 분명하다며 방원의 선제공격을 부추켰다.

이때 방원은 몸이 아프다는 핑계로 대궐을 빠져나와 그 길로 군사를 일으키기로 결단을 내렸다. 집에는 이미 민씨와 그 동생들이 기다리고 있었다. 민씨는 숨겨놓았던 무기와 갑옷 등을 방원에게 내주며 격려를 아끼지 않고 그 아우들 또한 갑옷으로 무장한 채 사병들을 대기시켜 놓은 상태였다.

어디 그뿐인가. 일찍이 하륜의 천거로 이방원의 수하에 들었던 안산군수 이숙번의 군사들까지 도성을 향해 오고 있었으니 방원으로선 한번 해볼 만한 싸움이었다. 결과는 앞서 얘기한 것처럼 태종 이방원의 일방적인 승리였지만 이 일은 두고두고 왕실의 부담으로 작용하게 되었다.

어느 시대에나 최고 권력을 가진 사람의 주변에는 과거의 사사로운 공을 내세워 자신의 입지를 굳히려는 인물들이 있기 마련이다.

태종에게는 민씨 일족이 바로 그러한 존재였다. 태종은 12명의 부인과 29명의 자녀를 두었는데 그중 정비인 원경왕후 민씨가 4남 4녀를 낳았다. 대개 왕들이 여러 명의 후궁을 두는 것은 정치적 세력을 분산시켜 왕권을 강화하려는 의도로써 해석할수 있는데 태종의 경우에도 마찬가지였다. 그런데 바로 이 부분에서 태종과 중전 민씨의 갈등이 촉발된 것이었다.

중전 민씨는 여장부 기질이 강한 반면 후궁을 들이는 문제에 있어서 만큼은 노골적인 불만을 드러내었다. 이것은 단순한 여자의 투기심이라기보다는 그녀의 예민한 정치 감각으로 인한 경계심리라고도 볼 수 있다.

태조 임금의 눈 밖에 난 아들을 끝내 왕좌에 오를 수 있도록 온 집안 식구들을 동원하여 전력을 다했던 그녀였으니 마땅히 그 대가를 보상받으려는 심리가 강했을 것이다. 더구나 후궁 문제로 부부간의 불화가 계속되자 태종은 점점 민씨를 멀리하게 되었고 이 와중에 민무구 형제의 비리를 탄핵하는 상소가 그치지 않았다. 직권남용이나 부정축재 등은 어느 시대에나 흔히 있을 수 있는 권력형 비리에 속한다.

어쩌면 이 정도쯤이야 태종도 눈감아 줄 수 있는 문제였는지도 모른다. 정작 태종의 비위를 거스린 것은 민씨 형제들이 지나치게 세자 주변을 맴돌고 있다는 점이었다. 세자가 누구인가. 명실공이 차기 왕권을 떠맡을 인물 주변에 벌써부터 외척들이 꼬이기 시작한다는 건 결코 좋은 징조가 아니었다.

　태종은 이때 선위파동이라는 극약처방으로 민씨 형제들을 귀양 보낸 뒤 자진하게 함으로써 왕실 외척의 뿌리를 잘라내는 단호함을 보였다.

좌명공신의 말로

태종 즉위 후 정부 요직을 두루 거치며 승승장구하던 전 안산군수 이숙번은 지략이 뛰어나기로 유명한 인물이었지만 그 뛰어난 재주로 인해 태종의 경계대상에 오른 경우였다. 일찍이 태종은 1·2차 왕자의 난 때 결정적인 공을 세운 이숙번과 이런 약속을 했었다.

　"그대가 종사에 관계되는 큰 죄를 짓지 않는 한 나는 어떤 일이 있어도 그대를 내치지 않을 것이다."

　두 사람은 형제의 의리로써 맺어진 사이였다. 그리하여 태종은 왕이 된 뒤에 그를 좌명공신과 안성부원군에 봉했고 몇 차례 그를 탄핵하는 상소가 올라왔지만 대부분 관대한 처분을 내려주었다.

그러나 재위기간이 끝나갈 무렵부터는 그를 의심하는 마음이 서서히 고개를 들기 시작했다. 이숙번은 정치적 야심이 강했고 그런 만큼 따르는 무리들도 많았다. 바로 이런 점이 왕권의 위협요소가 된다는 걸 태종은 너무나 잘 알고 있었던 것이다.

"그전에 주상께서 말씀하시길, 설령 죄를 지었다고 하더라도 내치지 않을 것이라 약속하신 것을 신은 늘 잊지 않고 있습니다."

왕실에 대한 불충을 이유로 함양으로 유배당하기 전 이숙번이 억울함을 호소하자 태종의 대답은 이러했다.

"종사에 관계되지 않은 경우에 한해서 나는 그런 약속을 한 것이니 그대는 원망하지 말라."

그리하여 이숙번은 죽는 날까지 유배지를 떠나지 못한 채 생을 마쳐야 했다. 그의 정치적 역량에 대한 태종의 의구심이 그만큼 컸기 때문이다.

훗날 세종임금은 태종실록을 편찬하면서 잠시 이숙번을 궁궐로 불러들인 적이 있었다. 태종 때의 공신들이 대부분 죽고 없어 그 당시 정황을 상세히 알고 있는 이숙번을 유배지에서 불러오도록 한 것이었다. 그러나 실록편찬이 끝난 뒤에는 다시 유배지로 돌려보내고 말았다. 자신의 다음 대를 이어갈 세자에게 보다 튼튼하고 안정적인 왕권의 기반을 구축해주려고 했던 태종의 주변 정화작업은 셋째아들 충녕대군에게 왕위를 물려줄 때까지 계속되었다. 그리고 그 대부분의 숙청 대상은 자신을 도와 왕위를 창출해낸 좌명공신들이었다.

나로 인하여
백성을 번거롭게 하지 말라

태종 16년인 1417년 11월 6일, 진산부원군 하륜은 황해도 정평의 능침을 살피러 갔다가 갑자기 병을 얻어 세상을 떠났다. 죽은 왕자들에 대한 죄책감 때문이었을까. 그는 태조가 꿈속에 나타나서 큰소리로 꾸중하는 것을 듣고 병을 얻어 그 길로 일어나지 못했다고 한다.

태종은 하륜의 부음을 듣고 예조좌랑 정인지를 보내어 가족들을 위로하고 남편을 잃은 슬픔에 식음을 전폐하다시피 한 그 아내에게 술까지 내려주었다.

'비록 지아비를 잃은 슬픔이 크다고 해도 상제의 도리가 있지 않겠는가? 부디 이술을 마시고 슬픔을 절도 있게 다스리도록 하라.'

태종은 이런 글과 함께 쌀·콩 각각 50석과 종이 2백 권을 가족들에게 하사한 뒤 3일 동안 조정을 열지 않았으며 시신을 정평에서 한양으로 옮겨 온 뒤에는 친히 빈소에 들르기까지 했다.

하륜은 태종의 오랜 재위 기간 동안 정치적인 탄핵으로부터 매번 왕의 보호를 받아왔다. 그만큼 태종의 신임이 두터웠던 까닭도 있었지만 어쩌면 사람의 마음을 꿰뚫어 보는 그 자신의 놀라운 직관력 때문이었는지도 모른다.

그는 항상 자신의 직분을 넘어선 행동을 하지 않으려 노력했다.

"내가 죽으면 국장國葬을 없애도록 청하고 백성을 번거롭게 하지 말고 집안 식구들끼리 장사를 지내도록 하라." 진산부원군 하륜이 이런 유언을 남겼다. 그러나 임금은 "정승이 죽으면 나라에서 장례를 치러주는 것이 상례인데 하물며 하륜의 공덕으로 국장을 없애는 것이 옳겠는가?"라며 장례용품을 집으로 보냈는데 부인이 사양하여 받지 않았다.

태종 16년 12월 8일, 사관은 실록에 이렇게 적었다.

세종 같은 임금에 황희 같은 정승
황희

죽음의 골짜기
두문동의 유일한 생존자

태조 2년의 어느 날, 조선개국 후 첫 번째 과거시험을 치르는 날이었다. 이날 조정의 최대 관심사는 과연 얼마나 많은 선비들이 과거를 보러 올까 하는 것이었다.

"시험장에 오는 선비들의 숫자가 너무 적어 백성들 앞에서 낭패를 당하는 건 아닐지 모르겠습니다."

일부 대신들은 초조한 표정으로 과거 시험장을 기웃거리기도 했다. 그들이 이토록 숫자에 민감한 것은 응시생의 숫자가 많고 적음에 따라서 새 왕조가 지식인 사회에서 어느 정도 지지를 받고 있는가하는 사실을 가늠할 수 있기 때문이었다. 그러므로 이 날은 단순한 과거 시험이라기보다는 태조 이성계를 중심으로 한 조선왕조가 시험대에 서는 날이기도 했다.

"아무쪼록 옛 고려 조정의 신하들이 많이 나타나야 할 텐데……."

신하들의 눈길이 임금을 향했다. 사실 이 날 가장 신경이 예민해진 사람은 태조 이성계였다. 어느 정도 예상은 했었지만 시일이 갈수록 새 왕조에 대한 고려 유민들의 반발이 점점 거세지고 있는 상황이었다.

그중에서도 가장 염려가 되는 건 유생들의 정신적 지주 역할을 하던 이색, 길재, 원천석 등 고려조의 쟁쟁한 학자들이 새 왕조에 협력하길 거부한다는 사실이었다. 그들 대부분은 집과 관직을 버리고 홀연 산속으로 몸을 숨겼다. 몰락한 왕조의 운명을 한탄하며 차라리 목숨을 끊는 선비들도 부지기수였다.

그런 상황에서 첫 번째 치르는 과거였으니 조정이 긴장감과 불안감에 휩싸이는 것도 당연한 일이었다.

"전하, 이제 곧 선비들이 과거장을 가득 메울 것이니 너무 심려치 마시옵소서."

왕의 얼굴에 수심이 가득한 것을 보고 대신들은 어쩔 줄을 몰라 했다. 그러나 태조는 아무래도 마음이 놓이지 않는 기색이었다.

"안 되겠소. 오늘만큼은 내가 직접 과거 시험장으로 나가 선비들을 격려해야겠소."

태조는 대신들의 만류를 물리치고 일찌감치 과거 시험장 앞쪽에 자리를 잡고 앉았다. 시간이 흐를수록 시험장 안에는 썰렁한 냉기만 감돌았다. 간혹 시험을 보겠다고 들어서는 선비들도 눈에 띄었지만 구경삼아 오는 얼치기 유생들뿐이었다.

그렇게 얼마나 지났을까.

"저들은 누구이며 어디로 가고 있는 게냐?"

문득 대궐 맞은편 언덕 위로 한 떼의 선비들이 줄지어 오르는 광경이 태조의 눈에 띄었다. 태조는 내관을 시켜 그들에 대해 알아보도록 했다.

"두문동으로 가는 선비들이라 합니다."

잠시 후 내관이 돌아와 머리를 조아리며 어렵게 입을 열었다.

"선비들이 왜 과거 시험장에 오지 않고 두문동으로 간다는 게냐?"

"……."

태조의 물음에 내관은 머리를 깊이 조아린 채 말을 잇지 못했다.

"어서 사실대로 말하지 못할까?"

태조는 뭔가 짚이는 바가 있어 내관의 대답을 독촉했다. 내관은 마지못해 그들이 과거시험을 거부하고 있다는 사실을 고했다.

"음!"

태조는 순간 깊은 한숨을 몰아쉬었다. 짐작했던 대로 그들은 새 왕조에서 실시하는 과거시험에 반발하여 두문동 산속으로 떠나는 유생들이었다. 시험 당일 조선의 실체를 인정하지 않겠다는 자신들의 의지를 직접 행동으로 보여주고자 일종의 도피 농성을 벌이는 것이었다. 이튿날 실시한 무과 시험에서도 마찬가지였다. 그들 역시 떼를 지어 도성을 떠난 뒤 두문동 맞은편 기슭에 초막을 짓고 정착했다.

"그래 내가 공민왕보다도, 우왕이나 창왕만큼도 덕이 없더란 말이냐!"

태조의 탄식에 조정 대신들도 할 말을 잃었다. 이 사건으로 새 왕조의 권위와 자존심은 처참하게 무너진 것이나 다름없었다.

고려가 망하고 조선이 들어서자 고려의 충신들은 관직을 버리고 두문동 골짜기로 숨어들었다. 한 번 들어간 사람은 죽는 날까지 바깥세상에 모습을 드러내지 않는다고 해서 두문불출杜門不出의 유래가 된 두문동은 이때부터 하나의 상징으로 통했다.

"충신은 모두 두문동에 있고 지금 조정에서 벼슬자리 하나라도 꿰차고 있는 자들은 전부 고려의 역적이다."

백성들 사이에선 이런 말이 공공연하게 오갔다. 두문동은 당시 비극적인 역사의 성지 역할을 했다. 사람들은 그 숲 속의 은둔자들을 '두문동 72현'이라 불렀다. 원래 이곳에 숨어 들어간 고려의 충신은 모두 73명이었는데 오직 한 명만이 살아남았다. 그 유일한 생존자가 바로 조선왕조 5백년 역사상 가장 훌륭한 재상으로 꼽히는 황희 정승이다.

그 시절 두문동에는 무슨 일이 일어났던 것일까.

"두문동이 존재하는 한 고려의 정신은 죽지 않았다."

이런 말이 백성들 사이에서 떠도는 이상 조선이 정치적 안정을 이루기란 불가능했다. 때문에 그들을 회유하기 위해 조정 대신들이 다녀오기도 했고 갖은 협박도 해보았지만 두문동 사람들은 눈도 꿈쩍하지 않았다. 결국 조정은 그들을 설득하는 것이 불가능하다는 결론을 내리고 마지막 통첩을 하기에 이른다.

"끝까지 반항하면 이 마을 전체를 불태워 없앨 것이다. 이곳에 남아 죽음을 택할 것인지, 조선의 신하가 될 것인지 결정을 내려라. 단, 기한은 단 하루뿐이다!"

최후통첩이 있던 그날 밤, 두문동 선비들은 마지막 회의를 열었다.

"우리 중에 누군가는 살아서 후세 사람들에게 오늘의 이야기를 전할 수 있어야 합니다."

누군가 이런 말을 꺼내자 좌중은 금세 숙연해졌다. 비록 고려라는 나라는 이미 없어졌어도 백성들은 그대로 남아 있다. 그러니 누군가는 살아서 의지할 데 없는 백성들을 이끌어 주어야 한다는 게 그 날 회의의 중론이었다. 적임자로 선택될 사람은 단 한 사람뿐이었다.

그러나 누구도 살아서 나가겠다고 대답하는 사람이 없었다. 결국 전체의 의견을 모아 한 사람을 선택하기로 했는데 그가 바로 황희 정승이었다. 두문동 대학살이 있던 날, 황희는 눈물을 흘리며 관군들 앞으로 나왔다. 그리고 고려의 마지막 충신 72명은 끝내 투항을 거부한 채 모조리 불에 타 죽고 말았다.

황희의 투항은 조선왕조 초기의 일대사건이었다. 태조는 그가 조정에 들어오자 천군만마를 얻은 듯 기뻐했다. 두문동이 고려 유민들에게는 조선을 거부하는 애국혼의 상징이었다면, 이제 황희는 그 조선과 더불어 새 역사를 창조해가는 화합의 상징이었다.

태조는 황희를 성균관 학관으로 임명하고 세자 방석의 스승으로도 삼는 등 극진한 예우를 해주었다. 태종 또한 공신대접을 할 정도로 황희에 대한 신임이 두터웠다. 황희는 그 두 임금뿐만 아니라 세종대에 이르기까지 60여 년을 충실하게 왕을 도와 국정을 이끌어갔다.

그러나 황희는 지나치게 올곧은 성격으로 인해 관직생활이 결코 순탄치만은 않았다. 일례로 거의 하루도 빠짐없이 그를 편전으로 불러 이야기를 나누곤 했던 태종도 도무지 타협을 모르는 그 성격 앞에선 혀를 내둘렀다. 태종과 황희가 가장 크게 대립한 것은 양녕대군 폐위 문제로 조정이 한창 시끄러울 때였다.

당시 황희는 세자의 품행에 문제가 있긴 하지만 아직 나이가 어려 그렇게 된 것이니 폐위는 부당한 처사라며 끝까지 반대 입장을 고수했다. 이때 세자 폐위를 반대한 것은 황희뿐만이 아니었다.

그러나 태종은 여론을 잠재우기 위한 본보기로 황희를 파직하고 남원으로 귀양을 보냈다. 이밖에도 그는 국왕과 종종 마찰을 일으켜 유배나 좌천 등 정치적 시련을 세 차례나 겪었다. 그러나 황희는 자신을 내친 국왕을 원망한 적이 한 번도 없었고, 그가 섬겼던 왕들 또한 그 충정만큼은 높이 샀다.

"따지고 보면 왕희는 한나라의 시틴민니며 인상 때 개기를 폐하라고 충신으로 진언했던 신하과 같은 사람이니 무슨 죄가 있겠는가!"

훗날 태종은 세종이 보위에 올랐을 때 그를 좌의정으로 추천하며 이런 말을 했다. 세종으로선 양녕대군을 지키기 위해 귀양까지 갔다 온 황희가 껄끄러운 존재일 수도 있었다. 그러나 세종은 부왕의 안목을 믿고 그를 중용하여 마침내 태평성대의 문을 열었다.

허허정승의 리더십

세종 때 황희는 18년 간 영의정 자리에 있으면서 왕을 보필했다. 농사법의 개량으로 농민들의 삶을 윤택하게 하고 천첩소생 자식들에게 부역을 면제하는 등 일련의 애민愛民정책들은 세종과 황희의 합작품이었다.

황희 정승은 만백성의 친구이자 어버이 같은 존재였다. 백성을 위하는 일이라면 자신을 한없이 낮출 줄 알았고 불의를 보면 상대가 누구든 참지 않았다. 폐위된 양녕대군이 여전히 기행을 일삼고 다니며 문제를 일으키자 주저 없이 그를 탄핵하는 상소를 올린 것만 봐도 그 공평무사한 성품의 단면을 읽을 수 있다.

또한 그는 세종이 가장 신임하는 재상이었고 사대부들에겐 존경받는 스승이었다. 때문에 조정에 갈등이 생기면 훌륭한 중개자 노릇을 하기도 했다. 내불당 사건은 그 대표적인 예이다.

조선은 유교의 이념을 근간으로 세워진 왕조이다. 그런데 세종은 말년에 불교에 심취해서 궁궐 한쪽에 내불당을 지었다. 이것은 국왕이 불교신자라는 사실을 만천하에 공표하는 것과 다름없었다. 결국 조정 대신들 간에 한바탕 논란이 있었다.

그렇지 않아도 불도들의 득세를 꺼려하던 유생들의 반대가 극심한 것은 당연한 일이었다. 급기야 궁 안에 불당을 놔두고는 정사를 논할 수 없다며 모든 집현전 학자들이 집으로 돌아가 버렸다.

"백성들에게는 유교를 숭상하라 하면서 국왕이 부처를 받든다는 건 어불성설입니다. 하물며 이제 궐내에 불당까지 짓는다면 백성들이 뭐라 하겠습니까? 내불당 건립은 절대 불가합니다."

황희는 수없이 임금 앞에 나아가 내불당 건립의 부당함을 주장했으나 세종은 요지부동이었다.

"내불당은 선왕의 극락왕생을 기도하기 위한 곳이오. 자식의 순수한 마음조차 버려야 한단 말이오?"

왕이 끝내 고집을 꺾으려 하지 않자 황희는 조용히 내전을 나왔다.

'그렇다고 집현전 학자들을 전부 파직시키거나 귀양을 보낼 수도 없는 노릇 아닌가!'

탄식이 절로 나왔다. 홀로 몇날 며칠을 고민하던 끝에 황희는 마침내 결단을 내렸다. 그는 학자들의 집을 일일이 찾아다니며 그들을 설득하기 시작했다.

"대감께서 헛걸음을 하셨군요. 양심 있는 선비라면 죽는 한이 있어도 부당한 왕명을 따르지 않는 게 옳지 않겠습니까?"

"정승이 할 일이 없어 이런 일이나 하고 다닌다고 사람들이 수군대는 소리도 못 들으셨습니까? 참으로 보기 민망합니다."

정승의 간곡한 설득에 집현전 학자들은 콧방귀를 뀌었다. 새파란 유생들이 대놓고 그를 비난하기도 했다.

"허허, 이 사람들아. 우선 내 말 좀 들어보게."

황희는 심하게 자신을 비아냥거리는 소릴 듣고도 그는 그저 허허 웃을 뿐이었다. 하도 아랫사람들에게 관대하여 '허허 정승'으로 불렸던 사람, 그가 바로 84세의 황희였다. 그는 계속해서 자신의 손자뻘밖에 되지 않는 집현전 학자들을 일일이 찾아다니며 조정으로 돌아오길 통사정하다시피 했다.

"나 또한 공자의 가르침을 받드는 유학자로서 내불당 건립이 문제가 있다는 건 알고 있소. 하지만 이번 일은 그냥 넘어갑시다. 백성을 돌보는 일에 비하면 내불당 정도는 사소한 일이오. 궁궐 안에 불당하나 짓는다고 해서 조선이 어떻게 되는 건 아니잖소?"

황희는 큰 것을 위해서라면 작은 것은 버릴 줄도 알아야 한다고 끈질기게 집현전 학자들을 설득했다. 학자들은 결국 마음을 돌렸고 군신간의 팽팽한 대립은 원만하게 해결되었다. 사심 없는 정승의 충정이 얼어붙은 정국에 소통의 해법을 제시한 결과였다.

허허정승 황희, 사람들이 그를 믿고 따르는 것은 매사에 공평무사한 성품을 가지고 있기 때문이었다. 그는 권위로써 아랫사람을 누르려고 하지도 않았지만 가까운 상대라고 해서 무조건적인 관용을 베풀지도 않았다.

한 번은 이런 일이 있었다. 김종서가 6진을 개척하고 돌아와 호조판서가 되었을 때였다. 그날은 황희를 비롯한 조정 대신들이 아침 일찍부터 모여 국정을 논의했다. 여러 의견들이 오가며 이야기가 길어지다 보니 시간은 어느덧 점심때가 훌쩍 지났다. 김종서는 정승들이 점심도 거른 채 열심히 일하는 모습을 보고, 예빈시에 일러 점심상을 준비하도록 시켰다. 예빈시란, 외국에서 손님이 왔을 때나 국가적인 큰 행사가 있을 때 음식을 마련하는 관청이다. 느닷없이 잘 차려진 점심상이 들어오자 그 자리에 있던 사람들은 반색을 하며 수저를 들었다. 그러나 황희는 책임자인 김종서를 호되게 꾸짖었다.

"이런 사사로운 일로 국고를 낭비하다니 대감은 정신이 있는 게요, 없는 게요? 당장 상을 내가시오!"

정승의 다그침에 당황한 김종서는 결국 상을 도로 내갔다.

"이 일은 국법에 따라 처리할 테니 그리 아시오."

황희 정승의 서슬 퍼런 경고였다. 그러자 보다 못한 맹사성이 한마디 했다.

"엄밀히 따지자면 잘못된 일이지만 우리가 개인적인 일로 이러고 있는 것도 아닌데 밥 한 끼 정도 먹을 수도 있는 것 아닙니까? 더구나 이미 그 음식에 손을 댄 건 사실이니 죄가 있긴 우리도 마찬가지 아닙니까?"

맹사성의 말에 다른 대신들도 고개를 주억거리며 동의를 표했다.

그러나 황정승의 태도는 조금도 달라지지 않았다. 그는 목소리에 더욱더 힘을 주었다.

"그렇다면 다 같이 벌을 받아야지요! 어떤 경우에든 공사를 분별하지 못한 죄는 용납될 수 없습니다."

"대감께서는 호조판서한테 무슨 악감정이라도 있습니까?"

맹사성이 물었다. 별 것도 아닌 일로 너무 심하게 몰아붙이는 것 아니냐는 의미였다. 그러자 황희는 정색을 하고 맹사성을 바라보았다.

"나는 김종서를 아끼기 때문에 그러는 것이오. 잘못이 있으면 고치도록 만들어야 할 것 아닙니까? 이건 나라를 위하고 김종서를 위하는 일이오."

맹사성은 더 이상 아무 말도 하지 못했다. 이야기를 전해들은 세종도 황희 정승의 깊은 뜻에 감동할 수밖에 없었다.

"김종서가 국법을 어긴 것은 젊은 혈기로 잠시 판단을 잘못했기 때문입니다. 이 일을 교훈 삼아 나라의 큰 인재가 될 수 있도록 부디 관대한 처분을 내려주십시오.”

평소 김종서의 사람됨을 익히 알고 있던 황희는 그가 선배 대신들을 위하는 마음에서 실수한 것도 꿰뚫어보고 있었다. 세종은 황희 정승의 청을 받아들이며 이렇게 말했다.

“과인이 이렇듯 훌륭한 재상을 얻었으니 무슨 걱정이 있겠는가? 김종서가 비록 경솔한 행동을 했으나 이번만큼은 용서하도록 하라.”

그로부터 며칠 후, 김종서가 감사 인사를 하려고 찾아오자 황희는 그에게 따끔한 말로 충고를 해주었다.

“앞으로는 매사에 자기를 누르고 신중하게 처신하도록 하시오. 특히 조정의 중책을 맡은 관리라면 사소한 것 하나라도 소홀히 해서는 안 될 것이오. 그대의 강한 패기가 장수로선 적합할지 모르나 장차 큰일을 하려면 그 패기가 지나치지 않도록 스스로를 다스려야 할 것이오.”

“대감의 말씀 깊이 새겨듣겠습니다.”

김종서는 황희 정승의 준엄한 꾸짖음을 달게 받아들여 훗날 역사에 길이 남을 충신이 되었다.

황희는 사람을 다룰 줄 알았다. 그가 아들에게 큰절을 했던 일은 너무도 유명한 일화이다. 그의 아들 황치신은 젊었을 때 몹시 술을 좋아했다. 하루는 치신이 잔뜩 취해서 집으로 돌아왔다. 이 날 집에서 아들이 돌아오기를 기다리고 있던 황희는 그가 대문을 열고 들어오자 땅바닥에 엎드려 큰절을 했다.

“아버님, 왜 이러십니까?”

갑작스런 아버지의 행동에 아들은 술이 확 깨며 어쩔 줄을 몰라 했다. 황희는 여전히 땅바닥에 엎드린 채 이렇게 말했다.

"그대가 만약 내 아들이라면 아비의 말을 따르는 게 당연한데, 그렇지 않은 것으로 보아 댁은 아들이 아니라 손님이라 여겨져 큰절을 올립니다."

치신은 이 일이 있은 후 술은 입에 대지도 않고 학문에만 열중했다. 그리하여 훗날 그 또한 정승의 반열에 올랐다.

정치인 황희와 인간 황희

방촌 황희는 맹사성과 더불어 세종 시대를 풍요롭게 만든 명재상이었다. 맹사성은 예술가적 기질이 뛰어나 아악을 육성시키는 등 문화발달에 공헌한 반면, 황희는 김종서를 이끌고 6진을 개척하는 한편 외교와 문물제도의 정비에도 많은 업적을 남겼다. 이들 두 정승의 능력과 기지를 활용함으로써 세종은 강력한 리더십을 펼칠 수 있었던 것이다. 맹사성은 79세를 일기로 1438년에 세상을 떠났고, 황희는 그보다 14년을 더 정승자리에 있으면서 조선 전기 정치 발전에 많은 공헌을 했다. 문종 2년 2월 8일, 영의정 부사직에 있던 황희는 90세의 나이로 세상을 떠났다.

'그는 늘 원리원칙대로 행동했고 무엇이 진정 백성을 위하는 일인지 깊이 생각한 후에 움직였다. 또한 누구보다도 청렴결백했으며 정승으로 몇 십 년을 지내면서도 끼니를 거르는 날이 허다할 정도로 검소했다.'

조선왕조실록은 황희 정승의 삶에 대해 이렇게 전한다. 이러한 그의 생활태도는 많은 조선의 관리들에게 귀감이 되었다. 실록은 또 이렇게 덧붙이고 있다.

'그는 늙어서도 손에 서책을 놓지 않았으며, 항시 한 쪽 눈을 번갈아 감아가며 시력을 길러 잔글씨 하나라도 놓치지 않으려 했다. 나이가 들어도 기력이 강건하여 홍안백발의 신선과도 같은 그를 세상 사람들은 송나라 문노공에 비교하기도 했다.'

또한 그는 마치 자신의 운명을 예감하기라도 한 듯 죽기 전에 아들에게 이런 편지를 남겼다.
"내가 죽으면 장례는 한결같이 〈가례〉에 의거하되 능력과 분수가 미치는 대로 하고 일체의 허식을 행하지 말라."
그러나 천하의 황희 정승도 생전에 완벽한 인간은 못 되었다.
실록은 그가 자신의 아들 치신을 위해 관청에서 몰수한 과전을 바꿔달라는 글을 올려 청한 적이 있고, 또 그의 서자가 궁중의 물건을 밖으로 빼돌린 일이 발각되자 자신의 아들이 아니라 하고는 성을 바꿔버린 애석한 일도 있었으나 그의 명성에는 흠이 되지 않았다며 다음과 같이 전한다.

"황희는 수상이 된 지 20여 년 동안 비록 전쟁에서 세운 공로는 없지만 임금을 보좌한 공로가 매우 커서 대신의 체통을 얻었으니 자격이 충분하다."

장사한 지 5일 만에 문종은 조정 대신들과 의논하여 황희를 세종의 묘정에 배향시켰다. 살아오면서 한때 인간적인 과오를 범하긴 했지만 그가 조선 전기의 정치발전에 지대한 영향을 끼친 것 또한 부정할 수 없는 사실이다.

그리하여 많은 후세 사람들은 '세종 같은 임금에 황희 같은 정승이 있었기에 조선에 태평성대가 있었다'며 역사상 가장 훌륭한 파트너 십을 이루었던 세종과 황희 정승 시대를 높이 평가하고 있다.

살아 정승, 죽어 역적
한명회

위태로운 후계자

  태평성대로 일컬어지는 세종시대 이후 문종과 단종시대는 하루하
루가 긴장의 연속이었다. 세종은 6명의 부인에게서 22명의 자녀를 두
었는데 그중 정비인 소헌왕후 심씨가 8남 2녀를 낳았다. 세종이 세상
을 떠난 뒤 소헌왕후 소생의 장남 향이 왕위를 물려받았다. 그가 바로
조선 5대 임금인 문종이다.

  8세 때 세자로 책봉된 향은 어릴 때부터 잔병치레가 잦았다. 세자
는 성품이 어질었지만 그 정도가 지나친 나머지 문약하다는 소릴 들
었다. 그러나 세종은 즉위 3년 만에 어린 장남을 세자 자리에 앉힘으
로써 왕위 계승을 둘러싼 잡음을 차단하려고 했다.

  세종 자신이 태종의 셋째아들로 세자인 맏형을 제치고 왕위에 오르
는 과정에서 너무나 큰 희생을 치렀기 때문에 일찌감치 세자 책봉을
서두른 면이 있었다. 여기에 세종 또한 즉위 초부터 각종 질환에 시달
려 온 터라 후계구도를 분명히 해둘 필요가 있었다.

  세종은 그 상태로 자그마치 33년 간 왕위에 있었다. 덕분에 향은
29년 동안 세자 자리를 지켜야 했다. 오랜 세월 하루도 쉬지 않고 조

정 대신들과의 경연에 참석하며 정사를 돌보았던 세종은 말년에 건강이 악화되어 정상적인 국왕의 업무를 수행하지 못할 지경에 이르렀다. 세자는 이때부터 8년 간 부왕을 도와 섭정의 형식으로 정치실무를 익혔다.

세종은 국가의 중대사를 제외한 모든 일처리는 세자의 결재를 받도록 하고 세자가 올바른 섭정을 할 수 있도록 첨사원을 설치하는 등 본격적인 정권이양 작업에 들어갔다. 세자 향은 본래 학문을 좋아하고 서예는 물론 전문학과 산술에도 뛰어난 자질을 갖고 있었다. 어릴 때부터 집현전 학자들을 가까이 하며 측우기 제작에 직접 참여했을 정도로 지적 욕구가 왕성한 면모를 보이기도 했다.

세종은 그가 훌륭한 왕재라는 것을 믿어 의심치 않았다. 다만 한 가지 근심이 있다면 몸이 너무 약하다는 사실이었다. 게다가 세자의 아우들인 정비 소생의 일곱 왕자들도 어느덧 장성하여 조정 내에 심상찮은 기류가 형성되고 있었다.

그중에서도 특히 둘째인 수양대군과 셋째인 안평대군, 넷째인 임영대군은 조정에 정치적 영향력을 행사할 정도로 세력이 날로 커지는 상황이었다. 맏아들의 수명이 길지 못할 것을 예감한 세종은 죽기 직전 문종에게 이런 유언을 남겼다.

"세손은 영민하고 기골이 빼어나 능히 뒤를 이을 수 있는 인물이나 그를 잘 보필해줄 신하가 필요하다. 이 일은 뒷날 김종서에게 맡겨라." 여기서 말하는 세손이란 훗날의 단종을 뜻한다.

흔히 무장으로 널리 알려진 김종서는 태종 때 16세의 나이로 문과에 급제한 선비 출신이다. 무장으로 활동하기 전엔 상서원직장을 지냈고 세종 때는 태종실록 편찬을 주관하기도 했다.

김종서는 체구가 작은 편에 속했지만 성품이 담대하여 무장으로서의 기질이 더 돋보이는 인물이었다. 이 점을 일찌감치 간파한 세종은 고려시대부터 끊임없이 국경을 교란시켜오던 여진족을 물리치기 위해 6진을 개척하면서 김종서를 북방으로 보냈다. 6진 개척은 압록강에서 두만강 일대를 경계로 한 이남지역에 성을 쌓아 지금의 국경선의 기초를 마련한 세종 때의 대표적인 업적 가운데 하나이다.

김종서는 10년 동안의 끈질긴 노력 끝에 여진족을 섬멸하여 '북방의 큰호랑이'라는 별명까지 얻게 되었다.

"비록 내가 있더라도 김종서가 없었더라면 이 일을 할 수 없었을 것이고, 비록 김종서가 있다 해도 내가 없었으면 이 일을 주장하지 못했을 것이다."

세종은 훗날 종종 이런 말을 할 정도로 그에 대한 신임이 두터웠다. 그런 만큼 자신의 사후 왕위를 이어받을 아들에게도 특별히 김종서를 중용하도록 천거한 것이었다.

1450년 2월, 세종이 세상을 뜨자 문종이 왕위에 올랐다. 그러나 이미 건강이 악화될 대로 악화된 문종은 즉위 후 대부분의 시간을 병상에서 보내야만 했다.

이때 세자의 나이 불과 12세였다. 자신의 죽음이 임박해졌다고 느낄수록 문종은 못내 불안할 수밖에 없었다. 태어난 지 3일 만에 생모를 잃은 세자는 선왕인 세종의 후궁인 혜빈 양씨 품에서 자랐다. 권력의 꿀맛에 취한 무리들이 이리저리 줄을 대느라 부산하게 움직이는 모습이 안 봐도 눈에 선했다.

"선왕이 맡기신 이 자리를 오래 보전하지 못하고 이렇게 가니 죄스럽고 한스러울 따름이오. 해놓은 것도 없이 일찍 가면서도 잊지 못하는 것이 어린 세자요. 간절히 당부하니 경들은 부디 내 뜻을 저버리지 말고 어린 임금을 잘 보살펴주시오."

1452년 5월, 문종은 보위에 오른 지 2년 3개월 만에 김종서, 황보인 등에게 세자를 당부하는 유언을 남기고 눈을 감았다.

북방의 큰 호랑이
김종서를 없애라

왕실 법도에 의하면 20세가 채 안 된 세자가 즉위할 경우 궁중 내의 가장 높은 서열에 있는 대비나 왕비가 수렴청정을 하도록 되어 있었다. 하지만 문종 사후 왕실에는 대비가 없고 왕비도 살아 있지 않았다. 문종이 죽어가면서도 근심을 떨치지 못했던 이유가 바로 여기에 있었다.

단종이 즉위하자 김종서는 좌의정 자리에 올랐고 우의정은 황보인이 맡았다. 이때부터 왕은 형식적인 결재만 하고 모든 정사는 의정부에서 관할하게 되었다. 의정부는 영의정과 좌·우의정을 수장으로 하는 최고 의결기관이다.

단종 즉위 후 의정부는 그 세력이 점점 비대해져 갔다. 의정부 대신들은 조정의 인사문제에 이른바 '황표정사'제도를 도입했다. 조정에서 인사지명권을 위임받은 신하들이 황색 점을 찍어 적임자를 표시하기로 한 것이다.

이때 성삼문 등의 집현전 학자는 의정부가 권력을 남용하고 있다는 비판을 가하기도 했다. 그러나 의정부에서 이 같은 결정을 내린 것은 나름대로 이유가 있었다. 김종서는 큰 호랑이라는 별명답게 어린 단종을 지키는 파수꾼 역할을 충실히 했다. 그는 제일 먼저 대군들의 사저에 많은 사람이 모이는 것을 금지시켰다.

대군들이 패거리를 이루는 것 자체가 왕실을 위태롭게 한다는 판단에서였다. 또한 이것은 김종서가 당시 정가의 핵폭탄으로 부상하고 있는 수양대군을 견제하기 시작했다는 신호탄이기도 했다. 격분한 수양대군은 노발대발해 동생 안평대군에게 편지를 썼다. 이때까지만 해도 둘은 한배를 탄 처지였다.

'대신들의 모임을 금하라 하니 이는 필시 우리를 의심하는 것이다. 군왕을 가까이에서 보필해야하는 여러 대군의 사저를 감시한다면 왕이 저들에게 잡혀 고립이 되어도 우리로서는 도울 길이 전혀 없지 않은가. 우리는 이 나라 종사와 운명을 같이 할 몸이니 가만히 있을 수 없어 하는 말이다……'

그러나 누가 과연 왕을 보필하고 보살필 사람이었는지는 역사가 증명하고 있다. 애초부터 김종서는 수양대군의 야심에 대적할 만한 상대가 아니었는지도 모른다. 무엇보다도 수양대군에게는 한명회라는 희대의 모사꾼이 있었다.

여기서 잠시 계유년1453년 10월의 숨막히는 드라마 속으로 들어가 보자.

어린 단종이 즉위한 지 1년여가 지난 이 무렵, 조정은 안평대군과 결탁한 김종서와 황보인 등 고명대신파가 장악하고 있었고 밖에서는 수양대군이 치밀하게 세력 확장을 꾀하고 있었다.

수양대군은 그해 4월, 명나라에 사은사로 다녀오면서 집현전 학사 출신인 신숙주와 의기투합한 것을 계기로 본격적인 거사 준비에 들어갔다. 이 상황에서 수양대군 일파의 핵심 브레인 역할을 맡은 인물이 바로 한명회였다. 맨 처음 수양대군에게 한명회를 소개시킨 사람은 훗날 길창부원군으로 봉해진 권람이다.

권람은 일찍이 부친이 정실부인인 자신의 생모를 박대한다는 이유로 집을 뛰쳐나와 한동안 전국을 떠돌며 양반집 문객 노릇을 했다. 그러던 중 우연히 만난 한명회와 뜻이 맞아 서로를 '관중과 포숙'이라 칭하며 어울려 다니기 시작했다.

한명회는 개국공신 집안의 자손이다. 태조 이성계가 왕위에 오른 뒤 명나라에 파견되어 '조선'이라는 국호를 받아온 사람이 한명회의 할아버지였다. 한명회의 부친 또한 영의정을 지냈다. 그러나 정작 본인은 나이 30이 넘도록 한량으로 지내다 38세에 겨우 경복궁 문지기 자리를 꿰찼다. 사람들은 그가 7개월 만에 어머니 뱃속에서 나왔다고 해서

'칠삭동이'라 부르기도 했다.

"지금 임금이 어리고 나라가 위태로운데 난세를 평정할 인물은 수양대군밖에 없다."

하루는 술자리에서 한명회가 이런 말을 했다.

"여기서 우리끼리 이럴 게 아니라 대군을 직접 만나서 이야기를 나눠보도록 하세."

수양대군과도 교분이 있었던 권람은 곧 한명회를 그에게 데려갔다.

김종서의 끊임없는 견제를 받고 있던 수양대군은 여러 계층의 사람들과 어울리며 자신의 지지기반을 넓혀가는 중이었다. 야심가는 야심가를 알아보았던 것일까. 한명회와 처음 만난 자리에서 수양대군은 마치 오랜 벗을 대하듯 얼굴에 화색이 돌았다고 한다.

한명회는 주변에 다양한 인맥을 형성하고 있어서 수양대군의 정치적 야심에 꼭 알맞게 부합되는 인물이었다. 이후 한명회는 비밀스럽게 수양대군의 사저를 드나들었다. 그가 밤중에 대문간에서 행랑으로 연결된 줄을 잡아당기면 아무리 늦은 시간이라도 집안 노비가 문을 열어주곤 했다.

계유정란은 수양대군 일파가 김종서를 비롯한 단종 옹호 세력을 몰아내고 왕위를 찬탈한 비극적인 사건이었다. 당시 생살부生殺簿한 장에 수많은 조정 대신의 운명이 생과 사의 갈림길에 놓였다. 이 살생부를 직접 작성한 사람이 바로 한명회였다.

한명회는 수양대군이 정권을 잡는 데 걸림돌이 될 만한 상황은 모조리 제거했다. 그런데 이 과정에서 황보인이 자신들의 계획을 알아차린 것 같다는 낌새를 느꼈다. 거사 10여 일 전인 10월 초, 한명회와 권람은 수양대군에게 이 문제를 의논하러 갔다. 수양대군은 두 사람의 이야기를 듣고도 눈 하나 꿈쩍하지 않았다.

"저들이 비록 눈치를 챘더라도 대책 논의에 3일, 준비 기간으로 3일, 약속하기를 3일로 잡아서 모두 8, 9일은 걸릴 것이니 만일 우리가 10일 이내에 거사를 일으키기만 한다면 성공할 수 있다. 그러나 말이 입에서 나오면 사람은 비록 알지 못하더라도 귀신이 알고, 귀신이 알면 또한 사람이 아는 것이니 혹시라도 입 밖에 내지 말고 더욱 조심하여 기다릴 것이며 다시는 내 앞에 와서 의논하지 말라."

수양대군이 말했다. 그는 상대편이 자신을 주시하고 있다는 걸 알면서도 겉으로는 평소와 다름없이 행동했다. 더구나 거사 당일엔 태연하게 김종서의 집으로 찾아가는 담대함을 보였다.

1453년 10월 10일 저녁, 수양대군이 김종서의 집 앞에 나타났다. 대문 밖에는 여전히 철저한 경비가 이루어지고 있었다.

"대군을 따르는 무리가 많더냐, 적더냐?"

수양대군이 왔다는 말을 듣고 김종서는 맨 먼저 이렇게 물었다.

만약 그를 따르는 무리가 많다면 이참에 군졸들을 풀어 처단할 계획이었다.

"수행하는 자는 두 명뿐입니다."

문지기가 대답했다. 김종서는 경계심을 늦추었다. 그러나 김종서는 순진한 면이 있었다. 이미 수양대군은 그를 살해하려는 준비를 해놓은 상태였다.

대궐로 통하는 모든 성문은 수양대군 휘하 군졸들이 장악하고 있었고 김종서의 집 주변에도 무장한 사병들이 곳곳에 숨어 있었다. 그리고는 호위무사 둘만 데리고 김종서의 집 앞에 나타난 것이다.

"용무가 있어 왔으나 날이 어두워졌으니 안에는 들어가지 못하겠고, 대감께서 좀 나오시지요."

종친이 용무가 있어서 왔다는데 좌의정으로서도 거절할 이유가 없었다.

"어찌 대군을 밖에 서 있게 하겠습니까? 방으로 드시지요."

김종서는 그를 안으로 들이려고 했지만 수양대군은 교묘하게 핑계를 댈 뿐이었다. 결국 중문 밖으로 나가서 맞이하게 되었다. 유난히도 달빛이 환한 밤이었다. 수양대군은 이미 대문을 들어서서 중문 밖에서 기다리고 있었다.

"마침 주변에 아무도 없으니 일단 마당으로 나오면 단번에 때려잡자고!"

뒤에서 수양대군을 호위하고 섰던 양정이 유숙에게 은밀히 속삭였다. 양정과 유숙은 한명회가 수양대군에게 붙여준 무사들이었다.

"밤중에 대군께서 웬일이십니까?"

이윽고 김종서가 아들을 앞세우고 나타났다. 김종서의 아들 승규의 등장에 수양대군은 아차 싶었다. 그가 부친을 닮아 힘이 장사고 무예 솜씨도 보통이 아니라는 사실은 수양대군도 익히 알고 있었다.

수양대군은 문득 한 가지 꾀를 내어 아무도 모르게 자신의 사모 뿔 하나를 떼어버렸다.

"급히 대궐의 부름을 받고 가는 길인데 하필 사모뿔이 부러졌지 뭡니까? 마침 이 집이 좌상댁이라 듣고 좀 빌리러 왔습니다."

김종서는 수양대군의 사모 뿔이 부러진 것을 확인하곤 아들을 돌아보며 눈짓을 했다. 김승규가 곧 안으로 들어갔다. 양정과 유숙이 서로 눈짓을 교환한 것도 바로 그 순간이었다.

"이거 공연히 폐를 끼치게 되었습니다그려."

수양대군은 짐짓 너스레를 떨며 밤하늘의 달빛을 올려다보았다. 김종서도 무심코 그가 쳐다보는 방향으로 고개를 돌렸다. 순간 수양대군이 달빛에 눈이 부신 듯 오른손을 들어 눈가에 갖다 댔다. 그와 동시에 양정과 유숙이 철퇴를 들었다.

"아버님!"

안에서 급히 사모뿔을 가지고 나오던 김승규의 절박한 외침이 끝나기도 전에 양정과 유숙의 철퇴는 이미 허공을 가른 뒤였다.

퍽!

둔탁한 소리와 함께 김종서의 몸이 힘없이 바닥으로 고꾸라졌다. 뒤이어 또 한 번 철퇴가 내려쳐지는 순간 김승규는 황급히 몸을 날려 부친을 끌어안았다. 그러나 이번에는 양정과 유숙의 철퇴가 사정없이 두 사람의 머리통을 후려갈겼다.

김종서의 집을 나와 단숨에 돈의문까지 달려간 수양대군은 궐문을 지키고 있던 권람에게 승전보를 알렸다.

"내가 이미 김종서와 그 아들을 죽였다."

그러나 이때까지만 해도 김종서는 죽은 게 아니었다. 그는 수양대군

일행이 돌아간 뒤 가까스로 의식을 회복했다.

"빨리 의정부에 알리고 안평대군에게도 이 사실을 고하라."

김종서는 살아남은 하인들을 대궐로 보냈다. 그러나 성문은 수양대군 휘하의 군사들이 장악하고 있었다. 그들은 누구도 안으로 들여보내지 않았다. 김종서는 할 수 없이 부상당한 몸을 이끌고 집 밖으로 나왔다. 그는 여자 옷을 입고 가마에 올라 신분을 위장한 채 궁으로 향했다.

그렇게 돈의문과 서소문, 숭례문을 다 돌아다녔으나 허사였다. 수양대군의 군사들이 사방에 깔려 있었던 것이다. 김종서는 둘째아들의 처가로 숨어들었다가 결국 양정의 군졸들에게 붙잡히고 말았다.

이 상황에서 김종서는 자신이 옥에 갇히는 줄로만 알았다.

"내가 어떤 사람에게 몸을 크게 다쳐 걸어갈 수가 없다."

김종서가 가마를 가져오도록 청했으나 그는 한명회가 작성한 살생부의 첫 번째 살해 당사자였다. 군졸들은 즉시 그를 끌어내어 목을 베어버렸다. 그렇게 해서 북방의 큰 호랑이 김종서는 끝내 두 아들과 함께 참수되어 네거리에 목이 내걸리고 말았다.

이로써 단종 시대도 막을 내리게 된다.

허망하게 실패한
단종 복위 운동

1455년, 수양대군이 보위에 오르자 한명회는 1등 공신 자리에 올랐으며 곧 좌부승지가 되었다.

"자준한명회의 호은 나의 자방子房이다."

훗날 세조가 된 수양대군은 종종 이런 말을 입에 담았다. 자방은 곧 정도전이 자신을 빗대어 자랑했던 한고조의 책사 장량을 뜻한다.

한명회는 세조 즉위 후 명실공히 조선의 2인자였다. 세조의 신임을 한 몸에 받던 그는 단종복위 운동을 막아낸 공로로 또 한 번 만천하에 자신의 역량을 과시하게 된다.

세조가 즉위한 지 1년 뒤인 1456년 1월, 조정에선 명나라 사신을 접대하기 위한 연회를 베풀었다. 성승과 유응부는 이때 왕을 바로 곁에서 호위하는 별운검을 맡았다. 궁중에서 연회가 열리면 실내가 협소할 경우 특별히 무예가 뛰어난 소수의 경호원들만 현장을 지키도록 하는 게 관례였다.

성승은 집현전 학사 출신의 예부승지 성삼문의 부친이고 성삼문은 단종복위 운동의 주역이었다. 성승과 유응부가 별운검의 임무를 맡게 된 것은 단종의 복위를 도모하는 성삼문 · 박팽년 등에겐 더없이 좋은 기회였다. 성승은 도총관의 직책을 맡고 있었고 유응부는 일찍이 무과에 합격한 무장으로서 특히 활솜씨가 뛰어나 세종과 문종이 아끼는 궁사였다.

"한명회와 세자는 내가 맡을 테니 공은 수양을 없애시오."

거사 전날 성승이 유응부에게 말했다. 이 날 그의 집에선 유응부·성삼문을 비롯하여 박팽년, 하위지·유성원·김질 등이 은밀히 모여 작전을 논의하고 있었다.

"그깟 한명회 정도야 한쪽 팔만 써도 숨통을 끊어버릴 텐데 무슨 걱정입니까? 내가 그 셋을 다 처치할 테니 도총관 나리께서는 구경만 하십시오."

성미 급한 유응부가 큰소리를 쳤다. 그는 이번에야말로 자신을 아껴주던 문종대왕의 은혜를 갚을 때라며 단단히 벼르고 있었다.

"모든 일은 한 치도 빈틈이 없어야 합니다. 다들 입조심하시고 신중하게 처신해야 합니다."

성삼문의 눈빛이 차갑게 빛났다. 그는 단종이 상왕 자리로 떠밀려나면서 수양대군에게 옥새를 넘겨줄 때 박팽년과 함께 의전관의 임무를 맡았던 인물이다.

"내 차라리 옥새를 끌어안고 경회루에 빠져 죽지 못하는 것이 한이다!"

성삼문과 박팽년은 그 날 수양대군이 옥새를 손에 넣는 모습을 보면서 치를 떨었다. 이후 두 사람은 하위지·이개·유성원 등 동지들을 규합하여 단종복위 운동을 도모하게 된다. 그러나 그들의 계획은 김질의 배신으로 허무하게 막을 내리고 말았다.

김질은 본래 겁 많은 위인이었다. 그는 혹여 일이 잘못되기라도 할까봐 전전긍긍하던 차에 거사 직전 이 사실을 장인인 정창손에게 알렸다. 깜짝 놀란 정창손은 곧 한명회에게로 달려갔다.

"흠, 드디어 올 것이 오고 말았다 이거지?"

한명회는 정창손의 말을 듣고 회심의 미소를 지었다. 그는 행사 당일 별운검을 폐지하고 연회장소를 옮겨버렸다. 그런 다음 의금부군사들을 풀어 거사 관련자들을 줄줄이 잡아들였다.

유성원은 거사가 발각되었다는 소식을 듣고 스스로 목숨을 끊었다. 미처 몸을 피하지 못한 사람들은 한밤중에 피투성이가 되어 끌려나왔다. 그날 밤 인류가 고문이라는 극악한 형식의 체벌을 고안해낸 이래 가장 혹독한 광경이 벌어졌다.

비명소리가 궁 안팎에 울려 퍼지는 가운데 성삼문·하위지·이개 등은 불에 달군 쇠꼬챙이로 온 몸을 지지는 고문 끝에 능지처참을 당했다. 역사는 그들을 '사육신'으로 기록한다.

수양대군의 위징 신숙주

단종복위 운동은 집현전 학자들이 충신과 역적으로 나뉘는 운명의 갈림길이었다. 또한 성삼문과 절친한 사이였던 신숙주가 백성들에게 가장 큰 증오의 대상으로 떠오른 사건이기도 하다.

때는 1457년 3월 15일, 단종복위 운동이 발각되기 6개월쯤 전이었다.

이날 세조는 양녕대군을 비롯한 여러 종친들과 정난공신들을 대동하고 사정전에서 연회를 베풀었다.

"오늘은 모처럼 우찬성이 따라주는 술 한 잔 받아야겠소."

세조가 신숙주를 돌아보았다. 그의 어린 조카 단종은 상왕으로 물러나 수강궁에서 연금생활을 하다시피 하는 때였다. 여기엔 단종의 장인 송현수도 자리를 함께 했다. 그 와중에도 한명회 · 홍윤성 · 김질 등 조정의 실세들은 연회에 참석하여 국왕의 눈도장을 받느라 여념이 없었다.

"우찬성은 글만 잘하는 학자인 줄 알았더니 여러모로 재주가 비상합니다."

거나하게 취한 세조가 우찬성 신숙주에게 술을 따라달라고 청하자 양녕대군이 칭찬인지 조소인지 모를 한 마디를 내뱉었다. 그 말에 신숙주는 얼굴이 다소 붉어지는 듯했으나 눈치 빠른 세조가 얼른 분위기를 수습하고 나섰다.

"그럼요, 글만 잘할 뿐 아니라 우찬성은 지혜대장입니다. 당 태종에게 위징이 있었다면 나한테는 보현재신숙주의 호가 곧 위징이지요."

위징은 당나라 태종 때 문예부흥을 일으켰던 명재상의 이름이다. 세조는 자신의 표현이 썩 마음에 들었던지 즉석에서 사관에게 그것을 기록하도록 지시하기까지 했다.

신숙주는 이때 무슨 생각을 했을까. 세조와 신숙주는 동갑이었다. 세조는 그런 신숙주를 특별히 아끼고 신임했다. 두 사람은 명나라에 고명 사은사로 함께 다녀온 것을 계기로 가까워졌다. 계유정난이 일어났을 때 신숙주가 적극적으로 동참했다는 흔적은 찾아볼 순 없다. 그러나 세조가 정권을 장악한 뒤 외직에 나가 있던 신숙주를 정난공신 1등급에 올려놓고 도승지에 임명한 것으로 보아 모종의 암묵적 지지가 있었던 것만은 분명하다.

신숙주는 단종복위 운동을 주도했던 성삼문과는 둘도 없는 친구 사이였다. 둘은 어릴 때부터 같이 자랐고 집안끼리도 친하게 지냈다. 학문과 문장실력도 서로 우열을 가릴 수 없을 만큼 뛰어나 집현전의 쌍두마차로 통했다.

그런 두 사람이 한순간에 원수지간으로 돌아서야 했던 건 순전히 어수선한 세월 탓이었다.

"신숙주는 내 평생의 친구였지만 이미 뜻을 달리 했으니 어쩔 수가 없다. 그는 이제 내 친구가 아니고 동지는 더더욱 아니다."

성삼문은 거사 직전 반드시 제거해야 될 인물 명단에 신숙주의 이름을 올렸다. 하지만 막상 이렇게 결정한 뒤에도 마음이 편치 않았던지 거사 예정일이 닥치자 흔들리는 모습을 보였다. 그는 궐내에서 신숙주와 마주칠 때마다 곤혹스러운 표정을 짓곤 했다.

"사신을 접대하는 연회에 운검은 세우지 않아도 된다."

한명회의 지시가 떨어지기 전까지도 성삼문은 신숙주에게만 눈이 가 있었다.

'차라리 모든 걸 털어놓고 우리와 뜻을 함께 하자고 하면 어떨까?'

신숙주를 바라보는 성삼문의 눈빛엔 만감이 교차했다. 그런데 이 와중에 한명회가 낌새를 눈치 채버리는 바람에 계획에 차질이 빚어진 것이다. 성삼문은 곧 긴급회의를 소집했다.

"아무래도 거사를 다음으로 미뤄야겠소."

"그럽시다!"

성삼문과 그 동지들은 기회를 보아 일정을 다시 잡기로 결정했다. 그런데 공교롭게도 신숙주를 죽이기로 되어 있던 당사자만이 그 자리에 없었다. 그는 계획이 미뤄진 것을 알지 못한 상태에서 인적이 뜸한 곳에 혼자 서 있던 신숙주를 발견하고 일을 실행에 옮기기로 했다.

"아니, 저 사람은!"

마침 그 광경을 성삼문이 보고 소스라치게 놀랐다. 이제 단 몇 초 후면 신숙주는 자객의 칼날에 여지없이 목이 잘려나갈 판국이었다.

절체절명의 순간, 성삼문은 신숙주를 향해 황급히 손을 저었다. 신숙주가 고개를 돌리자 자객은 주춤거리며 뒤로 물러섰다.

"어딜 가는 길인가?"

신숙주가 밝게 웃으며 성삼문에게 물었다. 친구의 해맑은 미소가 성삼문의 가슴을 무겁게 내리눌렀다. 하지만 그날 밤 상황은 완전히 뒤바뀌어 버렸다.

신숙주는 세조와 함께 사건의 관련자들을 국문하는 자리에 서 있었다. 그리고 성삼문을 비롯한 사육신들은 아비규환의 생지옥 속에 놓여 있었다.

"이놈, 숙주야! 네가 그 자리에 있다니, 부끄럽지도 않으냐?"

성삼문은 유독 신숙주를 노려보며 비수 같은 눈길을 던졌다. 그 장면이 오죽 신숙주를 곤혹스럽게 했으면 세조가 그를 자신의 등 뒤에 숨겨

주었다는 기록까지 전한다.

　신숙주는 성삼문 등이 죽은 뒤 좌의정에 올랐고 성종 대까지 원로 대접을 받으며 탄탄대로를 달렸다. 그리고 죽는 날까지 자신의 행적에 대해선 한 마디 변명도 하지 않았다. 다만 죽기 전에 이런 유언을 남겼다.

　"삶이란 이렇게 끝나고 마는 것인가! 내가 죽으면 아무것도 필요 없으니 저승 가서 읽을 책이나 몇 권 관속에 넣도록 하라."

　신숙주는 당대를 대표할 만한 문신이었다. 그는 세조대와 성종대에 걸쳐 10여 차례나 과거시험을 주재하면서 무수한 인재들을 선발하였다. 그러나 역사는 그가 남긴 업적보다도 변절자라는 오명에 더 많은 의미를 부여하고 있다.

왕좌의 주인을
갈아치운 칠삭동이

　한명회는 단종복위 운동을 미연에 방지한 공으로 곧바로 좌의정을 거쳐 영의정의 자리에까지 올랐다. 경복궁 문지기에서 영의정 자리에 오르기까지 13년밖에 걸리지 않았다. 당시로선 파격적인 고속승진이었다. 이렇게 탄탄대로를 달리던 그에게도 위기가 없었던 건 아니다.

　1466년, 그가 영의정에 제수되고 난 직후 터진 이시애의 난은 한명회의 정치생명은 물론 목숨까지 위협하는 사건이었다.

이때 함경도에서 반란을 일으킨 이시애는 '한명회, 신숙주 등이 강효문과 짜고 반란을 도모하기에 이를 제지하기 위해 난을 일으켰다'고 주장했다. 세조는 신숙주와 한명회를 옥에 가두고 사건을 조사했으나 결국 혐의가 없음이 밝혀지고 두 사람은 곧 풀려나게 된다.

"살아 정승, 죽어 역적."

한명회의 삶을 표현할 때 이보다 절묘한 설명이 따로 있을까.

한명회는 2대에 걸쳐서 임금의 장인 대접을 받았다. 훗날 장순왕후로 봉해진 예종의 정비가 한명회의 맏딸이고 둘째딸은 세조의 손자인 자산군에게 출가시켰다. 자산군은 조선의 제9대 왕인 성종이다. 그러나 두 딸이 모두 후사를 잊지 못하고 요절하는 바람에 왕가에 혈통을 남기지는 못했다.

어쨌거나 한명회 그 자신은 3대에 걸쳐 조정을 쥐락펴락하는 붙박이 정승으로 살아 있는 동안 온갖 권세와 영예를 누렸다. 78세의 나이로 세상을 떠날 때까지 한명회라는 이름은 권력의 상징으로 통했다. 그러나 그 이름도 무덤 속에서만큼은 결코 영화롭지 못했다.

한명회가 죽은 지 13년 만에 폐비 윤씨 사건의 내막을 알게 된 연산군은 그의 무덤을 파헤쳐 부관참시의 형벌을 가했다. 그리고 역사는 그 이름을 만고의 충신으로 기록된 김종서와는 정 반대편에 두고 있다.

조선을 움직인 성리학의 대부
김종직

재야의 무서운 아이들,
사림을 주목하라

조선 제9대 왕 성종은 부왕인 예종이 즉위 후 1년 2개월 만에 병으로 죽는 바람에 13세에 왕위에 올랐다. 이때 왕의 나이가 어리다는 이유로 세조의 정비인 정희왕후가 7년 동안 수렴청정을 하게 되었다. 당시만 해도 한명회, 신숙주 등 훈구대신들이 조정에 강한 입김을 행사하던 시기였다.

정희왕후의 섭정이 끝난 뒤 맨 처음 성종이 한 일은 원상 제도를 폐지한 것이다. 이것은 조정의 서무결재에 원로대신들이 참여하도록 되어 있는 제도였다. 원상제의 실시는 곧 왕권의 위축을 의미했다.

성종은 그것을 폐지함으로써 왕명출납과 서무 결재권을 되찾아온 것이다.

성종은 그런 다음 사림의 젊은 문신들을 대거 불러들였다.

이 무렵 신숙주가 세상을 떠났고 한명회는 정치 일선에서 물러나 있었다. 그러나 유자광을 주축으로 한 공신들과 성종의 모후인 인수대비의 친척들이 조정의 요직을 두루 꿰차고 있었다. 성종은 공신들과 외척의 틈바구니에 사림을 배치시킴으로써 그 힘의 무게중심을 왕권으로 옮겨 놓으려 했던 것이다.

원래 사림土林이라는 용어는 고려 말부터 쓰였던 것으로 벼슬을 하지 않은 선비들의 집단을 통틀어 부르는 말이다. 조선시대 들어서는 조정에 공을 세운 훈구파나 왕의 친인척에 해당되는 척신세력에 대비되는 재야 지식인의 개념으로 쓰이기도 했다. 그리고 연산군 때 잇달아 사화가 일어나자 정치적인 이유로 화를 입은 선비들을 지칭하는 용어로 정착되었다. 성종 때의 사림은 재야 지식인으로서의 선비 집단을 뜻한다.

김종직은 당시 사림을 대표하는 인물이었다. 성종은 본격적으로 왕권을 행사하기 이전부터 김종직의 학식과 문장이 뛰어나다는 사실을 알고 있었다. 김종직의 호는 점필재, 그는 고려 말의 충신 길재의 학통을 이어받은 대유학자 김숙자의 아들이었다.

길재는 세자의 스승이 되어달라는 태종의 부름을 받았으나 '충신은 두 임금을 섬기지 않는다.'며 왕명을 거절했던 인물이다. 또한 그의 제자였던 김숙자는 단종 대에 벼슬을 하다 세조가 즉위하자 모든 것을 버리고 고향인 밀양으로 돌아가 평생 바깥세상에 모습을 나타내지 않았다.

그 두 사람의 성품을 고스란히 물려받은 김종직도 애초부터 관직에는 관심이 없었다. 그러나 아들이 한 번이라도 벼슬길에 오르는 모습을 보길 원했던 노모의 간절한 소망을 저버릴 수 없어 뒤늦게 과거시험에 응시, 23세 때 진사 벼슬에 올랐다.

선산 부사로 가 있던 김종직의 문하에는 김일손, 김굉필, 정여창, 남효온 등 당대의 문장가들이 몰려 있었다. 이들을 영남학파라고 한다. 성종은 김종직을 중앙으로 끌어올렸다. 그로 인해 사림의 영향력 있는 젊은 선비들로 정치권의 대폭적인 물갈이가 이루어졌다.

김종직은 성종 재위 14년인 1483년에 우부승지가 된 것을 시작으로 이조참판, 예문관제학, 병조참판 등의 요직을 두루 섭렵하면서 성종의 도학정치를 일선에서 돕게 된다. 사림은 기성 정치권에 대한 저항의식을 기본으로 성립된 세력이다. 그러므로 이들이 정치권에 나왔을 땐 어느 정도 갈등이 예고되는 상황이었다. 특히 그들의 반골 기질은 종종 조정에 긴장을 불러왔다.

과거로 돌아가면
기꺼이 사육신이 되리라

김종직의 사상적 배경을 알 수 있는 일화가 하나 있다. 어느 날, 경연 도중 그가 이런 말을 했다.

"예컨대 성삼문과 박팽년 같은 사람은 충신 중의 충신입니다."

순간 성종의 표정이 굳어졌다. 성삼문과 박팽년은 사육신을 대표하는 집현전 학자가 아닌가. 그들이 충신이었다는 건 삼척동자도 다 아는 사실이다. 하지만 이제껏 누구도 그런 말을 입 밖에 내고는 살아남을 수가 없었다.

지금도 대전엔 세조의 정비인 정희왕후가 살아 있고, 임금 자신은 바로 그 직계 손자였다. 그런 임금 앞에서 감히 그들을 충신이라 말 할 수 있는 신하는 아무도 없었다.

"……불행하게도 조정에 또 그런 경우가 생긴다면 신 또한 전하를 위해 성삼문이나 박팽년처럼 되겠습니다."

상황이 심상치 않음을 눈치 챈 김종직이 얼른 말을 바꿨다. 그때서야 임금의 낯빛에서도 곤혹스러움이 가라앉았다. 비록 정권의 정통성을 부인하는 공격적인 발언으로 심기를 불편하게 만들긴 했지만 성종은 김종직의 그런 강직한 면을 높이 샀다.

얼마 후 성종은 김종직과 그의 문하에 있는 문신들을 주로 홍문관이나 승정원 등에 배치시켰다. 왕이 사림과 밀착된 관계를 형성함으로써 기존 보수파들의 세력 확장을 견제하려 했던 것이다.

이때부터 홍문관의 역할이 크게 활성화되었다. 이전까지만 해도 홍문관은 서적보관 업무를 담당하는 한직에 불과했다. 그런데 성종은 기존의 언론기관인 사간원과 사헌부 대신 홍문관에 많은 힘을 실어주었다. 모든 정책이나 인사문제, 탄핵소추 건에 대해선 홍문관에서 그 시시비비를 가리도록 한 것이다.

사간원과 사헌부 대간들은 이러한 왕의 처사에 불만을 품을 수밖에 없었다. 그러나 사림에 대한 성종의 신뢰는 좀처럼 흔들리지 않았다. 그러던 중 유향소를 부활시키는 문제로 사림과 훈구세력 간에 치열한 논란이 벌어졌다.

유향소란 사대부들이 중심이 되어 각 고을 행정을 관리 감독하는 일종의 민간자치 기구였다.

　"지방 수령들의 비리를 예방하고 백성들의 안위를 도모하기 위해선 향촌 내의 비판세력을 활성화시켜야 합니다."

　사림이 유향소의 부활을 주장하는 이유였다. 이에 훈구세력들이 반대하고 나섰다.

　"유향소 부활은 사림이 붕당을 결성하여 민심을 어지럽히려는 술책에 불과합니다."

　조정에선 연일 한 치의 양보도 없는 설전이 오갔다. 그러나 김종직은 끈질기게 성종을 설득하여 결국 자신들의 주장을 관철시켰다.

　유향소 제도는 당시 부패의 온상이었던 관료 중심의 농촌사회에 새로운 바람을 일으켰다. 도덕적으로 문제가 있거나 나쁜 풍속을 유포시키는 사람은 누구나 비판의 대상이 되었다. 물론 고을수령까지도 그 대상에 포함되었다.

　유향소는 고을 관청에 다음가는 중요한 관아라고 해서 이아貳衙라고 불렀으며 향소 또는 향소청이라고도 했다. 이 제도는 고려의 사심관 제도에서 유래된 것으로 몇 차례 변화를 겪으며 조선시대까지 전해졌다. 태종은 유향소가 중앙에서 내려 보낸 지방수령들의 권위를 능멸한다는 이유로 제도를 없애버렸고 세종 대에 와서는 고을 수령에 대한 탄핵금지라는 단서를 달아 복구시키기도 했다.

　그러나 세조 때 이시애의 난이 일어나자 유향소가 반란자들의 소굴이라 하여 폐지된 것을 성종이 다시 설치한 것이다.

과거에는 중앙정치제도의 보조기구에 불과하던 유향소가 성종 대에 이르러 거의 완전한 형태의 민간자치제도의 모습을 갖추게 된 것은 그만큼 사림의 발언권이 확대되었다는 뜻이기도 하다. 대개 정계에서 은퇴한 지방품관이나 덕망 있는 선비들을 유향소의 우두머리격인 감관으로 삼았는데 이 감관들이 주로 사림에서 배출되었다.

김종직으로 대표되는 사림세력은 기성 보수권력에 대한 거침없는 비판으로 정가에 크고 작은 파란을 불러 일으켰다. 그러나 이들의 등장으로 인해 조선은 사회적으로나 문화적으로 눈부신 발전을 이룩하게 된다.

성종 대의 업적 가운데 가장 주목할 만한 성과는 〈경국대전〉, 〈동국통람〉, 〈동국여지승람〉 등 역사 · 지리 · 인문학 분야를 집대성한 서적들을 편찬했다는 점이다. 김종직은 〈동국통람〉과 〈동국여지승람〉의 편찬에 중심역할을 했으며 그 안에 유교적 명분론에 입각한 자신의 사상을 접목시켜 세조의 왕위찬탈을 비난하는 내용을 수록하기도 했다. 이 글은 훗날 훈구세력들이 사림을 공격하게 되는 단서를 제공한다. 그리고 결국 이것이 조선왕조 5백년 내내 정치발전의 걸림돌로 작용했던 당쟁의 도화선이 될 줄은 누구도 예측할 수 없었을 것이다.

20년만의 복수

　성종은 노련한 군주였다. 그는 조정의 힘겨루기를 적당히 왕권 다지기에 이용하면서 자신의 정치 이념인 도학정치를 현실에 적용시켰다. 사림의 거두 김종직은 조정 실세들의 눈엣가시 같은 존재였다. 유자광으로 대표되는 권신들과 노사신으로 대표되는 훈구세력이 그들이었다.

　지위 고하를 막론하고 조금이라도 명분에 어긋나는 행위를 한 사람은 가차 없이 사림의 공격대상으로 떠올랐다. 일인지하 만인지상의 자리라고 하는 영의정도 예외는 아니었다.

　대간臺諫의 임무는 관료들의 비리를 감찰하고 탄핵하는 것이다. 그런데 성종은 그 내용이 지나치다 하여 한 대간을 옥에 가둔 일이 있었다. 사림이 들고 일어난 것은 당연지사. 여기에 당시 영의정 직에 있던 노사신이 왕의 처사를 옹호하는 발언을 했다.

　사림은 끈질기게 영의정을 탄핵하며 그를 자리에서 끌어내려야 한다고 주장했다. 결국 성종은 자신을 위해 젊은 후배들의 공격을 받는 노사신을 해임시켜야 하는 곤란한 지경에 빠졌다.

　이 무렵 사림의 위세는 영의정을 갈아치울 만큼 대단한 것이었다.

　기존 권력에 대한 비판은 여기서 멈추지 않았다. 당대를 대표하는 대제학 서거정의 문장도 김종직 앞에서는 여지없이 깎아져 내리는 수모를 당해야 했다.

학문을 좋아하여 '호학의 군주'로 알려진 성종은 종종 대신들을 상대로 백일장을 열었다. 한번은 대궐에 건물을 새로 짓고 백일장을 열면서 성종이 김종직에게 심사위원장을 맡겼다.

"대제학께서도 멋진 글 하나 쓰시지요."

성종은 서거정에게도 글을 써보도록 권했다. 서거정으로 말하자면 세종 때 집현전 박사를 역임했고 세조 때는 명나라에 사은사로 가서 그곳 학자들에게 '해동의 기재奇才'라는 극찬까지 받은 대 문장가였다.

그는 세조 때 〈경국대전〉과 〈동국승람〉 편찬에 참여했고 성종 때는 〈동국여지승람〉 편찬과 〈향약집성방〉을 국역했으며 한문시화의 백미로 꼽히는 〈동인시화〉, 〈동문선〉 등을 펴내기도 했다. 그토록 쟁쟁한 문장가가 왕의 면전에서 수모를 당할 줄은 서거정 자신도 미처 몰랐을 것이다.

게다가 서거정은 장장 26년 동안 대제학 자리를 지켜온 원로였다. 그러나 김종직은 서거정의 글에 상중하 3동궁의 맨 끝자리 점수를 매기고 난다 긴다 하는 벼슬아치들의 글도 전부 낙제시켜 버렸다.

"하하! 심사위원장이 너무 까탈을 부린 게 아니라면 대제학께서 오늘 일진이 안 좋으신 모양입니다. 어디 이번에는 대제학을 물 먹인 젊은 친구 솜씨 좀 볼까요?"

성종은 서거정을 위로하면서 김종직에게도 글을 한 수 지어보라고 했다. 김종직은 즉석에서 일필휘지로 문장을 써냈다.

"내 이토록 훌륭하고 막힘이 없는 문장은 처음 보는 것 같구려!"

성종은 주위가 무색하리만큼 김종직의 문장을 칭찬하며 그것을 새

건물 안에 걸어놓도록 지시했다. 서거정으로선 이보다 큰 치욕이 없었다. 그는 훗날 자리를 물러나면서 후임자를 천거할 때 김종직이 뒤를 잇게 되리라는 일반의 예상을 뒤엎고 의외의 인물을 대신 들어앉힘으로써 그날의 수모를 되갚았다.

김종직은 이렇듯 매사에 거침이 없고 극단적인 행동으로 주변에 많은 정적들을 만들었다. 유자광도 그중 하나였다.

유자광은 예종 때 남이와 강순 등이 모반을 계획했다고 무고하여 옥사를 일으키고 그들을 숙청한 공으로 익대공신 1등에 무령군으로 봉해졌다. 김종직이 잠시 중앙 정계를 떠나 병든 노모를 돌보기 위해 함안 군수로 부임했을 때의 일이다.

부임 첫날, 맨 처음 김종직의 눈에 띤 것은 관청 높이 내걸린 유자광의 친필 현판이었다. 김종직은 그걸 보고 치를 떨었다.

"이 글을 쓴 자는 간신 중의 간신이고 소인배 중의 소인배 아닌가!"

김종직은 노발대발하며 대번에 현판을 불태워버렸다. 평소 유자광 같은 무리를 멸시해왔던 터에 자신의 임지에 권세를 뽐내듯 내걸려 있는 현판을 보고는 속이 뒤집힌 것이다.

대의명분과 의리를 벗어난 일이라면 상대가 누구든 물불을 가리지 않는 건 김종직의 타고난 성품이자 정치적 약점이었다. 심지어 김종직은 정인지, 신숙주 등 집현전 학사 출신 정승들의 천거로 조정에 발을 들여놓았음에도 불구하고 그들에 대한 노골적인 반감을 드러내기도 했다. 성종 임금 앞에서 성삼문과 박팽년을 충신이라 했던 것도 그러한 반감이 작용했기 때문이다.

일개 지방 군수신분에 불과한 그가 공신의 친필 현판을 불태워버렸다는 건 엄청난 도발이었다. 소문은 유자광의 귀에도 들어갔다. 유자광은 이때 속으로 이를 갈았다.

　"유자광이 누군가. 세상이 다 아는 간신배 아닌가. 그런 사람을 건드렸으니 김종직도 오래 못 갈 것이다."

　세간에선 조만간 김종직이 크게 화를 입을 거라고 수군대는 사람들이 많았다. 실제로 유자광은 그렇게 당하고만 있을 성격이 아니었다. 그는 당장 상황이 여의치 않으면 몇 년이고 때를 기다릴 줄도 알았다. 그러다 상대를 완전히 궁지에 몰아넣을 수 있는 조건이 갖춰졌을 때 비로소 복수의 칼날을 들이대는 물귀신 같은 인간이었다.

　유자광은 김종직에 대한 성종의 신임이 크다는 것을 알고는 일단 침묵을 지켰다. 그러면서 틈날 때마다 김종직의 문장이 천하제일이라고 공공연하게 추켜세우곤 했다. 그는 겉과 속이 완전히 다른 처세의 달인이었다.

　'내 결코 오늘의 수치를 잊지 않으리라!'

　절치부심, 유자광이 내심 기회만 엿보며 복수의 결의를 다지는 동안 김종직은 다시 중앙으로 올라와 도승지와 형조판서 등을 역임했다. 성종은 그가 조정에 돌아온 뒤 매사를 같이 의논하면서 국정 전반에 관한 조언을 귀담아 들었다.

　김종직은 특히 학문의 육성과 관련된 제안을 많이 했다. 성균관과 향학을 육성하기 위한 경제적 지원, 젊은 학자들에 대한 우대 정책 등 다양한 교육문화 진흥책이 성종 대에서 이루어졌다. 물론 이러한 제도가 마련되기까지는 김종직의 역할이 중요한 몫을 차지했다. 김종직은 1492년, 61세를 일기로 세상을 떠났다. 그 2년 후 연산군 시대의 막이 올라갔다. 바야흐로 유자광의 복수가 시작된 것이다.

무오사화의 참극과
유자광의 말로

연산군은 폐비 윤씨의 아들이다. 성종의 뒤를 이어 그가 왕위에 오를 때부터 파란은 이미 예고된 것이나 다름없었다. 연산군은 본래 학문과는 거리가 먼 성격으로 학자들을 탐탁지 않게 여겼다. 그럼에도 불구하고 사림 출신 대간들은 여전히 훈구대신들을 공격하는 상소를 올려 조정엔 갈등이 끊이질 않았다.

연산군 즉위년인 1495년 4월, 성종실록 편찬 작업이 시작되었다.

이때 실록청 당상관에 임명된 이극돈은 사초에 자신의 이름이 들어 있는 것을 보고 깜짝 놀랐다. 그는 성종 1년에 좌리공신 4등으로 중원군에 봉해진 훈구계로 사림의 타도 대상 중 한 사람이었다.

사초에 수록된 내용은 다음과 같다.

"전라감사 이극돈은 정희왕후 국상 중에 기생을 데리고 놀아났으며 관직을 이용하여 뇌물까지 받아먹은 사실이 있다."

이 내용을 사초에 올린 사람은 김종직의 제자 김일손이었다. 김일손과 이극돈은 전부터 악연이 있었다. 김일손은 성종 때 이극돈과 성준이 붕당을 결성하여 조정 대신들 간에 분쟁을 일으킨다는 상소를 올린 적이 있다. 이 일로 궁지에 몰린 이극돈은 두고두고 김일손이라면 이를 갈았다.

　"이미 지나간 일인데 사초에까지 기록한다는 건 너무 심하지 않은가. 그땐 내가 세상물정을 모르고 한 짓이니 너그럽게 봐주게."

　이극돈은 지난 일을 생각하면 부아가 치밀어 올랐지만 자존심을 억누르고 김일손에게 사초의 내용을 고쳐줄 것을 부탁했다. 자칫하면 귀양을 가거나 그보다 더한 형벌이 내려질 수도 있는 상황이었다.

　"지나간 일이라고 해도 잘못된 것은 잘못되었다고 기록하는 게 사관의 임무 아닌가? 이런 식으로 억지를 쓰는 것도 불법이란 걸 알아야 할 걸세."

　김일손은 이극돈의 청을 한마디로 거절해버렸다. 이극돈은 그가 하는 말이나 행동으로 보아 조만간 자신을 탄핵하는 상소가 또 올라갈 것이 분명하다고 생각했다. 고민 끝에 그는 유자광을 찾아가 도움을 청했다.

　"사림이 훈구대신 씨를 말려버릴 작정인 모양인데 어디 마음대로 되나 두고 보자고!"

　유자광은 상대가 김종직의 직계 문인이라는 사실을 알고 길길이 뛰었다.

　"눈에는 눈, 이에는 이라고 했겠다!"

유자광은 이극돈과 함께 실록의 내용을 샅샅이 뒤진 끝에 김종직이 쓴 '조의제문'과 '술주시'를 찾아냈다. '조의제문'은 항우에게 죽음을 당한 초나라 의제를 추모하는 글이고 '술주시'는 임금을 죽인 신하를 꾸짖으며 도연명의 시에 화답하는 형식으로 쓴 것이었다.

우연인지 의도적인 것인지 알 수 없으나 두 글의 내용을 엮어보면 교묘하게 세조의 왕위 찬탈 과정과 맞아 떨어지는 구석이 있었다.

"바로 이거다."

유자광은 속으로 쾌재를 부르며 연산군에게 조목조목 글의 뜻을 해석해주기까지 했다.

"저 간악한 무리들이 선대왕을 비난하는 글을 사초에 수록한 것은 대역죄에 해당됩니다."

유자광의 이 말은 무오사화의 서막을 알리는 신호탄이었다. 안 그래도 사림의 계속되는 상소와 간섭으로 골머리를 앓고 있던 연산군은 유자광의 말대로 김종직과 그의 제자들을 반역죄로 몰아 한꺼번에 처단해버렸다. 죽은 김종직에겐 부관참시라는 형벌이 가해졌다.

부관참시는 무덤을 파헤쳐 시신의 목을 베는 형벌을 의미한다. 잇달아 김종직의 제자들은 죽거나 혹은 귀양길에 올라 수년간 조정에 발도 못 붙이게 되었다.

이것이 바로 연산군 때 일어난 첫 번째 사화인 무오사화였다. 유자광은 이 사건을 빌미로 철저한 복수극을 펼쳤다. 그는 김종직의 문집이란 문집은 모조리 찾아내서 불태워버렸다. 과거 성종이 극찬을 아끼지 않았던 백일장의 글귀는 물론 여기저기 널려 있던 친필 현판들도 보란 듯이 치워버렸다. 사림의 씨를 말려버리다시피 한 이사건을 계기로 유자광은 마침내 권력의 정상에 올랐다.

그러나 싸움은 여기서 끝나지 않았다. 몇 년 후 연산군이 폐위되고 중종이 왕위를 잇게 되자 재야에 죽은 듯이 숨어 있던 사림의 후예들이 하나 둘씩 조정에 모습을 나타내기 시작한 것이다.

이때 김종직은 신원이 복구되어 명예를 회복했고 유자광은 중종반정의 주모자인 박원종 편에 붙어 정국공신 1등으로 봉해졌지만 그것이 마지막 호사였다. 김종직의 제자들은 끈질기게 탄핵상소를 올렸고 유자광은 끝내 귀양지에서 눈이 멀어 죽었다.

조선의 요순시대를 꿈꾼
미완의 혁명가
조광조

대간을 탄핵한 자를
탄핵하다

중종은 연산군의 이복동생이다. 그는 38년 2개월 동안 왕위에 있었고 생전에 3명의 왕비와 7명의 후궁을 두었다. 첫 번째 정비인 단경왕후 신씨와는 대군 시절인

17세 때 부부로 맺어졌다. 당시 신씨의 나이는 12세. 대군시절 중종은 포악한 연산군 밑에서 하루하루를 숨죽이며 살아야 했다. 그럴 때 가장 위로가 되었던 사람이 12세의 어린 신부, 훗날의 단경왕후 신씨였다. 그만큼 신씨에 대한 중종의 애정도 각별했다. 그러나 역사는 두 사람의 사랑을 오래 지켜주지 못했다.

이른바 중종반정으로 연산군이 권좌에서 쫓겨난 뒤 남편이 왕위에 오르자 신씨는 7일 만에 궁에서 쫓겨나는 신세가 되었다. 부친인 신수근이 반정에 반대했다는 이유로 역적으로 몰린 것이다. 이때만 해도 중종은 언젠가 그녀를 다시 궁으로 데려오리라는 희망을 버리지 않았다. 그러나 그 희망은 끝내 희망사항으로 끝날 수밖에 없었다.

중종은 일국의 국왕으로서 많은 업적을 남겼지만 인간적으로는 내내 고독한 삶을 살아야 했다. 즉위 초에는 틈만 나면 궁중 누각에 올라

가 단경왕후의 집 쪽을 바라보며 하염없이 눈물짓곤 했다. 그만큼 조 강지처를 향한 그리움이 컸다.

지아비에 대한 그리움은 단경왕후도 그보다 더하면 더했지 덜하진 않았다. 그녀는 자신이 궁중에 있을 때 입었던 붉은 치마를 왕의 눈길 이 닿을 만한 위치에 있는 바위 위에 펼쳐 놓고 매일 눈물의 세월을 보 냈다. 그렇게 평생 자식도 없이 홀로 살다가 71세를 일기로 세상을 떠 났다. 그래서 생긴 이야기가 바로 '치마바위 전설'이다.

한때 중종의 소망이 이루어질 뻔한 적도 있었다. 단경왕후 폐출 뒤 왕자를 낳은 계비 윤씨가 출산 후유증으로 요절했을 때였다. 당시 일 부 대신들 사이에선 단경왕후를 다시 복위시키자는 논의가 있었다. 그 러나 이러한 논의는 반정공신들의 반대에 부딪쳐 무위로 끝나고 중종 은 훗날의 문정왕후가 된 윤지임의 딸을 제2계비로 맞아들이게 된다. 이 무렵 박원종은 나는 새도 떨어뜨린다는 세도가였다. 그는 자타가 공인하는 중종반정의 주동자였다. 이유야 어떻든 중종에겐 은인 같은 존재였다. 그가 연산군을 몰아내고 자신을 보위에 오르도록 앞장선 당 사자였던 만큼 싫어도 그 공로를 인정할 수밖에 없었다.

박원종은 단경왕후 복위문제로 조정이 시끌시끌할 때도 정면에 나 서서 반대의사를 표명했다.

"역적의 딸을 중전으로 맞아들인다는 건 천부당만부당한 일입니다!"

박원종은 이참에 아예 신씨를 사지로 몰아갈 작정이었다. 순창군 수 김정과 담양부사 박상 등 몇몇 사람들은 국왕을 모욕한 박원종을 처벌하라는 상소를 올렸다. 그러자 이번에는 감히 반정공신을 음해하는 상소를 올린 자들을 처벌해야 한다는 박원종 일파의 탄핵상소가 줄을 이었다.

중종은 이때 어쩔 수 없는 선택의 기로에 섰다. 박원종 일파의 요구대로 상소자를 처벌한다면 스스로 허수아비 국왕임을 만천하에 공표하는 것이나 다름없었다. 비록 울며 겨자 먹기로 신씨를 궁에서 내보내긴 했지만 엄연한 국왕의 정비가 아닌가. 그런 그녀를 두고 역적의 딸 운운한 버르장머리 없는 신하를 탄핵했다는 이유로 벌을 내릴 수 있는가.

그러나 조정은 박원종 일파의 세상이었다. 대사간 이행이 김정과 박상 등을 처벌하라는 상소를 올리자 약속이나 한 듯 그에 찬동하는 여론에 불이 붙었고 결국 그들은 귀양길에 올랐다. 중종으로선 사건자체만으로도 참을 수 없는 모욕이었다.

바로 이때 왕의 속을 후련하게 뚫어주는 명답을 들고 나타난 사람이 있었다.

"이유를 막론하고 대사간의 중책을 맡은 자로서 상소자에 대한 처벌 운운한 것은 언로言路를 막는 행위입니다. 국가의 존망을 위태롭게 한 이행은 중죄를 받아 마땅합니다."

조정은 이 한 마디에 찬물을 끼얹은 듯 조용해졌다. 중종반정이 성공할 수 있었던 건 언로를 말살시키고 유생들을 핍박했던 연산군정부에 대한 민심의 반발이 컸기 때문이다. 그런데 이제 와서 바른말을 했다는 이유로 상소자를 핍박한다는 건 어불성설이라는 것이다. 반정공신들도 이 점에 대해서는 반박의 여지가 없었다.

중종은 보란 듯이 대사간 이행을 파직시키고 그에 대한 탄핵상소를 올린 당사자를 눈여겨보게 되었다. 그는 바로 예조좌랑 조광조라는 신하였다. 33세의 나이에 정치권의 관심을 받으며 화려하게 등장한 조광조와 중종의 만남은 이렇게 시작되었다.

사림의 재 등장

정암 조광조, 그는 한때나마 중종의 정치적 스승이자 이상세계 실현의 동반자였다. 신진 사림의 대표적인 인물이었던 그는 김종직의 직계 문인인 김굉필의 수제자였다. 김종직은 일찍이 무오사화로 부관참시당하는 수모를 겪었고 김굉필은 그의 제자라는 이유로 결국 목숨을 잃었다.

조광조는 김굉필이 죽기 전 귀양지인 평안도 회천으로 그를 찾아가 제자가 되었다. 이때 조광조의 나이 17세였다. 그런 그가 이제는 연산군 때 거의 씨를 말리다시피 한 사림의 후예로서 조정에 들어온 것이다. 암흑의 시대를 거쳐 어렵사리 보위에 오른 중종을 조선의 요순 임금으로 만들고자 했던 비운의 혁명가, 그가 바로 정암 조광조였다. 중종이 조광조를 등용한 것은 자신의 허약한 정치기반에 대한 위기 의식 때문이었다. 즉위 초기만 해도 왕은 연산군을 몰아낸 반정공신들의 허수아비 같은 존재였다. 날마다 피를 부르는 정치 상황은 연산군 때에 비해 크게 달라진 것이 없었다.

단지 변한 것이 있다면 두 번의 사화로 조정에 발도 못 붙였던 사림의 신진 세력들이 서서히 기지개를 켜고 있다는 점이었다. 그렇지만 아직 권력의 무게중심은 훈구대신 쪽에 기울어져 있었다. 바로 이러한 때 조광조라는 걸출한 인물이 왕의 신임을 한 몸에 받고 정치권에 두각을 나타내게 된 것이다.

조광조는 탄핵정국을 가라앉힌 공로로 예조좌랑에서 일약 왕의 학습을 담당하는 경연관의 자리에 올랐다. 중종은 이때부터 늘 그를 가까이 두고 친구처럼 대했다. 조광조를 위시한 사림의 등용은 중종 입장에서 일석이조의 효과를 노린 포석이었다.

첫째는 훈구대신들을 견제할 만한 세력을 양성하여 단경왕후를 복귀시키려는 것이고, 둘째는 재야의 숨은 인재들을 발굴하여 자신의 정치관을 실현시키기 위한 아이디어 뱅크로서 활용한다는 것이었다. 정치적인 면만을 두고 보자면 조광조와 중종은 환상의 콤비였다.

조광조는 도학사상에 심취한 성리학자로 전형적인 지치주의至治主義신봉자였다. 사회지도층 인사들이 먼저 각성하여 몸소 덕행을 실천함으로써 만인을 교화시킨다는 사상을 기본으로 한 지치주의는 조광조가 꿈꾸는 유토피아였다.

그는 이러한 세상이 이루어지기 위해선 통치자의 역할이 절대적이라고 믿었고 중종에게서 그 가능성을 발견했다. 중종의 정치적 가치관 또한 조광조와 일치되는 부분이 많았다. 중종은 유교적 정치질서의 회복과 대의명분에 입각한 통치자의 역할에 충실하려 했고 그것은 조광조가 주창하는 주치주의, 도학정치와도 일맥상통하는 것이었다. 그러나 조광조에게는 넘어야 할 산이 너무 많았다. 개혁정치를 펼치려면 우선은 여러 가지 이해관계가 얽힌 집단들의 반발을 무마시키는 일이 급선무였다. 그러나 아쉽게도 그에게는 타협을 모르는 정치가로서의 약점이 있었다.

소격서 철폐는 조광조에 대한 왕의 무한한 신임에 제동을 거는 대표적인 사건이었다. 소격서란 궐내에서 도교의 제사 의식을 주관하는 기관을 말한다. 그런데 이 소격서가 종종 왕의 후궁들을 위시한 비빈들의 은밀한 굿판으로 활용되곤 했다.

"유교를 신봉하는 국가에서 궐내에 미신이 횡행하는 것은 결코 묵과할 수 없는 일입니다."

조광조는 당장 소격서를 철폐해야 한다는 상소를 올렸다. 그러자 왕의 총애를 받는 여인들이 강력하게 반발하고 나섰다. 이에 중종이 선뜻 결단을 내리지 못하자 조광조는 몇 번이고 거듭해서 상소를 올렸다.

"미신을 행하지 못하게 하면 되지, 이제 와서 굳이 소격서를 철폐할 것까진 없지 않은가."

비빈들의 성화에 못 이긴 왕이 중재에 나섰다. 그러나 조광조는 한 치의 양보도 없었다. 그는 계속해서 왕이 결정을 미루자 유생들을 이끌고 밤새 비를 맞으며 대궐 문 앞에서 시위를 벌였다.

중종실록에는 조광조가 소격서의 혁파를 주청하기 위해 하루 다섯 차례나 왕을 찾아갔다는 기록이 있다. 그는 왕의 면전에서 위험한 직언도 서슴지 않았다.

"대신들이 다들 옳게 여기지 않는데 한사코 고집하시니 아마도 전하의 뜻이 다른 곳에 계신 듯합니다."

제아무리 사헌부의 수장이라 해도 일국의 제왕 앞에서 이런 말을 하는 건 목숨을 건 도박이나 다름없었다. 결국 왕을 굴복시키긴 했지만 이 일로 조광조의 앞날엔 먹구름이 끼기 시작했다.

스스로 옳다고 믿는 일을 관철시키기 위해 과격한 행동도 서슴지 않는 불같은 성미가 그 자신의 정치생명은 물론 목숨까지 위태롭게 만들었다.

얼마 후에는 현량과 실시를 둘러싼 조광조와 훈구대신들 간의 격한 대립이 있었다. 요즘으로 치자면 현량과란, 과거시험 제도를 입시제에서 내신제로 전환하는 것을 말한다.

"단 한 차례의 시험만으로 실력을 평가한다는 건 문제가 있습니다. 과거제도의 모순을 시정하지 않는 한 참신한 인재를 등용할 길이 없습니다. 그러니 평소 그의 학문 실력을 지켜본 동료 유생들의

추천을 받은 자에 한해서만 시험을 치게 해야 합니다."

조광조가 현량과의 실시를 주장하면서 내세운 논리였다. 이는 곧 기득권에 대한 선전포고나 마찬가지였다. 훈구대신들은 현량과가 사림의 정계진출을 유리하게 하려는 술책에 불과하다며 반대하고 나섰다. 왕이 고민하고 있는 동안 조광조는 이번에도 성균관 유생들을 데리고

궐문 밖에서 시위를 벌였다.

　갈등은 끝이 없었다. 조광조가 공신들의 자질에 따라서 등급을 다시 조정해야 한다며 이른바 반정공신 축소 재정안을 들고 나왔을 때 조정에는 살벌한 기운마저 감돌았다.

　공신들은 이번에야말로 그를 정치판에서 완전히 몰아낼 각오로 극렬한 탄핵상소를 올렸고 이에 조광조는 강공책으로 맞섰다. 사간원 대간들을 동원하여 집단으로 사직서를 쓰게 한 것이다.

　이 사건은 중종마저 조광조로부터 등을 돌리게 만드는 계기가 되었다. 그 무렵 중종은 단경왕후를 복귀시키는 문제에 대해서 소극적인 조광조를 내심 원망하고 있었다.

　조광조는 그런 중종의 속내도 모른 채 오로지 정치적 개혁에만 신경을 쏟고 있었던 것이다.

　이 와중에 기묘사화라는 해괴한 사건이 터진 것은 조광조의 운명을 벼랑 끝으로 내몬 치명타였다.

실체 없는 역모,
기묘사화

기묘사화는 평소 조광조의 존재를 눈엣가시로 여기던 훈구대신 홍경주와 심정, 남곤 등이 경빈 박씨를 중심으로 한 후궁들과 공모하여 날조해낸 사건이다.

어느 가을날, 궁궐 여기저기에 희한한 모양의 나뭇잎이 굴러다녔다. 이파리마다 한 결 같이 벌레 먹은 구멍이 나 있었는데 자세히 보니 알 수 없는 글자가 새겨져 있었다. 이상히 여긴 사람들이 그 글자들을 해독해본 결과 '조씨가 왕이 된다'는 뜻이었다.

곧 대궐 안팎이 발칵 뒤집히고 말았다. 기회는 이때다 싶었던 조광조의 정적들이 사방에서 벌떼같이 들고 일어났다.

"조광조라면 하늘 아래 두려운 게 없는 사람인데 감히 무슨 일인들 도모하지 못할까?"

하루에도 몇 번씩 역모설이 흘러나왔다. 그에 따라 조광조에 대한 중종의 신임도 뿌리째 흔들렸다.

기록에 의하면 조광조의 비타협적인 태도와 저돌적인 개혁성향에 염증을 느껴왔던 중종이 이 일을 알고 홍경주 등을 은밀히 불러 조광조를 제거하도록 밀명을 내렸다고 한다.

중종 14년 11월 15일, 왕의 밀명을 받은 훈구세력들은 한밤중에 조광조의 집을 급습하여 그를 옥에 가두었다. 조광조에게 적용된 죄목은 붕당의 수괴 혐의였다. 그를 따르는 사림의 유생들도 줄줄이 잡혀 들어갔다.

　실체도 없는 역모에 대한 국문은 일사천리로 진행되었다. 당시 사람들은 이 사건을 '조광조의 난'이라 불렀다. 그러나 이 와중에서도 조광조는 중종에 대한 신의를 잃지 않았다.

　"송나라 사람 조보趙普가 어떤 자를 벼슬에 천거했더니 임금이 받아들이지 않았습니다. 조보는 그가 훌륭한 인물임을 알고 몇 번이고 거듭해서 임금을 설득하려 했지만 임금은 끝내 그가 올린 상소문을 찢어버렸습니다. 조보는 찢어진 상소문을 정성껏 꿰맞추고 풀로 붙여서 임금에게 다시 가져왔습니다. 그리하여 임금도 그 뜻을 받아들이지 않을 수가 없게 되었습니다. 무릇 대신의 본분이란 굳세고 간절하게 임금의 과실을 아뢰는 데 있다고 생각합니다."

　과연 조광조다운 말이었으나 아마도 중종은 이런 집요함에 넌더리가 났을지도 모른다. 중종은 조광조가 무고하다는 사실을 알면서도 그를 구해주지 않았다.

　"조광조 등이 서로 붕당을 조작하여 저희에게 붙는 자는 천거하고 또 저희와 뜻이 다른 자는 배척하여 윗전을 속이고 사사로운 권리를 행사하여 조정을 날로 그르치고 있으니 그 죄를 분명히 다스리소서."

　호조판서 홍경주와 화천군 심정 등이 조광조를 대역죄로 다스려야 한다며 목청을 높였다. 이때 중종의 반응은 차갑기 그지없었다.

　"죄인에게 벌이 없을 수 없고 조정 대신들도 그렇게 하기를 청하니 속히 정죄하도록 하라."

　중종은 대신들에게 조광조의 죄상을 낱낱이 밝히도록 지시했다. 이때 조광조를 옹호하고 나선 사람은 영의정 정광필 한 사람뿐이었다.

"윗전을 속이고 사사로운 감정을 행사했다는 것은 사실과 맞지 않는 것 같습니다. 이 사람들이 과격하기는 했지만 사사로운 권리를 남용했던 적은 없었으니 정상을 참작하소서."

"저들이 붕당을 형성한 것은 틀림없는 사실이라 하는데 경은 어찌하여 죄인을 두둔하는 것이오?"

중종은 조광조의 무죄를 주장하는 정광필에게 대놓고 언짢은 기색을 나타내며 분위기를 한쪽으로 몰아갔다.

"그렇다면 누구를 붕당의 우두머리로 합니까?"

정광필이 체념한 듯 물었다.

"조광조를 우두머리로 하시오."

추상같은 국왕의 명령 앞에서는 영의정도 별수 없었다.

"이 사람들은 모든 일을 정의와 연관시켰으므로 그 죄를 이름 붙이기 어려우니 각기 짐작해서 벌을 내려야 할 것입니다."

정광필은 이 한마디를 끝으로 파직되고 말았다. 그리하여 끝내 조광조에게 사약을 내리라는 어명이 떨어진 날에 대해서 사관은 이렇게 적고 있다.

"이상한 일이다. 대간들도 죄를 더 주자는 청을 하지 않았는데 임금이 먼저 조광조를 죽이라 명하다니, 전에는 하루에 세 번씩 가까이 불러 대화를 나누며 부모자식처럼 정이 두터웠을 텐데 하루아침에 변이 생겼다. 전에 임금이 그를 사랑했던 일을 생각하면 마치 두 임금을 대하는 것만 같다."

훈구대신이자 당대의 문장가였던 남곤도 이 일로 두고두고 죄책감에 시달렸던지 죽기 전에 이런 유언을 남겼다.

"내가 헛된 명성으로 세상을 속였으니 너희들은 부디 내 글을 전파시켜 나의 허물을 무겁게 하지 말라. 내가 죽은 뒤 비단 염습도 하지 말라. 평생 마음과 행실이 어긋났으니 부디 시호를 청하여 비석을 세우지도 말라."

중종은 왜 그토록 신임했던 조광조로부터 등을 돌린 것일까. 그 당시 조광조를 대하는 중종의 태도를 미루어 짐작할 수 있는 기록이 하나 있다.

"광조는 아는 것은 무엇이든 말하고 한 번 말해야겠다고 결심한 것은 끝까지 다하는 성격입니다. 그리하여 때때로 왕이 앉은 용상에서 삐걱거리는 소리가 났습니다."

훗날 헌종 때의 대 유학자 우암 송시열이 조광조의 신원을 복구시켜주길 청하면서 했던 말이다. 왕이 조광조의 끈질긴 직언에 질린 나머지 얘기를 듣는 도중 용상에서 몸을 뒤틀며 언짢은 기색을 드러낼 때가 많았다는 것이다. 그만큼 조광조는 융통성이 없고 고지식한 인물이었다.
"능주로 유배를 떠나던 날, 나를 보는 사람마다 슬퍼하며 절을 했다. 내게 죄가 있다면 너무 많은 사람들의 사랑을 받았다는 것이다."
귀양지에서 조광조는 스스로 이렇게 탄식했다고 하지만 사실 궐내에는 그를 사랑하는 사람보다 질시하는 사람들이 더 많았다. 훈구대신 중에 조광조의 탄핵을 받지 않은 사람이 거의 없었고 왕의 측근들조차 그를 적으로 간주하는 경우가 더 많았으니 사방이 정적들로 둘러싸인 처지였다.

그런 상황에서 유일하게 믿고 의지했던 중종마저 조광조를 경계하고 있었으니 살기를 바란다는 것 자체가 가망 없는 일이었다.

조광조는 융평사상이라고 하는 지치주의 운동의 신봉자였다. 모든 사람이 현재의 상태에서 평등하게 살도록 한다는 융평사상은 왕권도 신권도 없는 이상세계를 지향한다. 왕이든 신하든 고칠 것이 있으면 마땅히 고쳐야 하고 끝내 바로잡을 수 없다면 지도자를 바꿀 수도 있다는 게 사상의 핵심이다. 이는 전제군주 사회에선 감히 누구도 상상할 수 없는 위험한 발상이었다.

결국 그 위험천만한 사상이 중종의 심기를 건드린 것이다.

너무 곧아서 부러진 나무

중종 14년 12월 16일, 한 달 전까지만 해도 당대 최고의 성리학자요 도학정치의 열렬한 주창자였고 사헌부의 수장이었던 대사헌 조광조에게 마침내 사약이 내려졌다.

"사약을 내리라는 명만 있고 다른 글은 없었는가?"

조광조는 어명을 받고 능주로 내려온 의금부도사 유엄에게 이렇게
물었다.

"없습니다."

유엄의 말에 조광조는 허탈한 표정으로 한마디 덧붙였다.

"내가 전에는 정승의 반열에 있었지만 이제 죽게 되었는데 어찌 나
에게만 쪽지를 써서 죽이라 하셨겠는가? 도사의 말이 아니었다면 미처
그 사실을 깨닫지 못할 뻔했네."

조광조는 조용히 탄식하며 멍하니 사약 사발을 바라보았다. 대사헌
이면 오늘날의 검찰총수격이다. 지난 4년 동안 정계의 거물로 막강한
영향력을 행사했던 인물치곤 너무나 초라한 최후였다.

"지금 조정의 삼정승은 누구누구인가?"

잠시 무거운 침묵이 흐른 뒤 조광조가 문득 생각난 듯이 유엄에게 물
었다. 기묘사화의 주역들인 홍경주, 남곤, 심정 등이 정승자리에 올랐
다고 말해주었다.

"그렇다면 내가 죽는 것이 틀림없겠구나."

그는 비로소 모든 걸 체념한 듯 마지막 유언을 남겼다.

"내가 죽거든 관을 너무 두껍게 만들지 말라. 먼 길 가기 어렵다."

이때 조광조의 나이 37세였다.

중종은 조광조가 죽은 뒤에도 10여 년을 더 보위를 지키며 많은 업적
을 남겼지만 끝내 조광조의 신원을 복귀시켜주지는 않았다. 그 동안 조
광조의 무고함을 주장하는 상소가 여러 차례 들어왔으나 번번이 묵살
해버렸다. 심지어 무고 당사자인 경빈 박씨와 심정 등에게 사약을 내리

면서도 조광조에 대해서만큼은 완강하기 그지없었다.

"바탕이 아름답기로는 조광조 같은 사람을 본 적이 없다. 그는 정신이 밝은 달과 같았다."

마지막까지 조광조를 살리기 위해 애썼던 송준길은 이런 말을 했다. 그러나 중종은 오랜 세월이 지난 후에도 조광조에 대한 경계심을 풀지 않은 채 다음과 같은 말을 남겼다.

"나도 때때로 마음 아프고 자책할 때가 있다. 그러나 후세에 또다시 이 같은 일이 생기지 않게 하기 위해선 어쩔 수 없는 일이다. 조광조의 죄상은 붕당을 조성하여 조정의 기강을 문란하게 하고 국가의 존망을 위태롭게 한 것이다."

붕당이란 정치적으로 뜻을 같이 하는 사람들을 말한다. 어느 시대에나 파벌은 있기 마련이다. 아마도 붕당 그 자체보다는 조광조의 지칠 줄 모르는 개혁의지가 중종에겐 더없이 무거운 정치적 압박으로 작용했던 것은 아닐까.

나라를 망친 베갯머리 송사
문정왕후와 정난정

세자를 암살하라

1545년 7월 1일, 조선 제12대왕 인종이 31세의 나이로 급작스럽게 세상을 떠났다. 왕위에 오른지 불과 8개월 보름만의 일이었다. 젊은 나이에 보위를 물려줄 핏줄 하나 남기지 않고 죽은 임금을 두고 세간에선 심상찮은 말들이 떠돌았다.

"왕이 대비가 준 떡을 먹고 죽었다."

"대비가 자기 아들을 그 자리에 올리려고 꾸민 일이다."

사람들이 말하는 대비는 중종 비 문정왕후를 의미한다. 실록에는 왕이 대비전에 문안인사를 갔다 온 뒤부터 시름시름 앓고는 그대로 일어나지 못했다고 전해진다. 또한 그 전부터 몇 차례나 왕을 시해하려는 음모가 있었다는 기록도 있다. 인종이 세자 자리에 있을 때부터 흉측한 소문은 꼬리에 꼬리를 물고 이어졌다. 대표적인 예가 동궁전 화재사건이다.

한밤중에 불이 난 사실을 처음 알아차린 사람은 세자빈 박씨였다.

"큰일 났습니다. 일어나십시오."

방안에 뜨거운 열기가 차오르자 박씨는 황급히 세자를 흔들어 깨웠다.

"빈궁은 어서 밖으로 나가시오."

너무도 차분한 음성, 뜻밖에도 세자는 깨어 있었다. 박씨는 깜짝 놀라서 세자의 안색을 살폈다. 어느덧 숨쉬기조차 어려울 만큼 방안엔 연기가 그득했다. 그러나 세자는 모든 걸 체념한 듯 누운 채 꿈쩍도 하지 않았다.

"아무래도 난 죽어야 할 것 같소. 이렇게라도 자식된 도리를 다할 수 있다면……."

마지막 말은 고통스럽게 터져 나온 기침소리에 묻혀버렸다. 세자의 눈에선 하염없이 눈물이 흘러내리고 있었다.

"마마!"

박씨는 그 모습을 보고 끝내 울음을 터뜨렸다. 세자가 왜 그런 말을 하는지 짚이는 게 있었던 것이다. 그 동안 몇 차례나 죽을 고비를 넘겨야 했던가. 두 사람은 그것이 누구의 짓인지, 무엇 때문에 자신들을 죽이려 하는 것인지 알고 있었다.

모든 게 세자의 계모인 문정왕후의 계략이었다. 그러나 심성이 여리고 효성스러운 세자는 누구에게도 속마음을 얘기하지 않았다. 어찌됐든 문정왕후는 자신을 키워준 어머니였기 때문이다.

"마마께서 나가지 않으시면 저도 이 자리에서 한 발짝도 움직이지 않겠습니다."

세자빈이 문득 울음을 그치고 단호한 표정을 지었다. 차라리 세자와 함께 불에 타 죽겠다는 뜻이었다. 두 사람은 점점 불길이 거세지는 방

안에서 서로 부둥켜안은 채 울고 있었다.

"세자야! 세자야!"

밖에서 다급한 부왕의 목소리가 들려왔다. 세자는 여전히 미동도 하지 않은 채 한숨을 내쉬었다. 화염에 휩싸인 방 안으로는 누구도 들어올 엄두를 내지 못했다. 그대로 있다간 둘 다 꼼짝없이 불에 타 죽을 판국이었다. 중종의 음성이 점점 더 커지기 시작했다.

"세자야! 어서 나오지 않고 뭐 하는 게냐, 세자야!"

부왕의 애타는 음성에 세자의 표정이 참담하게 일그러졌다. 굵은 눈물이 뜨거운 볼을 타고 흘러내렸다. 삶과 죽음이 종이 한 장 차이보다 가까워지는 순간이었다.

선택의 기로에 선 짧은 순간 얼마나 많은 생각들이 스쳐갔을까.

마침내 세자가 입을 열었다.

"우리가 이렇게 죽는 게 한쪽 부모에겐 효가 될지 몰라도 다른 한쪽 부모에게는 불효가 되겠구려!"

세자는 결국 눈물로 탄식하며 불길 속을 빠져 나왔다. 그가 바로 훗날의 인종이다. 어이없게도 이때의 방화범은 쥐떼로 밝혀졌다.

꼬리에 불이 붙은 기름종이를 매단 수십 마리의 쥐떼가 동궁전에 쏟아져 들어와 불이 옮겨 붙었다는 것이다. 당시 세상 사람들이 사건의 배후인물로 가장 크게 의심했던 사람이 문정왕후 윤씨였다.

효성스런 아들과
포악한 계모

중종의 맏아들인 인종은 생후 엿새 만에 생모를 잃고 계모인 문정 왕후 손에서 자랐다. 즉위 당시 인종의 나이 31세, 비록 1년도 못 채우고 세상을 떠났지만 인종은 역사상 가장 효성스러운 임금이었다. 세간 에선 그가 자식을 한 명도 얻지 못한 것을 두고도 계모에 대한 지극한 효성심과 관련짓는 말들이 오갈 정도였다. 문정왕후의 친아들이자 자신의 이복동생인 경원대군에게 왕위를 물려주기 위해 일부러 수태를 피했다는 것이다.

중종의 두 번째 계비인 문정왕후는 슬하에 1남 4녀를 두었다. 그 외 아들이 바로 경원대군이고 나이는 인종보다 19세 연하였다. 어릴 때부터 심성이 워낙 착하기로 소문난 인종에게 문정왕후와의 인연은 악연 중의 악연이었다.

문정왕후는 성격이 표독스럽고 질투심이 강한 여자였다. 문정왕후가 경원대군을 낳은 것은 그녀의 나이 35세 때였다. 그 성격에 왕자까지 낳았으니 세자 자리를 탐낼 만도 했다. 문정왕후가 이런 욕심을 품게 된 것은 친정 피붙이들의 역할이 컸다. 그 당시 왕실의 양대 외척으로 통했던 파평 윤씨 가문이 그녀의 친정이다. 중종 때 영돈령 부사를 지낸 윤지임은 문정왕후의 아버지, 인종의 생모인 장경왕후 또한 파평 윤씨 가문인 영돈령 부사 윤여필의 딸이었다.

윤지임에겐 윤원로와 윤원형이라는 아들이 있었고 윤여필에겐 윤임이라는 아들이 있었다. 같은 파평 윤씨 가문끼리 본격적으로 갈등이 불거지기 시작한 것은 경원대군이 태어난 뒤부터였다. 사람들은 그들을 각각 대윤大尹 소윤小尹으로 구분했다. 대윤의 거두는 세자의 외숙인 윤임, 경원대군의 외숙인 윤원로와 윤원형은 소윤의 우두머리였다.

이 무렵은 좌의정 김안로가 조정의 실권을 장악하고 있던 시기였다. 대윤의 윤임은 김안로와 결탁하여 세자를 보호해야 한다는 구실로 문정왕후를 폐위시키려 했다. 김안로는 자신의 야망을 위해 소문을 절묘하게 이용했다. 그는 누구든 자신의 뜻에 거슬리면 상대를 헐뜯는 소문을 널리 퍼뜨린 뒤 그 내용을 고해바치는 식의 상소를 올렸다.

이러한 계략으로 정치생명에 치명타를 입거나 목숨을 잃게 되는 관리들도 부지기수였다. 뛰는 놈 위에 나는 놈이 있다고 했다. 김안로는 윤임과 손을 잡으면서 윤원형과 그의 애첩 난정이라는 존재를 염두에 두지 않는 우를 범했다.

난정은 도총관 정윤겸의 서녀였다. 그녀는 뛰어난 미모에 머리도 영특했으나 양반의 정실부인이 되기는 애초에 포기해야 할 운명이었다. 그러나 난정은 죽어도 남의 집 소실로 들어가지는 않겠다며

한때는 기녀가 되기로 작심한 적도 있었다. 서녀로 태어난 이상 신분상승을 이루려면 오직 그 길밖에 없다고 여겼던 것이다.

난정의 꿈은 최소한 정경부인 자리에 오르는 것이었다. 할 수만 있다면 그보다 더한 권세를 손에 넣고 싶었다. 왕실 외척으로 실세 중의 실세로 떠올랐던 윤원형과의 만남은 그러한 난정의 야망에 불을 당기는 역할을 했다. 죽어도 남의 집 소실로는 들어가지 않겠다고 큰소리치긴

했지만 상대가 윤원형이라면 경우가 달랐다.

　난정이 윤원형의 소실이 되어 맨 처음 집 안으로 들어섰을 땐 윤원형 자신도 몇 명인지 모를 만큼 많은 첩이 있었다. 난정은 우선 이 첩들을 몰아낸 다음 집안의 모든 하인들을 매수하여 정실부인을 독살했다. 이후엔 윤원형의 집 안주인 노릇을 하며 문정왕후와도 인연을 맺었다. 〈조선왕조실록〉 명종 편에 나타난 다음의 기록을 보면 그 권세가 어느 정도였는지 짐작할 수 있다.

　'왕후가 병이 깊어 갈 즈음 정난정은 수시로 내전을 드나들며 내인內人들이 줄지어 서있는 사이로 거침없이 곧바로 들어가고 또 내의內醫에게 호령하여 병에 맞지 않는 약이라도 처방하게 하였으니 아무도 그 기세를 누를 수 없을 정도였다.'

　김안로와 윤임을 사지로 몰아넣은 것도 난정의 아이디어였다. 방법은 간단했다. 과거 김안로가 써먹었던 수법을 그대로 모방하는 것이었다.

　"김안로를 조심하지 않으면 당신이 화를 입게 될 것이오."

　어느 날 윤임의 집에 익명의 편지가 날아들었다. 그리고 또 얼마 뒤에는 김안로가 윤임과 결탁하여 경원대군을 없애려 한다는 벽서가 도성 곳곳에 나붙었다.

　관리들의 비리를 익명으로 고발하거나 힘없는 백성들이 조정에 자신들의 요구사항을 전하는 수단으로 쓰이기도 했던 벽서는 정적들을 제거하는 데 필요한 단골 아이템이기도 했다. 윤원형과 난정은 윤임의 집에 익명의 투서를 보내고 장안에 벽서를 써 붙이게 한 장본인들이었다. 여기에 문정왕후까지 나서서 김안로가 왕자를 죽이려 한다며 중종 앞에서 울고불고 난리를 피웠다.

결국 중종은 김안로를 실각시켰고 그는 얼마 못가 귀양지에서 사약을 받는다. 윤임 또한 훗날 을사사화에 연루되어 수많은 선비들과 함께 목숨을 잃었다. 그리고 중종이 죽은 뒤 인종마저 세상을 떠나면서 그들이 바라던 대로 경원대군에게 왕위를 넘겨주었다. 문정왕후 일파의 완벽한 승리였다.

"나는 이제 병이 깊어 장차 회복하기 힘들 것 같다. 나는 자식이 없고 선왕의 적자는 오직 나와 경원대군뿐이니 경들은 함께 도와서 대통을 잇게 하라. 대군이 비록 나이는 어려도 총명하고 슬기로우며 충분히 뒷일을 맡길 만큼 숙성하니 이런 내 뜻을 의정부에 전하라."

인종은 죽기 전에 도승지를 불러 직접 유언을 남겼다. 국상을 3개월 만에 끝내고 경원대군이 12세의 나이로 조선 제13대 왕으로 즉위했다. 그가 바로 '눈물의왕'으로 불렸던 문정왕후의 아들 명종이다.

문정왕후가 어린 명종을 대신하여 8년 간 수렴청정을 하면서 제일 먼저 일으킨 사건이 을사사화이다. 이 일로 윤임을 비롯한 40여 명의 선비들이 무더기로 역모 사건에 얽혀 귀양을 가거나 목숨을 잃는 참변을 당했다. 문정왕후가 사건의 몸통에 해당된다면 윤원형과 난정은 행동대장쯤 된다고 할 수 있다.

"윤임은 일개 무지한 무인武人출신으로 그런 엄청난 일을 꾸밀 위인이 못됩니다. 무릇 살리기를 좋아하고 죽이기를 싫어하는 것은 임금의 아름다운 덕입니다. 일단 그를 도성 밖으로 유배시켜서 사리에 어긋남이 없는 조정의 면모를 보인다면 민심도 왕조의 공명정대함을 믿게 될 테고, 소문도 자연 사라질 것입니다. 일단 왕명이 내려지면 감히 다시 청할 수도 없게 되는 것이니, 짐작하여 처벌하소서."

윤원형을 중심으로 한 소윤 일파가 윤임을 죽여야 한다고 끈질기게 여론몰이를 하고 있을 때 유일하게 반기를 든 사람이 판의금도사 이언적이었다. 그는 당시 사건에 연루된 선비들을 심문하는 과정에서 이 일이 윤원형 일파의 음모임을 알게 되었다.

반역혐의로 잡혀온 이른바 대윤大尹계열에 속하는 선비들 대부분이 이언적과 같은 사림 출신이었다. 이언적은 눈물까지 흘리며 그들의 무고함을 호소했으나 결국 그 자신도 파직을 당하고 만다.

"경들과 의논하여 조처하려는 것이 아니라 나의 의견을 말하고 처리하려는 것이었다. 속히 물러들 가라."

어명을 내리는 어린 왕의 태도는 몹시 경직되어 있었다. 명색이 왕이라고는 하나 그는 다만 수렴垂簾뒤에서 모후인 문정왕후가 시키는 대로 말하고 움직이는 허수아비에 불과했다.

눈물 대왕

'왕은 천성이 착하고 지극히 효성스러워 문정왕후의 청이라면 무조건 들어 줄 수밖에 없었다. 그러니 속 타는 일이 한 두 가지 였겠는가. 왕이 심열증心熱 症을 얻은 것은 그 때문이었다.'

명종실록에 적힌 사관의 기록이다. 문정왕후가 왕을 자신의 아들로 만 여기고 여염집 자식 다루듯 했다는 기록도 있다. 때로는 반말로 상 대하는 것은 물론 예사로 욕을 해대고, 툭하면 뺨을 치고 종아리를 때 리기도 했다. 명색이 일국의 군주였으나 어머니에게 대들지도 못하고 후원 후미진 곳에 웅크리고 앉아 눈물을 흘릴 뿐이었다.

이를 본 사람들은 그에게 '눈물의 왕'이라는 별명을 붙였다.

왕이 스무 살이 되어 수렴청정을 마친 뒤에도 문정왕후의 간섭은 끝 이 없었다. 그녀는 무슨 일이 있으면 종이에 자신이 원하는 내용을 한 글로 적어 왕에게 보내고는 했다. 왕이 요구사항을 들어주지 않으면 어 김없이 모후의 불호령이 떨어지곤 했다.

윤원형은 그런 왕후의 성격을 적절히 이용하여 정적들을 모조리 쓸 어냈다. 을사사화의 상흔이 채 가시기도 전인 1547년 9월, 이번에는 '양 재역 벽서 사건'이 터졌다.

"위로는 여왕, 아래로는 간신 이기가 나라를 망친다."

벽서의 내용은 일시적으로 잠잠하던 정가에 엄청난 파란을 불러왔다. 윤임의 지지세력이 그 표적이 되었다. 이미 파직된 몸으로 고향에 돌아가 있던 전 좌찬성 이언적은 이 일로 끝내 사약을 받았다.

이 무렵 나라에는 흉년이 들어 곳곳에서 굶어죽는 백성들이 속출하고 있었다. 그럼에도 대비전에서는 하루가 멀다 하고 대규모 불교행사가 벌어졌으니 문정왕후를 향한 백성들의 원성은 높아만 갔다.

그러던 차에 좌의정 이기와 문정왕후를 싸잡아 비난하는 벽서가 나붙었다. 이 사건 역시 윤원형의 작품이었다. 그는 일단 자신의 심복을 시켜서 조정대신과 왕실을 비방하는 내용의 벽서를 붙이게 했다. 그런 다음 정난정을 궁궐로 들여보내 벽서의 내용을 문정왕후에게 보여주었다.

문정왕후가 길길이 뛸 것은 불을 보듯 뻔한 상황. 이유야 어떻든 그녀는 자신의 권위를 부정하는 세력은 단 한 명도 용납하지 않았다.

결국 사건은 일파만파로 확대되었다. 겨우 명맥을 유지했던 사림의 선비 20여 명이 이 사건으로 목숨을 잃었다. 여기에 중종의 후궁이었던 희빈 홍씨 소생의 봉성군까지 역모로 엮어 사약을 내렸으니 세상은 이제 문정왕후 일족의 독무대나 마찬가지였다.

그중에서도 윤원형의 세도는 일반인들의 상상을 초월했다. 그는 자신의 친형인 윤원로가 난정을 못마땅해 하자 그마저 사지로 몰아넣었다. 누구든 윤원형과 난정의 눈 밖에 나면 죽음을 면치 못했다.

조정 대신들도 예외는 아니었다. 부패한 관리들은 그들의 악행에 반발하기보다는 아첨을 해서라도 부귀영화를 함께 누리는 방법을 택했다. 매일 날이 밝기 무섭게 윤원형의 집 곳간에는 아첨꾼들의 뇌물이 쌓이기 시작했다. 15채나 되는 집 곳간마다 쌀이 넘쳐나도록 벼슬을 돈으로 사려는 팔도 모리배들의 발길은 끊이지 않았고 윤원형의 탐욕 또한 멈춤 버튼이 없었다.

"윤원형의 재물이 나라 살림을 합친 것보다 많다."

굶주린 백성들의 염장을 지르는 소문이 임금의 귀에까지 전해졌으나 명종은 속수무책이었다.

윤원형의 세도정치는 문정왕후의 수렴청정이 끝난 후에도 계속되었다. 명종은 윤원형이 문정왕후의 위세를 믿고 설치는 조정에서 재위 20년을 넘기도록 무엇 하나 마음대로 할 수 있는 게 없었다.

"외친이 대죄를 지으면 어떻게 처리해야 하는가?"

하루는 왕이 믿을 만한 신하에게 이렇게 물었다. 그러나 이 말은 곧장 윤원형의 첩자에게 누설되어 문정왕후에게 알려졌다. 가만히 있을 문정왕후가 아니었다.

"나와 동생이 없었다면 오늘의 주상이 있었겠소?"

서릿발 같은 모후의 꾸중에 명종은 아무런 대꾸도 할 수 없었다. 견디다 못한 왕은 윤원형을 견제할 목적으로 왕비인 신씨의 외숙 이량을 불러들였다. 그러나 그 역시 믿을 만한 위인은 못 되었다. 그는 국왕의 신임을 빌미로 윤원형 못지않은 부정축재와 부패를 일삼았다.

저마다 사리사욕을 채우기에 급급한 관리들로 인해 조정은 썩어가고 몇 년째 계속되는 흉년으로 전국 각지에서 도적떼가 들끓었다.

국왕은 무능하고 나라에는 백성을 올바르게 이끌어줄 지도자가 없었다. 민심은 왕실이나 조정보다 임꺽정 같은 대도의 출현에 호의적인 반응을 보였다. 그 와중에도 남쪽 해안에서는 왜구의 침략이 계속되고 있었다. 결국 문정왕후 일파가 존재하는 한 조선이 바로 설 가능성은 전혀 없어 보였다.

문정왕후는 조선왕조 사상 두 번째로 수렴청정을 했던 여인이다.

세조비 정의왕후가 예종과 성종 때 수렴청정을 한 게 그 첫 번째였다. 정희왕후가 2대에 걸쳐서 수렴청정을 했지만 능숙한 정사처리로 원만하게 국정운영에 임했던 것과는 달리 문정왕후는 오히려 선대에 쌓아올린 공적을 깎아먹으며 너무나 많은 실책을 범했다.

문정왕후에 대한 백성들의 증오는 마침내 한계 수위를 넘어섰다.

그녀는 조선왕조 역사상 극악한 여인으로 찍혔고 측근들은 그보다 더한 경멸과 원성의 대상이었다. 백성들의 분노는 이제 한 곳으로 모아졌다.

요승과 요부의 죽음으로
막을 내린 여인천하

명종 20년 4월, 제주 목사 변협은 장정 열 명을 모아놓고 은밀히 군사훈련을 시켰다.

"너희들은 장사단壯士團의 일원으로서 장차 제주 관청을 지키는 호위

무사가 될 것이다. 각자 열심히 무예를 익혀서 힘을 키우면 너희 중 하나를 대장으로 뽑겠다."

제주 목사의 말이 끝나자 장정들의 눈에선 저마다 살기가 번뜩였다. 그중에는 과거 봉은사 주지였던 보우도 섞여 있었다.

보우는 승려로서 명종 때 병조참판까지 지낸 인물이다. 문정왕후의 신임이 지극했던 터라 한때는 윤원형 버금가는 권세를 누리기도 했다. 그런 그가 어째서 제주의 장정들 틈에 섞여 있는 것일까?

유학을 숭상하던 조정 대신들은 보우라는 이름만 들어도 치를 떨었다. 그렇지만 누구 하나 대놓고 바른말을 하지는 못했다. 보우 뒤에는 문정왕후라는 거대한 바람막이가 존재하고 있었기 때문이다.

문정왕후는 그 당시 국법에 우선하는 권력의 화신이었다. 그 권세로 숭유억불이라는 조선의 개국이념이 무색할 정도로 불교를 떠받들었다. 심지어 승려인 보우를 지금의 판사직에 해당하는 판선종사判禪宗事의 자리에 앉혀 궐내에 버젓이 승복을 입고 돌아다니게 만들었다.

보우는 중종 25년인 1530년, 금강산 마하연암에 입산하여 수도승으로 머물던 중 4년 뒤 윤원형의 주선으로 왕실과 교분을 트게 되었다. 문정왕후는 이 무렵 난정을 데리고 명찰을 돌아다니며 왕자수태를 기원하던 중이었다. 문정왕후가 왕자를 낳자 보우는 불공에 힘써준 공로를 인정받아 왕실의 측근이 되었다. 그리고 명종 4년인 1548년, 한양에 입성하여 봉은사 주지가 되었다. 이후 17년 동안 보우의 전성시대가 열렸다.

보우는 불교의 양대 종파인 선종과 교종을 통합시켰고 성종 때 폐지

되었던 도첩제를 부활시켰다. 도첩제란 국가에서 승려의 신분을 보장해주고 군역을 면제하는 제도이다.

그러나 문정왕후의 병이 깊어지면서 보우의 전성시대도 종말을 고하게 되었다. 명종 20년인 1565년 4월 17일, 창덕궁 소덕당에서 문정왕후가 임종을 맞음으로써 비로소 조선에 숨통이 트이는 듯했다.

'윤씨는 천성이 극악스러웠고 문자를 알았다. 인종이 동궁으로 있을 적에 윤씨가 그를 꺼리자그 아우 윤원로, 윤원형의 무리가 장경왕후의 아우 윤임과 틈이 벌어져, 윤씨와 세자 사이를 모함하여 대윤大尹, 소윤小尹설이 있게 되었다. 이때 사람들은 모두 인종에게 화가 미칠까 근심하였는데 중종이 승하하자 인종은 극진히도 윤씨를 섬겼다. 그러나 얼마 지나지 않아 번번이 원망하는 말을 하니 인종이 이말을 듣고 답답해하고 또 상중에 너무 슬퍼한 나머지 그 모든게 상처가 되어 일찍 승하하게 되었다. 또한 명종이 즉위한 뒤로는 그 아우 윤원형과 중외에서 권력을 휘둘러 20년 사이에 조정정사가 어지러워질 대로 어지러워지고 국맥이 끊어졌으니 종사가망하지 않은 것이 다행일 뿐이다. 그렇다면 윤씨는 사직의 죄인이라 할만하다……'

〈조선왕조실록〉 명종 편에 문정왕후의 죽음을 전하며 쓴 기록이다. 그녀의 실덕을 조목조목 열거한 내용 중 일국의 대왕대비로서 예우하는 흔적은 단 한 군데도 찾아볼 수 없다. 문정왕후는 그 아들 명종을 무능한 왕으로 만든 탐욕스러운 어머니였고 20년을 권력을 휘두르면서 무엇 하나 후세에 귀감이 될 만한 족적을 남겨놓지 못했다. 다만 그녀는 어머니로서, 정치가로서 최악의 모델이 어떤 것인지를 증명해주었을 뿐이다.

명종은 문정왕후가 죽자 우선 을사사화 당시 무고한 피해를 입은 학자들을 복직시켰다. 조정에 돌아온 대신들은 기다렸다는 듯 보우를 탄핵하여 제주로 유배시켰다. 명종은 차마 그녀가 총애하던 승려를 죽일 생각까진 하지 못했다.

이럴 때 한 조정 대신이 제주목사 변협에게 은밀히 서찰을 띄웠다.

'그 요승을 쥐도 새도 모르게 없애버리시오. 단, 그를 문초하거나 형벌을 가했다는 증거는 절대 남기지 않도록 하라는 엄명이 있었소. 그대가 이일을 잘 처리한다면 반드시 큰 은혜가 따를 것이오.'

은근히 왕의 특명임을 암시하는 밀지를 받은 제주목사는 고민에 빠졌다. 보우는 거구에 호랑이도 때려잡았다는 전설의 주인공이다. 섣불리 덤벼들었다가는 오히려 일을 크게 만들 위험이 있었다.

궁리 끝에 그는 나름대로 계책을 꾸몄다. 제주 관청을 호위할 무사들을 뽑는 것처럼 장사단이라는 가짜 씨름단을 조직한 것이다. 그리고 이 씨름단에 보우를 끌어들였고 나머지 아홉 명에게는 따로 지령을 내렸다.

"연습할 땐 무조건 중 한 놈만 패라. 너희끼리는 그저 주먹질하는 흉내만 내면 된다."

그리하여 열 명의 장정들은 중앙에 한 사람을 세워놓고 나머지 아홉 명이 돌아가면서 집중적으로 주먹질을 하는 방식으로 훈련에 임했다. 이때 보우를 제외한 아홉 명의 장정들은 미리 약속한 대로 자기들끼리는 때리는 시늉만 하고 보우를 향해서만 몰아서 힘을 썼다.

제아무리 힘이 장사라 해도 집중적인 매타작 앞에서는 견뎌낼 재간이 없다. 보우는 열흘을 넘기지 못하고 골병이 들고 말았다. 그리하여 왕실의 비호를 받으며 온갖 특혜를 누렸던 보우는 형식적인 재판절차도 무시된 채 처참하게 죽임을 당했다.

"요승 보우가 죽었다!"

그가 피를 토하며 죽었다는 말을 듣고 일반 백성들까지 환호성을 울렸다. 다음은 윤원형과 난정의 차례였다. 문정왕후의 죽음과 동시에 윤원형은 파직되어 난정을 데리고 강음으로 도망쳤다. 난정은 이미 자신의 운이 다했음을 직감하고 독약을 품고 윤원형을 따라갔다. 강음은 주민들도 많지 않은 작고 외진마을이었다. 두 사람은 이곳에서 쥐죽은 듯 숨어 살았다. 마을 사람들도 그들이 어디 사는지 몰랐다. 그러던 어느 날 금부도사가 군졸들을 이끌고 우연히 두 사람이 숨어 있는 곳을 지나치게 되었다.

"저들이 결국 나를 잡으러 왔구나."

윤원형은 금부도사가 자신을 잡으러 온 줄 알고 눈물을 흘렸다.

그 순간 난정은 몸에 지니고 있던 독약을 입안에 털어 넣었다. 졸지에 끈 떨어진 신발 꼴이 돼버린 윤원형은 이후 시름시름 앓다 숨이 끊어졌다.

"아깝다. 저런 자들은 만인이 보는 앞에서 처형을 시켜야 했는데!"

윤원형과 난정이 죽었다는 소식을 듣고 만세를 부르던 사람들은 그들이 법의 단죄를 받지 않고 저 세상으로 간 것을 통탄해마지 않았다

고 한다. 백성들의 증오가 얼마나 깊었으면 죽음 앞에서조차 지탄의 대
상이 되었던 것일까.

끊임없이 국정을 간섭하던 문정왕후도 가고 말썽 많던 외척들이며
권신들도 모두 역사의 뒤편으로 사라져버렸다. 바야흐로 엄연한 일국
의 국왕으로서 명종이 선정을 펼칠 수 있는 기회가 왔다. 그러나 가슴
속에 억눌린 심화가 컸던 탓일까. 애석하게도 명종의 치세기간은 너무
짧았다. 그는 문정왕후가 죽은 뒤 2년 만에 허망하게 세상을 떠났다.

통합의 리더십
이이

후궁의 아들로
첫 번째 왕이 된 선조

명종은 후사를 이을 왕자를 남기지 못했다. 조선의 왕들이 생전에 수많은 비빈들을 거느린 것과 달리 부인도 인순왕후 한 명뿐이었다. 인순왕후가 왕자를 낳긴 했으나 열세 살의 나이에 요절했다. 인순왕후는 그 후 자식을 낳지 못했다.

하나뿐인 자식을 잃고 상심하던 명종과 인순왕후는 종종 어린 왕손들을 대궐로 불러들였다. 넓은 궁 안에서 외롭게 지내던 국왕 부부에겐 아이들의 재롱을 보는 게 유일한 낙이었다. 왕손들이 궁에 들어오면 부부가 직접 글을 가르치거나 후원을 산책하기도 했다.

명종은 여러 왕손들 가운데서 자신의 후계자를 물색했다. 하성군은 특히 그가 눈여겨보던 재목이었다. 하성군은 명종의 이복형제인 덕흥군의 아들이다. 하루는 왕이 익선관을 벗어들고 아이들을 바라보았다.

"너희들 중 누구 머리가 제일 큰지 한번 볼까?"

익선관은 오직 임금만이 쓸 수 있는 관이다. 명종은 그것을 어린왕손들에게 씌워보려고 했다.

"저요, 저요!"

철없는 왕손들이 서로 먼저 써보겠다고 아우성을 쳤다. 명종은 신기한 듯 눈망울을 빛내는 아이들을 흐뭇하게 바라보며 차례로 익선관을 써보도록 했다.

"이제 하성군 차례구나."

왕의 손길이 하성군을 향했다. 그런데 그는 익선관을 두 손으로 받들어 도로 명종 앞에 갖다 놓았다.

"너는 써보고 싶지 않으냐?"

왕이 물었다.

"예."

"어째서?"

"익선관은 아무나 쓰는 것이 아니기 때문입니다."

뜻밖의 대답에 왕은 조용히 고개를 끄덕였다. 이 일이 있은 후로 하성군에 대한 명종의 신임은 더욱 두터워졌다.

"내가 죽으면 하성군에게 보위를 물려주도록 하라."

명종은 임종 직전 왕의 유언을 받드는 고명대신들에게 자신의 뜻을 전했다. 그리하여 1567년 6월, 명종이 죽자 16세의 나이로 왕위에 오른 하성군이 바로 조선 제14대 왕 선조 임금이다.

선조는 즉위 당시 20세가 채 안 되었기 때문에 관례에 따라 인순왕후가 수렴청정을 맡았다. 그러나 인순왕후는 새 임금이 어린 나이에도 불구하고 국정운영 능력이 충분하다며 1년 만에 수렴청정을 거두고 선조가 직접 정사를 주관하도록 했다.

"선왕이신 명종께서도 생전에 금상今上은 참된 군주로서의 자질이 충분하다며 칭찬을 아끼지 않았고, 요즘 들어 태양의 한쪽 옆에 붉은 기운이 침범하는 변조가 자주 나타나는 것을 보니 여자가 정사에 관여하는 것이 불길한 것 같다."

인순왕후는 선조의 친정체제를 열어주면서 특별히 하늘의 붉은 기운까지 들먹이며 그가 보위에 오른 것이 천명임을 암시하는 교지를 내렸다. 여기에는 인순왕후 나름의 배려가 있었다. 선조는 명종의 직계가 아닌 방계혈통, 게다가 후궁 소생이라는 약점을 갖고 있었다. 이때까지만 해도 조선은 적자승계의 원칙을 철저히 지켜온 터라 선조는 애초부터 왕위와는 거리가 먼 신분이었던 것이다.

왕위는 정비 소생 맏아들이 이어가는 게 원칙이고 불가피한 경우엔 정비 소생 아들들 중에서 적임자를 찾았다. 적자와 서자의 사회적 차별은 조선의 뿌리 깊은 관습이었고 더구나 왕실은 무엇보다도 혈통의 순수성을 중요시했다. 그러므로 이때까지 정비 소생의 적자가 아닌 후궁의 아들이 왕위를 계승한 경우는 한 번도 없었다.

인순왕후는 선조의 즉위가 사상유례가 없는 일이었기 때문에 천명을 빌려서라도 왕의 권위를 세워주려 했던 것이다.

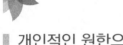

개인적인 원한으로
시작된 붕당정치

선조는 직접 정사를 주관하게 되자 민심을 안정시키고 흐트러진 정국을 안정시키기 위한 일련의 개혁조치들을 단행했다. 우선 과거제를 개편하여 현량과를 실시하고 두 번의 사화로 억울하게 화를 입은 조광조 등의 신원을 복직시켰다. 아울러 잘못을 저지른 사람들에겐 죄의 경중에 따라서 처벌을 내렸다. 기묘사화의 원흉인 남곤 등의 관직을 추탈하고 을사사화를 일으킨 이기, 윤원형 등에게 내려졌던 훈작勳爵공훈 등급과 작위를 전부 몰수했다.

과감하고 결단성 있는 조치들로 인해 조정은 잠시나마 평온을 되찾는 듯했다. 왕은 사림을 다시 등용하면서 문치의 깃발을 높이 세웠고 재야에 있던 선비들이 하나 둘씩 중앙으로 진출했다. 그리고 얼마 못가 조정에는 붕당의 회오리가 몰아치기 시작했다.

정가의 새로운 실세로 부상한 사림이 양대 분파로 나뉘어 극심한 대결구도를 형성하게 된 것이다. 사림의 분열을 몰고 온 사건은 아주 사소한 데서 비롯되었다.

이야기는 잠시 명종 때로 거슬러 올라간다.

인순왕후의 동생 심의겸은 척신들의 횡포로 사림이 궁지에 몰렸을 때 그들의 비호세력을 자처했던 인물이다. 어느 날 심의겸은 명종의 심부름으로 윤원형의 집에 갔다가 우연히 사림 선배 김효원과 마주쳤다. 나이는 심의겸보다 세 살 위였으나 김효원은 이때까지만 해도 아직 벼슬길에 오르지 못한 가난한 선비였다.

당시 김효원은 사림의 기대주였다. 많은 선비들이 김효원의 학식과 청렴강직한 성품을 높이 평가했다. 윤원형의 사위 이조민도 그중 한 사람이었다. 이조민은 형편이 어려운 김효원을 집에 들이고 방까지 내주었다. 그런데 하필 이 집에서 심의겸과 맞닥뜨린 것이다.

"사람들은 모두 선배가 시류에 편승하지 않고 청렴강직한 선비인 줄만 알고 있는데 이제 보니 고작 권신의 집에서 식객 노릇이나 하면서 연명하는 한심한 사내였습니다 그려!"

윤원형의 사위 방에 떡 하니 김효원의 침구까지 놓여 있는 것을 보게 된 심의겸은 대놓고 그를 멸시해버렸다.

"그러는 그대는 이 집에 무슨 일로 왔는가? 세상 사람들이 보면 누이 잘 만나서 호의호식하는 그대나 친구 집에 얹혀사는 나나 다를 게 뭐가 있겠나? 괜히 나대다가 큰 코 다칠 수 있으니 행동 조심하게!"

후배한테 수모를 당하고 가만히 있을 김효원도 아니었다. 이때부터 두 사람은 세상에 둘도 없는 앙숙이 되었다.

그러는 동안 세월이 바뀌고 선조가 왕위에 오르자 김효원의 문명을 익히 알고 있던 몇몇 대신들이 그를 조정의 인사권에 관계되는 벼슬자리에 천거했다. 이때 이조참의 심의겸이 김효원의 과거를 들춰내며 반대상소를 올린 것이다.

"지금 조정의 개혁을 논하면서 권세에 아부하는 소인배를 요직에 앉히는 건 천부당만부당한 일입니다!"

심의겸의 줄기찬 반대상소에도 불구하고 김효원은 결국 등용되었다.

또 얼마 후에는 심의겸의 아우가 이조좌랑의 물망에 올랐다. 이번엔 김효원이 반대상소를 올렸다. 이후 김효원과 심의겸은 원수보다 못한 사이가 되었고 두 사람의 갈등은 분당의 도화선이 되었다.

이후 사림은 김효원을 중심으로 한 '동인'과 심의겸을 중심으로 한 '서인'으로 나뉘어졌다. 김효원은 건천동에 살고 심의겸은 정동에 살았다. 건천동은 한양의 동쪽, 정동은 서쪽에 위치한다 해서 그 양대 세력을 각각 동인과 서인으로 부르게 된 것이다.

붕당정치는 오늘날의 의회정치와 비슷한 것이다. 정치적 이념과 노선이 비슷한 사람끼리 뭉쳐서 가치관이 다른 집단과 경쟁하는 것은 국익을 위해서도 반드시 필요한 것이다. 그러나 이런 당파간의 대립은 순기능적인 측면이 있는 반면 역기능도 무시할 순 없다.

양측의 대립이 극심한 양상을 보이자 나라의 앞날을 걱정하는 각계 인사들의 발언이 잇달았다. 고향에서 학문 연구에 전념하고 있던 율곡 이이도 그중 한 사람이었다.

양비론자인가,
진정한 군자인가

"뚜렷한 명분이 없는 당파싸움은 국론을 분열시키고 국력을 낭비하는 해악을 끼칠뿐입니다. 상황을 이지경으로 몰아온 심의겸과 김효원은 마땅히 책임을 져야합니다."

이이는 두 사람을 모두 싸잡아 비난하며 일벌백계로 다스려야 한다고 주장했다. 사림의 선비로서 모범을 보여야 할 심의겸과 김효원 번엔 김효원이 반대상소를 올렸다. 이후 김효원과 심의겸이 오로지 반대를 위한 반대를 일삼아 정국을 혼란에 빠뜨린 책임을 물어야 한다는 것이었다.

선조는 이이의 주장을 받아들여 심의겸과 김효원을 외직으로 내몰았다. 이러한 처사는 동인과 서인 양측의 반발을 샀다. 그들은 이이를 양비론자兩非論者라며 맹렬히 비난했다. 그러나 뜻있는 선비들은 율곡이야말로 진정한 군자라며 찬사를 아끼지 않았다.

특단의 조치에도 불구하고 정치적 파장은 쉽사리 가라앉지 않았다. 특히 김효원을 중심으로 한 동인세력의 발언권이 점차 강성해졌다. 갈수록 여론은 심의겸을 비난하는 쪽으로 기울어졌고 서인들은 수세에 몰렸다.

"시류에 편승한 무리들이 앞 다투어 동인 쪽으로 몰려가고 있다."

이이는 그간의 중립적 태도를 바꾸어 비난의 화살을 동인 세력에게 돌렸다. 이는 당파간의 원만한 세력균형을 위한 율곡 나름의 결단이었다. 올바른 정치발전을 위해서는 어느 한쪽 세력이 지나치게 비대해지는 걸 경계해야 된다는 게 평소 그의 지론이었다.

그러나 사람들은 이이가 스스로 서인 편에 가담했다고 입을 모았다. 선조는 일부의 비난 여론에도 불구하고 이이를 중앙으로 불러올려 대사헌에 임명했다. 그리고 이듬해에는 그를 병조판서직에 제수했다.

이이의 등장으로 위기의식을 느낀 동인세력은 그를 조정에서 몰아내기 위해 혈안이 되었다. 그들은 이이가 사사로운 감정으로 서인을 옹호하고 있다며 맹공을 퍼부었다.

"말로는 붕당의 폐해를 지적하면서 스스로 중립을 지키지 않고 파당을 조성하여 당쟁을 조성하는 이이야말로 엄중한 심판을 받아야합니다."

동인들의 탄핵상소가 줄을 이었다. 선조는 그들의 주장을 보기 좋게 맞받아쳤다.

"조선에 파당이 있는 게 문제가 아니라 임금과 뜻을 같이 할 당이 적은 게 걱정이니, 나는 오히려 그가 있는 당에 가입하고 싶을 지경이다."

선조는 이이에 대한 변함없는 신뢰를 보여주며 그를 판돈령부사에 임명했다. 동인세력은 그가 서인의 우두머리라고 비난했지만 선조는 꿈쩍도 하지 않았다. 그가 서인들의 존경을 받는 건 사실이지만 일처리에 있어서만큼은 불편부당한 기준을 갖고 임한다는 사실을 누구보다 잘 알고 있었기 때문이다.

이이는 이런 선조의 신임에 힘입어 어느 한쪽에도 치우치지 않는 정치행보를 이어갔다. 그는 스스로 서인이라 해서 자신의 계파에 속한 사람들만 우대하지도 않았지만 반대파인 동인을 차별하지도 않았다. 인재를 등용할 땐 절대 당파의 구별을 두지 않아야 한다는 건 정치에 대한 이이의 기본철학이자 변함없는 소신이었다.

"동인이 군자의 이름을 얻고 서인을 소인배로 낙인찍는다고 해서 그것이 민생에 무슨 도움이 될 것인가? '사람'을 중심에 두지 않으면 아무것도 의미가 없다."

동인이든 서인이든 그들의 장점만을 보고 나라를 위해 재능을 펼칠 기회를 줘야 한다는 이이의 주장은 많은 사람들의 공감을 불러일으켰다. 그는 국왕의 면전에서도 직언을 서슴지 않았다.

"통치자의 마음이 바로잡혀야 나라가 평안해지는 법입니다. 지금 국가 재정은 바닥나고 군역을 돈으로 면제받으려는 사람이 많아 이 나라는 모래 위에 집을 지어놓은 것과 마찬가지입니다. 이대로 가다간 언제 적의 침입이 있더라도 막을 방법이 없으니 하루 빨리 군대를 양성하여 훗날의 위험에 대비해야 할 것입니다."

1583년, 이이는 저 유명한 '십만양병설'을 주장하며 선조의 정치적 결단을 촉구했다.

"국가 재정의 확충을 위해 토지세를 대폭 인상하고 지금이라도 군대를 양성하지 않으면 이 나라는 도탄에 빠질 것입니다."

그러나 선조는 쉽사리 결정을 내리지 못했다. 조정에서는 누구도 그렇게 말하는 사람이 없었기 때문이다.

"현재 국고에는 1년 치 군량미도 확보되어 있지 않습니다. 이래가지고는 나라 살림을 지탱할 수가 없습니다."

거듭되는 이이의 주장에 위기를 느낀 선조가 조정 대신들의 의견을 물었다. 그러나 조정의 반응은 싸늘하기 그지없었다. 당시 이이는 동인과 서인 세력의 틈바구니에서 중재를 시도하다가 오히려 양쪽 모두에게 배척당하는 신세가 되었다.

"요즘 같은 태평성대에 있지도 않은 전쟁의 위험 운운하면서 백성들에게 불안감을 안겨주는 것 또한 국정을 혼란에 빠뜨리는 중죄에 해당합니다."

조정 대신들은 이이가 유언비어를 퍼뜨려 위기감을 조성하고 있다며 이구동성으로 비난하고 나섰다.

"경의 충정은 모르는 바 아니지만 조정의 공론이 그러하니 어찌하겠소."

결국 그를 아끼던 선조마저 어쩔 도리 없이 조정의 공론에 따르고 말았다.

이이는 정치에 회의를 느끼고 곧 해주로 낙향했다. 그러다 1584년 1월 16일, 끝내 병을 얻어 세상을 떠나고 말았다. 이로써 정파 간의 건전한 경쟁을 통해 민주적이고 합리적인 정책결정을 유도하고 신권중심의 이상적인 사회를 꿈꾸었던 율곡 이이의 파란만장한 생애는 향년 49세로 막을 내렸다.

임종 전날 율곡은 자신을 찾아온 후배 정철에게 마지막 유언을 남겼다.

"사람을 채용하는 일에 결코 편중됨이 없도록 하라."

당대의 대학자이며 재상의 지위에 있으면서도 그는 평생을 청렴하게 살았다. 어찌나 집안이 가난했던지 저승 갈 때 입을 수의마저 이웃에 사는 친구 것을 빌려다 쓸 정도였다. 기록에는 율곡의 장례식을 보기 위해 너무 많은 조문객들이 찾아와 밤에는 대낮처럼 횃불을 밝혔다고 전해진다.

선조는 충신을 잃은 애통함으로 3일 동안 조회를 멈췄다.

현실이 된
율곡의 예언

율곡 이이가 세상을 떠난 4년 뒤, 예언은 결국 현실이 되고 말았다. 이 무렵 일본의 최고 실력자는 토요토미 히데요시였다. 그는 지방 제후 세력들의 막강한 힘에 위협을 느끼던 차에 외부와의 전쟁을 통해 자신의 권력기반을 다지려고 만반의 준비를 하고 있었다.

조정에서는 통신사 황윤길과 부사 김성일을 일본으로 보내 그들의 동향을 살펴보게 했다. 그들은 조선을 떠난 지 4개월 만에 일본에 도착했다. 당시 히데요시는 외지에 나가 있었는데 돌아와서도 황궁을 수리한다는 핑계로 조선의 사신들을 만나보려고 하지 않았다.

사신들은 할 수 없이 대덕사란 사찰에 묵고 있었다. 그때까지만 해도 그들은 히데요시가 일본의 국왕인 줄 알고 있었다. 히데요시는 그들이 도착한 지 3개월이 지나서야 접견을 허락했다.

"고작 저렇게 볼품없이 생긴 자가 일인자였어?"

대부분의 사신들은 히데요시의 생김새만 보고 하찮게 여겼다. 그는 작은 몸집에 말수도 별로 없고 주위에 병사들도 많이 거느리고 있지 않았다.

"그런데 사람을 쏘아보는 눈빛이 남다른 광채를 띠고 있는 점이 예 사롭지 않군."

한편에선 이런 생각을 하는 사람도 있었다.

이듬해 조선으로 돌아온 황윤길과 김성일은 조정에 상반된 보고를 올렸다.

"저들이 전쟁 준비에 한창이니 앞으로 반드시 난리가 닥칠 것입니다. 우리도 미리 준비하는 것이 좋을 듯합니다."

종사 황윤길은 아무래도 일본의 움직임이 수상하니 우리도 대비를 해야 한다는 주장을 펼쳤다. 그러자 부사 김성일이 쌍수를 들고 반대했다.

"토요토미 히데요시는 인물은 큰일을 도모할 위인이 못됩니다. 더구나 그들은 황궁을 짓는 일에 몰두하여 전쟁 준비할 틈이 없어 보였습니다. 그러니 전쟁 따위는 염려할 필요가 없습니다. 이럴 때 섣불리 행동하면 민심만 동요될 뿐입니다."

황윤길은 서인이고 김성일은 동인이었다. 여기에 당시 조정은 동인들의 세력이 우세한 상황이었다. 결국 조정은 김성일의 주장대로 전란을 대비하는 아무런 조치도 취하지 않았다.

반대를 위한 반대의 결과는 참혹했다. 1592년 4월 13일, 부산포 공격을 시작으로 왜적들의 대대적인 침략전이 펼쳐졌다. 이후 7년 동안 조선은 전란의 소용돌이에 휘말리게 된다.

　전쟁은 조선 천지를 폐허로 만들다시피 하고 나서야 끝이 났다. 4년 앞을 내다본 율곡 이이의 통찰력은 '유비무환'이라는 쓰라린 교훈을 역사에 남긴 채 그렇게 묻히고 말았다.

무능한 왕실의 희생양
광해군과 소현세자

예고된 반란

"세자 책봉이 지연되어 백성들이 불안해하고 있습니다. 광해군은 여러 왕자들 가운데 가장 영특하고 재능이 출중하여 세자로서 손색이 없으니 책봉을 서두르소서."

선조 24년인 1591년, 좌의정 정철, 우의정 유성룡, 영의정 이산해, 대사헌 이해수, 부제사 이성중 등이 선조에게 알현을 청해 세자책봉을 건의했다. 대신들의 입에서 광해군의 이름이 나오자 왕의 낯빛이 차가워졌다.

"열네 명이나 되는 대군들 가운데 인물이 광해군 하나뿐이오?"

선조의 물음에 대신들은 곤혹스러운 표정을 지었고 오직 영의정 이산해만이 뭔가 짚이는 게 있는 듯 의미심장한 얼굴을 하고 있었다. 광해군은 후궁인 공빈 김씨의 소생으로 선조의 둘째 아들이다. 위로는 동복형인 임해군이 있었으나 그는 성격이 포악하여 임금이 될 재목이 아니라는 이유로 진작부터 논외의 대상이었다.

선조의 정비인 의인왕후는 자식을 낳지 못했다. 그 대신 여러 후궁들 사이에서 얻은 14명의 아들이 있었다. 사실 선조의 의중은 자신이 총애하는 인빈 김씨 소생의 신성군에게 가 있었다. 눈치 빠른 이산해가 잽싸게 상황을 간파하고 모종의 계략을 꾸몄다. 이산해는 동인, 정철은 서인의 우두머리였다.

어느 날 선조는 정철이 광해군을 세자로 세운 뒤 신성군과 인빈을 해치려고 한다는 말을 듣게 되었다. 모든 게 서인 세력을 제거하기 위한 이산해의 음모였으나 정철은 결국 이 일로 파직되어 유배형에 처해진다. 그 뒤로 조정에선 세자 책봉을 거론한다는 것 자체가 금기시되었다.

광해군이 세자 책봉을 받은 것은 신성군이 병으로 죽은 뒤였다.

임진왜란이 터지자 의주로 피난을 떠난 선조는 대신들의 등쌀에 못 이기는 척 마지못해 광해군을 후계자로 정했다. 그런데 이때 명나라가 제동을 걸고 나섰다. 광해군이 장자가 아니라는 이유로 책봉을 허락하지 않겠다는 것이다.

선조는 임진왜란이 끝난 뒤에도 명확한 입장을 밝히지 않았다. 광해군으로선 하루하루가 가시방석에 앉은 것처럼 불안할 수밖에 없었다. 그러다 더 강력한 복병이 나타났다. 선조의 두 번째 정비가 된 인목왕후가 영창대군을 낳은 것이다. 당시 선조의 나이 40이 넘은 때였다. 선조는 적자인 영창대군에게 보위를 물려주고 싶다는 뜻을 대신들 앞에서 노골적으로 내비치곤 했다. 이렇게 되자 조정은 영창대군을 지지하는 소북파와 광해군을 지지하는 대북파로 갈라지게 되었다.

소북파는 광해군이 후궁 소생의 차남이라는 이유로 명나라의 허락도 받지 못했다는 주장을 내세워 영창대군을 지지했고, 대북파는 영창대군은 왕의 적장자라고는 하나 이제 갓 태어난 어린아이에 불과하며, 이미 세자 책봉을 받은 광해군이 임진왜란 때 직접 군대를 지휘하며 훌륭하게 전란을 수습했던 공로가 있는 만큼 그가 보위를 이어갈 적임자라고 주장했다.

임진왜란 중에 병을 얻은 선조의 증세가 점점 악화되면서 대세는 광해군 쪽으로 기울어갔다. 선조는 결국 영의정 유영경에게 광해군을 세자로 임명하는 선위교서를 내리게 된다. 그런데 소북파였던 유영경은 선위교서를 자신의 집에 숨겼고 이 일은 곧 대북파에게 발각되었다. 사건이 일파만파로 커지는 상황에서 선조는 병상에서 숨을 거두었다. 광해군은 부왕의 선위교서 대신 인목대비의 언문교지를 받고 가까스로 보위에 올랐다. 여기까지 알려진 사실만 봐도 오랜 세월 광해군이 얼마나 마음고생을 했는지 짐작할 수 있다. 그는 즉위식이 끝난 후 유영경과 임해군에게 사약을 내리고 대대적인 서인 숙청작업에 들어갔다.

1612년, '김직재의 옥'으로 소북파 100여 명이 숙청을 당했다.

이듬해에는 '칠서의 옥'으로 인목대비의 아버지 김제남이 사약을 받았다. 영창대군은 이 사건으로 강화도에 위리안치되었다가 끝내 불에 타 죽고 만다.

1615년, '신경회의옥'으로 신성군의 양자였던 능창군이 스스로 목숨을 끊었고 1617년에는 인목대비 폐모론이 대두되었다. 그러나 광해군은 인목대비를 죽이지는 않는다. 영창대군의 죽음도 일개 지방수령과 대북파의 과잉충성 내지는 직권남용이 불러온 참사였다.

대북파인 이이첨의 밀명을 받은 강화부사 정항이 화재를 빙자하여 대군을 증살연기에 질식시켜 죽임한 사건은 결국 '인조반정'의 도화선이 되고 말았다.

인조반정은 광해군 재위 11년 동안 정권에서 밀려나 있던 서인세력과 친명 사대주의자들이 주축이 되어 일으킨 쿠데타였다.

1623년 3월 12일, 김류, 이귀, 김자점 등은 왕족인 능양군을 앞세워 무력으로 대궐을 점거했다. 능양군은 강화도에서 자결한 능창군의 친형이다. 출병 당시 반군의 숫자는 700여 명의 불과했으나 대세의 흐름을 파악한 많은 무신들의 협조로 손쉽게 정권을 장악할 수 있었다. 반란의 명분은 확실했다. 인목대비는 광해군을 폐위시키면서 몇 가지 이유를 내세웠다.

다음은 1623년 3월 15일, 광해군을 폐하면서 인목대비가 내린 교지의 전문이다.

"광해는 왕위를 계승한 뒤에 남을 참소하고 모해하는 자들의 말을 신임하고 스스로 시기하고 혐의하는 마음을 가져 우리 일가들을 몰살시켰으며 품속에 있는 어린 자식을 빼앗아 죽이고 나를 유폐하여 곤욕을 치르게 하였으니, 그는 인간의 도리가 조금도 없는 자이다. 그리고 여러 차례 큰 옥사를 일으켜 무고한 사람들을 가혹하게 죽였다. 또한 선왕조의 원로대신들을 모두 축출시키고 정사를 하는 데 있어 뇌물을 바친 자들만을 기용했으므로 무식한 자들이 조정에 가득하였고 부역이 많고 수탈이 극심하여 국가의 위태로움은 말할 수 없었다. 어디 그뿐이겠는가. 우리나라가 중국을 섬겨온 지 2백여 년이 지났으니 의리에 있어서는 군신의 사이지만 은혜에 있어서는 부자의 사이와 같앗고, 임진년에 나라를 다시 일으켜준 은혜는 영원토록 잊을 수 없을 것이다. 이리하여 선왕께서 40여 년 간 보위에 계시면서 지성으로 중국을 섬기며 평생에 한 번도 서쪽으로 등을 돌리고 앉으신 적이 없었다. 그런데 광해는 은덕을 저버리고 오랑캐와 화친하였다. 게다가 기미년에 중국이 오랑캐를 정벌할 때 끝내 우리 군사 모두를 오랑캐에게 투항하게 하여 추악한 명성이 온 천하에 전파되게 하였다. 천리를 멸절시키고 인륜을 막아 위로 중국조정에 죄를 짓고 아래로 백성에게 원한을 사고 있는데 이러한 죄악을 저지른 자가 어떻게 나라의 임금으로서 백성의 부모가 될 수 있으며 종묘사직의 신령을 받들 수 있겠는가, 이에 그를 폐위시킨다."

인목대비의 교지에 나타난 것처럼 광해군은 형제를 죽이고 어머니를 유폐시킨 패륜아였다. 그러나 그가 명나라에 등을 돌렸기 때문에 임금으로서 자격이 없다고 한 것은 어디까지나 친명사대주의자들의 시각에서 나온 억지였다.

외교적인 면에서 보자면 광해군은 철저한 현실주의자였다. 그는 명나라와 후금 사이에서 중립외교를 펼치며 실리를 취하는 등 거리 외교로 명, 청 교체기의 국제정세에 현명하게 대처했다는 평가를 받고 있다.

또한 공납제의 폐단을 없애기 위해 대동법을 실시하는 등 개혁군주로서의 면모를 나타내기도 했다. 그러므로 인조반정은 대북파의 집권에 불만을 품은 서인세력의 반발에 의한 사건이라는 견해가 지배적이다.

내우외환

　조선 제16대 왕인 인조는 출발부터 내우외환에 시달려야 했다. 그 첫 번째가 이괄의 난이었다. 인조가 보위에 오른 지 채 1년도 안 되어 일어난 이괄의 난은 권력 내부의 반란으로 왕권에 치명적인 상처를 안겨주었다.

　이괄은 반정세력에 가담했던 인물이다. 그는 거사가 성공한 뒤 후금과의 마찰로 분쟁이 끊이지 않는 평안도 병마절도사 겸 부원수로 발탁되었다. 반정에 참여한 공신들이 조정의 노른자위를 차지하고 있던 것에 비하면 썩 달가운 인사는 아니었다.

　그러다 자신의 아들이 반역혐의로 무고를 받게 되었는데 조정에서 이를 조사하기 위해 평안도로 의금부도사를 파견하자 마침내 공신들에 대한 이괄의 적개심이 폭발한 것이다. 결국 그는 1만 2천 명의 휘하병력을 거느리고 관군들을 닥치는 대로 무찌르며 한양으로 쳐들어왔다.

　이 사태로 인조는 궁궐을 버리고 공주로 피신을 가기에 이른다.

　그 동안 도성은 이괄의 반란군 차지였다. 한양에 남은 관군들이 죽기 살기로 대적한 결과 반란은 3일 만에 평정되었지만 사건의 파장은 엄청났다.

　왕실의 권위가 땅에 떨어진 것은 말할 것도 없고 조정을 향한 백성들의 믿음은 송두리째 흔들렸다. 또한 이때 이괄이 북방의 주력부대를 빼내오는 바람에 변방 수비에 허점이 생겨 훗날 정묘호란의 원인이 되었다. 더욱 기가 막힌 것은 처벌을 피해 후금으로 도망친 이괄의 잔당들이 인조반정의 부당함을 주장하며 그들로 하여금 조선을 징벌할 것을 부추겼다는 사실이다.

호시탐탐 조선침략의 기회를 노리던 후금으로선 자다가 떡을 얻어먹는 격이었다. 인조 5년인 1627년, 명나라와 대치하고 있던 후금은 광해군의 원수를 갚는다는 명분으로 3만의 군사를 이끌고 들어와 정묘호란을 일으켰다. 이때도 인조와 대신들은 강화도로 황급히 피난을 떠났다. 후금은 조선이 그들과 형제관계를 맺는다는 내용을 포함한 다섯 가지 조항에 서명한 뒤에야 군대를 철수했다. 이후 국호를 청으로 바꾸고는 정묘조약에서 설정한 형제관계를 군신관계로 교체할 것과 군사 3만 명을 비롯한 공물을 요구했다.

조선의 척화주의자들은 '하늘에 해가 둘이 될 수 없듯이 신하에게는 임금이 둘이어서는 안 된다'는 이유로 그들의 요구를 거부했다.

이에 격분한 청나라는 다시 12만 군사를 이끌고 조선을 침공하여 병자호란을 일으킨다.

파죽지세로 밀고 들어온 청나라 군대는 6일 만에 한양을 점거했다. 놀란 조정은 서둘러 강화도로 피신하려다 여의치 않게 되자 이번에는 남한산성에 숨어들었다. 그 동안 조선군은 최명길이 이끄는 1만 3천의 군사로 청나라 병사들과 혈전을 벌였다. 하지만 역부족이었다. 결국 전쟁이 발발한 지 45일 만에 인조는 삼전도에서 무릎을 꿇는다.

'삼전도의 치욕'으로 불리는 굴욕적인 항복 절차는 조선이 청과 군신관계를 맺고 소현세자와 봉림대군을 볼모로 보낸다는 조항에 합의하는 것으로 마무리되었다.

인조의 콤플렉스

정묘년과 병자년에 있었던 두 번의 전쟁에서 궁궐을 버리고 도망친 왕이라는 굴욕을 무릅써야 했던 인조는 이후로 청나라라면 치를 떨었다. 그 대신 명나라에 대한 사대주의 노선을 더욱 강화했지만 이미 대세는 기울어질 대로 기울어진 뒤였다.

명나라가 지는 해라면 청나라는 떠오르는 해였다. 8년 동안 볼모로 있으면서 소현세자는 나름대로 국제정세를 보는 안목을 키웠다. 봉림대군이 이국생활에 적응을 못해 힘든 세월을 보낸 것과 달리 청의 왕족들과 어울리며 친분을 쌓고, 이 과정에서 알아낸 고급 정보를 조정에 보내기도 했다.

소현세자는 청나라와 원만한 관계를 유지해야만 조선에 평화가 유지된다고 믿었다. 그리하여 청나라가 명나라를 칠 땐 직접 군사를 이끌고 전쟁에 참여하기도 했다. 또한 명이 멸망하고 청이 도읍을 북경으로 옮겼을 땐 선교사들과의 친분을 통해 서양문물을 접할 기회를 가졌다.

소현세자에게 특히 강한 영향력을 끼친 사람은 아담 샬이라는 선교사였다. 세자는 그를 통해 천주교를 알게 되었고 서양의 역서 및 과학서적에도 깊이 심취하여 틈틈이 자신이 보고 들은 내용을 조정에 편지로 써 보내기도 했다.

1645년, 마침내 소현세자 일행은 볼모생활을 청산하고 8년 만에 고국으로 돌아왔다. 세자의 가족들에겐 이것이 불행의 시작이었다. 그들이 돌아왔을 때 왕실은 물론 조정분위기는 냉랭하기 그지없었다.

왕인 인조부터가 친명사대주의자였는데 명나라를 멸망시킨 청나라 편에 섰던 소현세자가 달가울 리 없었다. 더구나 삼전도에서의 치욕이 포한으로 남았을 인조에게 청나라에 대해 남다른 호의를 나타내는 소현세자의 태도는 더 큰 상처를 안겨주었다.

소현세자에 대한 인조의 반감이 어느 정도였는지는 각종 야사를 통해 전해져 내려오는 이야기만 봐도 알 수 있다. 소현세자가 서양의 책과 기계 등을 보여주자 왕이 격노하여 벼루로 얼굴을 내리쳤다는 내용도 있다.

청나라와 서양의 앞선 문물을 받아들여 실리를 추구하자는 소현세자의 현실적인 판단이 인조에게는 자신의 통치이념에 반하는 배신행위로 비쳐져 심각한 피해의식으로 작용했을 수도 있다.

그러므로 소현세자가 부왕인 인조에 의해 독살되었다는 일부의 주장이 전혀 근거 없는 이야기로만 들리진 않는다. 물론 정확한 기록이 남아 있지 않아 섣불리 판단할 순 없겠으나 문헌에 드러난 정황으로 보면 독살이 분명한 것만은 사실이다.

"세자가 환궁 이후 연달아 한증과 열기가 있었는데 의원의 시술이 잘 못되어 끝내 죽음에 이르렀다."

"세자는 환국한 지 얼마 안 되어 병을 얻었고, 병을 얻은 지 며칠 만에 죽었다. 시체는 온몸이 새까맣고 뱃속에서는 피가 쏟아졌다. 검은 천으로 얼굴의 반을 덮어서 옆에서 모시던 사람도 알아보지 못했다. 임금도 이를 알지 못했다."

인조실록에 의하면 소현세자는 죽기 직전 학질 증세가 있었는데 인조가 궁 밖에서 데려온 의원에게 세자를 치료하도록 했다. 그런데 이때 그 의원은 학질과는 상극인 침을, 그것도 매일 놓았다고 적혀있다. 인조는 세자가 죽었을 때 의원을 국문하지도 않았다. 이것은 왕실의 일반적인 관행을 무시하는 태도였다. 게다가 그 의원에 대한 치죄 여부를 논의조차 못하게 했다는 기록도 있다.

장례 절차도 왕실의 예를 따르지 않고 일반 평민이 죽었을 때처럼 장사를 지냈다. 그리고 세자가 죽은 지 3일 만에 봉림대군을 세자로 책봉한 인조는 며느리와 손자들까지 제주도로 유배시켜 처참하게 살해했다.

친자식에 대한 부모의 애정이라곤 눈곱만큼도 느껴지지 않는 철저한 정치보복이었다. 결국 개인적 콤플렉스에 사로잡힌 부왕의 피해의식에 참혹하게 희생당한 소현세자 일가족의 비극적인 운명은 두고두고 역사의 오점으로 남게 되었다.

조선의 르네상스 뒤에 가려진
빛과 그림자
홍국영과 채제공

정적들에
둘러싸인 세손

정조의 세손 시절은 하루하루가 숨 막히는 긴장의 연속이었다. 세손은 정치에 무관심한 듯 학문에만 열중하고 있었으나 사도세자를 모함하여 죽게 만든 무리들은 한 시도 경계를 늦추지 않았다. 그들이 가장 두려워하는 건 사도세자의 아들이 왕위를 계승하는 것이었다.

궁궐 안은 어린 세손이 목숨 걸고 헤쳐 나가야 할 정글이었다. 도처에 그를 노리는 세력들이 깔려 있었다. 그들은 수시로 암살을 계획했고 그것도 여의치 않으면 할아버지인 영조의 눈 밖에 나게 해서 보위를 승계할 수 없도록 음모를 꾸몄다.

"아버님 나를 낳으시고 어머님 나를 기르시니 그 은혜가 하늘이 끝이 없음과 같아 갚을 길이 없도다."

하루는 세손이 책을 읽던 중 눈물을 흘렸다. 시전 요아 편, 공교롭게도 그 책은 세손이 읽지 못하게 되어 있는 금서였다. 이 장면을 눈여겨보고 있던 내관 한 명이 어디론가 쪼르르 달려갔다.

그는 세손을 해치려는 무리들에게 매수된 자였다.

"마침내 걸려들고 말았군!"

내관의 말을 들은 상대는 회심의 미소를 지었다. 그는 곧 영조에게
이 사실을 알렸다.

　"세손은 지금껏 무얼 하고 있었느냐?"

　영조가 세손을 불러놓고 조용히 물었다. 책을 보다 헐레벌떡 대전으
로 달려온 세손의 이마엔 땀방울이 맺혀 있었다.

　"책을 읽고 있었습니다."

　"어떤 책을 읽었느냐?"

　세손의 공손한 대답에 영조가 다시 물었다.

　"저, 그것이⋯⋯."

　순간 안색이 하얗게 질린 세손이 말을 더듬거렸다.

　"왜 말을 못하느냐?"

　영조의 음성에 노기가 서렸다. 세손은 할 수 없이 시전을 읽었다고
만 대답했다. 영조는 의심의 눈초리로 세손을 쏘아보았다.

　'시전을 펼쳤으면 요아 편도 보았을 것 아니냐?'

　할아버지 영조의 눈빛이 그렇게 말하고 있었다. 세손은 차마 그 눈
길을 마주보지 못하고 고개를 떨구었다. 영조는 곧 내관에게 명하여
세손이 읽던 책을 가져오도록 했다. 세손의 표정이 점점 어두워졌다.
이제 잠시 후면 모든 게 밝혀지고 분노한 왕의 음성이 궐 안에 울려
퍼질 차례였다.

　이윽고 내관이 대전으로 돌아왔다. 영조는 그 내관이 가져온 책을
한 장 한 장 펼쳐보았다. 그런데 이게 어찌된 일인가. 다른 것은 그대
로 있는데 요아 편만 칼로 도려내진 것이었다.

"요아 편은 어떻게 했느냐?"

영조가 의아한 눈길로 세손을 바라보았다. 세손은 그제야 안도의 한숨을 내쉬며 고개를 들었다.

"요아 편은 읽지 말라는 분부가 계신 것으로 알고 미리 없애버렸습니다."

"오, 그래?"

세손이 둘러대는 말에 영조도 비로소 얼굴에 웃음기가 살아났다. 자칫하면 폐세손이 되어 아버지 사도세자의 뒤를 따르게 됐을지도 모를 위험천만한 일이었다.

'대체 이게 어찌된 일인가?'

울렁거리는 마음을 겨우 가라앉히며 처소로 돌아온 세손이 방 안 여기저기를 살폈다. 그러자 춘방설서 홍국영이 조용히 그의 손에 문제의 요아 편을 쥐어주었다.

"나를 도와준 자가 그대요?"

"마마께서 황급히 대전에 드시는 모습을 보고 미심쩍은 게 있어 살펴보니 이 책이 펼쳐져 있기에……."

"고맙소!"

세손은 홍국영의 말이 끝나기도 전에 그의 손을 덥석 잡았다. 홍국영은 사방이 적으로 둘러싸인 외로운 궁에서 세손의 편에 서준 몇 안되는 사람 중 하나였다.

누가 국왕을
죽이려 하는가

1776년 봄, 조선 제22대 왕 정조의 즉위식이 열렸다. 정조는 즉위 후 홍국영의 은혜를 잊지 않고 그를 동부승지로 발탁했다. 이때 왕의 나이 25세, 홍국영은 29세였다.

세손 시절의 일화에서 볼 수 있듯이 정조가 왕위에 오를 수 있었던 것은 기적에 가까운 일이었다. 그는 1752년 사도세자와 혜빈 홍씨 사이에서 태어났다. 8세가 되던 1760년 세손에 책봉되었고 그로부터 2년 후 아버지 사도세자가 뒤주에 갇혀 비참하게 목숨을 잃었다.

영조는 이후 세손을 자신의 죽은 맏아들 효장세자의 양자로 입적시켜 제왕수업을 받게 한다.

1775년, 연로하여 더 이상 국사를 맡을 수 없게 된 영조는 재위 55년 만에 세손으로 하여금 대리청정을 맡게 했다. 그리고 세손은 이듬해 영조가 세상을 떠나자 25세의 나이로 왕위를 이어받게 된 것이다.

늘 죽음의 위협을 느끼며 세손 시절을 보내야 했던 정조는 살얼음판을 내딛듯 불안한 생활 속에서도 아버지 사도세자를 한시도 잊은 적이 없었다. 그 어려운 세월 숨죽이며 살아온 것도 언젠가는 아버지의 억울한 죽음을 세상에 알려 명예를 회복시켜주고 싶은 효심 때문이었다. 그러나 이 문제는 그리 간단하게 접근할 사안이 아니었다. 비록 그가 왕위에 올랐다고는 하나 아직도 조정에는 사도세자를 죽게 만든 무리들이 활개를 치고 있었다. 또한 그들은 사도세자의 죽음뿐만 아니라 각종 권력형 비리에 연루된 자들이기도 했다. 정조가 즉위하자 특히 판부사 홍인환과 부사직 정후겸, 전 판서 홍지혜, 전 감사 홍술해 등 비리 대신들에 대한 탄핵상소가 빗발쳤다.

그들 모두가 사도세자의 죽음에 직간접적으로 관련된 노론 벽파의 중심인물들이었다.

그러나 정조는 쉽사리 칼을 빼들지 못했다. 권신들 중에는 그들을 비호하는 세력이 너무 많았다. 그럴 때 왕의 속사정을 간파한 신하가 총대를 메고 나섰다.

"탄핵을 요구하는 목소리가 이토록 높고, 그 대상이 항상 같은 자들이라면 마땅히 의금부로 압송하여 국문을 받도록 하는 게 옳은 듯합니다."

병조판서 채제공이었다. 정조는 채제공의 주청에 힘입어 그들을 국문하게 하고 유배형에 처했다. 그리고 얼마 후 정조1년인 1777년 7월 28일, 이번엔 국왕 시해음모 사건이 터졌다. 주모자는 홍계능과 홍계승 등 역시 노론 벽파의 대표적 인물들이었다.

"이참에 노론 벽파를 완전히 뿌리 뽑아서 왕권을 바로 세우소서."

동부승지 홍국영이었다. 그는 시해음모를 적발하는 데 결정적인 역할을 했던 인물이다. 이 사건으로 주모자인 홍계능과 홍계승은 물론 유배중이던 홍지해와 홍술해까지 역모에 연루된 혐의가 밝혀져 죽임을 당했다.

정조는 현명한 임금이었다. 그는 국왕 시해음모 사건을 단시일 내에 매듭짓고 역대 왕들의 저서나 교리 등을 모아둘 전각을 짓도록 명하고,

그 전각의 이름을 규장각이라 했다.

규장각은 '훌륭한 인재들이 모인 집'이란 뜻으로 인재를 뜻하는 별의 이름인 규성奎星에서 따온 것이다. 이제야말로 할아버지 영조와 그가 꿈꿔왔던 정치를 펼칠 때였다. 탕평책은 영조의 숙원사업이었다. 탕평은 어느 한 당파에 편중됨이 없이 조정을 이끈다는 뜻이다. 노론과 소론에 휩쓸려 바로 정치를 할 수 없던 영조에겐 무엇보다 절실한 게 바로 이 탕평이었던 것이다.

"탕탕평평실蕩蕩平平實."

정조는 자신의 침전에 직접 쓴 글씨를 걸어두고 바른 정치에 대한 의지를 굳혔다. 그리고 규장각이 완성되자 벽파든 시파든, 남인이든 노론이든 가리지 않고 능력에 따라 중용하는 것으로 탕평책을 실천에 옮겼다. 또 서얼출신이라 하더라도 능력만 인정되면 바로 등용했다.

우문지치右文之治, 학문중심의 정치 작성지화作成之化, 만들어내는 것을 통해 발전을 꾀함는 규장각의 2대 명분이었다. 정조는 이 규장각을 문화정치를 추진하고 인재를 양성하는 핵심기구로 키워나갔다. 이 시기 정조가 중용한 대표적인 인물이 남인의 영수 채제공, 실학자인 정약용과 이가환, 북학파의 박제가, 유득공 등이었다.

탕평의 발목을 잡은
세도정치

정조는 국왕 시해음모 사건을 진압한 홍국영의 건의에 따라 건양문 동쪽에 숙위소를 세우고 그를 숙위대장에 임명했다. 홍국영은 또 그 뒤 얼마 안 가서 도승지에 임명되었고 금위대장, 훈련대장을 거쳐 오영도 총숙위가 되어 군권을 모두 장악했다. 그리하여 조정의 모든 정책결정 권은 물론 군권, 상권, 인사와 형률에 관한 것까지 통틀어 홍국영의 손 안에 들어갔다.

홍국영의 본관은 풍산豊山이고 아버지는 판돈녕부사를 지낸 홍낙춘 이다. 그는 영조 47년인 1771년, 정시문과에 급제했고 승문원부정자를 거쳐 세자시강원설서가 되었다. 그가 정조와 인연을 맺게 된 것은 세자 시강원사서로 있을 때였다.

홍국영은 이때부터 세손훗날의 정조을 보호하는 데 힘써 두터운 신임 을 얻었다. 1776년 노론 계열의 김종수 등과 연계하여 세손의 대리청정 을 반대하던 정후겸, 홍인한, 김귀주 등을 탄핵하여 실각시키고, 홍상 간, 윤양로 등을 처형시키는 데 앞장섰다. 그리고 그해 정조가 즉위하 자 국왕 시해사건 음모를 성공리에 진압하고 무소불위의 막강한 권력 을 휘두르게 된 것이다.

홍국영은 조선 최초로 세도정권 시대를 열었던 것으로도 유명하다. 즉위 2년 후인 1778년, 정조는 홍국영의 누이를 후궁으로 맞아들여 원 빈에 봉했다. 그러나 원빈은 1년 만에 괴질에 걸려 갑자기 세상을 떠났고 홍국영은 정비인 효의왕후를 의심하여 곤경에 빠뜨렸다.

이 사건으로 홍국영은 왕실의 경계대상으로 떠올랐지만 오히려 왕족인 은언군의 아들 담을 죽은 원빈의 양자로 삼아 완풍군에 봉하고 세자로 책봉시키려는 계획을 세웠다. 그러다 일이 여의치 않자 완풍군을 모반죄로 몰아 제거하는 등 계속해서 세도정권을 유지하기 위한 무리수를 두었다.

그는 정조 즉위 당시 조정의 실세였던 벽파를 제거하기 위해 노론계열인 송덕상, 김종후 등의 지원을 받아 정국을 주도했으나 왕실의 외척이 되어 전횡을 일삼고 여타 외척세력 및 노론, 소론, 남인 모두와 갈등을 빚었다.

그러나 정조 즉위 후 4년 동안 홍국영의 위세는 감이 누구도 대적할 엄두를 내지 못할 만큼 대단한 것이었다. 정조는 하늘 높은 줄 모르고 날뛰는 홍국영을 끌어내릴 수 있는 유일한 상대였다.

1779년 9월, 정조는 그동안 이조참의 · 대제학 · 이조참판 · 대사헌 등을 역임하며 승승장구하던 홍국영에게 은퇴를 권유한다. 홍국영의 독주가 탕평에 걸림돌이 되었기 때문이다.

왕의 엄명에 어쩔 수 없이 봉조하奉朝賀가 되어 정치일선에서 물러앉은 홍국영은 1780년, 왕후 독살기도 사건에 연루되어 가산을 몰수당하고 강릉으로 추방되었다. 이후 그는 실의에 잠겨 지내다 34세의 나이로 세상을 떠났다.

홍국영은 정조를 세손 시절부터 두 번씩이나 위험에서 구해주었다. 정조는 생명의 은인이나 마찬가지인 그를 방패삼아 벽파를 몰아내는

데 성공했지만 막상 자신의 정책수행에 방해가 된다고 판단했을 땐 여지없이 그를 내침으로써 정권의 안정을 꾀했다.

충성스러운
재상 채제공

홍국영의 파멸은 채제공에게까지 영향을 끼친다. 정조의 탕평책으로 겨우 숨통을 돌리게 된 벽파 세력이 홍국영과 그를 한패로 몰아 탄핵을 해온 것이다. 그러나 이것은 과거 채제공이 홍국영과 더불어 사도세자 무고사건을 파헤쳤을 때 실각한 무리들의 보복에 불과했다.

채제공은 1753년, 영조의 특명을 받고 호서지방의 암행어사에 임명된 것을 계기로 조정에 두각을 나타내기 시작했다. 이후 1758년, 승정원도승지에 임명된 그는 사도세자와 영조 사이의 극도로 관계가 악화되어 영조가 세자를 폐위시키도록 승지에게 비망기備忘記를 내리자 죽음을 무릅쓰고 이를 철회시켰다.

"그는 진실로 나의 사심 없는 신하고 너의 충신이다."

훗날 영조가 정조에게 채제공을 가리키며 한 말이다. 채제공은 영조가 사도세자를 죽게 한 뒤 통한의 슬픔을 기록한 '금등지사'를 정조와 함께 보관할 유일한 신하로 채택될 만큼 두 국왕의 깊은 신임을 받았다. 정조의 출궁 행차 장면을 그린 그림에도 국왕을 가까이에서 모시는 채제공의 모습을 볼 수 있다.

채제공은 남인 계열이었지만 자신이 속한 정파의 주장을 충실히 지키면서 정조의 탕평책을 추진한 핵심 인물이었다. 그가 정조와 인연을 맺게 된 것은 세손 시절 교육과 보호를 담당하는 세손우빈객에 임명되었을 때였다.

이후 정조가 왕세손으로서 대리청정을 맡았을 땐 호조판서와 좌참찬으로 활약했고 1776년, 영조가 죽자 국장사무를 주관하다가 곧 형조판서에 제수되었다. 이때 사도세자를 모해했던 전 영의정 김상로 등의 죄상을 밝혀낸 공로로 보국숭록대부가 되었고 같은 해 가을, 홍계희 등이 호위군관과 공모하여 정조를 살해하려는 사건이 일어나자 궁성을 지키는 수궁대장에 임명되었다.

정조 2년인 1778년, 조정은 청나라에 보낼 표전문을 수정하는 일로 골머리를 앓아야 했다. 조선은 병자호란 이후 청나라의 내정간섭을 받는 신세였다. 왕이 즉위하면 그 사실을 적은 표전문을 들고 가서 청나라 황제의 인정을 받아야만 했다. 그런데 정조 즉위 후 청나라는 표전문의 글귀가 불손하다는 이유로 사신을 되돌려 보낸 것이다.

낭패스런 일이었지만 힘없는 나라의 왕으로선 도리가 없었다. 결국 채제공을 비롯한 학자들이 고치고, 다듬고, 다시 쓰기를 여러 날 거듭한 끝에 새로운 표전문이 완성되었다.

"그럼 이제 누가 이 표전문을 들고 청으로 갈 것인가?"

임금의 물음에 조정대신들은 선뜻 대답을 하지 못했다. 다른 일 같앉으면 유람 삼아 다녀올 수도 있었으나 지금은 그게 아니었다. 표전 문의 문장을 새롭게 뜯어고쳤다 해도 저들이 또 무슨 트집을 잡고 늘 어질지 알 수 없었다.

"전하, 새 표전문은 채제공이 쓴 것과 진배없으니 그를 사은사로 보 내시는 게 어떻겠습니까?"

대신들 중 한 사람이 조심스럽게 입을 열었다. 채제공이라면 정조도 믿을 수가 있던 터라 흔쾌히 이를 수락했다. 채제공은 곧 부사 정인상 과 서장관 심영조, 그리고 서얼출신 실학자인 박제가, 이덕무 등과 함 께 청나라로 향했다. 이때 채제공이 청나라 연경을 다녀오면서 지은 시 가 236수나 되었다. 이 시들을 묶은 책이 『함인록含忍錄』, 수치스럽고 원 통함을 머금고, 분통함을 참는다는 뜻의 책이다.

반면 채제공과 동행한 실학자들의 시각은 전혀 달랐다. 그들은 오랑 캐로만 알던 청나라에 신진문물이 발달한 것을 보고 신선한 충격을 느 꼈다. 그리하여 조선도 명분에만 매달려 퇴보하기보다는 새로운 문물 을 수용하여 국익에 보탬이 되게 해야 한다는 실리적 주장을 펼쳤다. 이것은 박제가가 쓴 『북학의』에도 잘 나타나 있으며 '북학파'의 사상적 핵심을 이루게 되었다. 또한 북학파의 등장은 조선에 천주교를 전파하 는 계기가 되기도 한다.

청나라에서 돌아온 지 1년이 지난 1779년, 채제공은 홍국영과의 마찰 로 벼슬을 버리고 낙향했다가 이듬해 홍국영이 실각하자 다시 예조판 서에 등용되었다. 그러다 1781년에 홍국영과의 과거 친분을 이유로 또 다시 탄핵을 받게 된 것이다.

이 일로 채제공은 파직되어 8년 동안 산속에 은거하며 붕당정치의 폐해를 막을 방법을 강구했다. 정조는 은거생활 8년 만인 1788년, 칙서를 내려 채제공을 우의정으로 복직시켰다. 채제공은 정가에 복귀하면서 이른바 왕에게 올리는 6조 진언을 들고 나왔다. 그 내용은 다음과 같다.

첫째, 임금이 나라를 다스리는 도리를 바로 세운다.

둘째, 탐관오리를 징벌한다.

셋째, 당론을 없앤다.

넷째, 의지를 밝힌다.

다섯째, 백성의 어려움을 돌본다.

여섯째, 권력기강을 바로잡는다.

채제공은 영·정조대의 충직한 신하였다. 노론 벽파는 남인의 영수인 채제공이 왕의 측근에 있는 것을 눈엣가시로 여겼다. 그러나 임금의 신임에는 늘 변함이 없었다. 채제공은 영조 때부터 무려 50여 년을 관직에 있으면서 수시로 정적들의 공격을 받아 파직과 유배를 당했지만 두 임금은 언제든 기회를 보아 그를 다시 불러들이곤 했다.

1790년, 정조는 채제공의 건의에 따라 '신해통공'을 실시했다. 신해통공은 시전市廛에 대한 전매 특권을 폐지하고 각종 상품에 대한 백성들의 자유로운 매매를 허용한 것으로 조선 상업 역사상 최대의 사건으로 불릴 만큼 획기적인 정책이었다.

이 제도는 백성들의 열렬한 환영을 받았지만 그 동안 상인들의 배후에서 시장을 독점해왔던 기득권층의 저항도 만만치 않았다. 그들은 신해통공 실시에 반대하는 농성을 벌이며 채제공의 입궐을 가로막기까지 했다. 그러나 채제공은 이를 끝까지 밀어붙여 노론 벽파와 한통속인 권문세도가들의 미움을 한 몸에 받았다.

같은 해 진산의 양반출신 윤지충이 모친상을 당하여 제사의식을 버리고 천주교식으로 장례를 치른 이른바 '진산사건'은 노론 벽파가 채제공을 궁지에 몰아넣을 절호의 기회였다. 당시는 좌의정 채제공의 독상체제영의정과 우의정, 좌의정 중 어느 한 사람이 독단적으로 정사를 이끌어감가 3년간 지속되던 때였다.

채제공은 기본적으로 천주교를 찬성하는 쪽은 아니었지만 무조건 신도들을 극형으로 다스리기보다는 묵인하면서 그들을 교화시키자는 온건주의자였다. 노론 벽파는 채제공이 천주교 신자인 정약용, 이가환 등의 실학자들과 교분이 두터운 점을 이유로 그를 천주교 옹호세력으로 몰아 집요하게 탄핵 상소를 올렸다.

하루가 멀다 하고 매일 상소문이 쏟아지는 통에 정조도 골머리를 앓았다. 이를 보다 못한 채제공은 급기야 스스로 사직을 청하는 상소를 올리게 된다.

"요즘에 신을 탄핵하는 상소가 앞을 다투어 신의 잘못을 탓하는 일이 아니면 하루의 책임을 메꿀 수 없는 실정이 되었습니다. 신은 매이지 않을 빈 배와 같은 몸으로 공공연히 세상사람 출세간의 매개체가 되었으니, 인생이 피곤하기가 무엇이 이보다 더 하겠습니까.

그런데도 신은 조정을 선뜻 떠나버리는 것이 차마 못할 일이라는 것만 생각하고 몸을 보전하는 것이 명철하다는 것을 알지 못하여, 머뭇거리며 떠나지 못한 채 시일을 보내고 있으니 이는 곧 노망으로 그런 것입니다.······ 지금 얼마 남지 않은 신의 여생 중에 대죄를 면할 수 있는 길은 오직 조정에서 물러나는 것뿐이니, 바라옵건대 속히 물러남을 윤허하시어 생성의 은택에 유종의 미를 거두어 주소서."

정조는 채제공의 절절한 사직 상소를 받아들여 일시적으로 파직시켰다가 1년 후 다시 영의정으로 불러들인다. 이후로도 채제공은 여러 차례 파직과 유배 등의 처벌을 받았으나 정조의 신임으로 바로 복직하기를 거듭하다 말년에는 화성유수가 되어 정약용과 함께 수원화성의 축조를 담당했다.

정조 23년인 1799년, 채제공이 노환으로 사망했다는 비보가 궁으로 날아들었다.

"그는 저녁부터 새벽까지 백성에 대한 생각뿐이었고 그 인격이 우뚝하게 기력이 있어, 무슨 일을 만나든 주저 없이 바로 담당하여 조금도 두려워하거나 굽히지 않았다. 그 기상을 시로 표현하면 비장하고 강력하여 사람들이 연조 비가의 유풍이 있다고 하였으나 실로 불세출의 인물이라 하겠다. 선왕으로부터 그 능력을 인정받아, 선왕이 그를 대할 때마다 웃음이 늘 새로웠는데 그때 그는 수염이 아직 희어지지 않았다. 내가 즉위한 후로도 어려움이 많았으나 그의 뛰어난 재능은 꺾이지 않았다. 나는 극히 위험한 가운데 그를 발탁하여 재상에 올려놓았고 나이 80이 되었을 때 나는 그에게 구장지팡이을 주려고 했었다. 이토록 50여 년 동안 조정에 벼슬하면서 굳게 간직한 지절은 더욱 탄복되는 바인데 이제 다 그만이구나!"

왕은 그의 죽음을 누구보다 애석해하며 친히 제문을 지어 애도하고 문숙文肅이란 시호를 내렸다. 향년 80세, 장례는 사림장士林葬으로 거행되었고 묘는 경기도 용인에 있다.

새하얀 세모시 눈같이 희구나.

당신이 살아있을 때 남긴 물건

당신이 나를 위해 모시 한 필 끊더니

바느질 미처 못 마치고 당신 먼저 떠났구려.

할멈이 오래된 상자를 열어보고 울면서

다만 옷 누가 그 솜씨를 대신 할 수 있으랴하네.

모시 온폭이 마름질은 이미 끝나있고

두어줄기 바느질 자욱 아직도 남아있네.

이른 아침 빈방에서 모시옷을 입어보니

당신 얼굴 어렴풋이 다시 보는 듯하오.

당신이 창 앞에서 바느질하던 모습을 생각하니

오늘 입는 것 당신이 볼 줄을 어찌 알았겠소.

이 옷이 하찮아도 나에게 더없이 소중하오.

이후로 어찌 당신이 손수지은 옷 얻어 입을까.

누가 황천에 가서 이 말 좀 전해주오.

당신이 지은 이 옷 나에게 너무 잘 맞는다고

생전에 채제공이 아내를 위해 지은 시 백저행白紵行이다.

조선의 몰락을 부른 수렴청정
정순왕후

한풀이 정국의
서막이 열리다

때는 1800년, 조선의 22대 임금인 정조가 재위 24년만에 갑자기 세상을 떠나고 11세의 순조가 보위를 이었다. 이 경우 왕가의 가장 웃어른이 대리청정을 하는 것이 관례였다. 영조의 계비이자 순조의 증조모인 정순왕후 김씨가 그 적임자였다.

정순왕후는 15세 때 영조의 계비로 들어왔다. 영조의 나이 66세 때였다. 외척의 세도를 경계한 영조는 몰락한 양반가문의 딸 김씨를 왕비로 맞아들여 왕실의 잡음을 사전에 차단하려 했다. 그러나 이것은 순전히 영조의 오판이었다.

정순왕후의 조부 김홍욱은 인조와 대립하던 소현세자비를 감싸다가 곤장에 맞아 죽었다. 이후 가문의 벼슬길이 끊겼고 그녀의 부모는 입에 풀칠도 하기 어려울 만큼 가난하게 살았다. 오죽하면 엄동설한에 처가에 아이를 낳으러 가다가 허허벌판에서 출산을 했을 정도였다. 이때 태어난 딸이 정순왕후였다.

그녀가 영조와 가례를 올렸을 당시 사도세자와 혜경궁 홍씨의 나이가 25세였다. 10년 연상의 아들 며느리인 셈이다. 비록 나이 차이는 많이 났어도 사도세자와 혜경궁 홍씨는 성심을 다해 그녀를 어머니로 모셨다. 그러나 일찍이 권력욕에 물들어 있던 정순왕후는 사도세자를 뒤주에 갇혀 죽게 만드는 데 결정적인 역할을 했다.

1776년, 영조가 세상을 떠났을 때 정순왕후는 32세였다. 18년 간 국모의 자리에 있으면서 궁중의 사정을 훤히 꿰뚫게 된 정순왕후는 이때 이미 조정의 막강한 배후인물로 영향력을 행사하고 있었다.

그러나 세손 시절부터 온갖 산전수전을 다 겪으며 왕위에 오른 정조도 만만하게당하고만 있지는 않았다. 사도세자의 죽음을 전후하여 조정은 벽파와 시파로 양분되었다. 벽파의 영수인 김귀주는 정순왕후의 오라비였고, 시파의영수는사도세자의장인인홍봉한이었다.

김귀주는 정후겸 등과 합세하여 홍봉한을 무고하고 세손 시절 정조가 왕위에 오르지 못하도록 온갖 공작을 자행한 장본인이기도 하다. 정조는 그가 자신의 즉위 후 홍국영에게 아부하여 과거의 허물을 은폐하려 한 사실이 알려지자 가차 없이 흑산도로 귀양을 보냈다.

그 후 김귀주는 1784년, 왕세자 책봉 때 조정의 특혜로 비교적 생활이 수월한 나주로 옮겨갔다가 그곳에서 병으로 죽었다.

정순왕후의 정치적 기반인 벽파는 김귀주의 실각과 더불어 거의 와해된 것이나 마찬가지였다. 정조는 그 공백을 시파와 남인, 실학자들로 채웠고 아직 젊은 정순왕후는 정조의 재위기간 내내 벽파의 재기를 꿈꾸며 와신상담의 세월을 보냈다.

마침내 기회는 오고 말았다. 정순왕후보다 불과 7년 연하인 정조가 그녀보다 먼저 세상을 떠난 것이다.

노론 벽파의 등장과
천주교 박해

정순왕후의 집권과 동시에 조정에는 대대적인 인사개편이 이루어졌다. 그녀는 먼저 노론 벽파의 거두인 심환지를 영의정에 앉혔다. 심환지는 영의정이 되자 정조가 생전에 이룩한 업적을 모두 파괴해버렸다. 제일 먼저 정조의 친위부대였던 자용영이 철퇴를 맞았다. 심환지는 자용영을 혁파하는 대신 군대를 인조반정 이후 서인 주도로 창설된 오군영체제로 되돌려 놓았다. 또한 정조의 개혁정치에 동참했던 노론 시파와 서학파 관료를 모두 제거하고 북학파에 대해서도 철저한 탄압을 가했다.

한편, 정순왕후는 김재찬을 이조판서, 김조순을 형조판서로 삼고 자신의 6촌 오라비인 김관주를 동부승지에 임명하여 육조를 재편성 하는 등 노골적인 벽파 중심 정권수립에 매진했다. 이 와중에 죽은 김귀주를 복권시켜 이조판서로 추증하는 것도 잊지 않았다. 이로써 정조의 탕평책을 보좌했던 인물들은 대부분 제거되었다.

"모든 원칙은 임금의 안전을 꾀하고 의리를 지키는 것을 기본으로 하라."

정순왕후가 정사를 주관하면서 내건 두 가지 원칙이다. 이 가운데 의리란, 과거 사도세자의 죽음을 두고 시파와 벽파가 대립했을 때 벽파의 행동은 정당했으므로 이제 그들을 중용하는 것은 마땅히 의리를 지키는 일이라는 주장이다. 또한 그녀는 임금의 즉위를 선포하는 교지를 통해 '척사'를 천명한다.

"선왕은 매양 바른 도리가 빛나도록 힘쓰면 사악한 도리는 저절로 소멸될 것이라고 말하셨다. 허나, 지금 들리는 말로는 선왕의 말씀을 벗어난 도리가 횡행하며, 도성에서 지방 군현의 작은 마을에 이르기까지 날로 퍼져간다 하니 실로 무서운 일이 아닐 수 없다. 그러므로 사교를 믿는 자들을 단단히 가르치고 다스리지 않으면 나라의 큰 화를 자초하게 될 것이다."

마침내 천주교 박해의 서막이 열렸다. 정순왕후가 천주교를 박해하는 이유 중 하나는 당시 천주교를 믿거나 공부하는 사람들 가운데 시파와 남인들이 많았기 때문이다. 순조 2년인 1802년, 정순왕후는 천주교 금지령을 내리면서 이렇게 덧붙였다.

"사람이 사람다운 것은 인륜이 있기 때문이요, 나라가 나라다운 것은 교화가 있기 때문이다. 이른바 사학은 아비도 없고 임금도 없어서 인륜을 파괴하고 교화를 배척하여 스스로 이적夷狄·금수로 돌아간다. 저 어리석은 백성들이 점점 물들고 빠져들어 마치 어린아이가 샘물로 빠져드는 것과 같으니 이것이 어찌 측은하고 상심되지 않겠는가?"

교지 반포와 동시에 오가작통법이 가동되었다. 오가작통법이란 본래 백성들 스스로 강도나 절도 등 범법행위를 규제하기 위한 치안유지법으로 다섯 집을 하나로 묶어 서로 감시하고 고발하여 천주교도를 색출하는 방법이다. 만약 어느 한 집에서 천주교도가 적발되면 다섯 집모두 화를 입게 된다. 이 악명 높은 법으로 인해 전국은 삽시간에 죽음의 공포에 휩싸였다.

전국적으로 오가작통법에 걸려 죽은 사람이 수만 명에 이르렀다. 그들 중에는 진짜 천주교도들도 있었지만 무고하게 척사에 연루되어 희생당한 사람도 부지기수였다. 특히 시파나 남인들 중 많은 인사들이 귀양을 가거나 처형되었는데 정약용 형제를 비롯하여 이가환, 권철신, 이승훈 등이 대표적인 사람들이다. 신유년에 일어난 이 사건을 가리켜 '신유박해'라고 한다.

안동 김씨의
60년 세도

　순조는 11세의 나이에 왕위에 올라 2년 만에 왕비를 맞아들였다. 그런데 이때 왕비로 간택된 순원 왕후는 시파인 김조순의 딸이었다. 당시 조정을 장악하고 있던 세력이 벽파라는 점을 감안할 때 이것은 굉장히 이례적인 일이 아닐 수 없었다.

　김조순은 병자호란 때 척화의 상징이었던 김상헌의 후손이며 노론으로 영의정까지 지낸 김창집의 4대손으로 안동 김씨 가문의 기둥 같은 존재였다. 그는 시파계의 일원이었으나 절대 뛰는 행동을 하지 않았다. 대신에 왕의 주변을 감싸고 돌면서 왕실의 신임을 얻는 데 주력했다.

　정조는 김조순의 성품이 원만한 것을 보고 왕세자의 교육에 대한 모든 책임을 맡겼다. 벽파의 세상이 된 정순왕후의 수렴청정 기간에도 그가 살아남을 수 있었던 건 이렇듯 당색을 드러내지 않는 처신 덕분이었다.

김조순에 대한 후세 사가들의 시각은 두 가지로 극명하게 나뉜다. 우선 부정적인 평가를 내리는 쪽에선 그가 숙적인 벽파 세력의 정권하에서 고의적이고 교묘한 포석을 깔아 임금의 주변을 맴돌면서 안동 김씨의 정치적 기반을 마련했다고 본다. 특히 그가 나이 어린 임금의 장인인 국구의 신분을 활용하여 조정에서 벽파가 물러난 뒤의 빈자리를 채운 것은 결국 안동 김씨 일가에 의한 60여 년 세도정치의 구조적 불행을 초래했다는 평이다.

반면에 김조순을 긍정적인 시각으로 보는 사람들은 이런 평가를 내린다.

"그는 성품이 밝고 공명정대하여 정조 임금의 사랑을 받았다. 또한 조정의 요직이 주어질 적마다 매번 사양하는 모습을 보였다. 평소 신중하고 근신하던 성품으로 미루어 볼 때 이것이 꼭 체면치레만은 아니었을 것이다. 그는 시파라는 당색에 머물지 않으려 노력했으며 결코 자신의 부귀영달을 도모한 인물이 아니었다."

요컨대 김조순의 출세가 비록 안동 김씨 세도정치의 발판으로 작용했더라도 그것은 조선의 정치적 구조에서 비롯된 문제일 뿐, 개인적으로 책임을 물을 수 있는 상황은 아니라는 것이다.

원래 김조순의 딸을 왕비로 간택하는 과정은 가례를 올리기 두 해전인 1800년, 정조 24년부터 시작되었다. 그런데 최종적인 간택을 앞둔

시점에서 정조가 갑자기 세상을 떠나는 바람에 김조순이 왕의 장인이 될 기회는 무산될 수도 있었다. 정조가 죽자 김관주, 권유 등 정순왕후 측근에서 반대의사를 표명하고 나선 것이다.

김조순은 정조의 유언을 받든 규장각 각신 중의 한 사람이기도 했다. 그의 딸이 초간택, 재간택을 두루 거치고 합격점을 받은 상태에서 정조는 어린 순조를 부탁한다는 유언까지 남겼다. 결국 반대세력의 방해도 별 효과를 보지 못하고 김조순의 딸이 왕비가 되었던 것이다.

그로부터 2년 뒤, 정순왕후는 4년간의 수렴청정을 거두고 조정에서 물러났다. 그 대신 김조순이 국구로서 섭정의 바톤을 이어받게 된다. 정순왕후는 그 이듬해에 병을 얻어 세상을 떠났다.

더불어 정순왕후의 친정 일가들도 몰락의 길을 걸었다. 김관주는 귀양지로 가던 중 병사했고 김귀주에 대한 복권은 철회되었다. 그렇게 모든 것이 다시금 원점으로 돌아갔다. 이제 세상은 안동 김씨의 세상이 되고 이때부터 조선 왕조는 서서히 몰락의 길로 들어선다.

조정의 요직을 모두 차지한 안동 김씨들은 거칠 것이 없었다. 이미 공정한 인재등용의 통로였던 과거제도가 문란해지면서 매관매직이 성행하고 있을 때였다. 순조 11년인 1811년, 서북인에 대한 차별대우 철폐와 세도 정권 혁파를 외치며 발발한 홍경래의 난은 부패한 안동 김씨 정권에 대한 민중의 저항의식이 표출된 결과였다.

기울어가는 국운

홍경래의 난은 단순한 농민반란이 아니었다. 엄밀하게 따지면 농민들과 몰락한 양반층, 재야 지식인들 그리고 서민 지주층이 결합하여 궁극적으로는 체제의 전복을 도모하는 정치적 쿠데타라고 할 수 있었다. 당시는 국경지역인 평안도 사람에 대한 차별이 심해서 벼슬에 등용되는 일이 거의 없었다. 서북 출신인 홍경래는 몇 번 과거에 응시했다가 낙방한 후로 벼슬을 포기하고 10여 년 동안 전국 각지로 돌아다니며 반란에 합세할 세력 규합에 나섰다. 그러던 중 만주의 도적단 두목 정시수와 반란 자금을 감당해줄 대부호 이희저를 만나 의기투합하게 된다. 그리고 1811년, 마침내 2천의 군사를 거느리고 가산에서 봉기를 일으켰다. 스스로 평서대원수라 칭하고 광산노동자, 빈농, 유민들로 구성한 선봉대를 앞세운 홍경래는 각지에 격문을 띄워 자신의 출병을 알렸다. 제일 먼저 가산군청을 습격한 반군은 이후 파죽지세로 밀고 내려와 청천강 이북의 10여 개 지역을 완전 장악했다.

조정에서는 양도순무사 이요헌과 평안도 병마절도사 이해우 등에게 반란을 진압하라는 명을 내린다. 정부군과 반군은 안주 송림리에서 일대 격전을 벌였다. 홍경래의 반군은 수적으로 워낙 열세인 데다가 체계적으로 훈련받은 관군과는 상대가 되지 않았다. 결국 급속히 약화된 반군 부대는 정주성으로 후퇴했다. 그 곳에서 모든 보급로가 끊긴 채 4개월에 걸쳐 관군과 대치하면서 반군을 이끌던 홍경래는 성이 함락되는 와중에 목숨을 잃었다.

당시 백성들 사이에서는 홍경래가 죽지 않고 성을 빠져 나갔다는 소문이 널리 퍼졌다. 그로 인해 일부 사람들은 그가 살아 있다고 믿고 끝까지 관군에 대항하기도 했다.

비록 실패로 끝나긴 했으나 홍경래의 난은 그 당시 조선사회에 경종을 울리는 충격적인 사건이었다. 우선 홍경래의 난은 이씨 왕조에 대한 전면적인 부정과 새로운 정치 체제의 수립을 기치로 내세운 대규모 반란이었다는 점에서 심각한 파장을 몰고 왔다. 결과적으로 이 사건은 농민층을 비롯한 소외계층의 자각을 가져왔고 조선의 붕괴를 가속화시킨 중요한 요인이 되기도 했다.

그 후로도 크고 작은 민란과 역모사건이 끊이지 않았다. 순조 21년에는 서부지방에 전염병이 돌아 10만여 명의 사망자가 발생하는 등 순조가 재위한 34년 동안 무려 19년에 걸쳐 수재가 일어나는 등 천재지변도 끊이질 않았다.

순조는 친정을 하게 된 이후로도 장인인 김조순을 비롯한 안동 김씨 세력에 둘러싸여 독자적인 정치를 펼치지 못했다. 이 과정에서 세도정치의 폐단을 절감한 순조는 풍양 조씨 집안의 딸을 세자빈으로 삼았다. 그러나 이것은 안동 김씨를 견제하려다 풍양 조씨라는 또 다른 세도정권을 불러들인 장고 끝의 악수惡手에 불과했다.

불행한 시대의 지킴이
명성황후와 흥선대원군

왕족의 두 얼굴

1863년 겨울, 조선 제26대 왕 고종이 철종의 뒤를 이어 보위에 올랐다. 고종은 왕족이면서 양반들 사이에선 '막걸리 대감' 또는 '상갓집 개'로 불렸던 흥선대원군의 아들이다. 국왕의 아버지로서 전권을 휘두르며 조선팔도는 물론 서양인들까지 떨게 만들었던 철저한 쇄국주의자 흥선대원군이 어쩌다 이런 별명을 얻게 되었을까.

이야기는 고종이 궁궐 밖에서 살던 시절로 되돌아간다. 철종과 흥선군은 사도세자의 증손자들이다. 사도세자가 죽은 뒤 철종의 할아버지 은언군과 흥선군의 할아버지 은신군은 각각 강화도와 제주도에 유배되었다. 이후 안동 김씨의 세도 정치가 시작되면서 후손들은 왕족이라는 사실이 무색할 정도로 심한 냉대를 받았다.

안동 김씨가 그토록 이들을 경계한 것은 헌종 이후 왕실의 적통이 끊겼기 때문이다. 그들은 자신들의 뜻대로 조종할 수 있는 왕을 원했다. 강화도에서 무지렁이나 진배없이 살아왔던 철종이 왕위에 오르게 된 것도 그런 이유에서였다.

똑똑한 왕족은 모조리 제거대상이었다. 흥선군의 형 이하전이 대표적인 사례였다. 그는 결국 대역죄로 몰려 처형당했다. 그러니 목숨이라도 부지하려면 죽은 척 엎드려 있는 게 상책이었다. 그걸 제일 잘 아는 사람이 흥선군 이하응이었다.

그는 영민하고 야심 있는 왕족이었다. 한때는 왕족에게 주어지는 하찮은 벼슬도 해보았으나 그런 자리는 성에 차지도 않았다. 그렇다고 있는 그대로 야망을 드러내기엔 세월이 너무 험했다. 차라리 때가 될 때까지 철저히 가면을 쓰고 사는 길을 택했다.

타락한 왕족 나부랭이에 군이 죽일 가치도 없는 인간 말종의 모습은 안동 김씨의 안테나로부터 비껴나기 위해 흥선군이 쓴 가면이었다. 세상을 속이기 위해서라면 얼마든지 추한 이미지를 연출할 수 있었다. 그는 날이면 날마다 저자거리의 건달패들과 어울려 다니며 술과 노름으로 세월을 보냈다.

술주정은 기본이고 난봉꾼 놀이, 방탕아 놀이는 그때그때 상황에 따른 선택사항이었다. 주 무대는 안동 김씨 가문 아무 데나, 왕족 출신 상거지가 흥선군의 주요 콘셉트였다.

"저런 게 왕족이라니, 내가 다 부끄럽네그려!"

"에라이, 찌질한 인간!"

"별명이 상갓집 개라더니 그 말이 딱 맞군!"

잔치집이든 상갓집이든 불쑥 거지꼴로 나타나 게걸스럽게 음식을 주워 먹으며 횡설수설하는 흥선군의 연기에 낚인 관객들이 저마다 혀를 찼다. 그들은 이 연극의 주인공을 마음껏 비웃고 조롱하면서 왕족은 아니지만 왕족보다 더한 특혜를 누리고 있는 자신들이야말로 신이 내린 가문의 일족이라는 뿌듯한 안도감에 젖었다. 이런 뻘짓들이 모두 철저히 계산된 행동이란 사실을 그들이 꿈에나 알았을까.

홍선군은 그러고 다니면서 철종 이후를 주목하고 있었다. 왕은 후사가 없는 데다가 워낙 약골이어서 병치레가 끊일 날이 없었다. 안동 김씨들 주변을 맴돌면서 홍선군은 지금 돌아가는 상황으로 보아 당장 내일이라도 국상이 날 것만 같은 분위기라는 걸 감지했다.

'그러면 당연히 후사에 대한 논의가 있을 것이고 새 임금은 어차피 왕족 중에서 결정될 일이 아닌가?'

홍선군은 가만히 주판알을 튕겨보았다. 당시 궁중에서 가장 높은 어른은 순정왕후 조씨, 즉 대왕대비였다. 후사 문제에 관한 한 조대비의 영향력은 절대적일 수밖에 없었다. 홍선군은 먼저 조대비의 친정 동생 조성하를 포섭했다.

얼마 후 조성하의 주선으로 은밀히 회동한 조대비와 홍선군은 둘 사이에 공통분모가 있음을 발견한다. 홍선군이 안동 김씨 세력에 빌붙어 기생충 노릇이나 하는 왕족 나부랭이인 줄 알았던 조대비는 뜻밖에도 그들에게 지독한 반감을 갖고 있는 홍선군에게 일종의 동지 의식을 느꼈다.

"둘째 아들 명복이가 그리도 영리하다지요?"

하루는 조대비가 홍선군의 둘째 아들 이야기를 꺼내며 의미심장한 표정을 지어보였다. 이미 둘 사이엔 후사에 관한 묵시적인 공감대가 형성된 것이다.

조대비와
대원군의 밀약

1863년, 철종이 끝내 숙환으로 임종을 맞이했다. 조대비로부터 전갈을 받고 왕의 유고 사실을 안동 김씨 세력보다 먼저 알아낸 흥선군은 급히 대궐로 향했다. 한발이라도 늦으면 안동 김씨가 어떤 패를 들고 나올지 모르는 긴박한 상황이었다.

흥선군은 우선 조대비를 만나 향후의 일처리에 대한 각본을 꼼꼼하게 짜주고 다시 궁 밖으로 나와 원로대신들을 찾아다녔다. 그가 찾아 나선 상대는 정원용, 조두순 등 안동 김씨 세력과는 무관한 사람들이었다. 흥선군은 그들이 자신을 도와주면 후일 모종의 대가를 치르겠다고 제안했다. 이즈음 대궐 안에선 치열한 논쟁이 벌어지고 있었다. 철종 승하 후 이미 옥새를 손에 쥔 조대비가 처음 흥선군의 아들 명복의 이름을 거론했을 때 안동 김씨들은 벌어진 입을 다물지 못했다.

대왕대비가 새 임금으로 낙점한 인물이 흥선군의 아들이라니, 그 동안 '상갓집 개'라고 그를 대놓고 멸시했던 사람들로선 오금이 저릴 노릇이었다.

"흥선군의 둘째 아들은 이제 겨우 열두 살입니다. 그렇게 되면 지금까지 없던 국태공이 생겨 정사를 간섭하게 될 것이 불을 보듯 뻔한데 이런 일이 어찌 가당키나 하겠습니까?"

안동 김씨들은 갖가지 이유를 들어 맹렬히 반대하고 나섰다. 그러나 조대비의 뜻은 워낙 강경했다. 여기에 정원용, 조두순 등 원로대신들까지 적극적인 지원사격을 퍼부었다. 결국 대세는 완전히 흥선군 쪽으로 기울었다. 안동 김씨들 입장에선 자다가 코 베인 격이었다.

마침내 조대비의 교지가 내려졌다.

"왕의 나이가 어리므로 당분간은 대왕대비인 내가 수렴청정을 할것이다. 그리고 흥선군 이하응을 흥선대원군에 봉한다."

이로써 흥선군이 권력의 전면으로 나서게 되었다. 바야흐로 막걸리 대감의 시대가 활짝 열린 것이다. 하루아침에 세상이 이렇게 변할 줄 몰랐던 안동 김씨들은 그야말로 죽을 맛이었다. 당시의 분위기를 단적으로 보여주는 일화가 있다.

대원군이 국태공의 자리에 오르고 얼마 후의 일이다. 사람들은 그를 '대원위 대감'이라 불렀다. 하루는 그가 좌찬성 김병기의 생일잔치에 초대를 받았다. 김병기는 과거 누구보다도 그를 하찮게 여기던 자였다. 대원군이 연회에 참석하자 김병기는 그를 주빈으로 모셨다.

성대한 연회가 펼쳐진 가운데 대원군은 묵묵히 음식을 떠먹었다. 그러다 갑자기 얼굴을 찡그리며 먹은 것을 도로 토해내었다.

"독이 든 음식을 먹여 날 죽이려고 했느냐?"

대원군이 자리에서 벌떡 일어나며 김병기를 향해 소리쳤다. 순간 좌중엔 난리가 났다. 감히 누가 임금의 아버지를 죽이려고 한단 말인가. 만일 음식에 조금이라도 문제가 있다면 김병기는 당장 죽은 목숨이었다.

"가자!"

대원군이 불같은 눈빛으로 좌중을 한 바퀴 쏘아보고는 데리고 온 노

비를 불렀다. 그러자 김병기가 얼른 대원군의 옷소매를 잡으며 입을
열었다.

"대원위 대감, 이제 곧 알게 될 테니 잠시만 기다려주시오!"

말을 마친 김병기는 바닥에 엎드려 대원군이 토해놓은 음식물을 남
김없이 핥아먹었다. 그 광경을 본 대원군은 차가운 조소를 날리며 김
병기의 집을 나왔다. 이를 본 사람들 또한 격세지감을 느끼지 않을 수
없었다.

국태공이 된
막걸리 대감

고종 즉위 후 10년 동안 대원군은 무소불위의 권력자였다. 정권을 잡
은 뒤 그가 우선적으로 추진한 것은 안동 김씨 일족을 정치권에서 쓸어
내는 일이었다. 일차로 안동 김씨의 세도정치에 희생된 왕족이나 종친
중 억울하게 죽은 사람이 있는지 조사하라는 명을 내렸다.

이 일로 안동 김씨의 수장격인 김좌근과 김홍근이 파직을 당했고 그
외 대부분의 안동 김씨 세력들이 비리혐의에 연루되어 의금부로 압송
되었다. 수십 년 간 부패한 권력을 휘두르던 안동 김씨들의 재산은 몰
수되어 조대비 앞으로 넘어갔다. 이로써 안동 김씨를 필두로 한 노론

계열의 세도정치는 완전히 무너지고 대원군 일인 독재체제가 수립되었다.

대원군은 갖가지 명목의 세금을 균일세로 통합하고 백성들의 부담으로 작용하던 진상제도를 폐지했으며 상민에게만 부과하던 군포세를 호포세로 변경, 양반들도 세금을 물도록 하는 등 일련의 개혁조치를 단행했다. 대원군이 섭정 초기 사회적 제도의 개혁에 주력한것은 중농적 실학사상의 영향이 컸다.

그는 우선 문란한 삼정을 바로잡아야만 위민정치를 실현할 수 있다고 판단했다. 국가적 체질개선에 대한 흥선대원군의 강력한 의지를 나타내는 사건이 서원의 철폐였다. 당시 전국에 산재해 있던 서원은 관권 위에 군림하며 국가 재정을 낭비하는 온갖 폐단의 근원지였다. 또한 끊임없는 당쟁의 발원지이기도 했다.

대원군은 도산서원·소수서원 등 47개소를 제외한 나머지 모든 서원의 철폐를 단행했다. 이때 철폐된 서원의 수가 600여 개소에 달했다. 충격에 휩싸인 전국의 유생들이 벌떼같이 들고 일어났다. 창덕궁 돈화문 앞은 서원철폐 조치를 거둬들이라고 요구하는 유생들의 시위로 연일 진풍경을 이루었다.

대원군의 태도는 단호하기 그지없었다. 오히려 그는 그곳에 모인 유생들을 향해 엄포를 놓았다.

"백성들을 괴롭히는 일은 무엇이든 용납할 수 없다. 설령 공자가 다시 살아난다 해도 내가 용서하지 않을 것이다!"

그는 수백년 간 이어져온 서원의 고질적인 병폐를 종식시키는 과정에서 수많은 유생들과 마찰을 빚었다. 그러나 유생들은 결국 대원군의 의지를 꺾지 못했다.

흥선대원군의 혁신적인 조치들은 나라의 면모를 일거에 바꿔 놓았다. 정치·경제·사회 전반에 걸친 개혁 작업은 세도정치의 폐해를 말끔히 해소했다. 그러나 경복궁 중건 사업은 이제까지의 성과를 무색하게 만드는 실책 중의 실책이었다.

경복궁 중건의 명분은 전쟁으로 실추된 왕실의 권위를 회복하기 위한 것이었다. 그러나 대원군은 공사에 필요한 경비를 충당하기 위해 원납전을 강제로 징수하고, 당백전을 발행하는 등 무리한 경제정책으로 나라살림을 혼란에 빠뜨렸다. 게다가 무려 4년여에 걸친 공사기간 동안 수많은 백성들을 징발함으로써 원성을 사고 말았다.

대외적으로는 천주교 박해 등 강력한 쇄국정책으로 많은 어려움을 겪었다. 서구열강들의 개방 압력에도 굴하지 않고 일체의 타협을 거부하는 대원군의 강경한 태도는 끊임없는 마찰의 원인이 되었다.

대원군은 국내의 서학세력이 서양의 침입을 불러들인다고 생각했다. 고종 재위 3년째 되던 1866년, 천주교 박해가 원인이 된 병인양요가 터졌다. 이때 프랑스는 자국 선교사의 살해에 대한 책임을 묻겠다며 함대를 파견하여 강화도를 공격했다.

병인양요는 대원군이 더욱 강력한 쇄국정책을 펼치는 계기가 되었다. 게다가 독일 상인 오베르트가 대원군의 친아버지 묘를 도굴한 사건은 결정적인 쇄국의 원인이 되었다.

"서양 오랑캐의 침범에 맞서 싸우지 않음은 곧 화의하는 것이요, 화의를 주장함은 나라를 파는 것이다.”

당시 전국 각지에 세워진 척화비의 내용이다.

1871년, 통상을 요구하며 접근한 미국 상선 제너럴셔면호가 재물을 약탈하다가 평양군민들과 충돌, 침몰하는 바람에 선원들이 사망하는 사건이 일어났다. 미국은 이 사건을 빌미로 군함을 보내 강화도를 공격했다. 그러나 조선의 완강한 저항에 부딪친 미국은 곧 물러가지 않을 수 없었다. 이 사건을 신미양요라 부른다.

두 차례에 걸친 서구열강의 침입을 물리친 흥선대원군은 더욱 굳은 경계심을 가졌고 언제든 물리칠 수 있다는 자신감을 갖는다. 그러나 이러한 자신감은 결과적으로 근대화의 기회를 잃어버리는 계기가 되었고 안팎으로 강한 반발을 샀다.

특히 왕비 민씨는 시아버지 흥선대원군의 오랜 섭정에 강한 불만을 품고 있었다. 원래 왕의 나이가 20이 넘으면 친정을 하는 게 원칙이었다. 그런데 야심만만한 시아버지는 도무지 정권을 내놓을 기미를 보이지 않았다.

시아버지와
며느리의 동상이몽

명성황후는 여성부원군 민치록의 외동딸이다. 그녀가 왕비의 자리
에 오른 것은 1866년, 고종 재위 3년째 되던 해의 일이다. 고종은 중전
보다 나이가 한 살 어렸다. 그녀가 왕비로 간택된 데에는 흥선대원군
나름의 계산이 깔려 있었다.

순조로부터 철종에 이르기까지 60년 간 이어져온 세도정치의 원인
은 결국 외척들에게 있었다. 대원군은 세력이 미흡하여 외척의 득세 가
능성이 없는 집안에서 왕비를 들이면 왕실과 정권의 안정이 보장될 것
이라고 믿었다.

명성황후 민씨는 어릴 때부터 '춘추'를 읽으며 성장한 여걸 중의 여걸
이었다. 그녀는 궁에 들어온 지 얼마 안 되었을 때 이미 노련한 정치 감
각으로 모든 상황을 꿰뚫어보았다. 그리고 고종을 설득하는데 성공한
그녀는 마침내 흥선대원군에게 반기를 들기에 이르렀다.

그녀는 먼저 흥선대원군의 전용출입문인 금호문을 봉쇄해버렸다.
분노한 흥선대원군은 조대비에게 구원을 청했으나 사태는 이미 걷잡
을 수가 없었다. 결국 그는 운현궁에서 난초를 치며 울분을 삭히는 신
세가 되고 말았다.

흥선대원군과 명성황후 민씨의 사이가 벌어진 것은 오랜 전의 일이
었다. 민씨가 왕비에 책봉될 당시 고종은 궁녀 이씨에게 빠져 있었다.
왕비는 많은 책을 읽어 박식한 데다 성격 또한 활달하고 적극적이었다.

며느리의 그런 성품을 경계한 흥선대원군은 고종이 다른 여자에게
빠져 왕비를 홀대하는 것을 묵인한 것이다.

　결국 2년 후 궁녀 이씨에게서 완화군이 출생한다. 흥선대원군은 대
놓고 이 왕자에게 각별한 애정을 쏟았다. 그러면서 정작 며느리에게는
아무런 관심도 보이질 않았다. 치밀한 성격의 소유자인 흥선대원군도
여자의 마음을 읽는 데는 둔감했던 것일까.

　왕비 입장에선 시아버지 흥선대원군에 대한 미움과 반감이 싹틀 수
밖에 없었다. 그러던 중 왕비가 스무 살이 되던 1871년, 그토록 바라던
왕자를 낳았다. 흥선대원군은 왕자의 탄생을 축하하며 산삼을 보냈다.
그런데 궁녀들이 그것을 달여 먹인 지 5일 만에 왕자가 세상을 떠났다.
이것이 두 사람 사이를 악화시킨 결정적인 이유였다. 왕비는 아들을 잃
게 된 것이 흥선대원군이 보낸 산삼 때문이라 단정하고 그를 더욱 더
증오하게 되었다.

　1873년, 일본에서는 정한론이 대두되고 있는 가운데 경복궁 중건 등
흥선대원군의 실정을 비판하는 여론이 빗발쳤다. 그 동안 왕비 민씨는
나름대로 확고한 세력기반을 다져놓았다. 그녀는 은밀히 흥선대원군
의 반대파들을 규합하는 가운데 자신의 친인척들을 조정의 요직에 등
용했다. 그런 다음 김병기, 조영하 등 안동 김씨와 풍양 조씨 중 대원
군에게 불만을 가진 세력들을 포섭하고 유림의 거두인 최익현과도 손
을 잡았다.

　최익현과의 제휴는 가뜩이나 대원군에게 불만이 많던 유생들의 지지
를 이끌어냈다. 이때 동부승지로 발탁된 최익현은 대원군의 실정을 일

일이 거론하며 탄핵상소를 올렸다.

대원군 쪽에서도 당하고만 있지는 않았다. 그들은 즉각 대원군의 탄핵을 반대하는 상소를 올리며 더불어서 최익현의 처벌을 주장했다. 그러나 고종은 이 모든 상소를 배척하고 친정을 선포한다.

흥선대원군은 결국 이 일로 실각하고 말았다. 이후로는 왕비가 주도적으로 정국을 이끌었다. 서원 철폐를 중단하고 일본과 강화도조약을 맺는 등 대원군의 기존 정책에 반하는 정책들이 쏟아져 나왔다. 그 와중에 임오군란이 일어났다.

1882년, 민씨 일족의 중심인물인 민겸호에 대한 불만으로 촉발된 임오군란은 구식군인들의 반란이었다. 민겸호는 군인들의 녹봉을 주는 선혜청의 당상으로 있으면서 구식군인들에게만 차별대우를 했다. 군인들의 분노에 방아쇠를 당긴 결정적인 사건은 녹봉으로 주는 쌀을 시일이 훨씬 지나서, 그것도 태반이 모래가 섞인 것을 지급한 사실이 발각된 일이었다. 격분한 군인들은 민겸호를 죽이고 그의 집에 불을 질렀다. 그리고 다시 궁궐에까지 쳐들어갔다.

놀란 고종은 흥선대원군에게 사태의 수습을 일임하게 된다. 이는 흥선대원군이 재집권할 수 있는 절호의 찬스였다. 왕비는 궁녀로 변장하고 궁궐을 빠져나가 충주목사 민응식의 집으로 피신했다. 궁궐을 장악한 흥선대원군은 왕비의 죽음을 선포한다. 그러자 왕비는 고종에게 밀사를 보내 자신이 살아 있음을 알리고 청나라에 군사 지원을 요청했다. 조선에 출동한 청군은 군란의 책임을 물어 흥선대원군을 청국으로 압송해 갔다. 왕비 쪽의 압도적인 승리였다. 궁궐로 돌아온 왕비는 친청

정책으로 돌아섰다. 이에 불만을 품은 친일 개화파가 들고 일어난 사건이 갑신정변이다.

1894년 10월 17일, 김옥균, 박영효 등의 급진개화파가 정변을 일으켰다. 정국을 장악한 그들은 새 정부를 구성하고 14개 조항의 정강을 발표했다. 그날 밤 김옥균이 찾아와 잠시 안전한 곳으로 피신할 것을 독촉하자 고종은 무척 두려워하면서 어찌할 바를 몰라 했다.

그러자 왕비가 김옥균에게 이렇게 물었다.

"오늘의 변고가 청국에 의해 시작된 것이오? 아니면 일본에 의해 시작된 것이오?"

왕비의 날카로운 질문에 당황한 김옥균은 얼른 대답을 하지 못하고 머뭇거렸다. 이미 그녀는 그 날의 정변이 일본과 친일파들의 합작이라는 것을 짐작하고 있었던 것이다.

갑신정변을 일으킨 자들의 배후에 일본이 있다는 사실을 확인한 왕비는 청나라의 원세개에게 원병을 요청했다. 군사적으로 우세한 청나라의 힘을 빌리고자 했던 것이다. 갑신정변은 결국 김옥균의 삼일천하로 막을 내렸다.

갑신정변을 거치면서 일본을 더욱 증오하게 된 명성황후는 이때부터 탁월한 외교적 수완을 발휘하기 시작한다.

1885년, 거문도사건은 영국이 조선에 진출하려는 러시아를 견제하기 위해 불법으로 거문도를 점령한 사건이다. 왕비는 이때 영국과 사태수습을 논의하는 한편 러시아와도 접촉하여 조약을 체결했다. 조선에 대한 지배권을 서구 열강에 빼앗길까 우려한 청나라는 원세개를 조선사

무전권 위원으로 보내면서 흥선대원군을 환국시켰다.

흥선대원군은 이 기회를 틈타 원세개와 결탁하여 고종을 몰아내고 큰아들 재황을 앞세워 재집권을 시도하려다 결국 실패하고 만다.

1894년, 동학농민운동이 일어나자 조선은 청나라에 파병을 요청했다. 청나라가 군대를 파견하자 일본도 톈진天津조약을 빌미로 군대를 출동시켰다.

동학농민운동이 실패로 끝난 뒤에도 청·일 양군이 주둔한 가운데 양국 간에 전쟁 기운이 높아지자 민씨 정부는 양국군의 철수를 요청했다. 그런데 청나라는 이를 받아들였으나 일본은 물러나기를 거부하고 조선에 내정개혁을 요구했다.

왕비는 그들의 요구가 내정간섭이라며 거절했다. 그러자 일본군은 경복궁에 난입하여 무력으로 민씨 정권을 타도하고 흥선대원군을 정계에 복귀시켜 김홍집 등 개화파 인사들로 신내각을 구성하게 했다. 이를 '갑오경장'이라 한다.

다시 대원군의 섭정시대가 열렸다. 그러나 이것은 대원군을 얼굴마담 삼아 야욕을 달성하려는 일본의 꼼수에 불과했다. 일본은 섭정 한 달 만에 이를 간파한 대원군이 청나라에 서신을 보내 도움을 요청한 것을 알고 강제로 그를 퇴진시켰다.

한편, 명성황후는 갑오경장 이후 노골적인 친러정책을 펼침으로써 일본을 견제하려 했다. 이에 위기감을 느낀 일본은 결국 엄청난 일을 저지르고 만다.

쇠락한 왕조의
참혹한 종말

1895년 8월 20일 새벽 5시경, 장검을 손에 든 일본 낭인들이 건청궁을 둘러쌌다. 그곳은 왕비의 침전이 있는 곳이었다. 잠시 후, 궁녀들의 비명소리가 정적을 뚫고 울려 퍼졌다. 건청궁은 순식간에 살육의 아수라장으로 변하고 말았다. 낭인들의 목표는 왕비 민씨였다.

"누구냐, 누가 조선의 왕비냐?"

일본 낭인들은 닥치는 대로 칼을 휘두르며 눈에 불을 켜고 왕비를 찾았다. 그들이 몸을 움직일 때마다 궁녀들이 선혈이 낭자한 모습으로 쓰러져 갔다. 명성황후 역시 이 미친 칼날을 피하지 못했다. 을미년에 일어난 이 사건을 '을미사변'이라 한다.

명성황후 민씨, 그녀는 총명한 지혜와 탁월한 수완으로 격변의 시대를 헤쳐 나왔으나 무력을 앞세운 외세에 의해 파란만장한 삶에 마침표를 찍었다. 한 나라의 국모를 무참히 살해한 을미사변은 당시 조선에서 밀려날 것을 염려한 본국의 지령에 따라서 일본공사 미우라 고로가 주동한 일이었다.

명성황후의 시신은 일본인들에 의해 궁궐 밖으로 운반되어 불태워졌다. 그뿐만 아니라 일본은 고종에게 압력을 넣어 그녀를 서인으로 전락시켰다. 그러나 고종은 같은 해 10월 10일, 왕비를 복권시켜 태원전에 빈전을 설치하고 국장을 치른 뒤 숙릉에 안치시켰다.

1897년에는 명성이라는 시호를 내리고 양주 천장산 아래 홍릉으로 이장했으며 고종이 죽은 뒤 다시 미금시로 이장했다.

일본은 을미사변이 조선 내부의 반란이라며 흥선대원군을 전면에 내세웠다. 그러나 대원군은 그들의 허수아비에 지나지 않았다. 일본은 대내외적인 비난을 모면하기 위해서 흥선대원군을 이용했을 뿐이다.

명성황후의 죽음은 항일의병 활동과 고종의 아관파천으로 이어졌다. 을미사변 후 일본세력을 등에 업은 제3차 김홍집 내각이 조직되었으나 이는 오히려 국민감정을 자극하는 분노의 도화선이 되었다.

1896년 2월 11일부터 무려 1년긴 왕과 왕세자가 궁궐을 버리고 외국 공관으로 거처를 옮기는 역사상 전무후무한 일이 벌어졌다. 친일파의 득세로 신변에 위험을 느낀 고종황제가 러시아 공관으로 피신한 것이다. 이 사건을 '아관파천'이라 한다.

아관파천 직후 고종을 설득하러 가던 총리대신 김홍집은 광화문 네거리에서 군중들에게 맞아 죽고 유길준 등은 일본으로 망명했다.

이로써 조선은 다시 친러 내각이 권력을 잡게 되지만 국가의 위신과 주권은 이미 남의 손에 쥐어진 것이나 마찬가지였다.

을미사변이 일어나고 3년째 되던 해, 흥선대원군 이하응이 일흔아홉의 나이로 숨을 거두었다. 조선 왕가의 마지막 보루라고 할 수있던 흥선대원군과 명성황후의 죽음은 쇠락한 나라의 운명을 더욱 재촉했다. 1897년 2월, 고종은 아관파천 1년 만에 궁으로 돌아왔다. 그리고 국호를 대한제국으로, 연호를 광무로 삼고 황제의 자리에 오른다.

그러나 대한제국이 탄생하면서 고종은 끊임없는 신변의 위협을 받는다.

1904년, 러일전쟁에서 승리한 일본은 조선에 군사적 위협을 가하여 제1차 한·일 협약을 강요했다. 그리고 이듬해인 1905년, 을사보호조약이 체결된다.

1907년 6월, 고종은 국제사회에 을사보호조약의 부당함을 알리고자 헤이그 만국평화회의에 이준 등의 밀사를 파견했다. 그러나 이 일은 영국과 일본의 방해로 수포로 돌아갔으며 고종의 퇴위와 한일합방의 빌미가 되고 말았다.

이로써 조선의 주권은 제국주의 일본의 수중으로 들어갔고 우리 민족은 36년간의 어두운 역사의 터널에 갇히게 된 것이다.

제왕들의 참모

초판 1쇄 인쇄 | 2019년 12월 20일
초판 1쇄 발행 | 2019년 12월 25일

지 은 이 | 신영란
펴 낸 이 | 박효완
기획경영 | 정서윤
마 케 팅 | PAGE ONE 강용구
책임주간 | 김유수
디 자 인 | 김주영
물류지원 | 오경수

발 행 처 | 아이템비즈
출판등록번호 | 제2001-000315호
출판등록 | 2001년 8월 7일

주   소 | 서울 마포구 동교로 12길 12
전   화 | 02-332-4337
팩   스 | 02-3141-4347
이 메 일 | itembooks@nate.com

ISBN 979-11-5777-111-0

■파본이나 잘못된 책은 구입하신 곳에서 바꿔드립니다.

이 도서의 국립중앙도서관 출판예정도서목록(CIP)은 서지정보유통지원시스템 홈페이지(http://seoji.nl.go.kr)와
국가자료공동목록시스템(http://www.nl.go.kr/kolisnet)에서 이용하실 수 있습니다.(CIP제어번호 : CIP2019049606)